高等院校"十四五"经济管理类实验实训丛书

基于信息化服务平台的立体教学丛书

# 企业经营仿真综合实习教程

（第二版）

主　编◎郭银华　王　玉

副主编◎李志凤　吴彬彬　贺嫦珍　陈庆锐

BUSINESS SIMULATION PRACTICE COURSE

**图书在版编目（CIP）数据**

企业经营仿真综合实习教程/郭银华，王玉主编．—2版．—北京：经济管理出版社，2022.6
ISBN 978-7-5096-8455-9

Ⅰ．①企…　Ⅱ．①郭…②王…　Ⅲ．①企业经营管理—教材　Ⅳ．①F272.3

中国版本图书馆CIP数据核字(2022)第086418号

组稿编辑：王光艳
责任编辑：李红贤
责任印制：许　艳
责任校对：蔡晓臻

出版发行：经济管理出版社
（北京市海淀区北蜂窝8号中雅大厦A座11层　100038）
网　　址：www. E-mp. com. cn
电　　话：(010) 51915602
印　　刷：北京市海淀区唐家岭福利印刷厂
经　　销：新华书店
开　　本：787mm×1092mm/16
印　　张：21.5
字　　数：497千字
版　　次：2022年6月第2版　　2022年6月第1次印刷
书　　号：ISBN 978-7-5096-8455-9
定　　价：68.00元

# 前　言

《企业经营仿真综合实习教程》是专为广州华商学院开展大规模的经管类跨专业仿真综合实习而编写，该教材匹配课程《企业经营仿真综合实习》，3 学分，120～160 课时，每年有近 4000 名学生使用。

《企业经营仿真综合实习教程》共分为导论、规则篇、流程篇、表单篇、会计信息化篇、组织管理与成果篇六部分。其中，导论介绍了企业经营仿真综合实习平台建设的背景、目标、搭建与运行及效果；规则篇介绍了企业经营仿真综合实习三大主体的业务规则，即生产制造商业务规则、品牌渠道商业务规则、外围辅助机构业务规则；流程篇介绍了企业经营仿真综合实习中生产制造商、品牌渠道商与外围辅助机构的岗位职责与工作流程；表单篇介绍了企业经营仿真综合实习中生产制造商、品牌渠道商、外围辅助机构使用的各类表单；会计信息化篇介绍了生产制造商、品牌渠道商的会计信息化操作过程，以及在实训过程中如何利用用友 U8 管理信息系统搭建生产制造商、品牌渠道商应用平台，具体包括系统设计、系统实施、账套建立、用户分岗操作、业务财务模块数据推送全过程；组织管理与成果篇介绍了企业经营仿真综合实习的组织与管理工作模块，具体如学生团队的构建、教师团队的构建、学生团队的管理与考核、教师团队的管理与考核、实习赛事活动与实习成果简介。

本教材由广州华商学院郭银华教授带领仿真实习指导教师团队编写而成。其中，郭银华教授担任主编，负责教材统稿与校稿，并编写导论；李志凤协助主编进行所有章节的统稿与校稿，编写第 4 章和第 7 章，参编第 2 章和第 3 章；王玉副教授编写第 8 章、第 9 章和第 10 章，参编导论和第 1 章；吴彬彬、魏攀共同编写了第 1 章、第 2 章、第 3 章、第 5 章、第 6 章、第 15 章；陈庆锐参编第 14 章、第 15 章、第 17 章；贺嫦珍参编第 16 章和第 17 章；范卫星编写第 11 章、第 12 章、第 13 章；苏县龙参编第 4 章和第 7 章；陈岫参编第 7 章。

本教材是广州华商学院 2021 年校级一流课程《校内仿真综合实习》课题（HS2021YLKC15）、2019 年广东省高等教育教学改革项目“创新创业导向的经管类跨专业仿真实习平台教学改革研究”课题（HS2019ZLGC16）、2019 年省“高校质量工程”在线开放课程《企业经营仿真实习》（HS2019ZLGC03）、广州华商学院 2021 年校质量工程虚拟仿真实验教学项目“生产制造企业经营管理虚拟仿真”（项目编号：HS2021ZLGC10）阶段性成果之一。

# 导 论

## 一、企业经营仿真综合实习平台的建设背景

广州华商学院是一所全日制本科独立院校，以经济与管理学科为主体的商科高等学府，主要为广东地区中小企业和社会机构培养应用型人才。学校成立于 2005 年，从 2006 年起开始招收国家任务生，迄今为止已培养了 4 万余名本科毕业生。

在培养经济管理类本科生的实践过程中，我们强烈地感受到，我国经济管理类本科生培养长期沿袭的教学模式突出存在以下三大问题：一是未能妥善解决知识传授与能力、素质培养的矛盾，片面强调知识传授，忽视知识整合和将知识内化为学生的能力与素质；二是未能妥善处理理论教学与实践的矛盾，片面强调理论教学，忽视实践教学与理论的实际应用；三是未能妥善处理教与学的矛盾，教学活动的设计与组织强调以教为中心，而不是以学为中心，忽视学生的主体地位，忽视学生的自主性、主动性与创造性的发挥。

为了解决上述矛盾，我们不断进行教学改革的探索，例如，将案例教学法、讨论式教学法、微课、翻转课堂等引入课堂教学中。同时加强学生的实践教学环节、增加实践教学课时数。以会计学专业为例，实践性课程包括手工实训、财务会计分岗实训、会计信息系统、ERP 软件（财务管理系统）、会计学专业综合实验、毕业实习、毕业论文等课程。这些实践教学环节，大大提高了学生的实操能力和知识应用能力。然而，一方面，服务于各专业技能培养的现有实验课程，其知识体系与业务流程相对于真实的市场经济运行而言，存在体系割裂与流程难以贯通等问题；另一方面，现有的毕业实习课程存在大部分学生难以进入企业的正式岗位，难以获得真正有效的企业运作和市场体验。因此，搭建起一个能够适合经管类所有专业学生共同参与、协同配合，促进专业知识相互融合，业务能力取长补短的跨专业综合仿真实习平台，对于推动学院实验实践教学水平的跨越式发展、提升经管类人才培养质量意义重大。

经过不懈努力，我校进一步明确“以实践教学改革为突破口，进行应用型人才培养模式创新”的努力方向，逐步形成经管类专业实践教学改革的基本思路：以先进教育理念为指导，以现代教育技术为支撑，科学构建实践教学内容体系，系统搭建实验教学软硬件平台，着力抓好专业实验教学、跨专业仿真综合实习、校内创新创业实践三个重要环节，推动经管类应用型人才培养模式创新，培养高素质经管类应用型人才。

## 二、企业经营仿真综合实习平台的建设目标

2014 年初，我校进一步做出了“大力推进经管类实验实践教学改革，建设校内仿真综合实习基地”的部署。按照这一部署，2014 年学院累计投入 1000 多万元对原有经管类实验室进行拓展与整合，建成了总面积约 3000 平方米，融原有 ERP 实验室、企业行为模拟实验室、经管类专业综合实验室和校内仿真实习平台、校内创新创业基地于一体的综合实验实践教学基地。同时，我们调整了人才培养方案，在经管类专业设置沙盘模拟、ERP 财务软件等选修课程，同时将毕业实习分为毕业实习 1（校内仿真综合实习）和毕业实习 2（校外实习基地实习）。

我校经管学科跨专业综合仿真实习平台，旨在模拟和构建一个纵向包括产品设计与研发、原材料采购、产品生产与制造、成品营销与推广、物资仓储与运输、人才招聘与培养等环节完整的供应链体系，横向模拟三年的经营活动周期，使经济学、金融学、会计学、市场营销、物流管理等多个相关专业，数以千计的学生在同一仿真实习平台同时进行实习。依托企业经营仿真综合实习平台，不同专业的学生组成若干个公司和社会中介机构，同时设置多个不同岗位，既明确分工又密切协作、各尽其责，通过亲身实验与实践活动，在复杂的仿真市场环境中切实运用专业知识与技能，进行科学的经营决策与管理运行，依靠团队合作参与市场竞争并树立竞争优势，进而赢得在真实情境中可能面对的各种挑战。

该实习平台的建设与运作，将重点提升学生以下能力：

1. 提高专业知识与综合实践能力

综合仿真实习平台所模拟的行业市场，体现了明确而详细的专业分工，每一位参加仿真实验平台实习的学生，均将根据其专业属性安排具体工作岗位，最大限度地运用专业知识与技能，方能完成使命，否则将成为整个合作团队的羁绊。

2. 增进跨学科、跨专业知识复合运用能力

综合仿真实习平台上诸多业务岗位呈现“链”与“网”的特色，担当其职责的同学除了“专”之外，还必须深入了解上下游相关岗位的业务知识，洞悉行业市场规则、竞争对手动态。

3. 增强市场竞争意识与能力

企业经营仿真综合实习平台以市场主体即企业为运作单位，无论是产品研发、生产制造，还是网站设计、物流服务，仿真市场环境中诸多业务环节，均体现多家运营商符合市场规律下的竞争与合作关系，能够帮助学生熟悉市场竞争环境，掌握市场竞争技巧。

4. 锻炼团队组织与协作能力

在企业经营仿真综合实习过程中，学生们将体会到发挥团队整体力量的重要性，所有成员必须一方面最大限度地施展个人才智，另一方面积极响应团队其他成员的需求，善于沟通，相互信任，彼此激励，为了共同的目标携手前行。

5. 拓展创新与创业能力

企业经营仿真综合实习平台训练的不仅仅是标准化业务流程，更注重培养学生面对复杂和瞬息万变经济环境时的应变与创新能力，以及制定与实施商业战略及战术的能力。经

管类专业学生经过该平台的学习过程，自主创业能力将显著提升。

6. 提升语言与文字表达能力

企业经营仿真综合实习平台上的商业团队，在实习过程中将积极参与公司 CI 设计大赛、营销方案大赛、财会峰会、高峰论坛、实习总结会演等多种形式的活动，锻炼学生的语言与文字表达能力，以及商业洽谈能力。

## 三、企业经营仿真综合实习平台的搭建与运行

1. 以制鞋产业为背景的仿真市场环境

中国是全球最大的产鞋国和出口国。海关数据显示，2020 年中国制鞋行业产品进出口总额达到 42.56 亿美元，其中进口额为 22.01 亿美元，出口额为 20.55 亿美元，实现贸易顺差 -1.46 亿美元。2020 年进口额较上期上升 28.34%，出口额较上期上升 22.03%，进出口总额较上期上升 25.21%，贸易顺差较上期增长 370.97%。制鞋业作为我国具有传统优势的劳动密集型产业，原材料市场、生产商竞争市场、国内外销售市场等整个产业链条运行平稳，具有较强代表性。

目前中国形成了“三州一都”（广州、泉州、温州与成都）的鞋业生产格局，其中以广州为中心的珠江三角洲制鞋基地毗邻华商。以制鞋产业链构建经管学科跨专业仿真综合实习平台，既贴近学生日常生活，又能够充分展现产业链相关主体之间的分工、合作与相互竞争等市场全貌。仿真市场将依托资金流、物流、信息流三条主线贯穿起制鞋产业的诸多经济主体，并协调超过 20 个相互分工协作的具体实习岗位。

2. 仿真市场运行规则设计

为了全面仿真现实市场，需要在对现实的鞋业生产与市场竞争环境熟悉的基础上，设计出一套与之相关的市场竞争规则，包括宏观经济市场与具体产品市场参数、原材料市场运行规则、生产商竞争市场规则、渠道商竞争市场规则、产品消费者终端市场规则、物流市场规则、金融市场（资金市场、资本市场）规则、人力资源市场规则、电子商务市场规则等。设计科学合理的市场运行规则，是仿真市场有效运行的基本保证。

3. 仿真市场各类经营主体相关岗位业务流程与规则设计

因为学生在仿真实习平台上要扮演各种不同的角色，履行不同的岗位职责，为保证各个公司与机构能够有条不紊地运行，需要为各类公司与机构设计出与之相匹配的岗位业务流程与规则。具体包括生产商会计岗、财务岗、生产运营岗、营销管理岗等职位流程与规则；品牌渠道商会计岗、财务岗、门店管理岗、营销管理岗等职位流程与规则；仿真市场信息管控中心流程与规则；人力资源市场流程与规则；市场监督管理局、税务局相关岗位与业务流程；等等。

除此之外，还要进行仿真市场环境数据设定、测算与可行性分析等。

4. 企业经营仿真综合实习的组织

2014 年 8 月，由会计学、财务管理、国际经济与贸易、国际商务、物流、市场营销六个不同专业的 850 名学生组成的 48 家生产制造公司、24 家渠道公司以及工商、税务、海关、物流、审计等若干个外围机构，在 18 名专业教师的指导下，分 A、B 两区在综合实习

平台进行大规模仿真实习操作。由不同学科、不同专业的学生组成的公司，在同一类产品市场上进行竞争。在商业运营实习的同时，还组织学生进行了 CI 设计大赛、品牌广告设计大赛、财会峰会、高峰（CEO）论坛等活动。这些活动的开展，极大地调动了学生学习的主动性和积极性，培养了学生的动手能力、知识综合运用能力、市场竞争能力、决策能力和团队合作能力。

5. 课程成绩考核评定方式

将立德树人作为检验课程成效的根本标准。制定体现"过程考核+结果考核""团队考核+个人考核"相结合的多元成绩考核办法，加强非标准化、综合性等评价，增强学生经过刻苦学习而不断成长、提升能力及整体素质提高的成就感。

## 四、企业经营仿真综合实习平台的思政及育人目标

习近平总书记对思政课教师提出要求："政治要强、情怀要深、思维要新、视野要广、自律要严、人格要正。"这实则也是对广大教育工作者的共同要求。

结合仿真实习内容与活动，本课程提炼了众多课程思政元素：家国情怀、职业素养、专业伦理、工匠精神、拼搏精神、责任担当、诚实守信、遵纪守法、吃苦耐劳、实践创新、求真务实（见图 0-1）。

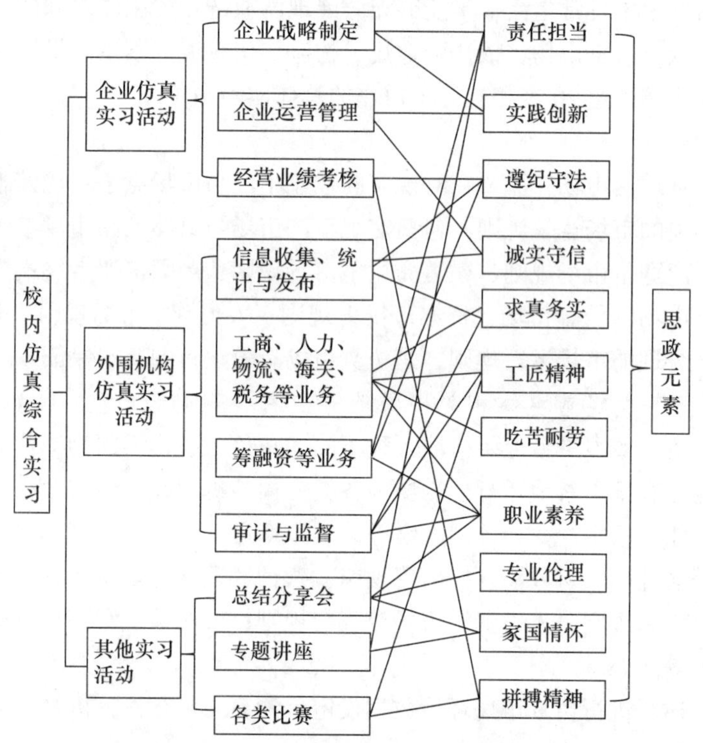


**图 0-1 思政元素及育人目标图示**

课程思政的设计思路：以学生为中心，强化师生互动、师师互动与生生互动环节，将价值观引导寓于知识传授与能力培养之中，使责任担当、创新精神、诚实守信、遵纪守

法、求真务实等思政元素潜移默化地感染学生。

课程思政的实施方式：①规则制定充分挖掘课程思政元素。②通过奖励方案引导学生积极向上。2021 年推动仿真实习平台 B 区股权激励改革，挖掘积极纳税、社会担当、遵纪守法等思政元素，反响较好。③公众号推文和总结视频正面宣扬诚信、拼搏等课程思政元素。④指导教师积极引导，通过适时的点拨与交流，鼓励学生奋发向上。

课程思政的育人成效：2021 年第三期推广 B 区股权激励改革，学生非常注意违规和诚信失约情况，有关数据显示，第三期运营年度没有违规的企业上升为 10 家（第二期为 4 家），拿到股权激励的企业（第三年没有违规，且第二年违规企业的次数小于 3 次）有 33 家（第二期为 16 家），占所有企业总数的 91.67%。员工关爱、积极纳税等方面拿到股权激励的企业数量大大增加。

## 五、企业经营仿真综合实习的效果

从 2014 年至今，我校共组织了 31 期经管类专业学生的跨专业仿真综合实习，前后共有 26461 名学生参加，涉及会计学、财务管理、审计学、物流管理、市场营销、人力资源管理、国际经济与贸易、国际商务、信息管理与信息系统九个专业。这些学生通过 4 ~ 5 周的仿真综合实习，不仅巩固和加深了对专业知识的理解，增强了知识应用能力，而且提高了市场竞争意识与竞争能力、综合决策能力、逻辑思维能力、语言表达能力以及团队合作意识与合作能力等，还了解了企业经营与决策的基本过程，对以后无论是进入企事业单位就业还是自主创业，都是一次不可多得的历练。

2011 级国际贸易 5 班的陈媛娟担任实习公司的 CEO，经过实习，她的体会如下："首先，本次实习让我大体熟悉了整个公司的运作流程，基本上清楚了作为公司的决策者所必须具备的素质。这对于我以后的工作来说是一笔无形的财富。其次，我的沟通交流能力得到了提高，作为公司的 CEO，除了要管理好内部事务，还要同形形色色的外部机构打交道，自己的沟通交流能力也因此得到提升。再次，我分析问题、解决问题的能力得到了提高，使自己能够真正地做到理论和实践相结合。在工作开展中，难免会遇到棘手的问题，甚至有可能关系整个公司的生存发展，所以在做出重大决策前都必须谨慎思考，努力去寻求解决问题的方案。在这个不断遭遇问题、不断解决问题的过程当中，个人的能力也无形之中得到了提高。最后，因为这是一次模拟实习，虚拟的时间单位为大概平均一个半星期就代表一年，而每一年的工作任务都必须按时按质完成，因此工作量很大，在无形当中，我们的抗压能力得到了提高，这对于我们以后工作是十分有利的。"

2012 级国际贸易 7 班的郑家琪同学在实习过程中担任银行柜员，一份再普通不过的工作，她在实习总结中写道："回首过去的三个星期，每一天都是在忙碌中度过，从一开始的好奇、不熟练，到现在的熟练掌握。在适应这个工作的时候，真的有时会晚上做梦梦见自己输入数据、制作对账单。一开始遇到问题的时候还是会慌，遇到单据多的时候还会埋怨一下，但是，后来就很淡定了，一堆单据就慢慢录，埋头苦干。对不上账的时候，也会冷静地和企业沟通，一起找出对不上账的原因。认真对待每一个业务，因为我觉得既然做了这个职务就要好好做，负责任地对待自己接到的每一张单据、每一份表格，虽然有时候会出错，但总体还是可以的。当然，我也会争取做到完美，妥善处理所遇到的问题。有时挺喜欢这样的感觉，冷静工作，不被别的情绪左右，做好自己的工作，颇有两耳不闻窗外事的节奏。很喜欢埋头努力，然后能把事情做好的感觉，很有成就感。”

2013 级财务管理 3 班的杨春靖同学担任的是制单会计工作，她在实习总结中写道："感谢学校提供的仿真实训，让我更好地了解自己的不足，了解会计工作的本质，让我可以更早地做好职业规划，更好地适应社会。我也变得更有耐心去完成自己的工作，了解到现实是残酷的，只有自己更加强大，视野更加广阔，严于律己、宽以待人，才能够更好地在社会上立足。同时，也要提升自己的随机应变能力，毕竟生活充满未知，你要做好出现意外的准备，懂得未雨绸缪，这样自己才能真正成长。”

2014 级国际经济与贸易 2 班的黄燕怡同学在实习公司担任市场总监，她说："在仿真综合实习中，将不同专业的学生置于仿真的虚拟环境中，这首先给我们设定了一个小社会的前提。虽然是在虚拟的环境中模拟活动，但由于仿真性，常迫使我们做出预见和正确的反应，完成彼此关联的一系列决策，并为此承担责任。在此过程中，我不仅认识体验了企业经营管理活动过程和主要业务流程及其相互之间的关联关系，促进了知识的整合与融会贯通，还真切地感受到成功与失败，体验到竞争意识、团队精神、职业素养的意义。企业运作仿真综合实习可以提高学生的综合素质，为我们以后的工作实践打下基础。在每一次例会上，总结工作与讨论计划之时，我总觉得是一种学习，学习他们为人处世的方法和领导决策的能力。在平时工作中，没有谁高谁低，每一位都是好学者，在一次次的合作中，感觉团队的力量真伟大。总之，在实习中所做的每一件事情，不论大小，都是可以学到东西的，因此都要留心观察，用心付出。因为综合素质这座大厦就是从一点一滴中积累、通过一砖一瓦建立起来的。”

4～5 周的仿真综合实习，是经管类各专业整个实践教学体系中一个重要的环节。在此基础上，各专业将进一步遴选出一批专业基础较扎实、实践能力较强、综合素质较高、创新创业意识较强的学生，通过创新创业强化班、创新创业俱乐部等途径，继续进行创新创业实践活动，为学生毕业后创新创业打下基础。

按照这一思路推进的实践教学改革，使经管类各专业基本形成了包括课程实验、专业综合实验、校内跨专业综合仿真实习、创业训练、校外毕业实习、毕业论文（毕业设计）等一个完整的实践教学体系，使学生在校期间就能够获得多种实践机会，动手能力、知识应用能力及综合素质大大提高，从而增强学生在就业市场的竞争能力，使其成长为具有远大理想和家国情怀并勇于担当的国家栋梁之材。

# 目　录

## 第 1 篇　企业经营仿真综合实习业务规则

## 第2篇　企业经营仿真实习岗位职责与业务流程



## 第3篇　企业经营仿真综合实习表单



## 第4篇　企业经营仿真综合实习会计信息化

## 第 5 篇　企业经营仿真综合实习组织管理与成果

# 第1篇

# 企业经营仿真综合实习业务规则

# 第❶章 企业经营仿真综合实习概述

➢［学习目标］

1. 了解企业经营仿真综合实习平台框架结构
2. 掌握企业经营仿真综合实习产品及其生产要素
3. 熟悉企业经营仿真综合实习的培养目标

➢［育人目标］

使学生树立诚信经营和合作共赢的理念，树立法治观念，胸怀理想抱负，具有家国情怀。

## 1.1 企业经营仿真综合实习平台架构

企业经营仿真综合实习是一门跨专业的大型综合性实践课程，由会计学、财务管理、经济学、金融学、国际贸易、市场营销、物流管理、人力资源等若干个专业的学生一起上课。不同专业的学生一起组建企业经营团队，根据各自的能力及专业背景，分别扮演企业的 CEO、CFO、CMO、物流主管、生产主管、采购主管、会计主管、制单会计、出纳等角色，承担相应的岗位职责，团队成员通过分工与合作共同完成任务。每一期的企业经营仿真实习组建 72 个企业经营团队，分别经营生产商制造企业（48 家）和品牌渠道商企业（24 家），各仿真企业之间激烈角逐、一争高下。

企业经营仿真综合实习围绕仿真企业设置了原材料市场、消费市场、人才招聘市场、金融市场等复杂的仿真市场环境，还设置了中央银行、银保监会、统计局、商业银行、信息发布中心、第三方物流服务中心、海关、市场监督管理局、税务局、人才交流中心、审计事务所、赛事活动策划部、管理委员会等仿真外围机构，辅助仿真企业完成相关的业务。仿真外围机构的设置既增加了企业经营仿真综合实习的真实性，又增加了学生之间的互动性。企业经营仿真综合实习平台架构如图 1－1 所示。

### 1.1.1 企业经营仿真综合实习中的机构部门简介

#### 1.1.1.1 仿真企业

企业经营仿真综合实习平台中的仿真企业是股份制企业。指导老师扮演企业的大股东，是委托人；学生团队扮演企业经营团队，是企业的代理人。股东监督经营团队的行为，并根据经营团队的整体表现给予股权激励。仿真企业是企业经营仿真综合实习平台的

核心，分为生产制造商和品牌渠道商。

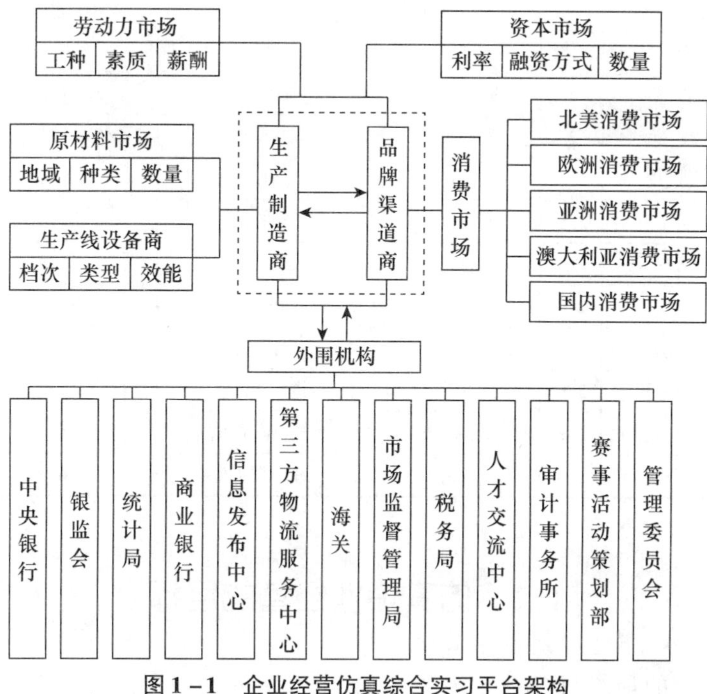


图 1-1　企业经营仿真综合实习平台架构

1.1.1.2　仿真外围机构

企业经营仿真综合实习平台的生产商和渠道商需要独立核算，是仿真实习平台的主角。为使企业的仿真实习和演练更真实、更精彩，需要为其构建一些外围服务辅助企业，包括中央银行、信息发布中心等。

### 1.1.2　企业经营仿真综合实习中的产品

企业经营仿真综合实习选取男士皮鞋为目标市场，模仿真实男士皮鞋制造企业的生产流程、工序及其用料，并模仿男士皮鞋的市场价格体系，虚拟 10 种分别处于高、中、低三个档次的男士皮鞋产品，分别编号为 P1 至 P10，其中，P1 和 P2 为低档产品，P3 到 P6 为中档产品，P7 到 P10 为高档产品。10 种同类产品之间存在产品特性、质地档次、材料构成、制造工艺等方面的差异，可满足不同地区、不同购买力的消费者的需求。以男士皮鞋产品设计为例，为了能够更好地支持企业经营仿真实习平台的运作，10 种男士皮鞋的产品设计将依据表 1-1 中的参数设定，参数值尽可能与鞋业设计理念相贴近。

表 1-1 中所有生产要素的出厂指导价与零售指导价均为人民币价格，当生产制造商与品牌渠道商发生进出口业务时，应将出厂指导价按照现行汇率水平进行折算，填写相应外贸业务单证。品牌渠道商在国外区域市场销售商品，直接以人民币零售指导价计算，即外汇汇率仅作为外贸业务的支撑数据。无论生产制造商还是品牌渠道商，在会计核算、报表编制时均使用人民币为记账货币。

表1－1　产品生产要素需求及指导价格

| 产品编号 | 档次 | 材料（平方英尺） | | | | | | 出厂指导价（元/双） | 零售指导价（元/双） |
|---|---|---|---|---|---|---|---|---|---|
| | | 面料 | 耗量 | 里料 | 耗量 | 鞋底 | 耗量 | | |
| P1 | 低档 | PVC 革 | 2 | PVC 革 | 1 | TPR 底 | 1 | 118 | 197 |
| P2 | | PU 革 | 2 | PVC 革 | 1 | PVC 底 | 1 | 131 | 218 |
| P3 | 中档 | 合成皮 | 2 | PVC 革 | 1 | PVC 底 | 1 | 134 | 223 |
| P4 | | 二层牛皮 | 2.5 | 合成皮 | 1 | 橡胶底 | 1 | 178 | 297 |
| P5 | | 猪皮 | 2.3 | 猪皮 | 1.2 | PU 底 | 1 | 198 | 330 |
| P6 | | 羊皮 | 2.7 | 羊皮 | 1.2 | PU 底 | 1 | 230 | 383 |
| P7 | 高档 | 国产头层牛皮 | 2.5 | 二层牛皮 | 1.2 | MD 底 | 1 | 224 | 373 |
| P8 | | 进口牛皮 | 2.6 | 二层牛皮 | 1.2 | 进口 PU 底 | 1 | 372 | 620 |
| P9 | | 鳄鱼皮 | 2.8 | 二层牛皮 | 1.2 | 进口真皮底 | 1 | 554 | 923 |
| P10 | | 鹿皮 | 2.8 | 二层牛皮 | 1.2 | 进口真皮底 | 1 | 659 | 1098 |

## 1.2　仿真企业经营的目标

仿真企业经营的最终目标被定为“在 12 个经营周期内通过竞争获得更好的企业排名”。企业经营仿真实习设定了 12 个连续的仿真经营周期，每个周期模拟经营一个季度的业务，共运营三年，12 个季度。在经营结束时，仿真企业排名高低取决于仿真实习结束时仿真企业估值的大小。仿真企业要想获得较高的估值，最重要的是获取足够多的净利润，同时要避免出现合同无法正常履行、资金断流等现象，并且能够尽可能提升年度排名，年度排名的提升有利于仿真企业估值时获得更高的市盈率。

仿真企业经营目标—决定因素关系如图 1－2 所示。在仿真企业经营的过程中，仿真企业如何实现更高的净利润、更少的经营出错和更快的年度排名增长这三个中间目标呢？该问题是企业经营仿真课程的核心所在，其决定因素是一个复杂的系统问题。对仿真实习的参与者而言，简单地完成仿真实习的任务并不难，但是要想获取好的经营成绩，就需要组建一个优秀的经营团队，团队成员之间要有互补的技能，要为实现共同的目标做出承诺，并彼此负责；需要有分工明确的组织结构，细分不同的权力层次，实行岗位制；需要不同岗位之间做好沟通与协调，保证业务流程有序进行；需要做好准确的资本预算，避免出现资金断流；需要有稳定的企业合作伙伴，保证能够获取稳定的订单；需要有较强的学习能力，鼓励员工快速掌握实习规则，学习新的技能；需要企业的 CEO 有较强控制力，即在专业化分工和岗位明确的基础上，控制员工有效的工作；需要团队有快速应变的能力，即保证企业的高速运转，迅速对客户的需求做出反应，迅速应对经营过程中的突发状况；需要企业有清晰的经营策略；需要准确的财务核算，快速地完成财务报表。

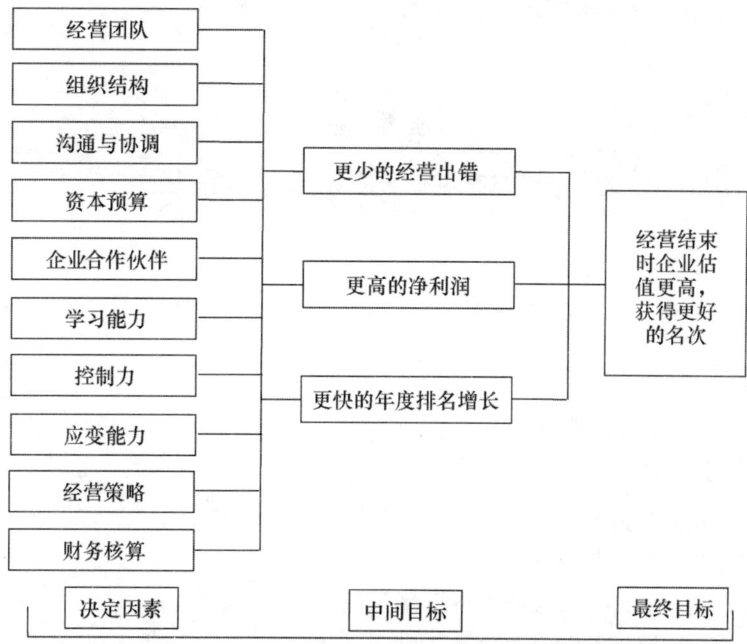


图 1－2　仿真企业经营目标—决定因素关系

# 第❷章
# 生产制造商业务规则

➤［学习目标］

1. 了解生产制造商的企业组织架构
2. 掌握生产制造商企业订单获取规则
3. 掌握生产制造商企业原材料采购、物流与库存管理规则
4. 掌握生产制造商企业生产排产规则
5. 掌握生产制造商企业产品仓储与运输规则
6. 掌握生产制造商企业人力资源管理规则

➤［育人目标］

让学生树立遵纪守法、诚信经营、合作共赢和公平竞争的理念，注重契约精神和科技创新思维的培养，塑造学生的爱国情怀。

企业经营仿真综合实习平台中的所有生产制造企业都是初创企业，初始注册资金为2000万元，在经营初期可向商业银行申请600万元的短期贷款。

企业经营仿真综合实习平台中的生产制造企业是股份有限责任公司，指导老师和所有学生都是企业股东。其中，本公司所在教室的指导老师是企业的大股东，在初始阶段持有公司80%的股份；由学生组成的企业经营团队在初始阶段持有公司20%的股份。企业经营团队的各个成员如何分配20%的企业股份、每个成员持股多少由企业CEO在团队构建过程中根据团队成员能力及选择承担的岗位进行合理分配，这一过程需要所有成员沟通协商。大股东在每个经营年度结束时，会根据企业经营团队的整体表现，以赠与的形式进行股权激励。

生产制造企业的设置遵循专业镇布局，即所有生产制造企业位于广东省，而生产制造商所需要的原材料产地则分散在全国，产品的消费者群体位于世界各大洲。各生产制造企业在科学设定的宏观经济环境参数下，制定和选择发展战略，明确企业的核心竞争力，每一家生产制造商同本区其他生产制造商相互竞争，最终对其经营能力进行综合评价。

## 2.1 生产制造商的企业组织架构

要经营好公司，首先要搭建公司的组织架构。每家生产制造商的组织架构和岗位的安排，在CEO招聘团队成员时自行商定。企业的CEO可由任何专业的学生担任，但需要参

加仿真综合实习平台统一举行的CEO招聘，一般要求CEO具有较强的组织才能，具有良好的沟通能力和协调能力等。当CEO确定之后，由企业CEO负责招聘经营团队成员，CEO在招聘团队成员时，除了要考察其态度和能力外，还要尽量考虑其专业特长，发挥其专业优势。

企业经营仿真综合实习平台中的生产制造企业一般分设行政部门、财务部门、生产部门、采购部门和营销部门，各部门根据工作业务量，配置1～3名相关专业学生，部门间各尽其职、彼此协作，共同完成高度仿真的连续3年共12个季度的企业运作过程。生产制造企业的组织架构和主要岗位职责可参考表2－1，各仿真企业根据团队中的学生人数，可相应增减岗位，并对岗位职责进行合理的重新分配。

**表2－1　生产制造企业组织架构和主要岗位职责**

| 部门 | 职位 | 主要职责 | 人数（人） |
|---|---|---|---|
| 行政部门 | CEO | 制定发展战略、企业章程等 | 1 |
| | 行政秘书 | 信息管理、部门协调等 | 1 |
| | 人事主管 | 人员招聘、薪酬分配、培训等 | 1 |
| 财务部门 | CFO | 编制预算、筹资、投资决策、成本预测、账表复核等 | 1 |
| | 财务主管 | 成本计算、会计核算、登记账簿、编制报表等 | 1 |
| | 制单会计 | 填制凭证、纳税申报、纳税业务核算、财务档案装订与保管、财务辅助性工作等 | 1 |
| | 出纳 | 资金结算、登记银行存款日记账、编制现金流量表、财务辅助性工作等 | 1 |
| 生产部门 | 生产主管 | 生产预算、排程、作业管理等 | 1 |
| 采购部门 | 采购主管 | 原材料采购计划、合同签订、预算等 | 1 |
| | 物流主管 | 仓储管理、运输排程、预算等 | 1 |
| 营销部门 | 市场总监 | 营销规划、客户管理、合同签订等 | 1 |

## 2.2　生产制造商的企业经营规则

### 2.2.1　生产商与渠道商之间订单的获取

原材料与设备供应商、生产制造商、品牌渠道商、最终消费者表现为从上至下的供应链关系。生产制造商与品牌渠道商由学生组队担任，而原材料与设备供应商、最终消费者作为系统参数量，直接赋予或由教师根据要求进行调整。

将生产制造商和品牌渠道商联系起来的是订单，各个品牌渠道商直接面对消费者，根据商品市场容量及市场拓展情况，拟订各种产品在各区域市场及各时段的订单需求表，生产制造商通过设定价格折扣、收款方式、供货响应速度等与品牌渠道商洽谈，获取单笔或数笔订单。

渠道商与生产制造商通过"需求发布与订单响应系统"进行订单业务的接洽，各渠道商季度初期发布本季度订单，在需求订单截止发布时间前可以发布、修改、删除；查看本公司当前季度采购需求，以及其他渠道商提交的订单，每张订单的最后交货期不得超过次季度末，订单价格可在出厂指导价±15%的范围内浮动（出厂指导价见第1章中的表1－1）；渠道商当季度发布需求所订购的商品不得在当季度进行销售，否则均以违规论处。对以上所有违规行为，信息中心将对企业进行查处。

品牌渠道商订单发布表如表2－2所示。

**表2－2　品牌渠道商第　年第　季度订单发布表**

| 产品名称 | 区域市场 | 需求数量 | 最高出价 | 交货期限 |
| --- | --- | --- | --- | --- |
|  |  |  |  |  |
|  |  |  |  |  |

注：需求数量的最小单位为千件，价格最小单位为元。

各生产制造商在渠道商发布需求的时间段内可以查看渠道商已经提交的所有采购订单，并在响应时间内根据自身生产能力、原材料存储调度、员工队伍情况，响应订单需求。生产制造商订单响应汇总表如表2－3所示。

**表2－3　生产制造商订单响应汇总表**

| 产品名称 | 区域市场 | 可响应数量 | 最低出价 |
| --- | --- | --- | --- |
|  |  |  |  |
|  |  |  |  |

注：可响应数量的最小单位为千件，价格最小单位为元。

在"需求发布与订单响应系统"中，当生产商完成对需求订单的响应后，将会出现以下两种情况：其一，生产商响应数量合计超出渠道商订单购货数量，在此种情况下，渠道商可根据生产商所提出的价格折扣、可交货数量等条件，选定供货商，并进行相应的订购操作。其二，生产商响应数量合计小于渠道商订单购货数量，在此种情况下，渠道商必须订购所有响应订单，并且对于渠道商的剩余需求强制进行第二轮响应，如果有生产商响应，渠道商同样必须进行相应的订购操作，若出现渠道商不订购的情况，信息中心将对此种情况进行查处。

在"需求发布与订单响应系统"中确立订单交易的渠道商必须在系统订购截止时间后的30分钟内找到响应该订单的生产商拟定并签署购销合同，双方成功签订购销合同后应到市场监督管理局进行备案，市场监督管理局负责核对购销合同的签订情况。市场监督管理局对合同备案核对的重点如下：合同的签订日期、合同的买方卖方、产品的品名及规格、合同销售数量、合同单价（外币及人民币）、合同金额、交货期、装运港及目的地。如在合同核对过程中出现合同与系统订单不一致等违规情况（除合同单价），市场监督管理局将对此种情况进行查处。

**温馨提示：**《中华人民共和国民法典》于 2021 年 1 月 1 日起正式生效，主要规范了合同的订立，合同的效力，合同的履行、变更、转让、终止，违反合同的责任等各项内容，它以任意性规范为主，以平等协商和等价有偿为原则，具有统一性与国际性。因此，生产商企业与渠道商企业在交易过程中，都需要遵守《中华人民共和国民法典》相关规定，遵守契约精神，树立诚信企业品牌形象。若因不可抗力因素造成合同违约，也应以平等协商和等价有偿为原则，友好解决交易问题。在实训过程中，不遵守合同契约精神的企业将受到惩处。

## 2.2.2　原材料采购、物流与库存管理

生产制造企业为实现订单产品的生产，必须按照生产排程制订采购计划、物流计划与库存调度，一方面保证生产环节的原材料充足，另一方面尽可能降低采购成本、物流成本与仓储成本。为此，生产制造企业要选择适当的物流运输工具，将原材料仓储量控制在安全水平。原材料采购、物流与库存管理流程如图 2－1 所示。

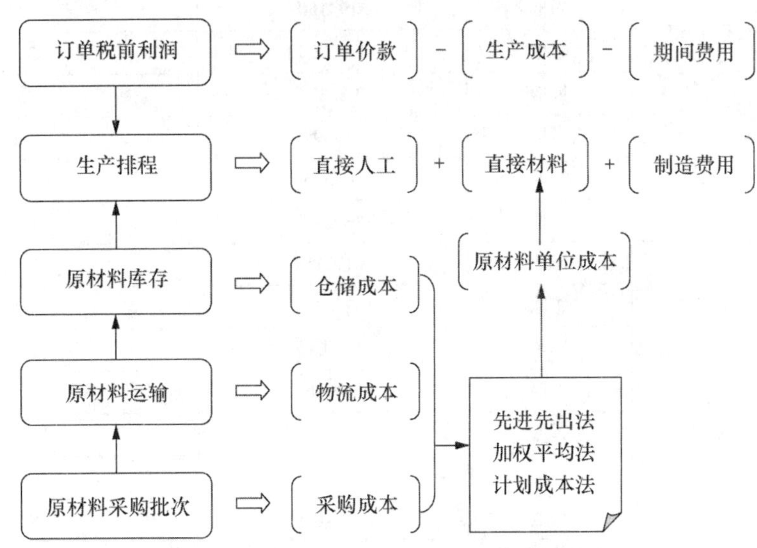


**图 2－1　原材料采购、物流与库存管理流程**

### 2.2.2.1　原材料市场及原材料单位价格确定

生产制造企业的主营产品为男士皮鞋，原材料主要包括鞋面材料、鞋底材料和辅料。

（1）鞋面和鞋底材料的产量及价格。鞋面材料的季产量及价格如表 2－4 所示，所有鞋面材料的基准价格均为不含税价。

**表 2－4　鞋面材料种类、区域及价格**

| 序号 | 种类 | 产地 | 季产量（平方英尺） | 基准价格（元/平方英尺） |
|---|---|---|---|---|
| 1 | PVC 革 | 当地 | 16016249 | 10 |
| | | 邻地 | 24024375 | 9.9 |
| | | 远地 | 40040623 | 9.8 |

续表

| 序号 | 种类 | 产地 | 季产量（平方英尺） | 基准价格（元/平方英尺） |
|---|---|---|---|---|
| 2 | PU 革 | 当地 | 6552102 | 13 |
| | | 邻地 | 9828152 | 12.9 |
| | | 远地 | 16380255 | 12.8 |
| 3 | 合成皮 | 当地 | 8736136 | 15 |
| | | 邻地 | 13104204 | 14.9 |
| | | 远地 | 21840340 | 14.8 |
| 4 | 二层牛皮 | 当地 | 12412594 | 18 |
| | | 邻地 | 18618890 | 17.9 |
| | | 远地 | 31031483 | 17.8 |
| 5 | 国产头层牛皮 | 当地 | 13972510 | 25 |
| | | 邻地 | 20958764 | 24.9 |
| | | 远地 | 34931273 | 24.8 |
| 6 | 进口牛皮（CIF 价） | 当地 | 3194150 | 44 |
| | | 邻地 | 4791995 | 43.9 |
| | | 远地 | 7985374 | 43.8 |
| 7 | 羊皮 | 当地 | 11356977 | 23 |
| | | 邻地 | 17035466 | 22.9 |
| | | 远地 | 28392442 | 22.8 |
| 8 | 猪皮 | 当地 | 10192158 | 20 |
| | | 邻地 | 15288238 | 19.9 |
| | | 远地 | 25480397 | 19.8 |
| 9 | 鳄鱼皮 | 当地 | 2548040 | 60 |
| | | 邻地 | 3822059 | 59.9 |
| | | 远地 | 6370099 | 59.8 |
| 10 | 鹿皮 | 当地 | 2548040 | 80 |
| | | 邻地 | 3822059 | 79.9 |
| | | 远地 | 6370099 | 79.8 |

鞋底材料的季产量及价格如表 2－5 所示，所有鞋底材料的基准价格均为不含税价。

**表 2－5 鞋底材料种类、区域及价格**

| 序号 | 种类 | 产地 | 季产量（双） | 基准价格（元/双） |
|---|---|---|---|---|
| 1 | TPR 底 | 当地 | 3276051 | 3.5 |
| | | 邻地 | 4914077 | 3.4 |
| | | 远地 | 8190127 | 3.3 |

续表

| 序号 | 种类 | 产地 | 季产量（双） | 基准价格（元/双） |
|---|---|---|---|---|
| 2 | PVC 底 | 当地 | 6188096 | 6 |
| | | 邻地 | 9282145 | 5.9 |
| | | 远地 | 15470241 | 5.8 |
| 3 | PU 底 | 当地 | 5824090 | 15 |
| | | 邻地 | 8736136 | 14.9 |
| | | 远地 | 14560226 | 14.8 |
| 4 | 橡胶底 | 当地 | 2912046 | 13 |
| | | 邻地 | 4368068 | 12.9 |
| | | 远地 | 7280114 | 12.8 |
| 5 | MD 底 | 当地 | 1228519 | 25 |
| | | 邻地 | 1842778 | 24.9 |
| | | 远地 | 3071298 | 24.8 |
| 6 | 进口 PU 底（CIF 价） | 当地 | 1228519 | 36 |
| | | 邻地 | 1842778 | 35.9 |
| | | 远地 | 3071298 | 35.8 |
| 7 | 进口真皮底（CIF 价） | 当地 | 1820028 | 50 |
| | | 邻地 | 2730042 | 49.9 |
| | | 远地 | 4550071 | 49.8 |

（2）辅料成本及水电费。男士皮鞋的辅料种类繁多，功能各异。高档皮鞋的辅料材质较好，低档皮鞋的辅料材质较差，在成本控制上与鞋面和鞋底的档次呈现相关性。为简便易行，本企业经营仿真实习中的所有皮鞋辅料的成本计算一律按照表 2－6 中的价格执行。表中的辅料单价为不含税价格。

**表 2－6 辅料成本及水电费价格表**

| 产品编号 | 档次 | 材料与耗量 | |
|---|---|---|---|
| | | 辅料单价（不含税价，元） | 水电费单价（含税价，元） |
| P1 | 低档 | 2 | 0.9 |
| P2 | | 2.6 | 1.17 |
| P3 | 中档 | 3 | 1.35 |
| P4 | | 4.5 | 2.03 |
| P5 | | 4.6 | 2.07 |
| P6 | | 6.21 | 2.79 |
| P7 | 高档 | 6.25 | 2.82 |
| P8 | | 13.52 | 6.09 |
| P9 | | 21.84 | 9.83 |
| P10 | | 28 | 12.6 |

在皮鞋加工的过程中需要耗费水、电、油等各种资源和能源，为简便易行，本企业经营仿真综合实习中对各种资源和能源不做类别细分，亦无须采购、运输与仓储。在生产制造环节，水电费一律按照表2－6中的价格计算，进行成本核算，计入水电费开支。表中的水电费单价为含税价格。

（3）原材料基准价格浮动规则。价格浮动与供求状况的关系如表2－7所示。

**表2－7　某地某类原材料价格浮动与供求状况的配比**

| 序号 | 供求比 | 价格浮动系数 |
|---|---|---|
| 1 | 1∶（0.5以下） | 下浮10% |
| 2 | 1∶0.5～1∶0.7 | 下浮5% |
| 3 | 1∶0.7～1∶0.8 | 基准价格 |
| 4 | 1∶0.8～1∶0.9 | 上浮5% |
| 5 | 1∶（0.9以上） | 上浮10% |
| 6 | 超限额 | 异地购买 |

（4）原材料采购总量、批次规模与商业折扣规则。生产制造企业每季度初提交一次原材料采购清单。按照各生产商采购清单发布的时间先后，确定累计的采购量占总供给比例，确定每家生产商采购某原材料的采购价格。对于任一种原材料，若采购总量或单位批次达到一定规模，企业可享受商业折扣优惠，如表2－8所示。

**表2－8　原材料采购与商业折扣**

<table>
<tr><th>序号</th><th>条件</th><th>比值</th><th>商业折扣（%）</th></tr>
<tr><td rowspan="2">A</td><td rowspan="2">采购总量/当地季产量</td><td>20%～30%</td><td>1</td></tr>
<tr><td>30%及以上</td><td>2</td></tr>
<tr><td rowspan="3">B</td><td rowspan="3">单位批次/当地季产量</td><td>10%～20%</td><td>1</td></tr>
<tr><td>20%～50%</td><td>2</td></tr>
<tr><td>50%及以上</td><td>3</td></tr>
<tr><td colspan="2">享受商业折扣合计</td><td></td><td>A＋B</td></tr>
</table>

注：原材料每季度采购一次，不考虑生产周期对供货的影响。

当全部买家季度总采购量超出该材料总供给限额时，超出部分作为超限额配给，采购价格按照基准价格上浮20%。

原材料单位采购价格确定公式：某原材料单位采购价格＝基准单价×（1±供求浮动系数）×（1－商业折扣系数）。

原材料与辅料单价均为不含税的人民币价格，分批次入库时，按照不含税价做暂估入库，季末统一前往信息中心进行原材料及辅料的采购结算业务，按照会计核算做相应的分录。

水电费价格均为含税价，每季度缴纳一次，由第三方物流服务中心代为收取。

恶意囤积原材料行为将受到惩罚，仓储任一种原材料的最大数量为其拥有全部生产线3个季度的最大产能所需理论原材料数量。超出此数量的原材料须以进价的80%退回产地，但相应的增值税进项税额需100%转出。

**温馨提示：**党的十九届四中全会强调“落实公平竞争审查制度”，党的十九届五中全会明确提出“健全公平竞争审查机制”，《关于新时代加快完善社会主义市场经济体制的意见》《建设高标准市场体系行动方案》《优化营商环境条例》等重大政策和重大改革方案的出台，都表明国家建立公平市场经济环境的决心。在实训过程中，仿真指挥部将严格执行市场公平环境审查与监督权，对于一切扰乱市场经济行为的企业给予严厉打击。希望同学们在仿真实习过程中遵守国家法律，跟随市场发展趋势，公平竞争，创造良好的营商环境。

### 2.2.2.2　原材料运输价格确定

各种鞋面的体积重量存在较大差异，校内企业经营仿真综合实习平台为简化计算标准，假定所有鞋面材料的规格均为每张20平方英尺，每张鞋面重量统一为2.5千克，20尺货柜可装运1000张，40尺货柜可装运2000张，AMA货柜可装运250张。

各种鞋底简化计算标准，100双鞋底包装为1纸箱，计重为30千克，体积为0.25立方米。20尺货柜可装运100箱，40尺货柜可装运200箱，AMA货柜可装运20箱。

同单位的原料可以拼箱计算。

原材料运输可采取外包第三方物流公司或本企业自建车队运输两种方式，两种方式耗费运费有所差异。

（1）不同运输工具的最大运输数量。公路、火车及航空的最大运输数量如表2－9所示。

**表2－9　公路、火车及航空的最大运输数量**

| 运输工具 | 公路 | 火车 | 航空 |
|---|---|---|---|
| 货柜标准 | 20尺货柜 | 40尺货柜 | AMA |
| 鞋面容量 | 1000张 | 2000张 | 250张 |
| 鞋底容量 | 100箱 | 200箱 | 20箱 |

（2）外包第三方的运输费用。外包第三方的运输费用如表2－10所示。

**表2－10　外包第三方的运输费用**

| 序号 | 地区 | 运输方式 | 运输时长 | 20尺柜单日运费（元） | 小计（元） |
|---|---|---|---|---|---|
| 1 | 当地 | 公路 | 2日 | 1500 | 3000 |
| 2 | | 公路加急 | 1日 | 5000 | 5000 |
| 3 | 邻地 | 公路 | 3日 | 1500 | 4500 |
| 4 | | 公路加急 | 2日 | 3500 | 7000 |
| 5 | 远地 | 公路 | 10日 | 1500 | 15000 |
| 6 | | 铁路 | 3日 | 5000 | 15000 |
| 7 | | 航空 | 1日 | 20000/AMA | 20000 |

关于表2－10还要注意以下三个方面的内容：

其一，40尺货柜、AMA，按与20尺货柜的容量之比，确定第三方运输费用。

其二，远地的3日铁路与1日航空仅是指到达火车站或飞机场的时间，到达当地需另加2日的公路运输，即用铁路运输需5日（3日铁路+2日公路），用航空运输需3日（1日航空+2日公路）。

其三，生产商若需租赁运输车辆，需要到第三方物流服务中心申请、登记和办理，具体业务办理流程请参照本书7.6节内容。

（3）自建车队运输费用。自建车队运输费用包括两部分，一是为购置运输车辆固定资产折旧费用，二是运输相关变动成本。相关参数如下：

运输车辆每辆售价30万元，5年直线法计提折旧，残值为零。生产商若需购置运输车辆，需要到信息中心进行登记和办理。

运输车辆可转让，转让价格为折余价值的70%～110%，通过拍卖进行，或直接以折余价值70%出售给信息中心。

运输变动成本1000元/货柜/天（人工400元、油料600元），由第三方物流服务中心收取。

自建车队运输时长同委托第三方进行普通公路运输的时长相同，如表2-11所示。

**表2-11 自建车队的运输费用**

| 序号 | 地区 | 运输方式 | 运输时长 | 单柜单日运费（元） | 小计（元） |
|---|---|---|---|---|---|
| 1 | 当地 | 公路 | 2日 | 1000 | 2000 |
| 2 | 邻地 | 公路 | 3日 | 1000 | 3000 |
| 3 | 远地 | 公路 | 10日 | 1000 | 10000 |

#### 2.2.2.3 原材料仓储方式及成本

原材料仓储可选择向第三方租赁仓库和自建仓库两种方式进行。生产商若需租赁仓库，须前往第三方物流服务中心进行申请、登记和办理；若需自建仓库，须前往信息中心进行登记和办理。仓库种类、容量与效能如表2-12所示。

**表2-12 仓库种类、容量与效能**

| 序号 | 指标 | 平房仓库 | 楼房仓库 | 立体货架仓库 |
|---|---|---|---|---|
| 1 | 自动化程度 | 无 | 半机械化 | 机械自动化 |
| 2 | 最大容量（立方米） | 5000 | 10000 | 15000 |
| 3 | 仓储费（元/立方米×日） | 1 | 0.5 | 0.5 |
| 4 | 备料出库时间 | 2天 | 1天 | 即时 |
| 5 | 建筑成本（万元） | 330 | 770 | 1100 |
| 6 | 建设工期 | 1个季度 | 2个季度 | 3个季度 |
| 7 | 折旧年限（年） | 20 | 20 | 20 |
| 8 | 残值（万元） | 30 | 170 | 200 |
| 9 | 租赁价格（元/季） | 6万 | 15万 | 24万 |

注：①备料出库时间实际上延长了原材料的仓储时间，即已经入库的原材料必须增加在库天数，方能完成备料，投入生产环节。②仓库无论租赁或者购买，都必须支付仓储费；仓储费按照实际存放货物的体积数计算，空闲部分不计费。③鞋面每40张皮占用仓库空间1立方米；鞋底每纸箱占用仓库空间0.25立方米。产成品每100件/箱，占用仓库空间1立方米。④仓储费由第三方物流服务中心收取，其具体业务办理流程请参照相应规则。

### 2.2.3 生产排产与制造环节

#### 2.2.3.1 生产线种类及要求

鉴于仿真实习环境限制，生产排产设定相比实际制鞋厂家略显简单。制鞋需要进行裁断、针车、夹帮、上胶、贴底、上光、包装等流程，以生产流水线方式顺序展开，生产线线数决定了设备数和工人规模，同时决定了产能水平。根据制鞋业常见生产模式，综合仿真实习设计了半自动生产线Ⅰ代（国产）、半自动生产线（进口）、半自动生产线Ⅱ代（国产研发）、智能全自动生产线Ⅰ（国产）、智能全自动生产线（进口）、智能全自动生产线Ⅱ（国产研发）、数字化柔性多工位生产线等多种生产线，并分别规定了生产线工人数量、熟练程度及单位小时产能，如表2－13所示。

**表2－13 要素配比及生产能力**

| 产品号 | 生产线种类 | 配工层次及人数 | 生产能力（双/小时） | 废品率（%） |
|---|---|---|---|---|
| P1、P2 | 半自动生产线Ⅰ代（国产） | 初55人或中45人 | 68（初）；78（中） | 4 |
| | 半自动生产线（进口） | 初50人或中40人 | 78（初）；88（中） | 3 |
| P3－P6 | 半自动生产线（进口） | 初50人或中40人 | 78（初）；88（中） | 4 |
| | 半自动生产线Ⅱ代（国产研发） | 初45人或中40人 | 78（初）；88（中） | 3 |
| | 智能全自动生产线Ⅰ（国产） | 中42人或高35人 | 78（中）；88（高） | 2 |
| | 智能全自动生产线（进口） | 中40人或高33人 | 83（中）；93（高） | 2 |
| | 数字化柔性多工位生产线 | 中45人或高40人 | 85（中）；96（高） | 1 |
| P7－P10 | 智能全自动生产线Ⅰ（国产） | 中42人或高35人 | 54（中）；65（高） | 3 |
| | 智能全自动生产线（进口） | 中40人或高33人 | 60（中）；72（高） | 2 |
| | 智能全自动生产线Ⅱ（国产研发） | 中40人或高33人 | 60（中）；72（高） | 1 |
| | 数字化柔性多工位生产线 | 中45人或高40人 | 65（中）；80（高） | 1 |

按照GB/T 19000—ISO 9000《质量管理和质量保证》系列标准，生产线在产品生产过程中产生的废品率以1%～5%视为合理范围。

数字化柔性多工位生产线针对不同产品的生产转换零成本零耗时，其他系列生产线转换产品进行生产，须停工2天做相应调整和准备，每次转换生产产品类别，还须支付5000元产品线调试费。产品线调试费由信息中心收取。

生产线正常负荷为16小时/天，每超出1小时/天，增加额外维修费1000元/工时，生产线每日的最大工作时间为20小时。

假定生产完工全部是产成品，没有在产品。

生产排产要点如表2－14所示。

**表2－14 生产排产要点**

| 订单号 | 产品种类 | 备料时间 | 生产线编号 | 总工时 | 日工时 | 配工种 |
|---|---|---|---|---|---|---|
| | | | | | | |
| | | | | | | |

### 2.2.3.2 生产线设备相关规则

生产商可随时前往信息中心进行生产线的购买，生产线的购买价格为含税价格。所有生产线使用寿命为10年，采用直线法计提折旧，残值为0。企业可按当前设备折余价值的80%价格随时出售生产线给信息中心，亦可将生产线转让或租赁给其他团队，协议价格可在折余价值的80%～120%浮动，季度租金可按该设备季度折旧额的300%～380%费率浮动，具体金额由买卖或承租多方协商或竞价决定。

生产线转换厂家，须1个季度安装调试期，即当季转让或租赁，将于其后3个季度才能在新厂商投产。如若由租赁期满后转为出售生产线，并没有转换厂家，不需要二次安装调试。

每一条生产线只允许转让或租赁一次，被转让方或承租方必须实际持有并使用该设备1年或更长时间，才能以折余价值80%出售或退回原厂。须研发的半自动生产线Ⅱ、全自动生产线Ⅱ、柔性生产线不能在厂商之间转让，只能以折余价值80%的价格卖给信息中心。

2.2.3.3 生产线价格、研发升级与升级条件

半自动生产线Ⅰ（国产）、半自动生产线（进口）、全自动生产线Ⅰ（国产）、全自动生产线（进口）可直接购置，当季度可投入生产使用。半自动生产线Ⅰ（国产）和全自动生产线Ⅰ（国产）可通过投入研发费用，经一定建设期升级改造为性能更好的生产线Ⅱ。柔性生产线亦需一定条件研发后建造。生产线价格及研发条件如表2－15所示。

**表2－15 生产线价格及研发条件**

| 产品线类别 | 售价（万元） | 2个季度后研发 | 研发期 | 研发后改造升级为 | 改造期 |
|---|---|---|---|---|---|
| 半自动生产线Ⅰ（国产） | 700 | 100万元/季度 | 1季度 | 半自动生产线Ⅱ | 1季度 |
| 半自动生产线（进口） | 800 | | | | |
| 全自动生产线Ⅰ（国产） | 1000 | 150万元/季度 | 1季度 | 全自动生产线Ⅱ | 1季度 |
| 全自动生产线（进口） | 1100 | | | | |

关于生产线的研发有以下几个方面的注意事项：

其一，生产企业模拟经营进入第二年，可研发柔性生产线，研发期为2个季度，每季度研发投入150万元。研发期满后，可支付1000万元/生产线成本建造柔性多工位生产线，建设期为1个季度。

其二，生产企业对生产线进行升级及研发必须前往信息中心进行登记，按要求缴纳相应的研发费用。

其三，半自动生产线Ⅰ和全自动生产线Ⅰ在研发期具有生产能力。

其四，生产线处于改造期或建设期，不具备生产能力。

**温馨提示**：2020年12月28日，《制鞋行业装备升级路线图》正式发布，21世纪的第二个十年开始至今，我国鞋机开始进入自主创新和自动化智能化提升时代，制鞋装备在种类、规模、数量、质量等方面都有了很大的发展和提高，部分产品已达到国际先进水平，有效地满足了国内企业的生产需求，提高了国产设备的市场占有率和竞争力。随着我国着力推动以国内大循环为主体、国内国际双循环相互促进的新发展格局，制鞋业迎来了重塑竞争新优势的重要机遇①。“十四五”规划明确指出推动制造业高端化、智能化与绿色化，鼓励企业应用先进适用技术、加强设备更新和新产品规模化应用。因此，在实训过程中，同学们应适应时代发展趋势，统一科技创新思想，加大企业科研投入，研发高端国产生产线品牌，为祖国建设需要添砖加瓦。

① 资料来源于消费日报网。

2.2.3.4　厂房租用与生产线容纳能力

生产商须在每季度初根据生产线建设计划，前往第三方物流服务中心进行厂房的租赁，其具体业务办理流程请参照本书7.6节第三方物流服务中心的相关规则。

### 2.2.4　产成品仓储与运输

生产商每一笔订单加工完毕后，集中发货给渠道商。在订单产品发货前，陆续生产出的产成品须送至仓库存储，包装好的产成品按照体积而非重量计算仓储费与运费，具体规则如下：

2.2.4.1　产成品体积与仓储

生产商发配成品鞋前仅作简单包装，每100双为1箱，体积约为1立方米。仓储费用标准同原材料。不同类型仓库的容量、仓储费用及租赁价格如表2-16所示。

**表2-16　不同类型仓库的容量、仓储费用及租赁价格**

| 序号 | 指标 | 平房仓库 | 楼房仓库 | 立体货架仓库 |
|---|---|---|---|---|
| 1 | 自动化程度 | 无 | 半机械化 | 机械自动化 |
| 2 | 最大容量（立方米） | 5000 | 10000 | 15000 |
| 3 | 存储费（元/立方米×日） | 1 | 0.5 | 0.5 |
| 4 | 租赁价格（元/季度） | 6万 | 15万 | 24万 |

注：仓库的建设、折旧等细节，同原材料仓储部分（不论是自建仓库还是租赁都要计算存储费）。

2.2.4.2　产成品运输方式

生产商与渠道商之间订单合约，国内运输费用由生产商支付；国际贸易采取离岸价格，生产商支付“厂—码头”或“厂—机场”运费，其余运费由渠道商支付。一律采取公路运输，外包第三方运费标准如表2-17所示。

**表2-17　外包第三方运费标准**

| 序号 | 运输要求 | 运输方式 | 运输时长 | 20尺货柜日运费（元） | 小计（元） |
|---|---|---|---|---|---|
| 1 | 厂—码头 | 公路 | 1日 | 1500 | 1500 |
| 2 | 厂—机场 | 公路 | 1日 | 1500 | 1500 |
| 3 | 码头—码头 | 国内海运 | 5日 | 100 | 500 |
| 4 |  | 至亚洲海运 | 6日 | 200 | 1200 |
| 5 |  | 至欧洲海运 | 15日 | 200 | 3000 |
| 6 |  | 至美洲海运 | 10日 | 200 | 2000 |
| 7 |  | 至澳大利亚海运 | 8日 | 200 | 1600 |
| 8 | 机场—机场 | 国内空运 | 1日 | 10000/AMA | 10000 |
| 9 |  | 至亚洲空运 | 1日 | 12000/AMA | 12000 |
| 10 |  | 至欧洲空运 | 1日 | 30000/AMA | 30000 |
| 11 |  | 至美洲空运 | 1日 | 30000/AMA | 30000 |
| 12 |  | 至澳大利亚空运 | 1日 | 20000/AMA | 20000 |

注：20尺货柜，容量约25立方米，可容纳25箱产成品。

生产商亦可选择自建仓库与车队的方式，进行产成品的储存和运输，若自建车队运输，每日每标准箱运输费用1000元，运输时长与外包方式相同。

产成品外销，送至港口等待集中发货，每标准箱堆存费加上租箱费合计仓储租金50元/日（注：1标准箱表示一个20尺的货柜）。

## 2.2.5 生产商人力资源

### 2.2.5.1 员工种类与标准薪酬

生产制造企业的员工种类包括高级管理人员、技工、车间管理人员和销售人员，其中高级管理人员由参与仿真实习的学生团队成员扮演，技工、车间管理人员和销售人员是虚拟工人，技工根据熟练程度分为初级、中级和高级三种（见表2－18）。

**表2－18 生产制造企业员工薪酬标准**

| 序号 | 员工种类 | | 标准薪酬 | 加班费标准 | 备注 |
|---|---|---|---|---|---|
| 1 | 高级管理人员 | | 自拟 | 不加班 | 总额9万元/月 |
| 2 | 技工 | 初级 | 4500元/月 | 35元/小时 | |
| 3 | | 中级 | 5500元/月 | 45元/小时 | |
| 4 | | 高级 | 6500元/月 | 60元/小时 | |
| 5 | 车间管理人员 | | 7000元/月 | 不加班 | 人数不少于技工人数的5%（没提成） |
| 6 | 销售人员 | | 3500元/月 | 不加班 | 销售额（不含税收入）提成1% |

生产制造企业员工薪酬的一些说明如下：

第一，车间管理人员不少于技工人数的1/20，最少10人（技工加班时，不需要配备车间管理人员）。

第二，销售人员底薪3500元/月，提成为销售额的1%，每位营销人员可以承担的最高销售额为每季度270万元封顶（当月有确认主营业务收入的，当月就要计算销售员提成）。

第三，生产商企业执行《中华人民共和国劳动法》的规定：①国家实行劳动者每日工作时间不超过八小时、每周工作时间不超过四十四小时的工时制度。②用人单位应当保证劳动者每周至少休息一日。③用人单位在下列节日期间应当依法安排劳动者休假：元旦；春节；国际劳动节；国庆节；法律、法规规定的其他休假节日。④用人单位由于生产经营需要，经与工会和劳动者协商后可以延长工作时间，一般每日不得超过一小时；因特殊原因需要延长工作时间的，在保障劳动者身体健康的条件下延长工作时间每日不得超过三小时，但是每月不得超过三十六小时。

第四，技工每周一至周六是正常工作日，每日工作时间不超8小时且每周上班时间不超过44小时，延长工作时间和周日安排上班均属于加班性质，需支付加班工资。周日安排加班需支付双倍加班工资报酬；法定休假日安排加班，需支付3倍加班工资报酬（每位技工每月加班时长不得超过36小时）。

第五，企业须以员工的标准薪酬（不含加班费及提成的基本工资）为基数，支付“五险一金”，即住房公积金、养老保险、医疗保险、失业险、工伤险、生育险。标准如下：住房公积金个人支付比例为10%，公司缴纳比例为10%；养老保险个人支付比例为8%，公司支付比例为12%；医疗保险个人支付比例为2%，公司缴纳比例为10%；此外，公司单独按照员工标准薪酬的3%缴纳失业险、工伤险、生育险。“五险一金”中，个人承担20%，公司承担35%，给员工计发工资时，就开始计算缴纳“五险一金”。

第六，个人所得税按薪酬所得（含加班费、提成）扣除由个人承担的“五险一金”后，减去5000元免征额后的应纳税所得额，计算缴纳个税，税率标准按照国家现行规定执行。

第七，表2－18中的标准薪酬为仿真实习第一年的员工标准薪酬，所有员工（包括高级管理人员、技工、车间管理人员、销售人员）的标准薪酬在此表基础上每年递增10%。

> **温馨提示：**《中华人民共和国劳动法》保护劳动者的合法权益，建立和维护了适应社会主义市场经济的劳动制度，促进经济发展与社会进步。因此，在实训过程中，学生需要遵守《中华人民共和国劳动法》相关规定，保障模拟企业劳动者的各项合法权益，为日后走向社会保障自身合法权益打下坚实基础。

### 2.2.5.2　员工招聘与解聘、培训与晋级

（1）招聘与解聘。人员招聘都是季初招，即每年招聘时间为1月1日、4月1日、7月1日及10月1日。生产商各类员工的招聘时间、培训时间、上岗时间以及每季末需支付的费用项目不尽相同，如表2－19所示。

**表2－19　生产制造企业员工招聘的相关规定**

| 员工种类 | 招聘时间 | 培训时间 | 上岗时间 | 季末需支付的费用项目 | |
|---|---|---|---|---|---|
| 高级管理人员 | 无须招聘 | 无须培训 | 第一年第一季度 | 第一年第一季末 | ①三个月的标准月薪<br>②按标准月薪总额计算的“五险一金”，需支付三个月 |
| 技工 | 第一年第一季度 | 无须培训 | 第一年第一季度 | 第一年第一季末 | ①三个月的标准月薪＋加班费<br>②按标准月薪总额计算的“五险一金”，需支付三个月 |
| | 当季度 | 当季度 | 次季度 | 当季末 | ①50%的标准月薪，需支付三个月<br>②按标准月薪总额计算的“五险一金”，需支付三个月 |
| | | | | 次季末 | ①三个月的标准月薪＋加班费<br>②按标准月薪总额计算的“五险一金”，需支付三个月 |
| 车间管理人员 | 第一年第一季度 | 无须培训 | 第一年第一季度 | 第一年第一季末 | ①三个月的标准月薪<br>②按标准月薪总额计算的“五险一金”，需支付三个月 |
| | 当季度 | 无须培训 | 次季度 | 次季末 | ①三个月的标准月薪<br>②按标准月薪总额计算的“五险一金”，需支付三个月 |
| 销售人员 | 当季度 | 无须培训 | 当季度 | 当季末 | ①三个月的标准月薪＋提成<br>②按标准月薪总额计算的“五险一金”，需支付三个月 |

生产制造企业的技工、车间管理人员、销售人员在每季初招人时，需支付招聘广告费，每公开发布一次招聘广告，人才交流中心收取广告费5000元（广告费按次收取，不按区域、员工种类和月份计算）。

已经聘用的员工聘期至少1年，聘期内解聘工人必须支付3个月基本月薪的补偿金；若聘期满1年，企业需要解聘员工，应在第2年的季度初（比如2015年1月1日招的人，就在2016年1月1日；2015年4月1日招的人，就在2016年4月1日）向人才交流中心提出解聘申请，超过次年季度初的第一天没有到人才交流中心提出解聘申请的，默认为继续聘用1年，续聘期间的任何一天解聘工人必须向人才交流中心支付3个月基本月薪的补偿金。

（2）培训与晋级。①生产制造企业的高级管理人员、车间管理人员和销售人员不需要培训。②技工在上岗前需要接受岗前培训，岗前培训费为技工标准月薪的50%。技工在工作期间可接受能力提升培训，培训费为原技工级别标准月薪的2倍。培训后次季度可以作为高一等级技工上岗（培训费按次收取，不按月计算）。③生产商的技工在参加能力提升培训时，为在职培训（边工作边培训）。在能力提升培训期间的三个月，生产商每个月应支付给技工能力提升培训前岗位100%标准月薪，并为其缴纳“五险一金”。④为缩短新建企业的投产周期，生产商的技工及车间管理人员在第一年第一季度招聘后无须培训直接上岗工作。从第二季度开始，技工及车间管理人员需要在招聘后的下个季度才正式上岗。

### 2.2.6 产品研发规则

企业通过投入产品研发费用获得研发积分，研发积分的高低反映企业的产品研发能力，产品研发能力能够影响企业生产产品的档次。

产品研发支出包括在研究与开发过程中所使用资产的折旧、消耗的原材料、直接参与研发人员的工资及福利费、研发过程中发生的租金以及借款费用等，在仿真实习中产品研发支出作为整体支出，不细分项目。

生产制造企业每季度的产品研发支出可以为0或者为40万元或30万元的整数倍，产品研发投入可以获得相应的研发积分。产品研发投入具有一定的风险性，因此，仿真实习中投入一定的产品研发支出可获得的研发积分不是固定的，服从一定的概率分布。投入研发市场上尚未有其他企业研发成功的产品，产品研发投入、研发积分以及每40万元产品研发支出获得研发积分的概率分布如表2－20所示；投入研发市场上已经有其他企业研发成功的产品，产品研发投入、研发积分以及每30万元产品研发支出获得研发积分的概率分布如表2－21所示。不同产品的生产对研发能力的要求如表2－22所示，每个季度研发支出不能超过160万元。

**表2－20 每40万元产品研发支出获得研发积分的概率分布**

| 研发投入（元） | 研发积分（分） | 概率分布（%） |
|---|---|---|
| 40万 | 40 | 13 |
| | 30 | 22 |
| | 23 | 30 |
| | 12 | 22 |
| | 6 | 13 |

表2－21 每30万元产品研发支出获得研发积分的概率分布

| 研发投入（元） | 研发积分（分） | 概率分布（%） |
|---|---|---|
| 30万 | 20 | 13 |
| | 18 | 22 |
| | 14 | 30 |
| | 10 | 22 |
| | 8 | 13 |

表2－22 不同产品的生产对研发能力的要求

| 产品种类 | 研发能力 |
|---|---|
| P1 | 研发积分≥0 |
| P2 | 研发积分≥0 |
| P3 | 研发积分≥0 |
| P4 | 研发积分≥0 |
| P5 | 研发积分≥50 |
| P6 | 研发积分≥80 |
| P7 | 研发积分≥120 |
| P8 | 研发积分≥170 |
| P9 | 研发积分≥230 |
| P10 | 研发积分≥300 |

**温馨提示：**为实现科技创新，国家和政府出台众多加大科技研发投入、加快推进科技成果转化的相关举措。因此，在实训过程中，通过投入一定的研发经费，让学生感受创新成果转化、提升产品价值带来的经济效益，既符合国家经济发展需要，也是注重学生创新思维的培养。

## 2.3 生产制造商的规模经济规则

生产制造商专一经营某一种产品，当该产品产销量达到一定规模后，可获得规模经济带来的额外利得。生产商可以通过两种模式获得规模利得，而且模式1和模式2的规模经济利得效果可以叠加。具体的规模利得如表2－23所示。

表2－23 生产商的规模经济

| 模式 | 条件 | 规模经济利得 |
|---|---|---|
| 模式1 | 生产同一种产品的生产线达到或超过3条 | 相关生产线产能提升2% |
| | 生产同一种产品的生产线达到或超过4条 | 相关生产线产能提升3% |
| | 生产同一种产品的生产线达到或超过5条 | 相关生产线产能提升4% |

续表

| 模式 | 条件 | 规模经济利得 |
| --- | --- | --- |
| 模式2 | 半自动生产线Ⅰ（国产）达到3条 | 相关生产线产能提升3% |
|  | 半自动生产线Ⅱ（国产）达到4条 | 相关生产线产能提升4% |
|  | 半自动生产线（进口）达到3条 | 相关生产线产能提升3% |
|  | 半自动生产线（进口）达到4条 | 相关生产线产能提升4% |
|  | 全自动生产线Ⅰ（国产）达到3条 | 相关生产线产能提升3% |
|  | 全自动生产线Ⅱ（国产）达到4条 | 相关生产线产能提升4% |
|  | 全自动生产线（进口）达到3条 | 相关生产线产能提升3% |
|  | 全自动生产线（进口）达到4条 | 相关生产线产能提升4% |
|  | 数字化柔性多工位生产线达到2条 | 相关生产线产能提升5% |

# 第❸章
# 品牌渠道商业务规则

> ➢［学习目标］
> 1. 了解渠道商企业的组织架构
> 2. 掌握消费者购买能力与市场容量规则
> 3. 掌握渠道商企业品牌专营店建设与转让规则
> 4. 掌握渠道商企业市场占有率规则
> 5. 掌握渠道商企业网上专卖店建设规则
> 6. 掌握渠道商企业市场订单获取规则
> 7. 掌握渠道商企业物流运输与仓储规则
> 8. 掌握渠道商企业人力资源管理规则
>
> ➢［育人目标］
>
> 让学生树立遵纪守法、诚信经营、合作共赢和公平竞争理念，注重契约精神的培养，塑造学生的爱国情怀。

企业经营仿真综合实习平台中的所有品牌渠道商与生产制造商相同，都是初创企业，注册资金为3000万元，在经营初期可向商业银行申请900万元的短期贷款。

企业经营仿真综合实习平台中的品牌渠道商与生产制造商相同，都是股份有限责任公司。指导老师和所有学生都是企业股东。其中，本公司所在教室的指导老师是企业的大股东，在初始阶段持有公司80%的股份，由学生组成的企业经营团队，在初始阶段持有公司20%的股份。企业经营团队的各个成员如何分配20%的企业股份、每个成员持股多少由企业的CEO在团队构建的过程中根据团队成员承担的岗位职责及能力进行合理的分配，这一过程需要CEO与团队成员进行积极的沟通协商。大股东在每个经营年度结束时，会根据企业经营团队的整体表现，以赠与的形式对团队进行股权激励。

品牌渠道商连接生产制造商和最终消费者，其产业链价值在于营销，在于最大程度地挖掘各种产品的区域市场，扩大市场占有率，增强与生产商的议价能力，并从中谋取最大利润。

## 3.1 品牌渠道商的企业组织架构

要经营好公司，首先要搭建公司的组织架构。每家品牌制造商的组织架构和岗位的安排，在CEO招聘团队成员时自行商定。企业的CEO可由任何专业的学生担任。品牌渠道商与生产制造商相同，也是先由仿真实习平台统一招聘 CEO，再由 CEO 招聘团队成员，并确定岗位分工。CEO 在招聘团队成员时，除了要考察其态度和能力，同样要考虑其专业特长。

企业经营仿真实习平台中的品牌渠道商一般分设行政部门、人事部门、财务部门、采购部门、物流部门和营销部门，各部门根据工作业务量配置 1～3 名相关专业学生，部门间各尽其责、彼此协作，共同完成高度仿真的连续 3 年共 12 个季度的企业运作过程。品牌渠道商的组织架构和主要岗位职责可参考表 3－1，各企业可根据团队成员的人数相应增减岗位，并对岗位职责进行相应的调整。

**表 3－1　品牌渠道商组织架构和主要岗位职责**

| 部门 | 职位 | 主要职责 | 人数 |
|---|---|---|---|
| 行政部门 | 行政秘书 | 信息管理、部门协调等 | 1 |
| | CEO | 制定发展战略、店铺布局等 | 1 |
| 人事部门 | 人事主管 | 考勤、招聘计划、职员排班、个税申报等 | 1 |
| 财务部门 | CFO | 编制预算、筹资、投资决策、成本预测、账表复核等 | 1 |
| | 会计主管 | 成本计算、会计核算、编制凭证、登记账簿、编制报表等 | 1 |
| | 财务助理 | 资金结算、登记银行存款日记账、纳税申报、编制现金流量表、财务档案装订与保管、财务辅助性工作等 | 1 |
| 采购部门 | 采购主管 | 采购计划、订单管理、议价等 | 1 |
| 物流部门 | 物流主管 | 仓储管理、运输排程、预算等 | 1 |
| 营销部门 | 市场总监 | 区域市场销售计划、价格策略等 | 1 |
| | 营销策划 | 产品营销策划案、CI、广告等 | 1 |

## 3.2　品牌渠道商的企业经营规则

### 3.2.1　消费者购买能力与市场容量规则

#### 3.2.1.1　各种产品在不同市场的潜在消费规模

企业经营仿真实习中的消费市场分国内、亚洲、欧洲、美洲和澳大利亚五个大的区域市场，10 种产品在五大地区市场的潜在消费规模于仿真实习的开始阶段就发布，每种产品的指导销售价格不同，且根据市场供求变化进行浮动。表 3－2 是各种商品季度市场最大容量和指导零售价格。

表 3－2　各种商品季度最大市场容量及指导零售价格

| 序号 | 项目 | 亚洲 | 欧洲 | 美洲 | 国内 | 澳大利亚 |
|---|---|---|---|---|---|---|
| P1 | 最大市场容量（季） | 156 万双 | 193 万双 | 242 万双 | 430 万双 | 96 万双 |
| | 指导零售价格 | 197 元（不含税） | | | | |
| P2 | 最大市场容量（季） | 156 万双 | 193 万双 | 242 万双 | 430 万双 | 96 万双 |
| | 指导零售价格 | 218 元（不含税） | | | | |
| P3 | 最大市场容量（季） | 165 万双 | 205 万双 | 255 万双 | 454 万双 | 101 万双 |
| | 指导零售价格 | 223 元（不含税） | | | | |
| P4 | 最大市场容量（季） | 165 万双 | 205 万双 | 255 万双 | 454 万双 | 101 万双 |
| | 指导零售价格 | 297 元（不含税） | | | | |
| P5 | 最大市场容量（季） | 165 万双 | 205 万双 | 255 万双 | 454 万双 | 101 万双 |
| | 指导零售价格 | 330 元（不含税） | | | | |
| P6 | 最大市场容量（季） | 165 万双 | 205 万双 | 255 万双 | 454 万双 | 101 万双 |
| | 指导零售价格 | 383 元（不含税） | | | | |
| P7 | 最大市场容量（季） | 77 万双 | 95 万双 | 119 万双 | 211 万双 | 47 万双 |
| | 指导零售价格 | 373 元（不含税） | | | | |
| P8 | 最大市场容量（季） | 77 万双 | 95 万双 | 119 万双 | 211 万双 | 47 万双 |
| | 指导零售价格 | 620 元（不含税） | | | | |
| P9 | 最大市场容量（季） | 77 万双 | 95 万双 | 119 万双 | 211 万双 | 47 万双 |
| | 指导零售价格 | 923 元（不含税） | | | | |
| P10 | 最大市场容量（季） | 77 万双 | 95 万双 | 119 万双 | 211 万双 | 47 万双 |
| | 指导零售价格 | 1098 元（不含税） | | | | |

**温馨提示：**据统计，2021 年我国鞋靴出口额达 479 亿美元，同比增长 35%，出口价格延续上涨势头，2021 年出口价格上涨 15%，为稳外贸做出积极贡献。广东省为我国鞋靴出口第二大省，2021 年前 11 个月出口额达到 107 亿美元，增长 27%①。随着我国着力构建以国内大循环为主体、国内国际双循环相互促进的新发展格局，中美贸易战、中欧贸易战等市场环境发生一定变化，国内消费者对产品质量要求日益提高，制鞋业迎来了重塑竞争新优势的重要机遇。因此，渠道商市场规则设计以国内市场为主、国际市场为辅。希望同学们在实训过程中注重国内市场开发，打造国家民族自主品牌，加深国家身份认同，同时不放弃国际市场竞争，为国家经济发展做出贡献。

#### 3.2.1.2　某一种产品的市场饱和度及售价浮动

各品牌零售商出售商品的实际价格与营销费用投入、市场饱和度及替代品进入市场相关。营销费用投入有助于将潜在消费者群体转变为现实消费者群体，进而为商品打开销路并增强议价能力。现实消费者群体与潜在消费者群体之和恒等于此商品在该地区的最大市

① 资料来源：http://www.clii.com.cn/zhhylm/zhhylmHangYeJuJiao/202201/t20220126_3952931.html。

场容量。当有更高档次的商品进入该地区市场后，同一市场销售的原有档次商品价格会出现一定程度的下降。市场饱和度及价格浮动如表 3－3 所示。根据前一季度的市场饱和度计算后一季度的商品基准价格浮动。

**表 3－3　市场饱和度及价格浮动**

| 序号 | 项目名称 | 项目参数 | 价格浮动 |
| --- | --- | --- | --- |
| 1 | 最大市场容量 | A | — |
| 2 | 初期现实市场容量 | 20% | — |
| 3 | 产品广告费投入增加现实市场容量 | X% | — |
| 4 | 当前现实市场容量 | 20% ＋X% | — |
| 5 | 所有商家销售规模合计数 | B | — |
| 6 | 市场饱和度 B/［A×（20% ＋X%）］ | ≥0，≤0.3 | 上浮 15% |
| 7 | | >0.3，≤0.5 | 上浮 10% |
| 8 | | >0.5，≤0.8 | 指导价格 |
| 10 | | >0.8，≤0.9 | 下调 5% |
| 11 | | >0.9，≤1 | 下调 10% |
| 12 | 高一档商品进入市场，在此前基础上 | — | 下调 5% |
| 13 | 高二档商品进入市场，在此前基础上 | — | 下调 10% |

#### 3.2.1.3　产品广告费用投入与现实市场容量拓展

产品广告费在不同区域市场上投放，需分清楚区域和产品所产生的市场容量扩展能力有所差异，具体关系如表 3－4 所示。

**表 3－4　产品广告投入及市场扩容**

| 序号 | 区域市场 | 产品广告投入（元） | 现实市场容量变化 | |
| --- | --- | --- | --- | --- |
| | | | 现实市场容量≤50% | 现实市场容量＞50% |
| 1 | 国内 | 1250000 | 上升 5% | 上升 3% |
| 2 | 亚洲 | 625000 | 上升 5% | 上升 3% |
| 3 | 欧洲 | 838000 | 上升 5% | 上升 3% |
| 4 | 美洲 | 1000000 | 上升 5% | 上升 3% |
| 5 | 澳大利亚 | 450000 | 上升 5% | 上升 3% |

产品广告费可持续性扩张产品的现实市场容量（当现实市场容量扩张至潜在市场容量，现实市场容量将不再扩张），渠道商累计投入的产品广告费还可长久地提升市场占有率，因此该费用投入实际增加了渠道商的商誉，会计上应作为无形资产核算并摊销。本综合实训平台简化操作，产品广告费会计处理与品牌广告投入会计处理相同，均作为期间营销费用。品牌广告与产品广告投入最小单位以千元计。

产品广告投放产生的现实市场容量变化于次一季度生效。

### 3.2.2　渠道商品牌专营店建设与转让

渠道商主要依靠在目标市场开设品牌专营店的方式促进销售和占有市场。品牌专营店

有规模与档次上的差别，需要购买或租赁店铺，支付装修费用和广告费用，以实现单位店面的销售额最大化。具体说明如下：

### 3.2.2.1　品牌专营店的种类与效能

品牌专营店分为四个档次，分别是初档店、中档店、高档店和旗舰店四种类型，不同的门店搭配的店员种类不同，销售产品的类型和销售能力也不同。具体规则如表3－5所示。

**表3－5　不同品牌专营店的销售能力**

| 序号 | 品牌专营店种类 | 临店店员 | 销售产品类型 | 基准销售能力（万元/季） |
| --- | --- | --- | --- | --- |
| 1 | 初档店 | 2名初级 | 初、中档品 | 40 |
| 2 | 中档店 | 4名中级 | 初、中档品 | 93 |
| 3 | 高档店 | 5名高级 | 中、高档品 | 132 |
| 4 | 旗舰店 | 8名高级 | 中、高档品 | 240 |

注：基准销售能力所限销售额不含增值税。

### 3.2.2.2　品牌专营店的投资与升级

四种不同档次的品牌专营店有购入、租赁、升级改造三种获取方式，不同方式所需的费用如表3－6所示。

**表3－6　获得店铺的方式及费用**

| 序号 | 获取条件 | 初档店 | 中档店 | 高档店 | 旗舰店 |
| --- | --- | --- | --- | --- | --- |
| 1 | 购入后装修 | 150万元购入<br>10万元装修 | 450万元购入<br>20万元装修 |  | 850万元购入<br>50万元装修 |
| 2 | 租赁后装修 | 3万元/季<br>10万元装修 | 9万元/季<br>20万元装修 | 12万元/季 | 18万元/季<br>50万元装修 |
| 3 | 升级改造 |  |  | 中档改造装修<br>50万元费用 |  |

渠道商只能购买或租赁初档和中档店铺。新购入和租入的店铺须耗费1个季度的装修期，方能配备店员进行营业；渠道商若需租赁店铺，须前往第三方物流服务中心进行申请、登记和办理；若需购买店铺，须前往信息中心进行登记和办理；店铺装修费及升级改造费由第三方物流中心代为收取。

中档店铺连续营业2个季度后，可通过升级改造，升格为高档店，升级改造期限为1个季度，改造完方能对外营业（即最快第一年第三季度申请，第一年第四季度升级改造，第二年第一季度方能对外营业）。

旗舰店开设的条件相对苛刻。要求该渠道商进入该区域市场满1.5年后，且任意连续2个季度所有产品的销售总量占该区域市场销售总量超过25%，可购入或租入店铺，装修为旗舰店同样须等待1个季度，方能对外营业（即最快第二年第三季度才能购入或租入店铺进行装修，第二年第四季度才能对外营业）。

专营店的基准销售能力仅仅是理论值，具体销售状况与区域市场开发和占有情况以及广告费投入情况相关。

购入的专营店属固定资产，按照20年使用年限直线法计提折旧，初档店残值为50万元，中档店残值为150万元，旗舰店残值为200万元。

四类店面，需要按季度支付不同额度的管理费。初档店3000元/季度，中档店4500元/季度，高档店6000元/季度，旗舰店9000元/季度。装修期间必须缴纳管理费。中档店升级改造期间，按中档店缴纳管理费。

各类品牌专营店摊销期为5年，采用平均摊销法进行摊销；中档店升级为高档店的改造费在剩余摊销期内平均摊销。装修当季、改造当季开始摊销。

3.2.2.3　品牌专营店的转让

通过购入方式取得的店铺可以对外转让，可以折余价值的80%直接出售，亦可以折余价值的80%～120%转让给其他模拟经营的渠道商，具体转让价格经由协商或竞价确定。旗舰店不得转让。

购入方式取得的店铺只允许转让其他渠道商一次，转入店铺的渠道商若想放弃店铺，只能以折余价值的80%出售给市场。

租入的店铺，根据渠道商业务发展需要可以退租，但须提前一个季度向第三方物流中心申请退租。

3.2.2.4　品牌专营店的季度销售计划与限制条件

渠道商每季度初需要设定并发布旗下各区域市场品牌专营店所销售的商品种类，以及各种商品的计划销售数量。各类商品计划销售的总额不得超过品牌专营店的最大销售能力；各类商品品牌专营店和网上专卖店计划销售各类商品总量，不得超过该渠道商在该区域对该商品的市场占有份额所限的数量。

### 3.2.3　品牌专营店数量、品牌广告与区域市场占有率

渠道商之间针对市场占有率的竞争，即是品牌专营店数量与质量、品牌与产品广告投入之间的竞争。

3.2.3.1　区域市场占有积分及市场占有率

将品牌专营店的数量与质量、品牌与产品广告投入折算为区域市场占有积分（见表3－7），进而通过各家渠道商市场占有率积分的占比关系（见表3－8），决定每家渠道商在该区域市场的实际控制份额。需要注意的是，品牌广告需区分市场，不能累计；当季度投放，次季度生效。

**表3－7　某渠道商在某一区域市场的市场占有积分计算**

| 序号 | 市场占有积分影响因素与计算方法 | 某区域积分合计 | 某渠道商区域积分 |
|---|---|---|---|
| 1 | 上季末初档品牌专营店数量×5 | | |
| 2 | 上季末中档品牌专营店数量×15 | | |
| 3 | 上季末高档品牌专营店数量×20 | | |
| 4 | 上季末品牌旗舰专营店数量×50 | | |
| 5 | 上季度品牌广告投入÷4000 | | |
| 6 | 上季末累计产品广告投入÷6000 | | |
| 7 | 合计 | M中 M亚 M欧 M美 M澳 | Mn中 Mn亚 Mn欧 Mn美 Mn澳 |

表 3-8 每家渠道商在某一区域市场的市场占有率

| 序号 | 渠道商 | 国内 | 亚洲 | 欧洲 | 美洲 | 澳大利亚 |
|---|---|---|---|---|---|---|
| 1 | $C_1$ | $M_1$ 中/M 中 | $M_1$ 亚/M 亚 | $M_1$ 欧/M 欧 | $M_1$ 美/M 美 | $M_1$ 澳/M 澳 |
| 2 | $C_2$ | $M_2$ 中/M 中 | $M_2$ 亚/M 亚 | $M_2$ 欧/M 欧 | $M_2$ 美/M 美 | $M_2$ 澳/M 澳 |
| 3 | $C_3$ | $M_3$ 中/M 中 | $M_3$ 亚/M 亚 | $M_3$ 欧/M 欧 | $M_3$ 美/M 美 | $M_3$ 澳/M 澳 |
| 4 | $C_4$ | $M_4$ 中/M 中 | $M_4$ 亚/M 亚 | $M_4$ 欧/M 欧 | $M_4$ 美/M 美 | $M_4$ 澳/M 澳 |
| ⋮ | ⋮ | ⋮ | ⋮ | ⋮ | ⋮ | ⋮ |
| n | $C_n$ | $M_n$ 中/M 中 | $M_n$ 亚/M 亚 | $M_n$ 欧/M 欧 | $M_n$ 美/M 美 | $M_n$ 澳/M 澳 |
| 合计 | | 1 | 1 | 1 | 1 | 1 |

**温馨提示：**企业在运行过程中，不仅要满足消费者的市场需求，还需要随时关注四周虎视眈眈的竞争对手与潜在竞争对手。市场竞争是一场斗智斗勇的生存大挑战，但是争夺行业领导者抑或是打破企业僵局的恶性竞争则会受到法律的制裁。因此，在实训过程中，希望同学们营造公平竞争的营销环境，通过高瞻远瞩的战略布局最终赢得市场的青睐。

#### 3.2.3.2 每家渠道商在某一区域市场的理论最大销售额

渠道商在某一区域市场的最大销售额受专营店最大销售能力、区域市场占有率、各产品区域市场开发程度三因素的共同限制。以某渠道商在亚洲市场的理论最大销售额为例，如表 3-9 所示。

表 3-9 某渠道商在亚洲市场的理论最大销售额

| 序号 | 项目 | 计算方法 | 小计 |
|---|---|---|---|
| 1 | 所有品牌专营店销售能力 | 所有品牌专营店销售能力之和 | H |
| 2 | 第 1 种产品最大销售能力 | $A_1 \times P_1 \times$ (20% + X%) $\times M_1$ 中/M 中 | |
| 3 | 第 2 种产品最大销售能力 | $A_2 \times P_2 \times$ (20% + X%) $\times M_2$ 中/M 中 | |
| 4 | 第 3 种产品最大销售能力 | $A_3 \times P_3 \times$ (20% + X%) $\times M_3$ 中/M 中 | |
| 5 | 第 4 种产品最大销售能力 | $A_4 \times P_4 \times$ (20% + X%) $\times M_4$ 中/M 中 | |
| 6 | 第 5 种产品最大销售能力 | $A_5 \times P_5 \times$ (20% + X%) $\times M_5$ 中/M 中 | |
| 7 | 第 6 种产品最大销售能力 | $A_6 \times P_6 \times$ (20% + X%) $\times M_6$ 中/M 中 | |
| 8 | 第 7 种产品最大销售能力 | $A_7 \times P_7 \times$ (20% + X%) $\times M_7$ 中/M 中 | |
| 9 | 第 8 种产品最大销售能力 | $A_8 \times P_8 \times$ (20% + X%) $\times M_8$ 中/M 中 | |
| 10 | 第 9 种产品最大销售能力 | $A_9 \times P_9 \times$ (20% + X%) $\times M_9$ 中/M 中 | |
| 11 | 第 10 种产品最大销售能力 | $A_{10} \times P_{10} \times$ (20% + X%) $\times M_{10}$ 中/M 中 | |
| 12 | 渠道商在国内市场的理论最大销售额为 H 与 G 的较小数，即 min（H，G） | | |

表 3-9 中，$A_n$ 是第 n 种产品在区域市场的最大容量；$P_n$ 为第 n 种产品的零售价格；X% 为第 n 种产品在区域市场的开发程度；$M_n$ 中/M 中为该渠道商在区域市场的市场占有率；G 为该渠道商在国内市场产品销售能力合计。

### 3.2.4 品牌网上直播专卖店

#### 3.2.4.1 品牌网上直播专卖店的商业价值与成本投入

品牌网上直播专卖店落成后，蕴含着巨大的销售能力，并可同时承接五大区域市场的零售业务。当然，网店建设、运营及物流需要支付成本，具体规定如表3－10所示。

**表3－10 网上直播专卖店的建设、运营及物流成本**

| 序号 | 项目 | 费用或数量 | 备注 |
| --- | --- | --- | --- |
| 1 | 网上直播专卖店最大销售能力 | 各区域初始销量500双/季度，每季度递增50%，一个区域最多销售3000双 | 单一产品最大1000双 |
| 2 | 网上直播专卖店建设成本 | 20万元 | 只能选择一个区域市场 |
| 3 | 投入新区域市场改造成本 | 20万元/区域 | |
| 4 | 网店建设和改造费摊销期 | 5年 | 残值为0 |
| 5 | 直播引流推广费用 | 销售额×10% | |
| | 运营费用 | 2万元 | |
| 6 | 直播人员数量 | 3人 | |
| | 运营人员数量 | 4人 | |
| 7 | 直播人员工资 | 3000元＋提成（销售额×10%/直播人员数） | |
| | 运营人员工资 | 5000元/月 | |
| 8 | 五险一金 | 基本工资额×35% | |
| 9 | 配送包装费用 | 10元/双 | 含在售价中，即包邮 |
| 10 | 各项税费 | | 计算方法同门店 |

渠道商每季度应该规划并发布同期网上直播专卖店在每一个区域市场对外销售的商品类别和商品数量。配送费用不包含待售商品从原产地发往各大洲的物流成本，亦不包括码头或机场到各区域市场配送中心的物流成本。

> **温馨提示**：随着经济社会的发展，新业态销售方式成为时代发展的新趋势，并造就了一批新职业。据了解，截至2021年6月，我国电商直播用户规模为3.84亿，2021年交易规模预计达到23500亿元①。通过网上直播专卖店的实训模拟运营，让同学们了解新业态零售的基本情况，注重国内市场运营开发，摸准时代的脉搏，塑造民族自主品牌。

#### 3.2.4.2 品牌网上直播专卖店的销售计划与限制条件

网上销售必须有足够的市场占有率支撑。若在同一区域市场，某渠道商全部品牌专营店和网上直播专卖店对某产品的销售量，超出该渠道商在该区域市场对此种产品的市场占

① 资料来源：https://baijiahao.baidu.com/s?id=1710329348615660253&wfr=spider&for=pc。

有份额，则优先安排品牌专营店的销售，减少网上直播专卖店的销售数。

渠道商通过品牌网上直播专卖店在某一区域销售商品，前提是在该区域市场拥有物流配送中心，且配送中心具备充足的存货。

3.2.4.3 最早建店时间及流程

网上直播专卖店的最早建店时间为第一年第一季度，建店周期为一个季度，正式销售时间为建店的次季度。

渠道商在建店当季前往信息中心填写《渠道商网店销售计划》表格，由信息中心进行审核，审核成功后方可开店；审核通过的当季须前往信息中心缴纳开店费用。

3.2.4.4 网上直播专卖店设计大赛与奖励

仿真综合实习平台运营到第三周周末，举办所有渠道商参加的网上直播专卖店设计大赛，由专家评审团打分和全校师生网上投票方式，评选出一等奖、二等奖和三等奖若干名，并给予奖励，如表3－11所示。

**表3－11 网上直播专卖店设计大赛奖励**

| 奖项 | 奖励 |
|---|---|
| 网上直播专卖店设计一等奖 | 渠道商网上直播专卖店在各区域市场销售能力增加0.5万双/季 |
| 网上直播专卖店设计二等奖 | 渠道商网上直播专卖店在各区域市场销售能力增加0.4万双/季 |
| 网上直播专卖店设计三等奖 | 渠道商网上直播专卖店在各区域市场销售能力增加0.3万双/季 |

网上直播专卖店开发拓展费、运营费、人员数量、单一产品最大销量等不变。

### 3.2.5 营销创意大赛

渠道商的营销计划一季度一定，即各品牌商团队每季度编制并发布一期营销方案，对投入期的营销费用投入金额、投入市场区域、投入广告形式、预计效果等进行规划。营销广告的形式有两种，其一是具体产品广告，其二是品牌广告。产品广告用于某一产品在某一地区市场未饱和前，可促使潜在消费群体向现实消费群体转换，即增加现实市场容量；品牌广告作用于某一产品在某一地区市场饱和后，其当期投入额度占比决定了各品牌商所能分配的市场份额，当然该份额由于销售折扣政策的不同还会做进一步调整。

在历时4周的仿真实习过程中，将进行两次营销创意大赛：一次以十种产品为对象，进行产品营销方案设计大赛；另一次以渠道商品牌为对象，进行品牌营销设计大赛。营销创意大赛奖励如表3－12所示。

**表3－12 营销创意大赛奖励**

| 奖项 | 奖励 |
|---|---|
| 产品营销设计大奖 | 该产品潜在市场容量增加5%，为获奖者所独占 |
| 产品营销设计二等奖 | 该产品潜在市场容量增加3%，为获奖者所独占 |
| 产品营销设计三等奖 | 该产品潜在市场容量增加1%，为获奖者所独占 |
| 品牌营销设计大奖 | 该渠道商所有区域市场品牌专营店销售能力提升10% |
| 品牌营销设计二等奖 | 该渠道商所有区域市场品牌专营店销售能力提升6% |
| 品牌营销设计三等奖 | 该渠道商所有区域市场品牌专营店销售能力提升3% |

### 3.2.6 品牌零售商采购订单发布与落实

该部分同第 2 章 2.2.1 部分“生产商与渠道商之间订单的获取”。

### 3.2.7 渠道商商品物流与仓储

渠道商物流与仓储工作涉及三个方面：一是港口—港口的运输；二是围绕品牌专营店设置配送中心；三是围绕港口、配送中心与品牌专营店之间进行产品运输与调配。

渠道商商品包装方式与生产商的产成品包装方式相同，即 100 双鞋为 1 箱，体积 1 立方米，1 标准箱可容纳 25 箱鞋。

3.2.7.1 港口—港口运输费用

生产商与渠道商之间签署销售合同后，生产商安排发货，由生产商支付“厂—码头”或“厂—机场”的运输费用，其余运输费用由渠道商支付；渠道商一律采取海运或空运的方式进行运输，外包第三方运费标准如表 3 – 13 所示。

表 3 – 13　第三方运输费用标准

| 序号 | 运输要求 | 运输方式 | 运输时长 | 标准箱日运费（元） | 小计（元） |
|---|---|---|---|---|---|
| 1 | 厂—码头 | 公路 | 1 日 | 1500 | 1500 |
| 2 | 厂—机场 | 公路 | 1 日 | 1500 | 1500 |
| 3 | 码头—码头 | 国内海运 | 5 日 | 100 | 500 |
| 4 | | 至亚洲海运 | 6 日 | 200 | 1200 |
| 5 | | 至欧洲海运 | 15 日 | 200 | 3000 |
| 6 | | 至美洲海运 | 10 日 | 200 | 2000 |
| 7 | | 至澳大利亚海运 | 8 日 | 200 | 1600 |
| 8 | 机场—机场 | 国内空运 | 1 日 | 10000/AMA | 10000 |
| 9 | | 至亚洲空运 | 1 日 | 12000/AMA | 12000 |
| 10 | | 至欧洲空运 | 1 日 | 30000/AMA | 30000 |
| 11 | | 至美洲空运 | 1 日 | 30000/AMA | 30000 |
| 12 | | 至澳大利亚空运 | 1 日 | 20000/AMA | 20000 |

成品在码头和机场无须等待，当天可外运。若人为安排等待，堆存费加上租箱费合计租金 50 元/标准箱/日。1AMA 约等于 1/5 标准箱，按容量为 5 立方米计算。

3.2.7.2 渠道商配送中心购建与租用

渠道商配送中心可选择向第三方租赁和自建两种方式；若需租赁配送中心，须前往第三方物流服务中心进行申请、登记和办理；若需自建配送中心，须前往信息中心进行登记和办理。配送中心种类与价格如表 3 – 14 所示。

**表 3－14　配送中心种类与价格**

| 序号 | 指标 | 小型配送中心 | 中型配送中心 | 大型配送中心 |
|---|---|---|---|---|
| 1 | 最大容量（立方米） | 1000 | 3000 | 5000 |
| 2 | 运营费（元/立方米×日） | 0.5 | 0.5 | 0.5 |
| 3 | 建筑成本（万元） | 330 | 770 | 1200 |
| 4 | 建设工期 | 1 个季度 | 2 个季度 | 3 个季度 |
| 5 | 折旧年限（年） | 20 | 20 | 20 |
| 6 | 残值（万元） | 100 | 150 | 200 |
| 7 | 租赁价格（万元/季） | 6 | 15 | 24 |

注：运营费只和实际仓储量相关，货物到达配送中心的次日开始计算运营费，空置仓储空间不计费。

#### 3.2.7.3　渠道商自营或租赁车辆货物配送

渠道商货物配送包括两个环节的工作：其一是从港口将货物送至该区域的配送中心；其二是从配送中心将货物送至品牌专营店。

渠道商货物配送一律采取公路运输的方式，租赁车辆单日运费标准较高，自营车队日运营费用较低，但须购置车辆。若需租赁车辆，须前往第三方物流服务中心进行申请、登记和办理；若需自营车队，须前往信息中心进行登记和办理。配送中心车辆种类与价格如表 3－15 所示。

**表 3－15　配送中心车辆种类与价格**

| 序号 | 运输环节 | 运输时长 | 车辆类型 | 容积 | 租赁车辆（元/日） | 自营车队（元/日） |
|---|---|---|---|---|---|---|
| 1 | 港口—配送中心 | 1 日 | 货柜车 | 标准箱 | 1500 | 1000 |
| 2 | | | 中型货车 | 10 立方米 | 1200 | 700 |
| 3 | | | 小型货车 | 5 立方米 | 800 | 500 |
| 4 | 配送中心—店铺 | 不等（见表 3－16） | 货柜车 | 标准箱 | 1500 | 1000 |
| 5 | | | 中型货车 | 10 立方米 | 1200 | 700 |
| 6 | | | 小型货车 | 5 立方米 | 800 | 500 |

关于表 3－15 的内容，还要注意以下两点：其一，自营车队日费用按照 5∶3 比例分配为人工费和油料费。其二，配送中心设为品牌专营店的中心，假定配送中心为店铺送货，一车次可以连续为多家门店送货，配送时长为门店送货配送标准时长，运费为往返计费，货柜车和中型货车计算方式为所配送门店数×配送标准时长×0.25×单日运费×2（不包括小型车）。

区域市场配送中心数量与货物配送时长的关系如表 3－16 所示。货物配送时长与平均每个配送中心辐射的地理面积相关，同一区域上的配送中心数量越多，货物配送时长越短，反之则越长。

**表 3－16　配送中心数量与货物配送时长的关系**

| 序号 | 同一区域拥有配送中心数 | 公路平均配送时长 |
|---|---|---|
| 1 | ≤5 | 单程 3 日 |
| 2 | >5，≤10 | 单程 2 日 |
| 3 | >10 | 单程 1 日 |

自建车队运输费用包括两部分，其一是为购置运输车辆固定资产折旧费用，其二是运输相关变动成本，相关参数如表 3－17 所示。

**表 3－17　自建车队的费用**

| 序号 | 车辆类型 | 容积 | 售价（万元） | 折旧年限（年） | 残值 |
|---|---|---|---|---|---|
| 1 | 货柜车 | 标准箱 | 30 | 5 | 0 |
| 2 | 中型货车 | 10 立方米 | 18 | 5 | 0 |
| 3 | 小型货车 | 5 立方米 | 12 | 5 | 0 |

注：运输车辆可转让，转让价格为折余价值的 70%～110%，通过拍卖进行；或直接以折余价值 70% 出售给信息中心。

货物运输，若装不满 1 车，费用仍按 1 车计收。

店铺与店铺之间不存在运输。

品牌专营店自带一定大小的存储空间，可以进行待售商品的临时存储。具体存储能力为：初档门店仓储空间 3 立方米，即存放 300 双；中档门店仓储空间 5 立方米，即存放 500 双；高档门店仓储空间 8 立方米，即存放 800 双；旗舰门店仓储空间 15 立方米，即存放 1500 双。

品牌专营店的日商品销售是均匀的，当发生断货时，若后期提升销售量以达到预期销售总量，则形成促销，需缴纳促销费。

### 3.2.8　渠道商人力资源管理

#### 3.2.8.1　渠道商人力资源类型与薪酬标准

渠道商人力资源类型与薪酬标准如表 3－18 所示。

**表 3－18　渠道商人力资源类型与薪酬标准**

| 序号 | 员工种类 | | 标准薪酬 | 加班费标准 | 备注 |
|---|---|---|---|---|---|
| 1 | 高级管理人员 | | 自定 | 不加班 | 总额 9 万元/月 |
| 2 | 店员 | 初级 | 3000 元/月 | 25 元/小时 | 销售额（不含税收入）提成 2% |
| 3 | | 中级 | 3500 元/月 | 30 元/小时 | 销售额（不含税收入）提成 2% |
| 4 | | 高级 | 4000 元/月 | 35 元/小时 | 销售额（不含税收入）提成 2% |
| 5 | 一般管理人员 | | 6000 元/月 | 不加班 | 不少于店员人数 5% |

渠道商员工薪酬的其他说明：

（1）一般管理人员不少于店员数的 1/20，最少 10 人（按区域市场所有门店总店员数作为基数计算，店员加班时不需要配备一般管理人员）。

（2）店员的销售额提成比例为2%。

（3）渠道商企业执行《中华人民共和国劳动法》的规定：①国家实行劳动者每日工作时间不超过八小时、每周工作时间不超过四十四小时的工时制度。②用人单位应当保证劳动者每周至少休息一日。③用人单位在下列节日期间应当依法安排劳动者休假：元旦；春节；国际劳动节；国庆节；法律、法规规定的其他休假节日。④用人单位由于经营需要，经与工会和劳动者协商后可以延长工作时间，一般每日不得超过一小时；因特殊原因需要延长工作时间的，在保障劳动者身体健康的条件下延长工作时间每日不得超过三小时，但是每月不得超过三十六小时。店员日工作时间超过8小时或月工作时间超过176小时，即算作加班。

（4）品牌专营店的营业时间统一规定为10：00～21：00，周末正常运营。如法定休假日安排上班，需支付3倍加班工资报酬。

（5）企业须以员工的基本薪酬为标准支付“五险一金”：养老保险、住房公积金、医疗保险、失业险、工伤险、生育险。标准如下：养老保险个人支付比例8%，公司缴纳比例12%；住房公积金个人支付比例10%，公司缴纳比例10%；医疗保险个人支付比例2%，公司缴纳比例10%；此外，企业单独按照员工标准薪酬的3%缴纳失业险、工伤险、生育险。“五险一金”中，个人承担20%，公司承担35%，给员工计发工资时就开始计算缴纳“五险一金”。

（6）个人所得税按薪酬所得（含加班费、提成）扣除由个人承担的“五险一金”，减去5000元起征点后的应纳税所得额，计算缴纳个税，税率标准按照国家现行规定执行。

（7）表3－18中的标准薪酬为仿真实习第一年的员工标准薪酬，所有员工（包括高级管理人员、店员、一般管理人员、品牌网上直播专卖店员）的标准薪酬在此基础上每年递增10%。

#### 3.2.8.2 员工招聘与解聘、培训与晋级

（1）招聘与解聘。人员招聘都是季初招，即每年招聘时间为1月1日、4月1日、7月1日及10月1日。渠道商各类员工的招聘时间、培训时间、上岗时间以及每季末需支付的费用项目不尽相同，如表3－19所示。

**表3－19 渠道商各类员工的招聘、培训、上岗时间以及费用项目**

| 员工种类 | 招聘时间 | 培训时间 | 上岗时间 | 季末需支付的费用项目 | |
|---|---|---|---|---|---|
| 高级管理人员 | 无须招聘 | 无须培训 | 第一年第一季度 | 第一年第一季末 | ①三个月的标准月薪<br>②按标准月薪总额计算的“五险一金”，需支付三个月 |
| 店员 | 当季度 | 当季度 | 次季度 | 当季末 | ①50%的标准月薪，需支付三个月<br>②按标准月薪总额计算的“五险一金”，需支付三个月 |
| | | | | 次季末 | ①三个月的标准月薪＋提成＋加班费<br>②按标准月薪总额计算的“五险一金”，需支付三个月 |
| 一般管理人员 | 当季度 | 无须培训 | 次季度 | 次季末 | ①三个月的标准月薪<br>②按标准月薪总额计算的“五险一金”，需支付三个月 |
| 品牌网上直播专卖店员 | 当季度 | 无须培训 | 当季度 | 当季末 | ①三个月的标准月薪<br>②按标准月薪总额计算的“五险一金”，需支付三个月 |

注：渠道商的店员和一般管理人员在每季初招人时，还需支付招聘广告费，每公开发布一次招聘广告，人才交流

中心收取广告费5000元（广告费分区域、分次数收取，不分员工种类和月份计算）。

渠道商网上直播专卖店的销售人员不需要支付招聘广告费和培训费，但需要支付工资和“五险一金”，当季直接上岗。渠道商网络专卖店的销售人员没有加班费和销售提成。

已经聘用的员工聘期至少1年，聘期内解聘工人必须支付3个月基本月薪的补偿金；若聘期满1年，企业需要解聘员工，应在第2年的季度初（如2018年1月1日招的人，时间在2019年1月1日；2018年4月1日招的人，时间在2019年4月1日）向人才交流中心提出解聘申请，超过次年季度初的第一天没有到人才交流中心提出解聘申请的，默认为继续聘用1年，续聘期间的任何一天解聘工人必须向人才交流中心支付3个月基本月薪的补偿金。

（2）培训与晋级。①渠道商的高级管理人员和一般管理人员不需要培训。②店员在上岗前需要接受岗前培训。岗前培训费为店员标准月薪的50%；店员在工作期间可接受能力提升培训，培训费为原店员级别标准月薪的2倍。培训后次季度可以作为高一等级店员上岗（培训费按次收取，不按月计算）。③渠道商的店员在参加能力提升培训时，为脱产培训（不工作专门培训）。在能力提升培训期间的三个月，渠道商每个月应支付给店员能力提升培训前岗位100%标准月薪，并为其缴纳“五险一金”。

## 3.3 品牌渠道商的规模经济规则

品牌渠道商专一经营某一种产品，当该产品产销量达到一定规模后，可获得规模经济带来的额外利得。品牌渠道商可以通过两种模式获得规模利得：一种是产品模式，另一种是市场模式。两种模式的规模经济利得效果可以叠加，具体的规模经济利得如表3－20所示。

**表3－20 渠道商的规模经济利得**

| 模式 | 条件 | 规模经济利得 |
|---|---|---|
| 产品模式 | 某种产品销量占五大市场总销量超过30% | 该产品售价相比基准价上浮3% |
| | 某种产品销量占五大市场总销量超过50% | 该产品售价相比基准价上浮5% |
| | 某种产品销量占五大市场总销量超过70% | 该产品售价相比基准价上浮7% |
| 市场模式 | 所有产品总销量占同一市场总销量的20% | 该市场售价相比基准价上浮5% |
| | 所有产品总销量占同一市场总销量的30% | 该市场售价相比基准价上浮7% |
| | 所有产品总销量占同一市场总销量的40% | 该市场售价相比基准价上浮9% |

第④章

# 外围辅助机构业务规则

➢ [学习目标]

1. 了解各外围辅助机构的组织架构
2. 掌握各外围辅助机构的业务规则
3. 掌握各外围辅助机构的业务流程
4. 掌握各外围辅助机构的处罚实施规则

➢ [育人目标]

通过学习外围辅助机构业务规则，了解企业创业流程以及宏观微观的商业环境，培养学生坚定的爱国情怀，塑造学生高尚的职业操守，训练学生熟练的专业技能，增强学生时代责任感意识。

## 4.1　中央银行

企业经营仿真综合实习平台上的中央银行具有部分现实中央银行的职能。仿真平台上的中央银行是"银行的银行"，集中保管商业银行的准备金，并在必要的情况下对商业银行发放贷款，充当"最后贷款人"的角色。仿真平台上的中央银行是"国家的银行"，被赋予制定和执行货币政策的职能，对仿真经济环境进行宏观调控，对金融机构进行监督管理。

### 4.1.1　存贷款基准利率

中央银行发布初始的存贷款基准利率，可依据仿真宏观经济环境的运营情况，适当调整基准利率。存贷款基准利率的初始值如表 4－1 和表 4－2 所示。

**表 4－1　存款基准利率**　　单位:%

| 项　　目 | 年利率 |
| --- | --- |
| 一、活期存款 | 0.35 |
| 二、定期存款 | |
| 3 个月 | 1.10 |
| 6 个月 | 1.30 |
| 1 年 | 1.50 |
| 2 年 | 2.10 |
| 3 年 | 2.75 |

表 4－2 贷款基准利率

单位：%

| 项　　目 | 年利率 |
|---|---|
| 一、短期贷款 | |
| 6 个月 | 4.35 |
| 1 年（含 1 年） | 4.35 |
| 二、中长期贷款 | |
| 1 年至 3 年 | 4.75 |
| 1 年至 5 年（含 5 年） | 4.75 |
| 5 年以上 | 4.90 |

当仿真企业亏损普遍较大，且企业资产负债较低时，央行可以降低存贷款基准利率；当企业盈利普遍较好，资金需求特别大，银行可贷资金紧张，且企业资产负债率较高时，央行可提高存贷款基准利率。

### 4.1.2 存款准备金

存款准备金是指金融机构为保证客户提取存款和资金结算需要而准备的在中央银行的存款。在现代金融制度下，金融机构的准备金分为两部分，一部分以现金的形式保存在自己的业务库，另一部分则以存款形式存储于央行，后者即为存款准备金。存款准备金分为"法定准备金"和"超额准备金"两部分。

初始的法定存款准备金率由中央银行发布，初始值为15%。可依据仿真宏观经济环境的运营情况，适当调整法定存款准备金率。当商业银行和仿真企业资金都比较紧张时，央行应放松流动性，降低法定存款准备金率；当商业银行和仿真企业资金都比较充裕时，央行应收紧流动性，提高法定存款准备金率。

### 4.1.3 中央银行再贷款

再贷款是指中央银行给商业银行的贷款。在企业经营仿真综合实习平台上，当商业银行资不抵债或出现流动性危机时可以向中央银行申请再贷款，中央银行再贷款的利率初始值为5%，期限为1年。

### 4.1.4 汇率中间价

在仿真企业正常运营阶段，央行每日发布人民币对美元、欧元、澳元和日元的汇率中间价。

### 4.1.5 货币供给量

货币供应量是指一国在某一时点上为社会经济运转服务的货币存量，它由包括中央银行在内的金融机构供应的存款货币和现金货币两部分构成。中央银行一般根据宏观监测和宏观调控的需要，根据流动性的大小将货币供应量划分为不同的层次。我国现行货币统计制度将货币供应量划分为三个层次：流通中现金（M0）、狭义货币供应量（M1）和广义

货币供应量（M2）。

在企业经营仿真实习平台上不存在流动中的现金，所以 M0 的值为 0。因此，中央银行在统计货币供给量时主要统计 M1 和 M2，M1 主要包括企业在商业银行的活期存款，M2 主要包括 M1 以及企业和个人在商业银行的定期存款。

### 4.1.6 企业信用体系建设

企业经营仿真综合实习平台上的中央银行通过与市场监督管理局、税务局、人力资源中心、信息中心、审计和商业银行等部门合作，将企业注册登记的工商信息、纳税信息、经营过程中的不合规信息、财务数据等纳入企业征信系统，建立企业信用体系。

**温馨提示：**中央银行是“国家的银行”“银行的银行”，被赋予制定和执行货币政策的职能，对国家经济环境进行宏观调控，对金融机构进行监督管理。我国改革开放后的金融体制改革，是实现从高度集中的计划经济体制向市场经济体制的转变，解放和发展生产力。金融体制改革是经济体制改革的重要组成部分。在实训的过程中引入中国金融改革历程介绍及金融系统发展现状的讲解，促使学生对中国金融体制改革取得的成就感到自豪，帮助学生树立与这个时代主题同心同向的理想信念，勇于担当这个时代赋予的历史责任，培养学生坚定的爱国情怀。

## 4.2 银保监会

企业经营仿真综合实习平台上的银保监会通过审慎有效的监管，保护市场主体的利益，增进市场信心；通过宣传教育工作和相关信息披露，增进公众对金融的了解，努力减少金融市场的不合规行为。银保监会应坚持以风险为主的监管内容，努力提高金融监管水平，改进监管的方法和手段。鼓励商业银行公平竞争，鼓励商业银行公平合理地发放贷款。

仿真综合实习平台中银保监会的主要职责：①对商业银行的业务活动及风险状况进行监管；②负责统计并发布商业银行主要监管指标情况表和商业银行资产负债季度情况表，如表 4－3 和表 4－4 所示。

**表 4－3 商业银行主要监管指标情况**

| 项目 \ 时间 | 第一季度 | 第二季度 | 第三季度 | 第四季度 |
| --- | --- | --- | --- | --- |
| （一）信用风险指标 | | | | |
| 正常类贷款 | | | | |
| 关注类贷款 | | | | |
| 不良贷款余额 | | | | |
| 正常类贷款率 | | | | |
| 关注类贷款率 | | | | |
| 不良贷款率 | | | | |
| 贷款损失准备 | | | | |
| 拨备覆盖率 | | | | |

续表

| 项目＼时间 | 第一季度 | 第二季度 | 第三季度 | 第四季度 |
| --- | --- | --- | --- | --- |
| 贷款拨备率 | | | | |
| （二）流动性指标 | | | | |
| 流动性比例 | | | | |
| 存贷比 | | | | |
| 人民币超额备付金率 | | | | |
| （三）效益性指标 | | | | |
| 净利润 | | | | |
| 资产利润率 | | | | |
| 资本利润率 | | | | |
| 净息差 | | | | |
| 非利息收入占比 | | | | |
| 成本收入比 | | | | |
| （四）资本充足指标 | | | | |
| 核心资本充足率 | | | | |
| 资本充足率 | | | | |
| 杠杆率 | | | | |

**表 4-4　商业银行资产负债季度情况表**

| 项目＼时间 | 20××年 | | | |
| --- | --- | --- | --- | --- |
| | 第一季度 | 第二季度 | 第三季度 | 第四季度 |
| 总资产（元） | | | | |
| 比上季同期增长率（%） | | | | |
| 总负债（元） | | | | |
| 比上季同期增长率（%） | | | | |

**温馨提示**：实训过程中通过银保监会对商业银行机构的有效监管，保护市场主体的利益，增进市场信心；通过宣传教育工作和相关信息披露，增进学生对金融的了解，努力减少金融市场的不合规行为，培养学生遵纪守法、合规经营的理念。

## 4.3　统计局

企业经营仿真综合实习平台中的统计局，主要通过数据的搜集、计算并发布仿真实习整个经营活动的生产总值，即“国民经济核算”。

仿真实习的正常运行要求各部门比例协调，各环节相互适应，对仿真实习的科学的宏观经济管理离不开基本的经济数据和可靠的数据分析。为此，首先，必须确定切实可行的量化指标，这些目标应该可以实际操作；其次，掌握大量、翔实的客观资料，严密监测仿

货币供应量（M2）。

在企业经营仿真实习平台上不存在流动中的现金，所以 M0 的值为 0。因此，中央银行在统计货币供给量时主要统计 M1 和 M2，M1 主要包括企业在商业银行的活期存款，M2 主要包括 M1 以及企业和个人在商业银行的定期存款。

### 4.1.6 企业信用体系建设

企业经营仿真综合实习平台上的中央银行通过与市场监督管理局、税务局、人力资源中心、信息中心、审计和商业银行等部门合作，将企业注册登记的工商信息、纳税信息、经营过程中的不合规信息、财务数据等纳入企业征信系统，建立企业信用体系。

**温馨提示：**中央银行是“国家的银行”“银行的银行”，被赋予制定和执行货币政策的职能，对国家经济环境进行宏观调控，对金融机构进行监督管理。我国改革开放后的金融体制改革，是实现从高度集中的计划经济体制向市场经济体制的转变，解放和发展生产力。金融体制改革是经济体制改革的重要组成部分。在实训的过程中引入中国金融改革历程介绍及金融系统发展现状的讲解，促使学生对中国金融体制改革取得的成就感到自豪，帮助学生树立与这个时代主题同心同向的理想信念，勇于担当这个时代赋予的历史责任，培养学生坚定的爱国情怀。

## 4.2 银保监会

企业经营仿真综合实习平台上的银保监会通过审慎有效的监管，保护市场主体的利益，增进市场信心；通过宣传教育工作和相关信息披露，增进公众对金融的了解，努力减少金融市场的不合规行为。银保监会应坚持以风险为主的监管内容，努力提高金融监管水平，改进监管的方法和手段。鼓励商业银行公平竞争，鼓励商业银行公平合理地发放贷款。

仿真综合实习平台中银保监会的主要职责：①对商业银行的业务活动及风险状况进行监管；②负责统计并发布商业银行主要监管指标情况表和商业银行资产负债季度情况表，如表 4－3 和表 4－4 所示。

**表 4－3 商业银行主要监管指标情况**

| 项目＼时间 | 第一季度 | 第二季度 | 第三季度 | 第四季度 |
|---|---|---|---|---|
| （一）信用风险指标 | | | | |
| 正常类贷款 | | | | |
| 关注类贷款 | | | | |
| 不良贷款余额 | | | | |
| 正常类贷款率 | | | | |
| 关注类贷款率 | | | | |
| 不良贷款率 | | | | |
| 贷款损失准备 | | | | |
| 拨备覆盖率 | | | | |

续表

| 项目＼时间 | 第一季度 | 第二季度 | 第三季度 | 第四季度 |
|---|---|---|---|---|
| 贷款拨备率 | | | | |
| （二）流动性指标 | | | | |
| 流动性比例 | | | | |
| 存贷比 | | | | |
| 人民币超额备付金率 | | | | |
| （三）效益性指标 | | | | |
| 净利润 | | | | |
| 资产利润率 | | | | |
| 资本利润率 | | | | |
| 净息差 | | | | |
| 非利息收入占比 | | | | |
| 成本收入比 | | | | |
| （四）资本充足指标 | | | | |
| 核心资本充足率 | | | | |
| 资本充足率 | | | | |
| 杠杆率 | | | | |

**表 4－4 商业银行资产负债季度情况表**

| 项目＼时间 | 20××年 | | | |
|---|---|---|---|---|
| | 第一季度 | 第二季度 | 第三季度 | 第四季度 |
| 总资产（元） | | | | |
| 比上季同期增长率（%） | | | | |
| 总负债（元） | | | | |
| 比上季同期增长率（%） | | | | |

**温馨提示**：实训过程中通过银保监会对商业银行机构的有效监管，保护市场主体的利益，增进市场信心；通过宣传教育工作和相关信息披露，增进学生对金融的了解，努力减少金融市场的不合规行为，培养学生遵纪守法、合规经营的理念。

## 4.3 统计局

企业经营仿真综合实习平台中的统计局，主要通过数据的搜集、计算并发布仿真实习整个经营活动的生产总值，即“国民经济核算”。

仿真实习的正常运行要求各部门比例协调，各环节相互适应，对仿真实习的科学的宏观经济管理离不开基本的经济数据和可靠的数据分析。为此，首先，必须确定切实可行的量化指标，这些目标应该可以实际操作；其次，掌握大量、翔实的客观资料，严密监测仿

真实习的宏观运营情况，并运用宏观经济政策进行经济调控。显然，只有通过对仿真实习的经济统计来收集、整理并科学地组织大量丰富的数据资料，对其进行全面、深入的分析研究，才能合理地制定仿真实习的经济管理目标，正确把握仿真实习的经济运行情况和发展趋势，发现问题，提出对策，做到目标可行、判断有据、调控有度。

### 4.3.1　支出法核算生产总值

统计局根据仿真实习平台的具体情况，用支出法分别核算国内、亚洲、欧洲、美洲、澳大利亚的生产总值。支出法是从最终使用的角度反映一个国家或地区一定时期内生产活动最终成果的一种方法。用支出法核算生产总值时生产总值等于最终消费、资本形成总额和净出口。

最终消费是指常住单位为满足物质、文化和精神生活的需要，从本国经济领土和国外购买的货物和服务的支出。它不包括非常住单位在本国经济领土内的消费支出。最终消费分为居民消费和政府消费。

资本形成总额是指常住单位在一定时期内获得减去处置的固定资产和存货的净额，包括固定资本形成总额和存货增加两部分。固定资本形成总额是指生产者在一定时期内获得的固定资产减处置的固定资产的价值总额。其计算公式为：固定资产形成总额 = 住宅 + 非住宅建筑物 + 机器和设备 + 土地改良支出 + 矿藏勘探费 + 计算机软件 + 其他。存货增加是指常住单位在一定时期内存货实物量变动的市场价值，即期末价值减期初价值的差额，再扣除当期由于价格变动而产生的持有收益。存货增加可以是正值，也可以是负值，正值表示存货上升，负值表示存货下降。存货包括生产单位购进的原材料、燃料和储备物资，以及生产单位生产的产成品、在制品和半成品等存货。

货物和服务净出口是指货物和服务出口减货物和服务进口的差额。出口包括常住单位向非常住单位出售或无偿转让的各种货物和服务的价值；进口包括常住单位从非常住单位购买或无偿得到的各种货物和服务的价值。由于服务活动的提供与使用同时发生，一般把常住单位从非常住单位得到的服务作为进口，非常住单位从常住单位得到的服务作为出口。货物的出口和进口都按离岸价格计算。

### 4.3.2　收入法核算生产总值

统计局根据仿真综合实习平台的具体情况，用收入法分别核算 A 区生产商、A 区渠道商、B 区生产商、B 区渠道商的生产总值。收入法从生产过程形成收入的角度，对常住单位的生产活动成果进行核算。国民经济各产业部门收入法增加值由劳动者报酬、生产税净额、固定资产折旧和营业盈余四个部分组成。

劳动者报酬是指劳动者从事生产活动所应得的全部报酬。包括劳动者应得的工资、奖金和津贴，既有货币形式的，也有实物形式的，还有劳动者所享受的公费医疗和医药卫生费、上下班交通补贴及单位为职工缴纳的社会保险费等。对于个体经济来说，其所有者所获得的劳动报酬和经营利润不易区分，这两部分统一作为劳动者报酬处理。

生产税净额是指生产税减生产补贴后的差额。生产税指政府对生产单位从事生产、销售和经营活动以及因从事生产活动使用某些生产要素，如固定资产、土地、劳动力所征收的各种税、附加费和规费，包括销售税金及附加、增值税、管理费中开支的各种税、应缴纳的养路费、排污费和水电费附加、烟酒专卖上缴政府的专项收入等。生产补贴与生产税相反，是政府对生产单位单方面的转移支付，因此视为负生产税处理，包括政策性亏损补贴、价格补贴等。

固定资产折旧反映了固定资产在当期生产中的转移价值。各种类型企业和企业化管理的事业单位的固定资产折旧指实际计提的折旧费；不计提折旧的单位，如政府机关、非企业化管理的事业单位和居民住房的固定资产折旧则是按照统一规定的折旧率和固定资产原值计算的虚拟折旧。

营业盈余是指常住单位创造的增加值扣除劳动者报酬、生产税净额和固定资产折旧后的余额。

**温馨提示：**统计局必须做到认真负责、细致耐心、吃苦耐劳，方可较好地完成各项工作任务。主要培养学生组织协调能力、团队协作能力、观察分析能力。

## 4.4 商业银行

### 4.4.1 商业银行概况

商业银行是企业经营仿真综合实习平台中生产商与渠道商融资的平台，商业银行拥有完整的对公服务体系，能够进行开户、转账、信贷、国际结算等各种商业银行业务。在生产运营之前，各生产商与渠道商均需要在选择一家商业银行柜台开户办理业务，各企业必须开立基本存款账户，一家企业只能开立一个基本存款账户，企业根据自身需求，自行决定是否在基本账户银行之外的其他银行开立一般存款账户，一般存款账户可开立多个。企业在开立存款账户之后根据具体的生产经营活动进行贷款、转账、国际结算等业务。

商业银行在企业经营仿真综合实习平台中扮演着资金融通的重要角色，兼备盈利性和服务性的双重特征。商业银行在保证一定盈利水平的基础上要不断地提高服务质量和服务效率，依据平台规则，公平合理地办理贷款业务，高效地办理转账、国际结算等其他业务。此外，商业银行在办理业务的过程中，受到中央银行以及银保监会对其合规性的监管，任何不合规的行为在责令改正的同时还可能面临处罚。

在企业经营仿真综合实习平台中设置 4 家商业银行。每家商业银行实收资本 5000 万元，初始阶段有 3000 万元的外部定期存款，其中，3 个月定期存款 1000 万元，6 个月定期存款 1000 万元，1 年定期存款 1000 万元。当外部定期存款到期后，不再续存。假设每个商业银行初始网点数为 1 个，每个营业网点每季度的网点运营费为 20 万元；每新增一个网点，需支付网点建设费 100 万元，建设期为一个季度；每个网点有一个存款团队和一个贷款团队。每个存款团队吸收存款的能力为 2 亿元，每个贷款团队发放贷款的能力为 1.5 亿元，任一指标超出都需新增网点；每个网点每季度的工资支出为 50 万元；每招聘一个团队，支付 5 万元招聘费用。

## 4.4.2　商业银行业务规则

商业银行业务主要包括开户业务、负债业务、资产业务和中间业务，如图 4 – 1 所示。

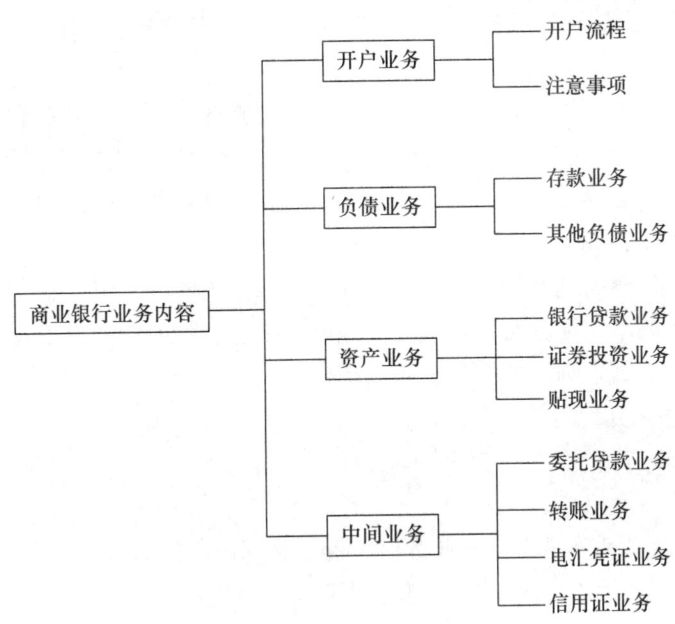


图 4 – 1　商业银行的业务内容

### 4.4.2.1　开户业务

开户业务是指企业开设银行账户。每家企业可开立的账户类型包括基本账户和一般账户两类。每家企业必须申请开立一个基本账户，用于企业日常收支业务以及贷款业务，开户完成后，企业初始资金（生产商 2000 万元、渠道商 3000 万元）立即到账，每家企业只能开立一个基本账户。

是否申请开立一般账户由企业自行决定，一般账户只能在基本账户开户行之外的其他银行申请开立，可在不同商业银行申请开立多个一般账户，一般账户只能用来贷款，不能在该账户内进行日常收支业务，所以一般账户贷款成功后需将资金转入基本账户。

### 4.4.2.2　负债业务

负债业务是指商业银行通过对外负债的方式筹措日常工作所需资金的活动，是商业银行资产业务和中间业务的基础，主要由存款和借款构成。另外，向中央银行借款、同业存款、同业拆入或发行债券等也构成银行的负债。

（1）负债业务之存款业务。存款业务是商业银行的传统业务，也是银行的主要业务，占银行资金来源的 85% 以上，银行存款数量的多少、期限的长短取决于存款人以及宏观经济形势的变化，因此商业银行的存款是一种被动的流动性很强的负债业务。

1）个人存款。在企业经营仿真综合实习中，商业银行吸收的个人存款来自仿真实习中仿真企业发放工人工资形成的居民可支配收入。可支配收入转换成个人存款，其中，30% 为现金漏损，形成流通中的现金，20% 为活期存款，20% 为 3 个月定期存款，15% 为半年期定期存款，15% 为 1 年期定期存款，10% 为 2 年期定期存款，10% 为 3 年期定期存款。

2）对公存款。对公存款是指商业银行以信用方式吸收的企事业单位的存款。在仿真实习中主要包括仿真企业的存款以及其他外围机构的存款。在仿真实习中，商业银行需将吸收的部分存款作为法定准备金存放到中央银行，法定准备金率依据中央银行的政策确定。

3）商业银行吸收存款的成本。商业银行的存款成本包括存款利息和营业成本。存款利息指银行按约定的存款利率与存款金额的乘积，以货币形式直接支付给存款者的报酬。存款利率有固定利率和浮动利率之分。固定利率是指在一定的存款期限内存款利率按约定利率计息并保持不变，我国的存款一般都是按固定利率计息；浮动利率是指在一定的存款期限内以中央银行发布的基准利率为基准并在一定范围内浮动计息。在企业经营仿真实习中，商业银行吸收的个人存款按照定期存款基准利率计息，吸收的企业存款中，定期存款利率由企业和银行在基准利率的基础上协商确定。

（2）负债业务之其他负债业务。商业银行的其他负债主要包括向中央银行借款、同业存款、同业拆入或发行债券等。在企业经营仿真综合实习中，其他负债业务的具体规则如下：

1）商业银行流动性不足时可同业拆借，拆借利率由银行间自行决定。

2）商业银行流动性不足时，央行可通过回购央行票据向市场提供流动性；当市场出现流动性过剩时，央行可向商业银行发行央票，央行票据初始利率为 4%。

3）商业银行出现资金断流时，可向央行申请“再贷款”，再贷款金额不超过资金缺口的 110%，再贷款初始利率为 6%，商业银行按照再贷款次数扣分，每次扣期末经营成绩 5 分。央行为补充市场流动性而“主动”发放给商业银行的再贷款不扣分，再贷款初始利率为 4%。

#### 4.4.2.3 资产业务

资产业务既是商业银行最重要的核心业务，也是商业银行利润的主要来源。一家商业银行的资产总额，代表了这家银行的经营规模，因此商业银行资产业务经营的状况、管理的优劣将直接影响其经济效益和未来的发展。银行的资产业务主要包括贷款业务、证券投资业务和贴现业务。下面主要讲述银行贷款业务：

（1）银行贷款业务。商业银行贷款指商业银行作为贷款人按照一定的贷款原则和政策，以还本付息为条件，将一定数量的货币资金提供给借款人使用的一种信用行为。这种信用行为由贷款的对象、条件、用途、期限、利率和方式等因素构成，而这些因素的不同组合，就形成了不同的贷款种类。从商业银行经营管理的需要出发，可以对银行贷款按照以下不同标准进行分类。

1）银行贷款的分类。按贷款期限划分：长期贷款、中期贷款、短期贷款；按贷款的保障条件划分：信用贷款、担保贷款、票据贴现（特殊的贷款方式）；按贷款的目的划分：工商业贷款、农业贷款、个人贷款、其他金融机构贷款、房地产贷款和其他贷款；按贷款的质量划分：正常贷款、关注贷款、次级贷款、可疑贷款、损失贷款；按银行发放贷款的自主程度划分：自营贷款、委托贷款、特定贷款。

在企业经营仿真综合实习中，商业银行发放的贷款主要按照贷款期限分类，并根据企业的信用状况，按照贷款的质量对贷款进行五级分类。按照银行发放贷款的自主程度划分，银行的贷款主要是自营贷款，还有部分委托贷款。

2）贷款的定价。贷款是商业银行主要的盈利资产，利润的高低与贷款的价格（即贷款利息）有着直接的关系。贷款利率高，利润就高，但对贷款的需求就会减少；贷款利率低，利润就低，但贷款需求会增加。因此合理确定贷款价格，既能为银行取得满意的利润，又能为客户所接受，这是商业银行贷款管理的重要内容。

对于银行而言，其用于发放贷款的资金是通过负债业务而获得的，银行必须为此付出代价，而且在信贷资金的发放过程中，银行还面临着各种风险，对此银行都要求得到回报，银行在发放贷款定价时要考虑融资成本、基准利率、预期利润、贷款的风险程度、资金的供求关系等。

3）贷款的风险。我国商业银行从2002年1月1日开始实行贷款五级分类办法，从贷款偿还的可能性出发，将贷款分为五个档次，并且以此来评估贷款的质量，揭示贷款的风险以及真实价值。五级贷款分类为：正常贷款、关注贷款、次级贷款、可疑贷款、损失贷款。前两类贷款属于正常类贷款，后三类贷款属于不良贷款，风险依次增加。

在企业经营仿真综合实习平台中，商业银行贷款也采用上述五级分类来进行管理，并对每类贷款的内涵与特征进行了明确的界定。正常贷款：借款人能够履行合同，没有足够理由怀疑贷款本息不能按时足额偿还的贷款。关注贷款：借款人偶尔有未按时还款、拖欠逾期的情况出现，借款人按时还款的意识不强，但不是主观原因产生的，需要关注还款记录，需及时通知提醒。次级贷款：借款人的还款能力出现明显问题，完全依靠其正常营业收入无法足额偿还贷款本息，需要通过处分资产或对外融资乃至执行担保来还款付息，即使执行担保，也可能会造成一定损失。可疑贷款：借款人无法足额偿还贷款本息，即使执行抵押或担保，也肯定要造成较大损失，只是因为存在借款人重组、兼并、合并、抵押物处理和未决诉讼等待定因素，损失金额的多少还不能确定。损失贷款：借款人已无偿还本息的可能，无论采取什么措施和履行什么程序，贷款都注定要损失了，或者虽然能收回极少部分，但其价值也是微乎其微，从银行角度看，也没有意义和必要再将其作为银行资产在账目上保留下来，对于这类贷款在履行了必要的法律程序之后应立即予以注销。

根据财政部《金融企业准备金计提管理办法》（财金〔2012〕20号），在提取资产减值准备的基础上，设立一般风险准备用以部分弥补尚未识别的可能性损失，银行应按季计提一般风险准备。该一般风险准备作为利润分配处理，是所有者权益的组成部分，原则上不低于风险资产期末余额的1.5%，可以分年到位，原则上不得超过5年。

4）企业信用评级。仿真综合实习中，商业银行发放给企业的贷款都是以信用贷款的形式发放的。因此，需要对仿真企业进行信用评级，以确定贷款的额度和利率。

仿真综合实习中，商业银行对仿真企业的信用评级共分AAA、AA、A、BBB、BB、B、CCC、CC、C、D十个等级。构建的商业银行对企业信用评级指标体系如表4-5所示。

**表4-5　商业银行对企业信用评级指标体系（定性分析）**

| 定性评价一级指标 | 定性评价二级指标 | 指标评分考虑的因素 |
| --- | --- | --- |
| 企业违规行为（分值用 $X_1$ 表示） | 重大违规 | 根据各外围机构的管理条例判定 |
| | 中等违规 | |
| | 一般违规 | |
| 企业不诚信行为（分值用 $X_2$ 表示） | 贷款时企业提供的信息 | 提供不实资料的次数 |
| | 贷款未按规定用途使用次数 | 资金挪作他用的次数 |
| | 飞单 | 次数 |
| | 未按合同规定时间支付货款 | 次数 |
| 贷款展期（分值用 $X_3$ 表示） | 偿债能力、纳税情况 | 延迟期限以及次数 |
| 资金链断裂（分值用 $X_4$ 表示） | 资金断流金额、断流次数 | 断流金额大小以及次数 |

我们从企业违规行为（$X_1$）、企业不诚信行为（$X_2$）、贷款展期（$X_3$）、资金链断裂（$X_4$）对仿真企业进行评价，定期评定、适时调整，商业银行的信用评级标准（见表4-6）及结果属于银行内部信贷工具，致力于提升学生实操能力。

**表4-6　企业经营仿真综合实习中商业银行对企业信用的评分标准**

| 四大信用评价指标体系 | 数值 | 评分标准 |
| --- | --- | --- |
| 企业违规行为（$X_1$） | 无 | 满分100分 |
| | 一般违规 | 扣10分/次 |
| | 中等违规 | 扣20分/次 |
| | 重大违规 | 扣30分/次 |
| 企业不诚信行为（$X_2$） | 0次 | 100 |
| | 1次 | 70 |
| | 2次 | 40 |
| | 3次及以上 | 0 |
| 贷款展期（$X_3$） | 0次 | 100 |
| | 1次 | 70 |
| | 2次 | 40 |
| | 3次及以上 | 0 |
| 资金链断裂（$X_4$） | 无 | 满分100分 |
| | 0<资金缺口≤1000000元 | 扣5分/次 |
| | 1000000元<资金缺口≤3000000元 | 扣10分/次 |
| | 3000000元<资金缺口≤5000000元 | 扣15分/次 |
| | 每递增200万元 | 每次扣分递增5分 |

企业信用总得分 $=0.3X_1+0.2X_2+0.2X_3+0.3X_4$。其中，$X_1$、$X_2$、$X_3$、$X_4$ 分别代表各单项指标的分值。计算范例如表4-7所示。

在企业经营仿真综合实习中，商业银行发放的贷款主要按照贷款期限分类，并根据企业的信用状况，按照贷款的质量对贷款进行五级分类。按照银行发放贷款的自主程度划分，银行的贷款主要是自营贷款，还有部分委托贷款。

2）贷款的定价。贷款是商业银行主要的盈利资产，利润的高低与贷款的价格（即贷款利息）有着直接的关系。贷款利率高，利润就高，但对贷款的需求就会减少；贷款利率低，利润就低，但贷款需求会增加。因此合理确定贷款价格，既能为银行取得满意的利润，又能为客户所接受，这是商业银行贷款管理的重要内容。

对于银行而言，其用于发放贷款的资金是通过负债业务而获得的，银行必须为此付出代价，而且在信贷资金的发放过程中，银行还面临着各种风险，对此银行都要求得到回报，银行在发放贷款定价时要考虑融资成本、基准利率、预期利润、贷款的风险程度、资金的供求关系等。

3）贷款的风险。我国商业银行从2002年1月1日开始实行贷款五级分类办法，从贷款偿还的可能性出发，将贷款分为五个档次，并且以此来评估贷款的质量，揭示贷款的风险以及真实价值。五级贷款分类为：正常贷款、关注贷款、次级贷款、可疑贷款、损失贷款。前两类贷款属于正常类贷款，后三类贷款属于不良贷款，风险依次增加。

在企业经营仿真综合实习平台中，商业银行贷款也采用上述五级分类来进行管理，并对每类贷款的内涵与特征进行了明确的界定。正常贷款：借款人能够履行合同，没有足够理由怀疑贷款本息不能按时足额偿还的贷款。关注贷款：借款人偶尔有未按时还款、拖欠逾期的情况出现，借款人按时还款的意识不强，但不是主观原因产生的，需要关注还款记录，需及时通知提醒。次级贷款：借款人的还款能力出现明显问题，完全依靠其正常营业收入无法足额偿还贷款本息，需要通过处分资产或对外融资乃至执行担保来还款付息，即使执行担保，也可能会造成一定损失。可疑贷款：借款人无法足额偿还贷款本息，即使执行抵押或担保，也肯定要造成较大损失，只是因为存在借款人重组、兼并、合并、抵押物处理和未决诉讼等待定因素，损失金额的多少还不能确定。损失贷款：借款人已无偿还本息的可能，无论采取什么措施和履行什么程序，贷款都注定要损失了，或者虽然能收回极少部分，但其价值也是微乎其微，从银行角度看，也没有意义和必要再将其作为银行资产在账目上保留下来，对于这类贷款在履行了必要的法律程序之后应立即予以注销。

根据财政部《金融企业准备金计提管理办法》（财金〔2012〕20号），在提取资产减值准备的基础上，设立一般风险准备用以部分弥补尚未识别的可能性损失，银行应按季计提一般风险准备。该一般风险准备作为利润分配处理，是所有者权益的组成部分，原则上不低于风险资产期末余额的1.5%，可以分年到位，原则上不得超过5年。

4）企业信用评级。仿真综合实习中，商业银行发放给企业的贷款都是以信用贷款的形式发放的。因此，需要对仿真企业进行信用评级，以确定贷款的额度和利率。

仿真综合实习中，商业银行对仿真企业的信用评级共分AAA、AA、A、BBB、BB、B、CCC、CC、C、D十个等级。构建的商业银行对企业信用评级指标体系如表4-5所示。

表 4-5　商业银行对企业信用评级指标体系（定性分析）

| 定性评价一级指标 | 定性评价二级指标 | 指标评分考虑的因素 |
|---|---|---|
| 企业违规行为（分值用 $X_1$ 表示） | 重大违规 | 根据各外围机构的管理条例判定 |
| | 中等违规 | |
| | 一般违规 | |
| 企业不诚信行为（分值用 $X_2$ 表示） | 贷款时企业提供的信息 | 提供不实资料的次数 |
| | 贷款未按规定用途使用次数 | 资金挪作他用的次数 |
| | 飞单 | 次数 |
| | 未按合同规定时间支付货款 | 次数 |
| 贷款展期（分值用 $X_3$ 表示） | 偿债能力、纳税情况 | 延迟期限以及次数 |
| 资金链断裂（分值用 $X_4$ 表示） | 资金断流金额、断流次数 | 断流金额大小以及次数 |

我们从企业违规行为（$X_1$）、企业不诚信行为（$X_2$）、贷款展期（$X_3$）、资金链断裂（$X_4$）对仿真企业进行评价，定期评定、适时调整，商业银行的信用评级标准（见表 4-6）及结果属于银行内部信贷工具，致力于提升学生实操能力。

表 4-6　企业经营仿真综合实习中商业银行对企业信用的评分标准

| 四大信用评价指标体系 | 数值 | 评分标准 |
|---|---|---|
| 企业违规行为（$X_1$） | 无 | 满分 100 分 |
| | 一般违规 | 扣 10 分/次 |
| | 中等违规 | 扣 20 分/次 |
| | 重大违规 | 扣 30 分/次 |
| 企业不诚信行为（$X_2$） | 0 次 | 100 |
| | 1 次 | 70 |
| | 2 次 | 40 |
| | 3 次及以上 | 0 |
| 贷款展期（$X_3$） | 0 次 | 100 |
| | 1 次 | 70 |
| | 2 次 | 40 |
| | 3 次及以上 | 0 |
| 资金链断裂（$X_4$） | 无 | 满分 100 分 |
| | 0 < 资金缺口 ≤ 1000000 元 | 扣 5 分/次 |
| | 1000000 元 < 资金缺口 ≤ 3000000 元 | 扣 10 分/次 |
| | 3000000 元 < 资金缺口 ≤ 5000000 元 | 扣 15 分/次 |
| | 每递增 200 万元 | 每次扣分递增 5 分 |

企业信用总得分 $= 0.3X_1 + 0.2X_2 + 0.2X_3 + 0.3X_4$。其中，$X_1$、$X_2$、$X_3$、$X_4$ 分别代表各单项指标的分值。计算范例如表 4-7 所示。

**表4-7　企业经营仿真综合实习中企业信用评级计分表（范例）**

| 某企业信用评级计分表 | | | |
|---|---|---|---|
| 评级指标 | 单项指标得分（分） | 权重（%） | 单项指标加权后得分（分） |
| $X_1$：企业不合规行为 | 80 | 30 | 24 |
| $X_2$：贷款相关信息及行为 | 80 | 20 | 16 |
| $X_3$：延迟归还贷款情况 | 80 | 20 | 16 |
| $X_4$：资金断流情况 | 90 | 30 | 27 |
| 该企业信用总得分 | — | 100 | 83 |

注：单项指标得分依据具体的评分标准计算得出。

商业银行根据企业的信用评分对企业进行信用评级，评级结果会影响企业的最大贷款额度和贷款利率（见表4-8）。

**表4-8　信用等级的评定及对贷款的影响**

| 信用评分区间 | 信用等级 | 最大贷款额度 | 贷款利率 |
|---|---|---|---|
| 97≤得分≤100 | AAA级 | 总资产×60%-总负债 | X% |
| 94≤得分<97 | AA级 | 总资产×55%-总负债 | (X+0.5×1)% |
| 90≤得分<94 | A级 | 总资产×50%-总负债 | (X+0.5×2)% |
| 87≤得分<90 | BBB级 | 总资产×45%-总负债 | (X+0.5×3)% |
| 84≤得分<87 | BB级 | 总资产×40%-总负债 | (X+0.5×4)% |
| 80≤得分<84 | B级 | 总资产×35%-总负债 | (X+0.5×5)% |
| 77≤得分<80 | CCC级 | 总资产×30%-总负债 | (X+0.5×6)% |
| 74≤得分<77 | CC级 | 总资产×25%-总负债 | (X+0.5×7)% |
| 70≤得分<74 | C级 | 总资产×20%-总负债 | (X+0.5×8)% |
| 得分<70 | D级 | 总资产×15%-总负债 | (X+0.5×9)% |

（2）关于银行贷款的其他规定。结合企业经营仿真实习的特点，关于商业银行对企业的贷款做出如下规定：①短期贷款占总资产的比例≤30%；企业的最大资产负债率≤30%。②商业银行确定的实际贷款利率，应综合考虑银行自身可贷资金以及企业信用风险，贷款利率可以在基准利率的基础上进行浮动。③企业可提前还款也可申请延期，但需银行同意，银行可收取违约金。④信用评级较低，无法从银行获取贷款的企业可以发行垃圾债，企业发行垃圾债后的资产负债率不得超过40%，企业需支付融资金额的2%作为发行费用，最低发行费用50万元。垃圾债平价发行，由商业银行包销，票面利率不低于10%。⑤银行发放给企业的贷款，每个季度结息一次，到期还本并支付最后一个季度的利息；1年以内贷款，自申请之日起发放；1年及以上贷款自申请之日起一个季度后发放；公司债在申请发行后的6个月到账。

#### 4.4.2.4　中间业务

传统商业银行的主要收入来源是发放贷款和证券投资的利息收入，其利润主要来自利息收入和利息支出之间的利差。但随着银行竞争的不断加剧，利差出现持续下降，商业银行为了增加利润而积极开拓新型业务，以增加非利息收入，这些业务统称为中间业务。

商业银行的中间业务品种繁多，传统的中间业务包括汇兑结算、代收代付、票据承兑、代保管及信用证、外汇买卖和委托贷款等。随着通信技术、计算机技术和互联网的发展与普及，出现电话银行、网上银行、信息咨询顾问类等新的中间业务。

在企业经营仿真综合实习中，商业银行涉及的中间业务主要是支付结算类业务，包括委托贷款业务、委托贷款业务、国内转账结算业务、国际支付结算业务、电汇凭证业务和信用证业务。

（1）委托贷款业务。委托贷款是指企业委托某家商业银行向另一家企业贷款，银行收取委托费用，费用由企业与银行自行商定。在企业经营仿真实习中，委托资金的来源要合法合规，并且是委托人有权自主支配的资金，不得直接转借从银行获取的融资，否则借出企业 1 年内不得从银行获取融资。在仿真实习中，具体的委托贷款业务规则如下：

1）委托人与借款人就委托贷款条件达成一致，共同提出委托贷款业务申请，商业银行与委托人、借款人三方应签订委托贷款借款合同。合同中应载明贷款用途、金额、币种、期限、利率、还款计划等内容，并明确委托人、受托人、借款人三方的权利和义务。

2）商业银行审查资金的来源。商业银行应合理测算委托人自有资金，并将测算情况作为发放委托贷款的重要依据。商业银行严禁接受下述资金发放委托贷款：国家规定具有特殊用途的各类专项基金；银行授信资金；发行债券筹集的资金；筹集的他人资金；无法证明来源的资金。

3）商业银行受托发放的贷款应有明确用途，资金用途应符合法律规定和信贷政策。

4）商业银行应按照“质价相符”“谁委托谁付费”的原则向委托人收取代理手续费。

5）商业银行原则上不得向有委托贷款余额的委托人新增授信，监管部门另有规定的除外。商业银行应严格隔离委托贷款业务与自营业务风险，严禁以下行为：代委托人确定借款人；参与委托人的贷款决策；代委托人垫付资金发放委托贷款；代委托人垫付应纳税金；代借款人确定担保人；代借款人垫付资金归还委托贷款，或者以自营贷款置换委托贷款代委托人承担风险；为委托贷款提供各类形式担保；签订改变委托贷款业务性质的合同或协议；其他代为承担风险的行为。

在企业经营仿真综合实习平台中，仿真企业委托贷款时需特别注意以下规定：只能在同区的企业之间进行委托贷款，A 区与 B 区企业之间不能委托贷款；第一年第一季度企业初始资金不得委托贷款；委托贷款金额当天到账；委托贷款期限为季度的整数倍（如 3 个月、6 个月）；每季度结算一次利息；委托贷款金额应小于企业当天可用资金减去企业当天借款余额的值（当天可用资金查看委托企业的流水账确定）；委托贷款利率以银行同期同类贷款利率为基础上下浮动 10% 确定，如银行同期同类贷款利率 8%，则上下浮动利率 $=8\% \times (1 \pm 10\%)$。

（2）国内转账结算业务。国内转账时用支票进行结算，支票需与进账单同时使用，其中支票和进账单填写内容要严格保持一致，其中支票的填写有以下要求：出票日期（大写）数字必须大写，大写数字写法为零、壹、贰、叁、肆、伍、陆、柒、捌、玖、拾；出票金额一定要大写，不得有错别字；所有金额要靠最左边写，大小写要一致；用途写清楚；写清楚出票人和收款人；公司盖章要严格盖正，顺序为财务章在左，法人章（CEO）

在右；支票不得涂改，不允许有任何错别字；企业在支票与存根连接处盖“财务专用章”，也称为“骑缝章”。

进账单的填写要求有以下几个方面：进账单的信息要严格和对应支票信息一致，包括：日期、出票人信息，收款人信息、金额、备注用途；所有金额要靠最左边写，大小写要一致；进账单统一用黑色签字笔填写，不得用铅笔；进账单不得涂改，不允许有任何错别字；单据右下角“记账”与“复核”分别是银行经办人员与负责人签章。

进账单与支票配套使用，可以一张支票填制一份进账单，也可以多张支票，汇总金额后填制一份进账单，即允许办理一收多付（一贷多借）。对一些收受支票业务量较大的收款单位，如商业（供销）批发、零售等企业经其开户银行审查同意也可以抄附票据清单，汇总填写进账单，委托银行办理收款。这样规定主要是为了方便客户、简化手续，以减轻客户填制凭证的压力。另外，填写时还要考虑企业和银行记账的方便。

（3）国际支付结算业务。在仿真实习中，进出口业务可采用 T/T 和 L/C 两种支付方式，两种支付方式所使用的转账工具都是电汇凭证。电汇凭证的填写要求如下：汇款人、收款人信息要填写完整；金额大小写严格一致，靠最左边填写；附加信息和用途写清楚；电汇凭证只需在蓝色联盖章，公司盖财务章和法人章（CEO 人名章），章要盖正，顺序为财务章在左、法人章在右；所有单据统一用黑色签字笔填写，不可以用铅笔，不得修改涂擦，不得有任何错别字。

（4）中间业务的定价。在实践中，商业银行中间业务的定价需要考虑的主要因素包括成本、供求关系、竞争、政策、技术含量等。

1）成本。银行在提供中间业务产品时，虽然不涉及资金的转移，但需要耗费一定的资源。如通信费、人力费用及其他需要分摊的固定成本等。

2）供求关系。市场供求关系是决定产品价格的直接因素，中间业务的供求关系很大程度上受到银行所提供服务的互补性、可替代性以及中间业务相对于客户的价值的影响。

3）竞争。商业银行产品在一定程度上有同质性的趋向，因而任何中间业务新产品形成的比较优势都是暂时的，产品提供者之间的市场竞争将促使价格走低。该竞争包括商业银行之间的竞争、商业银行与客户之间的竞争、客户与客户之间的竞争。

4）政策。国家对商业银行中间业务产品价格的控制政策、利率政策等都在相当程度上影响着中间业务产品的定价。如国家发改委制定颁布的《商业银行服务价格管理暂行办法》规定，人民币基本结算业务包括商业汇票、银行承兑汇票、本票、支票、汇兑、委托贷款、托收承付等实行政府指导价，商业银行的其他服务实行市场调节价。

5）技术含量。中间业务依托一定的专业知识、技术手段、专用设备等开展起来，因此技术含量的高低成为影响中间业务产品价格的重要因素。

在企业经营仿真综合实习平台中，对商业银行中间业务产品定价主要参考现实中五大银行的收费标准，然后结合仿真实训的特点进行一定的调整后确定为中间业务产品的收费标准，每家商业银行可统一收费标准，也可根据自身的情况制定不同于其他商业银行的收费标准，不管采取何种方式，制定的费用标准均要合理。

### 4.4.3　企业违规行为管理条例

商业银行可以将企业的以下行为视为违规（见表 4－9），违规行为按照严重程度分为一般违规、中等违规和重大违规三种。

**表4-9 商业银行之企业违规行为管理条例**

| 违规具体行为 | 处理措施 |
|---|---|
| ①无特殊情况当季度不与银行对账<br>②修改当季流水账<br>③单据填写错误，金额大小写不一致，条目不清晰，无法入账<br>④渠道商每季度信用证业务使用次数不足1次（只进行国内业务的渠道商除外） | 前两次给予警告，第三次开始记“一般违规” |
| ⑤未按时支付利息 | 记“一般违规” |
| ⑥修改以往季度流水账<br>⑦未经银行私自办理委托贷款业务 | 记“中等违规” |
| ⑧修改以往年度流水账<br>⑨未按时归还本金利息，且不申请展期<br>⑩贷款时提供不实资料或数据 | 记“重大违规” |

当企业发生①~④四种行为时，前两次商业银行可给予企业警告，当这四种行为第三次发生时，开始记“一般违规”。当企业发生⑤~⑩六种行为时，直接记“一般违规”“中等违规”或“重大违规”。

商业银行需要将每个季度的企业违规行为进行汇总统计，并在每个季度末发给信息中心，由信息中心统一公示。

商业银行每个季度都要下载信息中心统一公示的所有企业违规记录，并将其纳入企业信用评级体系。

企业被记录“违规行为”不会直接影响企业的运营，但是会影响商业银行对企业的信用评级，从而影响企业估值时的市盈率指标。

**温馨提示：**经管类专业学生毕业后主要在银行、企业管理类岗位就业，其中的金融岗位担负着管理资金的重要职责，要求从业人员始终保持清正廉洁的职业操守。仿真实习有助于培养学生诚信经营、不弄虚造假、如实披露财务报表的行为，塑造学生高尚的职业操守。

## 4.5 信息发布中心

### 4.5.1 信息发布中心概况

#### 4.5.1.1 概况

信息发布中心（以下简称信息中心）是企业经营仿真综合实习平台诸多主体共享信息的平台，主要负责的是整个仿真企业模拟经营的开端和末端以及各项信息的发布，包括原材料销售、生产线销售、产成品收购、宏观经济面信息发布、原材料市场与终端消费市场动态信息发布、生产商和渠道商发展状况等。

4.5.1.2　组织结构

信息中心分设 A 区、B 区，各区分设生产商组和渠道商组，其中渠道商组分为终端采购组和市场计算组。生产商组主要负责 A 区、B 区所有生产商的工作，渠道商组主要负责 A 区、B 区所有渠道商的工作（见图 4－2）。

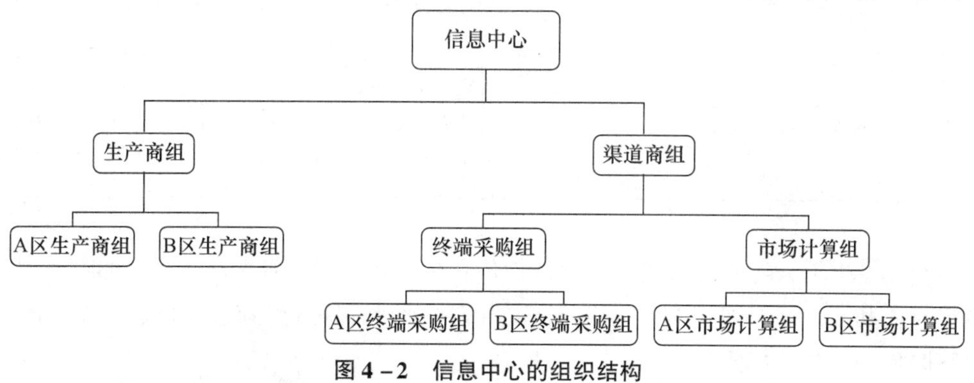


图 4－2　信息中心的组织结构

### 4.5.2　信息中心处罚实施细则

信息中心可以将企业的以下行为视为违规（见表 4－10），违规行为按照严重程度分为一般违规、中等违规和重大违规三种。

表 4－10　信息中心处罚实施细则

| 违规具体行为 | 处理意见 |
| --- | --- |
| ①表格填写有误<br>②表格迟交、缺交<br>③渠道商发布数量不以千件为单位<br>④生产商响应数量不以千件为单位 | 前两次给予警告，第三次开始记“一般违规” |
| ⑤企业未通过信息中心审核，自己缴纳费用出错，需要信息中心退回费用给企业<br>⑥渠道商未在规定时间与生产商拟定并签署购销合同<br>⑦生产商修改当季度的原材料到货时间<br>⑧生产商补采或修改当季度的生产线<br>⑨生产商补交或修改当季度的生产线费用 | 记“一般违规” |
| ⑩生产商错采当季度原材料或辅料的种类及数量<br>⑪生产商补采当季度的原材料或辅料 | 记“一般违规”<br>所购买的原材料或辅料按照系统采购价格上调 5%，不享受商业折扣 |
| ⑫渠道商未签订符合规则的生产商响应订单<br>⑬生产商修改跨季度/跨年度的原材料到货时间<br>⑭生产商补采或修改跨季度/跨年度的生产线<br>⑮生产商补交或修改跨季度/跨年度的生产线费用 | 记“中等违规” |

续表

| 违规具体行为 | 处理意见 |
| --- | --- |
| ⑯生产商错采跨季度/跨年度原材料或辅料的种类及数量<br>⑰生产商补采跨季度/跨年度的原材料或辅料 | 记“中等违规”<br>所购买的原材料或辅料按照系统采购价格上调10%，不享受商业折扣 |
| ⑱渠道商修改或补发系统需求订单 | 记“重大违规”<br>收取相关订单总额10%的罚金（违规罚金＝违规需求总金额×10%＝违规需求数量×出厂指导价×10%） |

当企业发生①～④四种行为时，前两次信息中心可给予企业警告，当这四种行为第三次发生时，开始记“一般违规”。当企业发生⑤～⑱十四种行为时，直接记“一般违规”“中等违规”或“重大违规”。

当企业发生⑩、⑪、⑯、⑰、⑱五种行为时，信息中心还有权提高相应原材料和辅料的价格或是对企业进行罚款。处罚措施如表4－10所示。

信息中心需要将每个季度的企业违规行为进行统计，并在每个季度末与其他外围机构统计的违规记录进行汇总，并统一公示。

企业被记录“违规行为”不会直接影响企业的运营，但是会影响商业银行对企业的信用评级，从而影响企业估值时的市盈率指标。

**温馨提示**：学生始终坚守信息中心工作宗旨，帮助生产商、渠道商进行各项业务，在工作中做到高效便民、用心服务。在工作上通过资源共享加强对企业的服务，加强与各外围机构良好的沟通，建立愉悦的工作气氛。引导学生要有积极向上的心态、扎实的学科专业知识，在平时要与人为善、团结友爱。

## 4.6 第三方物流服务中心

### 4.6.1 第三方物流服务中心概况

企业经营仿真综合实习平台上的第三方物流服务中心（以下简称物流中心），下设运输中心和仓储中心两个分部，不独立核算。其中，运输中心提供国内外公路、铁路、航空、海运等集装箱运输的货运服务，也可提供货运车辆的租赁服务；仓储中心负责仓库、厂房、店铺等租赁服务，并收取相关店面管理费、装修费及水电费。

生产商和渠道商若需租赁仓库、厂房、运输车辆、店铺，不分国内外，均可到第三方物流服务中心申请、登记和办理。

第三方物流服务中心于商业银行开设结算账户，生产商和渠道商可通过转账、汇款等方式，支付本季度的租金、运费等。

第三方物流服务中心租赁价格标准如表4－11所示。

4.5.1.2　组织结构

信息中心分设 A 区、B 区，各区分设生产商组和渠道商组，其中渠道商组分为终端采购组和市场计算组。生产商组主要负责 A 区、B 区所有生产商的工作，渠道商组主要负责 A 区、B 区所有渠道商的工作（见图 4－2）。

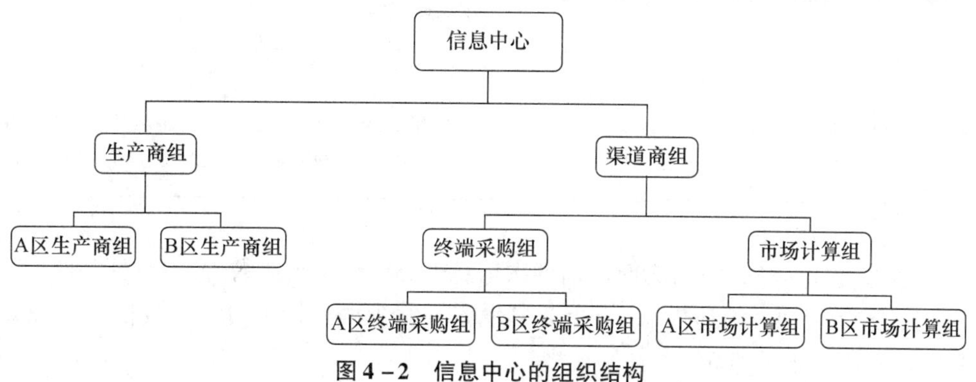


**图 4－2　信息中心的组织结构**

## 4.5.2　信息中心处罚实施细则

信息中心可以将企业的以下行为视为违规（见表 4－10），违规行为按照严重程度分为一般违规、中等违规和重大违规三种。

**表 4－10　信息中心处罚实施细则**

| 违规具体行为 | 处理意见 |
| --- | --- |
| ①表格填写有误<br>②表格迟交、缺交<br>③渠道商发布数量不以千件为单位<br>④生产商响应数量不以千件为单位 | 前两次给予警告，第三次开始记“一般违规” |
| ⑤企业未通过信息中心审核，自己缴纳费用出错，需要信息中心退回费用给企业<br>⑥渠道商未在规定时间与生产商拟定并签署购销合同<br>⑦生产商修改当季度的原材料到货时间<br>⑧生产商补采或修改当季度的生产线<br>⑨生产商补交或修改当季度的生产线费用 | 记“一般违规” |
| ⑩生产商错采当季度原材料或辅料的种类及数量<br>⑪生产商补采当季度的原材料或辅料 | 记“一般违规”<br>所购买的原材料或辅料按照系统采购价格上调 5%，不享受商业折扣 |
| ⑫渠道商未签订符合规则的生产商响应订单<br>⑬生产商修改跨季度/跨年度的原材料到货时间<br>⑭生产商补采或修改跨季度/跨年度的生产线<br>⑮生产商补交或修改跨季度/跨年度的生产线费用 | 记“中等违规” |

续表

| 违规具体行为 | 处理意见 |
| --- | --- |
| ⑯生产商错采跨季度/跨年度原材料或辅料的种类及数量<br>⑰生产商补采跨季度/跨年度的原材料或辅料 | 记“中等违规”<br>所购买的原材料或辅料按照系统采购价格上调10%，不享受商业折扣 |
| ⑱渠道商修改或补发系统需求订单 | 记“重大违规”<br>收取相关订单总额10%的罚金（违规罚金=违规需求总金额×10%=违规需求数量×出厂指导价×10%） |

当企业发生①~④四种行为时，前两次信息中心可给予企业警告，当这四种行为第三次发生时，开始记“一般违规”。当企业发生⑤~⑱十四种行为时，直接记“一般违规”“中等违规”或“重大违规”。

当企业发生⑩、⑪、⑯、⑰、⑱五种行为时，信息中心还有权提高相应原材料和辅料的价格或是对企业进行罚款。处罚措施如表4-10所示。

信息中心需要将每个季度的企业违规行为进行统计，并在每个季度末与其他外围机构统计的违规记录进行汇总，并统一公示。

企业被记录“违规行为”不会直接影响企业的运营，但是会影响商业银行对企业的信用评级，从而影响企业估值时的市盈率指标。

**温馨提示：**学生始终坚守信息中心工作宗旨，帮助生产商、渠道商进行各项业务，在工作中做到高效便民、用心服务。在工作上通过资源共享加强对企业的服务，加强与各外围机构良好的沟通，建立愉悦的工作气氛。引导学生要有积极向上的心态、扎实的学科专业知识，在平时要与人为善、团结友爱。

## 4.6 第三方物流服务中心

### 4.6.1 第三方物流服务中心概况

企业经营仿真综合实习平台上的第三方物流服务中心（以下简称物流中心），下设运输中心和仓储中心两个分部，不独立核算。其中，运输中心提供国内外公路、铁路、航空、海运等集装箱运输的货运服务，也可提供货运车辆的租赁服务；仓储中心负责仓库、厂房、店铺等租赁服务，并收取相关店面管理费、装修费及水电费。

生产商和渠道商若需租赁仓库、厂房、运输车辆、店铺，不分国内外，均可到第三方物流服务中心申请、登记和办理。

第三方物流服务中心于商业银行开设结算账户，生产商和渠道商可通过转账、汇款等方式，支付本季度的租金、运费等。

第三方物流服务中心租赁价格标准如表4-11所示。

表 4-11　第三方物流服务中心租赁价格标准

| 序号 | 承接项目 | | 租赁价格标准 |
|---|---|---|---|
| 1 | 厂房（容纳四条生产线） | | 30 万元/季度 |
| 2 | 仓库 | 平房仓库 | 6 万元/季度 |
| 3 | | 楼房仓库 | 15 万元/季度 |
| 4 | | 立体货架仓库 | 24 万元/季度 |
| 5 | 店铺 | 初档门市店 | 3.8 万元/季度 |
| 6 | | 中档门市店 | 10 万元/季度 |
| 7 | 运输 | 公路运输 | 1000 元/标准箱/日 |
| 8 | | 铁路运输 | 5000 元/标准箱/日 |
| 9 | | 航空运输 | 视距离而定 |
| 10 | | 海洋运输 | 视距离而定 |

物流中心在仿真实习期间应不断加强对外沟通交流工作，与信息中心、税务局、人才交流中心、市场监督管理局、审计所等外围部门建立良好的合作关系，在工作上通过资源共享加强对企业的服务，与各外围机构、企业等有良好的沟通，建立愉悦的工作气氛。始终坚守信息中心宗旨，帮助生产商、渠道商进行各项业务，在工作中做到高效便民、用心服务。

### 4.6.2　第三方物流服务中心的组织结构

物流中心分设 A 区、B 区，各区分设生产商物流中心和渠道商物流中心。生产商物流中心主要负责 A 区、B 区各 24 家生产商的运输、仓储工作，渠道商物流中心主要负责 A 区、B 区各 12 家渠道商的运输、仓储工作（见图 4-3）。

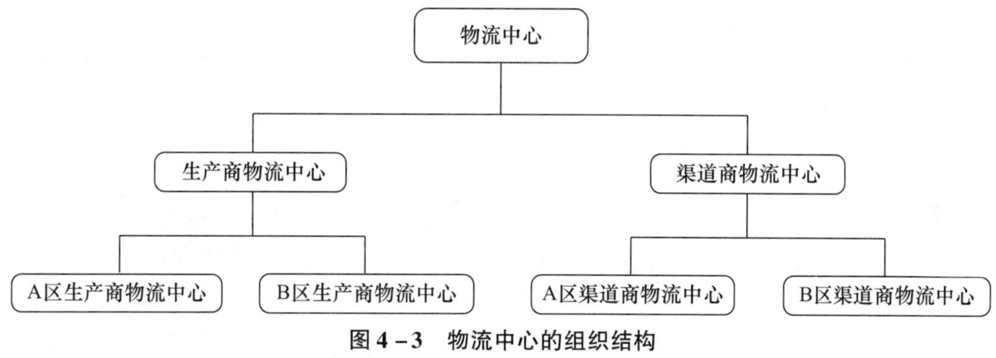


图 4-3　物流中心的组织结构

### 4.6.3　企业违规行为管理条例

物流中心可以将企业的以下行为视为违规（见表 4-12），违规行为按照严重程度分为一般违规、中等违规和重大违规三种。

表 4-12 物流中心处罚实施细则

| 违规具体行为 | 处理措施 |
| --- | --- |
| ①未能在当季规定时间之内上交相关表格、缴纳相关费用<br>②因修改当季度配送中心出库、入库的数据导致变动运营费的<br>③因修改当季度运输流程导致变动运输费和运营费的<br>④修改当季原材料、产成品出库、入库导致变动仓储费的（运输费不变）<br>⑤修改当季原材料、产成品出库、入库导致变动运输费、仓储费的<br>⑥变动当季厂房、仓库数量、类型 | 前两次给予警告，第三次开始记“一般违规” |
| ⑦拖延一个季度交表、缴费<br>⑧因修改跨季度配送中心出库、入库的数据导致变动运营费的<br>⑨因修改跨季度运输流程导致变动运输费和运营费的<br>⑩修改跨季原材料、产成品出库、入库导致变动仓储费的（运输费不变）<br>⑪修改跨季原材料、产成品出库、入库导致变动运输费、仓储费的<br>⑫变动跨季厂房、仓库数量、类型导致变动仓储费、租金的 | 记“中等违规” |
| ⑬拖延一个季度以上交表<br>⑭因拿物流的表格做预算，自行修改表格，如拿第二季度的表格改日期变为第三季度的表格或因为表格显示红色自行修改、删除表格公式，导致表格出错 | 记“重大违规” |

当企业发生①~⑥六种行为时，前两次物流中心可给予企业警告，当这六种行为第三次发生时，开始记“一般违规”。当企业发生⑦~⑭八种行为时，直接记“中等违规”或“重大违规”。

物流中心需要将每个季度的企业违规行为进行汇总统计，并在每个季度末发给信息中心，由信息中心统一公示。

企业被记录“违规行为”不会直接影响企业的运营，但是会影响商业银行对企业的信用评级，从而影响企业估值时的市盈率指标。

注意：因企业原因导致费用出错需更改费用，当季补当季的立刻办理；当季补上季的，多退少补，在出错的季度办理，并记违规。

本规定最终解释权归物流中心。

**温馨提示：**在实训过程中引导学生体会到物流工作岗位细致谨慎工作态度关乎客户公司的切身利益，培养学生熟练的专业技能，教育学生要当一个敬业的“工匠”、做一个讲诚信的公民。

## 4.7 海关

### 4.7.1 海关概况

海关是企业经营仿真综合实习平台上生产商和渠道商之间进行进出口贸易的辅助机构。

海关负责的业务主要包括以下四种：①保险业务；②进出口商检业务；③进出口地报关业务；④缴纳进口的关税、进口增值税的业务。

### 4.7.2　保险业务

4.7.2.1　办理时间

物流中心主管办理完港口到港口运输业务后，渠道商报检人员携带投保单、保险单到海关交纳保险费。

4.7.2.2　保险业务办理流程

（1）向保险公司投保，填写投保单。

（2）保险公司签发保险单。

4.7.2.3　海关保险理赔的程序

（1）渠道商办理当季度港口到港口运输业务，并在当季度办理保险（起运日在当季度的货物都可在当季度办理保险）。

（2）信息中心在当季度启动命运罗盘，抽中××区域的海啸，次季度驶往××港口的海运货物损失5%（海啸影响所有本季度运输下季度到达、下季度运输下季度到达、下季度运输下下季度到达的货物）。

（3）渠道商携带××区域货物的投保单、保险单到海关部门，海关开具支票给渠道商，金额为保险金额的5%（保险金额计算见4.7.4），支票日期开在下季度末，付款用途写保险理赔。

4.7.2.4　注意事项

（1）以CIF成交，出口方办理保险；以FOB、CFR、FCA、CPT成交，进口方办理保险。平台的出口业务一般以FOB成交，进口业务一般以CIF成交。

（2）是否办理保险由交易双方签订合同约定，如合同注明由买方办理保险，则一定要购买保险；如合同注明不购买保险，则一定不能购买保险。

### 4.7.3　报关报检业务

4.7.3.1　办理时间

生产商办理完产成品运输并拿到联运提单，渠道商办理完港口到港口运输。

4.7.3.2　办理流程

（1）出口报检。生产商出口商品业务需携带以下8种单据前往海关办理报关报检业务：商业发票、出境货物报检单、自理报关申请书、出口许可证、出口货物报关单、出口收汇核销单、出口合同、联运提单，并缴纳报关费、报检费，生产商在表格上填写的报关时间为货物从厂地运到码头，即到起运港的时间。

（2）进口报检。生产商进口商品业务需携带以下4种单据前往海关办理报关报检业务：商业发票、入境货物报检单、进口许可证、进口货物报关单，并缴纳报关费、报检费，生产商在表格上填写的报关时间为港口运到港口，即货物到目的港的时间。

渠道商进口商品业务需携带以下4种单据前往海关办理报关报检业务：商业发票、入境货物报检单、进口许可证、进口货物报关单，并缴纳报关费、报检费，渠道商在表格上填写的报关时间为港口运到港口，即货物到目的港的时间。

### 4.7.4 各种费率

保险费：保险费 = 保险金额 × 保险费率。

其中，保险金额 = $\frac{(\text{FOB 价} + \text{运费}) \times (1 + \text{投保加成率})}{1 - \text{保险费率} \times (1 + \text{投保加成率})}$，保险费率 = 0.88%（其中一切险 0.8%，战争险 0.08%）。

国际上统一规定，投保加成率为 10%。商检费为货物价值的 0.3%。报关费为 300 元。

### 4.7.5 缴纳进口关税、进口增值税的业务

#### 4.7.5.1 进口关税

进口关税是企业经营仿真综合实习平台依据国家的法律规定，对通过海关报关进口的货物征收的一种税收。

进口关税的征税基础是关税完税价格。进口货物以基于海关审定的成交价值的到岸价格为关税完税价格，即为：进口货物的关税完税价格 = 海关审定的成交价值 − 到岸价格（CIF）。

关税应纳税额的计算公式为：应纳税额 = 关税完税价格 × 适用税率。

进口关税的税率为 10%（为实训核算方便，实行统一税率 10%）。

#### 4.7.5.2 进口增值税

进口增值税是指企业从国外进口材料或设备在海关征缴的增值税，不同于一般增值税以生产、批发、零售等环节的增值额为征税对象，进口增值税是专门对进口环节的增值额进行征税的一种增值税。进口增值税的征税基础是关税完税价格 + 关税。进口货物以基于海关审定的成交价值的到岸价格为关税完税价格，即：

进口环节增值税完税价格 = 关税完税价格 + 关税

进口关税 = 关税完税价格 × 适用税率（10%）

进口环节增值税 = 进口环节增值税完税价格 × 进口环节增值税税率

其中，进口环节增值税税率为 13%（一般货物非农产品）。

缴纳流程：生产商进口设备业务需携带以下 5 种单据前往海关办理进口报关并缴纳进口关税、进口增值税：商业发票、入境货物报检单、进口许可证、进口货物报关单、海关进口缴款书；到银行缴纳进口关税、进口增值税，返海关进口缴款书的收款人联（蓝联）。

### 4.7.6 企业违规行为管理条例

海关可以将企业的以下行为视为违规（见表 4－13），违规行为按照严重程度分为一般违规、中等违规和重大违规三种。

表 4-13　海关处罚实施细则

| 违规具体行为 | 处理措施 |
| --- | --- |
| ①当季未在规定时间交纳相关费用：踩着时间点来报关，在规定时间未完成报关、报检；忘记报关，当季发现，但已超过银行、物流办事时间<br>②修改当季数据：数据有误，导致算错报关费、报检费、保险费；因变更合同，导致修改报关 | 前两次给予警告，第三次开始记“一般违规” |
| ③拖延一个季度报关、报检、投保<br>④修改跨季数据：数据有误，导致算错报关费、报检费、保险费；因变更合同，导致修改报关 | 记“中等违规” |
| ⑤拖延一个季度以上报关、报检、投保 | 记“重大违规” |

当企业发生①、②两种行为时，前两次海关可给予企业警告，当这两种行为第三次发生时，开始记“一般违规”。当企业发生③、④、⑤三种行为时，直接记“中等违规”或“重大违规”。

海关需要将每个季度的企业违规行为进行汇总统计，并在每个季度末发给信息中心，由信息中心统一公示。

企业被记录“违规行为”不会直接影响企业的运营，但是会影响商业银行对企业的信用评级，从而影响企业估值时的市盈率指标。

注意：因企业原因导致费用出错需更改费用，当季补当季的立刻办理；当季补上季的，多退少补，在出错的季度办理，并记违规。

本规定最终解释权归海关。

**温馨提示：**关于征缴进口环节的关税和增值税的实训让学生切身体会到进口征税收是为了维护国家主权和经济利益、保护和促进本国工农业生产的发展、调节国民经济和对外贸易、筹集国家财政收入，有助于培养学生坚定的爱国情怀、认真负责的工作态度。

## 4.8　市场监督管理局

### 4.8.1　市场监督管理局概况

企业经营仿真综合实习平台中的市场监督管理局是主管市场监管和行政执法工作的部门。

市场监督管理局的主要职责：①负责市场监督管理和行政执法的有关工作；②负责制定仿真平台市场监督管理行政管理规章和政策；③负责市场主体生产商和渠道商登记注册和变更登记；④负责市场主体生产商和渠道商的合同备案和变更合同的登记；⑤负责依法实施合同行政监督管理，组织监督合同购销行为，依法查处合同欺诈等违法行为；⑥负责组织和指导仿真平台市场监管工作；⑦负责依照仿真平台的规章制度来维护各类市场经营秩序的责任；⑧负责监督管理市场交易行为，负责产品质量安全监督管理；⑨负责垄断协议、滥用市场支配地位、滥用行政权力排除限制竞争方面的反垄断执法工作（价格垄断行为除外），依法查处不正当竞争、商业贿赂等经济违法行为；⑩负责依法监督其他外围机构的经营活动。

### 4.8.2 组织结构

市场监督管理局的组织结构相对简单，主要分设A区、B区，各区各有局长1名、职员3名。

### 4.8.3 市场监督管理局业务规则

#### 4.8.3.1 企业注册登记业务规则

仿真平台企业注册登记是市场监督管理局在对生产商和渠道商进入市场的条件进行审查的基础上，通过注册登记确认申请者从事市场经营活动的资格，使其获得实际营业权的各项活动的总称。为了简化流程，提高办事效率，市场监督管理局全面推进“三证合一”制度，所谓“三证合一”，即将企业依次申请的市场监督管理营业执照、组织机构代码证和税务登记证三证合为一证，提高市场准入效率；通过“一口受理、并联审批、信息共享、结果互认”，实现由一个部门核发加载统一社会信用代码的营业执照。

企业注册登记申请表

时间：试运年第一季度上午8：30～9：30（公章可推后）

资料：企业注册登记申请表（见二维码）、公司章程、企业公章

流程：将市场监督管理登记申请表、公司章程、企业公章提交市场监督管理局的工作人员，核准无误后颁发企业法人营业执照（见二维码）。

企业法人营业执照模板

#### 4.8.3.2 企业变更登记规则

企业变更登记是指公司改变名称、住所、法定代表人、经营范围、企业类型、注册资本、营业期限、有限责任公司股东或者股份有限公司发起人的登记。企业变更登记事项应当向原公司机关申请变更登记。未经核准变更登记，公司不得擅自变更登记事项。仿真平台上引起企业变更的原因有且只有以下三种：企业更名、股东变更、企业性质变化（如上市）。

时间：季度初。

企业变更登记申请书

资料：变更登记申请书、变更决议、新公司章程。

流程：首先，提交公司法定代表人签署的变更登记申请书（见二维码）。其次，提交股东会或董事会作出的变更决议，涉及章程变更的应相应修改公司章程：①名称变更决议；②注册资本变更决议；③股东变更的，需重新提交公司章程、股东会决议、董事会决议、投资协议或股权转让协议。再次，申领新的企业法人营业执照。最后，企业变更登记。备案登记企业变更情况：企业更名、股东变更或企业性质变化（如上市）。

#### 4.8.3.3 合同备案规则

仿真平台企业合同备案是指生产商与渠道商签订合同后，还需将合同提交给市场监督管理局审核并登记的行为。

时间：季度初。

资料：企业间签订的国内购销合同/国外购销合同（一式三份）（见图4－4和图4－5）。

# 国内购销合同

卖方：　生产商中文名+编号　　　　　买方：渠道商中文名+编号

合同号：　市场监督管理局填写　　签订时间：按所属季度写月份　签约地：自定

经买、卖双方协商，就买卖双方购销产品的有关事项达成如下协议，并共同遵守执行。

**第一条** 卖方提供的产品规格、价格如下：

| 保险 | 编号 | 产品名称 | 数量（双） | 单价（元） | 价款（元） | 税额（元） | 价税合计 | 交货时间 |
|---|---|---|---|---|---|---|---|---|
| √或X | 响应系统 | 名称与信息中心一致 | 与信息中心的订单数量一致 | 出厂指导价±15% | 数量*单价 | 价款*13% | 价款+税额 | 月份要与信息中心交货时间的月份一致。1-3 是指第 1 年第 3 月 |
| | | | | | | | | |
| | | | | | | | | |
| | | | | | | | | |
| | | | | | | | | |
| | | | | | | | | |
| | | **合计** | | | | | | |

第一联：销货方留存　第二联：购货方留存　第三联：市场监督管理局备案

**第二条** 包装：采用纸箱包装，每箱 100 双。

**第三条** 产品质量标准

商品质量 按商品样本质量标准验收，如产品有质量问题，卖方需承担相关责任。

**第四条** 交货方式 ：　广州　码头/机场

**第五条** 货款结算方式及时间：

☐ 赊销，在交货时间后　　：内付全款。

☐ 签订合同时，买方支付货款总额的 10%　货到买方指定地点的次日，

**第六条** 违约责任

1、买方延付货款，使对方造成损失，应赔付对方此批货款总额 10% 的

市场监督管理局 实习专用

2、付款后卖方无货，应赔付对方此批货款总额 10% 的违约金。

**第七条** 本合同在执行中发生纠纷，签订合同双方不能协商解决时，可申请仲裁机构仲裁或向人民法院提出诉讼。

**第八条** 本合同一式三份，买卖双方和工商局各执一份，自双方签字盖章方为有效。

**附则**

卖方单位（盖章）：　天真有鞋有限责任公司 实习专用　　　买方单位（盖章）：　是个鞋业有限责任公司 实习专用

卖方代表（签字）：　杰纪印增　　　买方代表（签字）：　杰张印文

图 4－4　国内购销合同的模板

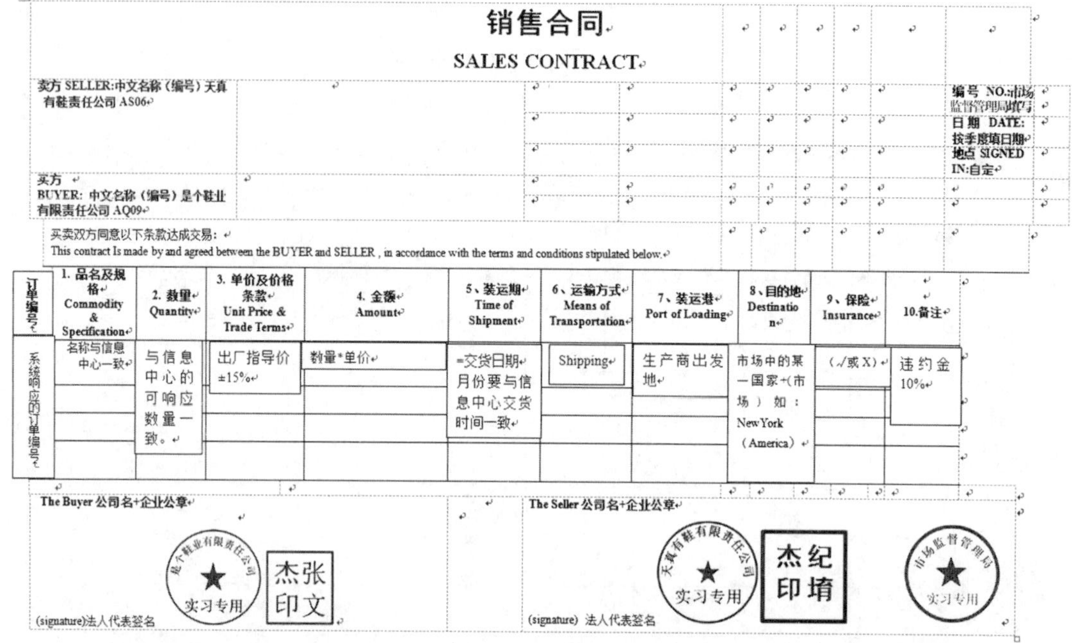

**销售合同**

**SALES CONTRACT**

卖方 SELLER:中文名称（编号）天真有鞋责任公司 AS06

编号 NO.:市场监督管理局填写

日期 DATE:按季度填日期

地点 SIGNED IN:自定

买方 BUYER：中文名称（编号）是个鞋业有限责任公司 AQ09

买卖双方同意以下条款达成交易：

This contract Is made by and agreed between the BUYER and SELLER , in accordance with the terms and conditions stipulated below.

| 订单编号 | 1. 品名及规格 Commodity & Specification | 2. 数量 Quantity | 3. 单价及价格条款 Unit Price & Trade Terms | 4. 金额 Amount | 5、装运期 Time of Shipment | 6、运输方式 Means of Transportation | 7、装运港 Port of Loading | 8、目的地 Destination | 9、保险 Insurance | 10.备注 |
| --- | --- | --- | --- | --- | --- | --- | --- | --- | --- | --- |
| 系统响应的订单编号 | 名称与信息中心一致 | 与信息中心的可响应数量一致。 | 出厂指导价±15% | 数量*单价 | =交货日期月份要与信息中心交货时间一致 | Shipping | 生产商出发地 | 市场中的某一国家+(市场）如：NewYork（America） | (√/或X) | 违约金10% |

The Buyer 公司名+企业公章

(signature)法人代表签名

The Seller 公司名+企业公章

(signature) 法人代表签名



图4-5 国外购销合同的模板

流程：购销双方将签订的内销合同/外销合同（一式三份）交给市场监督管理局的工作人员，审核无误并电子登记后由市场监督管理局盖章后返还（两份），市场监督管理局自留外销合同/内销合同蓝联（一份）。

注意：①核对合同与信息中心发布的订单汇总情况，允许合同成交单价在出厂指导价的15%上下浮动，国内合同预付款不超过合同价款的30%。②生产商在签订合同的时候，与同个渠道商在同个交货地点的所有的订购，可以签订同一份合同，但是需要分别注明交货批次、交货产品、交货数量、交货金额及交货时间。③合同无误给予备案登记，所有盖市场监督管理章，外销合同蓝联市场监督管理局备份留底，内销合同的蓝色一联留底一份，其余返还企业。④合同不符合或违规的企业进行问题通报，并进行罚金及扣分。⑤每一季度提供合同备案信息（电子版）给审计、人才交流中心、税务局（市场监督管理局工作）。

4.8.3.4 合同变更规则

仿真平台企业合同变更是指生产商与渠道商签订的合同尚未履行或者尚未完全履行，需要对合同内容进行修改或补充所达成的协议。仿真平台合同变更仅指合同内容的变更，不包括合同主体的变更。另协商一致是合同变更的必要条件、任何方都不得擅自变更合同。合同的变更必须在市场监督管理局重新登记或审批。

时间：季度内。

资料：企业间签订新的外销合同/内销合同（一式三份）、合同变更说明。

流程：购销双方执企业间签订的新的外销合同/内销合同（一式三份），交给市场监督管理局工作人员，审核无误并电子更新后由市场监督管理局盖章后返还（两份），市场监督管理局自留外销合同/内销合同蓝联（一份）。原备案合同市场监督管理局自留并写上作废。

企业间签订好的购销合同是不允许随意变更的，购销合同的变更必须符合以下条件：①需要签订企业双方同意；②变更购销合同只允许变更原合同的交货日期及交货数量，但总订购数量不能变更；③变更合同销售量不允许超过原合同销售总量的 30%；④若涉及变更合同的交货日期，变更后交货日期是不同月份的，市场监督管理局可对责任方企业进行违规罚金惩罚及违规通报。

### 4.8.4　市场监督管理局对企业违规行为的管理条例

市场监督管理局可以将企业的以下行为视为违规（见表 4－14），违规行为按照严重程度分为一般违规、中等违规和重大违规三种。

**表 4－14　市场监督管理局对企业违规行为的管理条例**

| 违规行为 | 处理措施 |
|---|---|
| ①合同表格填写有误<br>②材料迟交、缺交<br>③企业购销合同存在问题等其他错误 | 第一次给予警告，第二次开始记“一般违规” |
| ④企业购销合同变更中，若涉及变更合同的交货日期，变更后交货日期是同月份的：如果变更合同销售量≤原合同销售总量的 20%，合同违约金的数额＝合同销售数量（变更的那部分数量）×产品出厂指导价×5%；如果变更合同销售量≤原合同销售总量的 30%，合同违约金的数额＝合同销售数量（变更的那部分数量）×产品出厂指导价×10%。变更合同销售量不得超过原合同销售总量的 30%。最后交货期不得超过次季度末 | 记“中等违规”，违约一方向被违约一方支付违约金 |
| ⑤企业购销合同变更中，若涉及变更合同的交货日期，变更后交货日期是跨月跨季度跨年的：如果变更合同销售量≤原合同销售总量的 20%，合同违约金的数额＝合同销售数量（变更的那部分数量）×产品出厂指导价×5%；如果变更合同销售量≤原合同销售总量的 30%，合同违约金的数额＝合同销售数量（变更的那部分数量）×产品出厂指导价×10%。变更合同销售量不得超过原合同销售总量的 30%。最后交货期不得超过次季度末 | 记“重大违规”，违约一方向被违约一方支付违约金 |

当企业发生①、②、③三种行为时，市场监督管理局可给予企业警告一次，当这三种行为第二次发生时，开始记“一般违规”。当企业发生④、⑤两种行为时，直接记“中等违规”或“重大违规”。

当企业发生④、⑤两种行为，即需要变更合同时，相关企业必须到市场监督管理局进行合同变更登记。合同变更行为中违约一方需向被违约一方支付违约金，违约金数额的确定如表 4－14 所示。

市场监督管理局需要将每个季度的企业违规行为进行汇总统计，并在每个季度末发给信息中心，由信息中心统一公示。

企业被记录“违规行为”不会直接影响企业的运营，但是会影响商业银行对企业的信用评级，从而影响企业估值时的市盈率指标。

温馨提示：在实训过程中引导学生认识工作过程中合同签订需要细心谨慎、反复审核。有助于培养学生履行合同的契约精神，树立遵纪守法、诚信经营的理念。

## 4.9 税务局

### 4.9.1 税务局概况

企业经营仿真综合实习平台中的税务局，是主管税收工作的直属机构，主要负责企业申报和缴纳增值税、出口退税、企业所得税、个人所得税、城市维护建设税、车辆购置税以及企业所缴纳的住房公积金、养老保险、失业保险等“五险一金”等，从2015年起全国实行了“三证合一”登记制度，由原来由市场监督管理局核发营业执照、质量技术监督部门核发组织机构代码证、税务部门核发税务登记证的登记方式，改为一次申请由市场监督管理局核发一个加载法人和其他社会组织统一社会信用代码的营业执照。企业的组织机构代码证、税务登记证不再发放。

税务局的主要职责：①负责制定仿真平台税收法律法规政策的实施细则，对税收法律法规执行过程中的征管和一般性税政问题进行答疑，并做好记录备案。②主要负责企业申报和缴纳增值税、企业所得税、个人所得税、城市维护建设税、教育费附加、车辆购置税、车船税、住房公积金及社会保险费的征收管理，力争税费应收尽收。③监督和检查企业和外围机构的税收征管情况，以及税收法律法规的执行情况。④负责规划和制定纳税服务管理制度，规范纳税服务行为，制定和监督执行纳税人权益保障制度，保护纳税人合法权益，履行提供便捷、优质、高效纳税服务的义务，组织实施税收宣传。⑤办理进出口商品的税收及出口退税业务。⑥组织实施对纳税人的分类管理和专业化服务，组织实施对生产商企业和渠道商企业的纳税服务和税源管理。

### 4.9.2 税务局组织机构

税务局按照日常工作职能划分为社会保险费司、货物和劳务税司、所得税司、财产和行为税司、纳税服务司。

社会保险费司（非税收入司）是国家税务总局主管税务系统社会保险费和有关非税收入征管工作的职能部门。主要职责包括负责基本养老保险费、失业保险费、工伤保险费、基本医疗保险费和生育保险费等社会保险费以及有关非税收入的征管职责划转、落实以及后续的征收管理各项工作；负责与相关部门的信息共享和工作协调；参与相关政策的制定和法律法规调整。

货物和劳务税司是国家税务总局主管增值税、消费税、车辆购置税、出口退税及征收管理的职能部门。主要职责包括组织实施增值税、消费税、车辆购置税等征收管理工作，拟订具体征收管理政策和办法；对有关法律法规在执行中的一般性问题进行解释和处理；组织实施出口退税管理工作。

所得税司是国家税务总局主管企业所得税、个人所得税的征收管理的职能部门。主要职责包括：组织实施企业所得税、个人所得税等征收管理工作，拟订具体征收管理政策和办法；对有关法律法规在执行中的一般性问题进行解释和处理。

财产和行为税司是国家税务总局主管财产和行为各税政策、指导和监督财产和行为各税征收管理工作的职能部门。主要职责包括组织实施城市维护建设税、印花税、车船税、教育费附加的税收业务管理，拟订具体征收管理政策和办法；对有关法律法规在执行中的一般性问题进行解释和处理；指导财产和行为各税种及教育费附加的征管业务。

纳税服务司是国家税务总局主管纳税服务工作的综合职能部门。主要职责包括组织实施纳税服务体系建设；拟订纳税服务工作规范和操作规程；组织协调、实施纳税辅导、咨询服务、税收法律答疑等工作，受理纳税人投诉；组织实施税收信用体系建设；指导税收争议的调解并监督实施。

### 4.9.3　税务局业务规则

#### 4.9.3.1　缴纳增值税业务规则

增值税是以商品和劳务在流转过程中产生的增值额作为征税对象而征收的一种流转税。基本税率为：13%、9%、6%、0%。计算公式如下：

应交增值税额 = 销项税额 - 进项税额

销项税额是指纳税人发生应税销售行为时，按照销售额与规定税率计算并向购买方收取的增值税税额。①生产商企业销售给国内渠道商企业：开具增值税专用发票；②国内渠道商企业销售给信息中心：销项税额 =（不含税）销售额 × 税率或者销项税额 =（含税）销售额/（1 + 税率）× 税率。

进项税额是指纳税人购进货物、劳务、服务、无形资产、不动产所支付或者负担的增值税额。进项税额是与销项税额相对应的一个概念。

到税务局缴纳增值税须提交以下资料：①增值税纳税申报表（电子版）；②增值税专用发票抵扣联；③销售合同。

缴纳增值税流程：将增值税纳税申报表（电子版）、增值税专用发票抵扣联（按月份排序）交给税务局的工作人员核算无误后，企业填写税收通用缴款书（税务部门盖章），然后到银行缴纳增值税费，返还缴款书的收款人联（蓝联）给税务部门。

#### 4.9.3.2　申请出口退税的规则

目前，我国的出口货物、劳务和跨境应税行为的增值税税收政策分为三种形式：出口免税并退税、出口免税不退税、出口不免税也不退税。仿真平台的生产商企业出口鞋类实行的是出口免税并退税政策。出口免税是指货物在出口销售环节免征增值税；出口退税是指对货物在出口前实际承担的税收负担按规定的退税率计算后予以退还。

申请出口退税须提交以下资料：①出口退税申请表（电子版）；②出口退税登记证（电子版）；③内销合同/外销合同（原件）；④增值税专用发票抵扣联。

申请出口退税流程：企业提交出口退税申请表（电子版）、出口退税登记证（电子版，经税务局盖章之后可重复使用）、内销合同/外销合同（合同原件）以及增值税专用发票抵扣联（按月份排序），税务局的工作人员核算无误后开具出口退税支票，生产商企业在税务局填写进账单后去银行进行划款，企业将进账单白联交还税务局。

4.9.3.3　缴纳企业所得税的规则

企业所得税是对我国境内的企业和其他取得收入的组织的生产经营所得和其他所得征收的一种税。对企业合法经营所得扣除成本费用后的纯收益进行征税，仿真平台的企业所得税税率为25%。

（1）企业所得税可容许延迟一个季度缴纳。

（2）亏损弥补：企业某一纳税季度发生的亏损可以用下一季度的所得弥补，下一季度的所得不足以弥补的，可以逐季度延续弥补，但最长不得超过5年。

（3）企业所得税实行按季度预缴、年终汇算清缴，企业每个季度只需要提供平账的电子版的资产负债表和利润表，在年终汇算清缴时以审计审核完毕并盖章的年度财务报表进行多退少补，企业在年终汇算清缴时需带上4个季度的纸质版的资产负债表和利润表。

（4）企业所得税在年终汇算清缴时，税务局以审计审核后的年度报表进行企业所得税多退少补。

（5）企业交税依据税务局盖章后的税收通用缴款书即可，交税成功后需要将缴款书蓝联交还至税务局。

缴纳企业所得税提交的材料：资产负债表及利润表（企业所得税）、增值税缴纳税收通用缴款书白联（城市维护建设税、教育费附加）、员工薪酬汇总表（五险一金）、地方税（基金、费）综合申报表；员工薪酬汇总表（个人所得税）、代扣代缴个人所得税明细申报表。

4.9.3.4　缴纳个人所得税的规则

（1）概念。个人所得税指在中国境内有住所，或者虽无住所但在境内居住满183天，以及无住所又不居住或居住不满183天但有从中国境内取得所得的个人依法需要缴纳的费用。我国个人所得税的纳税义务人是在中国境内居住有所得的人，以及不在中国境内居住而从中国境内取得所得的个人，包括中国国内公民，港、澳、台同胞，以及在华取得所得的外籍人员。

（2）适用税率。个人所得税根据不同的征税项目，分别规定了三种不同的税率：一是综合所得（工资、薪金所得，劳务报酬所得，稿酬所得，特许权使用费所得），适用7级超额累进税率，按月应纳税所得额计算征税。该税率按个人月工资、薪金应税所得额划分级距，最高一级为45%，最低一级为3%，共7级。二是经营所得，适用5级超额累进税率。适用按年计算、分月预缴税款的个体工商户的生产、经营所得和对企事业单位的承包经营、承租经营的全年应纳税所得额划分级距，最低一级为5%，最高一级为35%，共5级。三是比例税率。对个人的利息、股息、红利所得，财产租赁所得，财产转让所得，偶然所得和其他所得，按次计算征收个人所得税，适用20%的比例税率。

（3）征收管理。中国个人所得税的征收方式实行源泉扣缴与自行申报并用法，注重源泉扣缴。个人所得税的征收方式可分为按月计征和按年计征。个体工商户的生产、经营所得，对企业事业单位的承包经营、承租经营所得，特定行业的工资、薪金所得，从中国境外取得的所得，实行按年计征应纳税额，其他所得应纳税额实行按月计征。

（4）计算方法。应纳税所得额 = 月度收入 – 5000元（免征额） – 专项扣除（三险一金等） – 专项附加扣除 – 依法确定的其他扣除。个税专项附加扣除如下：

子女教育。纳税人的子女接受全日制学历教育的相关支出，按照每个子女每月1000元的标准定额扣除。

继续教育。纳税人在中国境内接受学历（学位）继续教育的支出，在学历（学位）教育期间按照每月400元定额扣除。同一学历（学位）继续教育的扣除期限不能超过48个月。纳税人接受技能人员职业资格继续教育、专业技术人员职业资格继续教育的支出，在取得相关证书的当年，按照3600元定额扣除。

大病医疗。在一个纳税年度内，纳税人发生的与基本医保相关的医药费用支出，扣除医保报销后个人负担（指医保目录范围内的自付部分）累计超过15000元的部分，由纳税人在办理年度汇算清缴时，在80000元限额内据实扣除。

住房贷款利息。纳税人本人或者配偶单独或者共同使用商业银行或者住房公积金个人住房贷款为本人或者其配偶购买中国境内住房，发生的首套住房贷款利息支出，在实际发生贷款利息的年度，按照每月1000元的标准定额扣除，扣除期限最长不超过240个月。纳税人只能享受一次首套住房贷款的利息扣除。

住房租金。纳税人在主要工作城市没有自有住房而发生的住房租金支出，可以按照以下标准定额扣除：①直辖市、省会（首府）城市、计划单列市以及国务院确定的其他城市，扣除标准为每月1500元。②除第①项所列城市以外，市辖区户籍人口超过100万的城市，扣除标准为每月1100元；市辖区户籍人口不超过100万的城市，扣除标准为每月800元。

赡养老人。纳税人赡养一位及以上被赡养人的赡养支出，统一按照以下标准定额扣除：①纳税人为独生子女的，按照每月2000元的标准定额扣除；②纳税人为非独生子女的，由其与兄弟姐妹分摊每月2000元的扣除额度，每人分摊的额度不能超过每月1000元。可以由赡养人均摊或者约定分摊，也可以由被赡养人指定分摊。约定或者指定分摊的须签订书面分摊协议，指定分摊优先于约定分摊。具体分摊方式和额度在一个纳税年度内不能变更。

（5）仿真平台个税缴纳细则。仿真平台依据最新《中华人民共和国个人所得税法》的规定：居民个人的综合所得，以每一纳税年度的收入额减除费用60000元以及专项扣除为应纳税所得额。由于仿真平台模拟生产制造企业54家、商品流通企业36家，为使实训流程顺畅及核算方便，故不假设员工享有专项附加扣除和其他扣除的条件。也就是说，员工在受雇的公司取得工资、薪金、奖金、分红、津贴等合计后的总额，扣除每月5000元免征额标准以及个人负担的“三险一金”为应纳税所得额，扣缴义务人向居民个人支付工资、薪金所得时，需要按照“累计预扣法”计算预扣预缴税款。计算公式如下：

本季预扣预缴应纳税所得额 = 本季预扣预缴应纳税所得额 = 本季收入 − 本季减除费用 − 本季专项扣除 − 本季专项附加扣除 − 本季其他扣除

本期应预扣预缴税额 = （本季预扣预缴应纳税所得额 × 预扣率 − 速算扣除数） − 累计减免税额 − 累计已预扣预缴税额。

其中，“本季”指按3个月计算出的季度税额。

个人所得税预扣预缴税率如表4－15所示。

表 4-15 个人所得税预扣预缴税率

| 级数 | 累计预扣预缴应纳税所得额 | 预扣率（%） | 速算扣除数（元） |
| --- | --- | --- | --- |
| 1 | 不超过 36000 元的 | 3 | 0 |
| 2 | 超过 36000～144000 元的部分 | 10 | 2520 |
| 3 | 超过 144000～300000 元的部分 | 20 | 16920 |
| 4 | 超过 300000～420000 元的部分 | 25 | 31920 |
| 5 | 超过 420000～660000 元的部分 | 30 | 52920 |
| 6 | 超过 660000～960000 元的部分 | 35 | 85920 |
| 7 | 超过 960000 元的部分 | 45 | 181920 |

缴纳个人所得税须提交以下资料：个税综合申报表、代扣代缴个人所得税明细申报表、员工薪酬汇总表、资产负债表、利润表。

个人所得税缴纳流程：①税务局工作人员根据已经被人才交流中心审核盖章通过的员工薪酬汇总表审核个税综合申报表，主要为“五险一金”的计算审核，以及个人所得税的代收代缴；②审核通过后，在个税综合申报表、代扣代缴个人所得税明细申报表以及员工薪酬汇总表上加盖税务局的公章；③企业出具税收通用缴款书，税务局确认盖章后，企业持税收通用缴款书去银行办理转账业务（企业不需要再填写支票及进账单），交税成功后企业需要将盖章的税收通用缴款书蓝联交至税务局。

#### 4.9.3.5 缴纳“五险一金”的规则

“五险一金”是企业为员工缴纳的住房公积金、养老保险、医疗保险、失业保险、工伤保险、生育保险等款项，由税务局代扣收取。

“五险一金”缴纳比例如表 4-16 所示。

表 4-16 “五险一金”缴纳比例

| 项目 | 个人缴纳比例 | 公司缴纳比例 | 合计比例 |
| --- | --- | --- | --- |
| 住房公积金 | 10% | 10% | 20% |
| 养老保险 | 8% | 12% | 20% |
| 医疗保险 | 2% | 10% | 12% |
| 失业保险、工伤保险、生育保险 |  | 3% | 3% |
| 合计 | 20% | 35% | 55% |

“五险一金”缴纳流程：①税务局工作人员根据已经被人才交流中心审核盖章通过的员工薪酬汇总表审核地方税综合申报表，主要为“五险一金”的计算审核及缴纳；②审核通过后，在地方税申报表、代扣代缴个人所得税申报表以及员工薪酬汇总表上加盖税务局的公章；③企业出具税收通用缴款书，税务局确认盖章后，企业持税收通用缴款书去银行办理转账业务（企业不需要再填写支票及进账单），交税成功后企业需要将盖章的税收通用缴款书蓝联交至税务局。

#### 4.9.3.6 其他规则

（1）增值税专用发票抵扣联抵扣期限为 360 天（一个年度）。进项税额不足抵扣的处理：结转下期继续抵扣、留抵退税；退货或折让：销售方冲减销项税额，购货方冲减进项税额。

（2）出口退税登记证第一次需要办理，由税务局盖章，之后可重复使用。

（3）办理出口退税成功后仍需备案增值税，填写增值税纳税申报表。

（4）办理出口退税本季度要退的必须退，不能拖到下一季度。

（5）企业有无增值税都需要按期上交增值税纳税申报表。

（6）国外销售或者购货不予抵扣和缴税，但也须到税务局备案，国内的予以抵扣并缴税。

（7）逾期则按税务局规则中的“税款滞纳罚金说明”缴纳滞纳金：①延缴税额 50 万元以下的，每延缴一个季度，罚款 15000 元。②延缴税额 50 万元及以上的，每延缴一个季度，罚款额 = 滞纳金额 ×10%；延缴两个季度，罚款额 = 滞纳金额 ×20%；不允许拖缴三个季度以上。

### 4.9.4　税务一局对企业违规行为的管理条例

税务一局可以将企业的以下行为视为违规（见表 4－17），违规行为按照严重程度分为一般违规、中等违规和重大违规三种。

表 4－17　税务一局对企业违规行为的管理条例

| 违规具体行为 | 处理措施 |
|---|---|
| ①出口退税或增值税纳税申报数额计算写错<br>②由于企业自身原因遗漏当季度的销售额<br>③销项税额计算错误<br>④进项税额合计数计算错误 | 前两次给予警告，第三次开始记“一般违规” |
| ⑤增值税应当在当季度末缴清。如果出现延期缴税情况，最多可以延缴两个季度，不允许拖缴三个季度以上 | 每延缴一个季度，记“中等违规”1 次 |
| ⑥出口退税计算错误，导致国家多退税给企业，企业将该笔资金私用 | 记“重大违规” |

当企业发生①～④四种行为时，前两次税务局可给予企业警告，当这四种行为第三次发生时，开始记“一般违规”。

当企业发生⑤、⑥两种行为时，直接记“中等违规”或“重大违规”。

税务一局需要将每个季度的企业违规行为进行汇总统计，并在每个季度末发给信息中心，由信息中心统一公示。

企业被记录“违规行为”不会直接影响企业的运营，但是会影响商业银行对企业的信用评级，从而影响企业估值时的市盈率指标。

注意：出口退税计算错误，导致国家多退税给企业，企业必须在当季度将多退的钱返回给国家。比如，在 2020 年第三季度发现国家于 2020 年第一季度多退税给企业，企业将该笔钱退还给税务局时，记账时点记为 2020 年第一季度末。

### 4.9.5 税务二局对企业违规行为的管理条例

税务二局可以将企业的以下行为视为违规（见表4－18），违规行为按照严重程度分为一般违规、中等违规和重大违规三种。

**表4－18 税务二局对企业违规行为的管理条例**

| 违规具体行为 | 处理措施 |
| --- | --- |
| ①地方税申报表和代扣代缴个人所得税明细申报表没有按照格式要求或内容填写错误，没有按照规定办公时间上交资料等<br>②补交个人所得税、“五险一金”：出于企业自身原因，如重新调整员工加班，加班费用重新计算，或者销售提成计算错误等，导致在当季度末没有办法按时缴纳当季度个人所得税、“五险一金”，此种情况视为补交 | 前两次给予警告，第三次开始记“一般违规” |
| ③城建税和教育费附加：应当在当季度末缴清。如果出现延期缴税情况，最多可以延缴两个季度，不允许拖缴三个季度以上 | 每延缴一个季度，记“中等违规”1次 |
| ④企业所得税：当季的企业所得税延缴到下季度初，不作任何处罚，延缴到下季度末视为延缴一个季度。当年年终汇算清缴时，必须把当年的企业所得税缴清，不得再延付 | |
| ⑤出于企业自身原因，报表做不平，导致当季度的企业所得税没有办法按时缴纳 | 记“重大违规” |

当企业发生①、②两种行为时，前两次税务局可给予企业警告，当这两种行为第三次发生时，开始记“一般违规”。当企业发生③、④、⑤三种行为时，直接记“中等违规”或“重大违规”。

税务二局需要将每个季度的企业违规行为进行汇总统计，并在每个季度末发给信息中心，由信息中心统一公示。

企业被记录“违规行为”不会直接影响企业的运营，但是会影响商业银行对企业的信用评级，从而影响企业估值时的市盈率指标。

注意：①任何企业不得以任何形式延缴个人所得税及“五险一金”；②补交个人所得税和“五险一金”，记账办法采取权责发生制；③补招产生的员工个人所得税和五险一金，记账办法采取权责发生制；④延缴城建税、教育费附加、企业所得税，记账办法采取收付实现制；⑤企业所得税：当季的企业所得税延缴到下季度初，不作任何处罚；⑥企业在税务一局办理完业务后，必须持盖有税务一局公章的增值税纳税申报表到税务二局进行城建税和教育费附加的报税工作（无论企业当季度是否需要缴纳增值税）。

**温馨提示：**我国社会主义税收的本质是“取之于民，用之于民”。税收乃国家要事，关乎民生福祉和国家兴衰。通过涉税业务实训，激发学生的社会责任意识。培养学生成为依法纳税、自觉守法的公民，认识到税款征收对维护国家的经济权益、保护国内产业发展的重大意义。

# 4.10　人才交流中心

## 4.10.1　人才交流中心概况

人才交流中心属人力资源社会保障局管辖，企业经营仿真综合实习平台的人才交流中心是综合性人才市场社会化服务机构，主要承担平台生产商和渠道商工作人员岗位招聘、培训、解聘及企业薪酬缴纳的工作。

人才交流中心的主要职责：响应生产商/渠道商招聘需求，收取招聘广告费，提供相应岗位数；响应生产商/渠道商培训晋级需求，收取培训费，提供相应岗位数；响应生产商/渠道商解聘人员需求，并备案；计算核对生产商/渠道商人力薪酬、奖金、“五险一金”、个人所得税的情况。

## 4.10.2　人才交流中心组织结构

人才交流中心组织结构相对简单，主要分设A区、B区，各区各设局长1名、职员4名。

## 4.10.3　人才交流中心业务规则

4.10.3.1　生产商的人力资源需求计划表填写规则

（1）企业有招人需求就需要缴纳招聘广告费，没有需求就不需要交费，但是依然需要交当季的用人需求表，数目填写0。招聘人数要严格按照生产商规则《要素配比及生产能力》。

（2）人才交流中心收取广告费5000元，广告费按次收取，不按区域、员工种类和月份计算。根据银行最新要求，招聘广告费和培训费需要分开两张支票、两张进账单来填写和缴纳，缴纳后到人才交流中心开具增值税专用发票。

（3）企业招聘的员工聘期至少一年，聘期内解聘工人必须支付3个月的基本月薪为补偿金，支票单独填写“解聘补偿金”。

（4）填写用人需求表前要严格按照生产制造企业员工招聘的相关规定，注意招聘时间、培训时间、上岗时间以及季度末需支付的费用，以免影响企业生产。

（5）支票和进账单要同时填写，支票要盖法人章和财务章，并且在支票虚线处盖财务章，必须横盖在虚线中间。

（6）支票、进账单等纸质资料上交到人才交流中心之前必须在正面右上角标记企业编号，如AS01、BQ01。

4.10.3.2　生产商的排班表填写规则

（1）生产商排班表要根据生产主管排程（排程表）来排班，每月可以不排满，每天可以不固定排班8小时，但无论是否排班，薪资不变。

（2）如果有两条同类型的生产线和同样数量的技工，只要任何一条生产线其中任何一天的排班时间是不同的，则必须要分开两个表格分别命名。

（3）排班表需要根据当年的日历修改后再进行排班，生产商排班表按月份打印（一个月打印在一张 A4 纸上），按技工等级（初级、中级、高级）分成三份表格排班。根据企业要求自行安排排班时间，要求简单清晰。

4.10.3.3 生产商的员工薪酬汇总表填写规则

（1）生产商的员工薪酬汇总表必须经过人才交流中心—税务局—人才交流中心总共三审。人才交流中心职员三审后返给人事主管，人事主管才能开支票并去银行支付工资，支付工资的金额是生产商员工薪酬汇总表的“实际发放额”，正式运营中如果交错数目，人才交流中心将不予退还。

（2）由于技工岗前培训的工资是标准薪资的 50%，所以在员工薪酬汇总表中的“标准薪资”位置需要将标准薪资除以 2，然后再乘以人数和三个月，员工薪酬汇总表都是以季度计算的，填写时必须记得乘以三个月。注意无论是否进行岗前培训，“五险一金”都是按照标准月薪来计算的。

（3）生产商薪酬汇总表上的销售额填写的金额是不含税收入的，填写前询问企业 CMO，必须用不含税销售额才能计算出正确的销售提成，生产商的销售额不可以平摊到每月，所以计算需要加提成的项目时，要单独一个月来计算，然后再合并三个月的数据。

（4）支票和进账单要同时填写，支票要盖法人章和财务章，并且在支票虚线处盖财务章，必须横盖在虚线中间。

（5）支票、进账单等纸质资料上交到人才交流中心之前必须在正面右上角标记企业编号，如 AS01、BQ01。

4.10.3.4 渠道商的人力资源需求计划表填写规则

（1）有招人需求就需要交招聘广告费，没有招人需求就不需要交费，但是依然需要交当季的人力资源需求计划表，数目填写“0”。招聘人数要严格按照渠道商的排班表的要求来计算所需人数，一旦季初招聘的数量无法满足门店的经营时间，无论企业是否愿意承担补招的后果，都必须强制企业进行补招，因为门店不可以不营业，也不能违反员工加班时长的规则。注意补招手续耗时耗力，正式运营补招的行为是会被登记为“重大违规”的。

（2）每一季新增/减少店铺数量和员工数量，都要用加减法表示，关闭店铺和解聘人员的数量必须运用减法体现。

（3）培训时间与上岗时间是对应的，时间需要具体到年月日，培训时间格式为 2019.01.01～03.31，上岗时间格式为 2019.04.01。

（4）渠道商分国内外市场，国内市场的招聘广告费和培训费需要开具增值税专用发票，国外市场的招聘广告费和培训费只需要开具增值税普通发票，不可以开具增值税专用发票，所以人事主管在填写支票时必须标注招聘广告费和培训费的区域，以便审核。

（5）人才交流中心收取招聘广告费 5000 元，广告费按次收取，分不同区域，不分员工种类和月份。根据银行最新通知，招聘广告费和培训费需要分开两张支票、两张进账单来填写和缴纳，缴纳后到人才交流中心开具增值税专用发票或增值税普通发票。例如，如果企业同时在国内市场和欧洲市场发布招聘广告，则支票填写为“支付招聘广告费（国内、欧洲）”，缴纳金额为 10000 元。

（6）渠道商的员工聘期至少一年，聘期内解聘工人必须支付 3 个月的基本月薪作为补偿金，支票单独填写“解聘补偿金”。

（7）支票和进账单要同时填写，支票要盖法人章和财务章，并且在支票虚线处盖财务章，必须横盖在虚线中间。

（8）支票、进账单等纸质资料上交到人才交流中心之前必须在正面右上角标记企业编号，如 AS01、BQ01。

#### 4.10.3.5　渠道商的排班表填写规则

（1）渠道商排班表每天 12 小时必须有店员上班，门店不可以不营业，门店的经营时间分为两个批次，所以需要安排两个组的员工上班。门店全年无休，周末不休息。

（2）门店升级改造期限为 1 个季度，改造完方能对外营业，在排班表中需要体现出来，即使三个月都不排班也要交排班表。

（3）不同区域、不同类型的门店分别用不同的表格排班，根据要求来命名，最终只交一份 Excel 表格给人才交流中心审核。

（4）渠道商排班表按季度打印（一个季度打印在一张 A4 纸上），按店铺类型（初档、中档、高档）进行排班。企业自行安排排班时间，要求简单清晰。

#### 4.10.3.6　渠道商的员工薪酬汇总表填写规则

（1）渠道商员工薪酬汇总表一定需要经过人才交流中心—税务局—人才交流中心总共三审。人才交流中心职员三审后返给人事主管，人事主管才能开支票并去银行支付工资，支付工资的金额是员工薪酬汇总表的“实际发放额”，正式运营中如果交错数目，人才交流中心将不予退还。

（2）由于店员岗前培训的工资是标准薪资的 50%，所以在薪酬汇总表中的“标准薪资”位置需要将标准薪资除以 2，然后再乘以人数和三个月，薪酬汇总表都是以季度计算的，填写时必须乘以三个月。注意无论是否进行岗前培训，“五险一金”都是按照标准月薪来计算的。

（3）渠道商员工薪酬汇总表上的销售额填写的金额是不含税收入的，填写前请询问企业 CMO，必须用不含税销售额才能计算出正确的销售提成，渠道商的销售额可以平摊到每月。

（4）支票和进账单要同时填写，支票要盖法人章和财务章，并且在支票虚线处盖财务章，必须横盖在虚线中间。

（5）支票、进账单等纸质资料上交到人才交流中心之前必须在正面右上角标记企业编号，如 AS01、BQ01。

### 4.10.4　人才交流中心对企业违规行为的管理条例

人才交流中心可以将企业的以下行为视为违规（见表 4－19），违规行为按照严重程度分为一般违规、中等违规和重大违规三种。

表 4－19 人才交流中心对企业违规行为的管理条例

| 违规具体行为 | 处理措施 |
| --- | --- |
| ①表格填写有误<br>②银行进账单数字有误<br>③材料迟交、缺交等其他错误<br>④当季度初，招聘时间已过，企业补招当季度员工<br>⑤当季度末补招当季度员工<br>⑥补交员工薪酬：出于企业自身原因，如重新调整员工加班、加班费用重新计算或者销售提成计算错误等，导致在当季度末没有办法按时缴纳当季度员工薪酬，此种情况视为补交员工薪酬 | 前两次给予警告，第三次开始记“一般违规” |
| ⑦企业员工招聘广告费、培训费和解聘费应在当季度初缴清，如果出现延期缴费情况，最多可以延期两个季度，不允许拖缴三个季度以上 | 每延迟一个季度缴费，记“中等违规”1 次 |
| ⑧跨季度甚至是跨年补招员工 | 记“重大违规” |

当企业发生①～⑥六种行为时，前两次人才交流中心可给予企业警告，当这六种行为第三次发生时，开始记“一般违规”。

当企业发生⑦、⑧两种行为时，直接记“中等违规”或“重大违规”。

人才交流中心需要将每个季度的企业违规行为进行汇总统计，并在每个季度末发给信息中心，由信息中心统一公示。

企业被记录“违规行为”不会直接影响企业的运营，但是会影响商业银行对企业的信用评级，从而影响企业估值时的市盈率指标。

注意：①任何企业不得以任何形式延缴员工薪酬；②补交员工薪酬，记账方式采取权责发生制；③补招产生的广告费、培训费、员工薪酬，记账方式采取权责发生制；④延缴广告费、培训费，记账方式采取收付实现制。

**温馨提示**：通过平台人才交流中心的政策引导，培养学生公共意识、公共情怀和社会责任感，拓展学生的视野，加强学生对人类命运共同体理念的认同，实现了“知识传授、价值引领和能力培养”的多元化学习。

## 4.11 审计事务所

### 4.11.1 审计事务所概况

审计事务所是企业经营仿真综合实习平台的一个外围机构，主要职责如下：跟踪和审核企业的季度和年度财务报表；监督和审查企业以及外围机构在经营过程是否有违反仿真平台的业务活动规则；监督和审查企业在会计核算过程是否存在违反会计准则的行为。审计事务所位于广州华商学院厚德楼 B504，于每年 9 月成立，专门从事审计工作。

### 4.11.2　组织结构

审计事务所（以下简称审计所）是一个独立的外部机构，主要服务对象是72家企业，A区、B区各36家企业（24家生产商企业、12家渠道商企业，企业数量可根据期数增减），主要工作内容是对企业提供的资料进行审计并出具审计意见。如图4-6所示，审计所设两个分所——华信审计所会计师事务所和铧航审计所会计师事务所，华信审计所分管A区所有审计项目、铧航审计所分管B区所有审计项目。每个分所设两个分部——生产商审计分部和渠道商审计分部，生产商审计分部内设3个项目组，渠道商审计分部内设2个项目组。审计所约80名成员，每个分所约40名成员。分所设正所长、副所长各1名，正所长分管生产商分部，副所长分管渠道商分部。生产商分部包括正所长在内共25名成员，1个正所长下带1个专审和2个部门经理，每个部门经理下带2个项目组，每个项目组为6人（含1名项目经理、5名审计员）。渠道商分部包括副所长在内共14名成员，1个副所长下带1个部门经理，部门经理下带2个项目组，每个项目组为6人（含1名项目经理、5名审计员）。

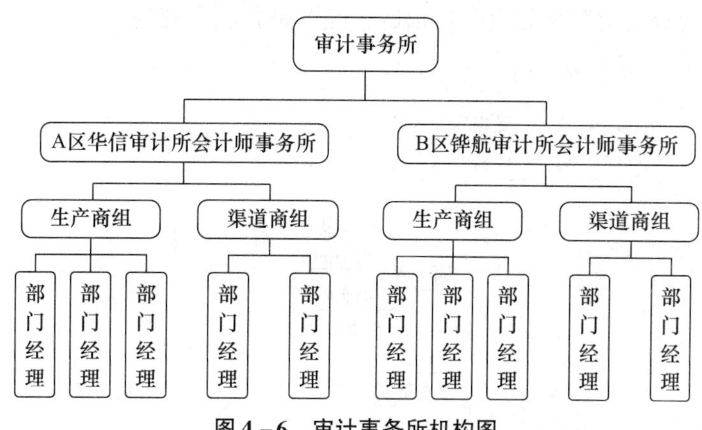


图4-6　审计事务所机构图

### 4.11.3　审计所规则

企业经营仿真综合实习平台中的生产商和渠道商的年度报表须经审计事务所审核与评估，盖章确认后发布和存档。审计相关细则如下：

（1）会计师事务所的工作人员主要进行各季度的跟踪审计和年度审计。

（2）对被审计单位进行跟踪审计和年度审计时，被审计单位和外围机构应该提供必要的工作条件和协助，主要事项将由会计师事务所工作人员于外勤工作开始前提供清单（包括但不限于审查财务预算、订单记录、营销计划、营销合同、仓储管理记录、招工计划、薪酬分配表、财务资料等）。

（3）在审计年度内，当期发现的错误在当期调整；年度终结后发现的错误在下年度调整。审计年度未调整的错误由指挥部视情况作出处理。

（4）进行终结审计时，被审计单位应在经营年度经营完毕的次日提供审计事务所要求企业提供的业务资料和财务资料。

(5) 审计服务的费用总额为 30000 元/年，在每年的第二季度末签订审计业务约定书并缴费。根据银行最新要求、仿真平台的规则，审计费是含税价 30000 元，开具增值税专用发票时注意价税合计是 30000 元，则企业按照审计费 30000 元来缴纳；开具增值税普通发票的只需填写不含税价 28301.88 元，则企业按照审计费 28301.88 元来缴纳。企业按照审计费来填写支票和进账单到银行缴费，缴纳后到审计所开具增值税专用发票或者增值税普通发票，而增值税普通发票只针对开辟国外市场的渠道商企业。

(6) 如果出于被审计单位的原因，致使审计业务约定书所涉及的审计服务无法如期进行，被审计单位将承担其应负的责任，并向会计师事务所支付至少 30000 元的补偿费。

(7) 审计所应在审计过程中给予被审计单位必要的业务说明，在取得被审计单位的全部资料的次日审核完毕，只需在提交年度报表时出具审计报告，与被审计单位的指导老师确认意见一致后正式向信息中心发布。

(8) 审计所对企业所提交的业务资料和财务资料以及外围机构向审计所提交的资料进行审计的过程中，采用的审计方法有询问、观察、检查资料、发函证、重新执行、重新计算等，需要被审计单位以及外围机构如银行、海关、物流、信息中心等必须配合完成，以确保被审计的企业提交的数据是真实可信的，经营是合法合规的。

审计思维如图 4-7 所示。

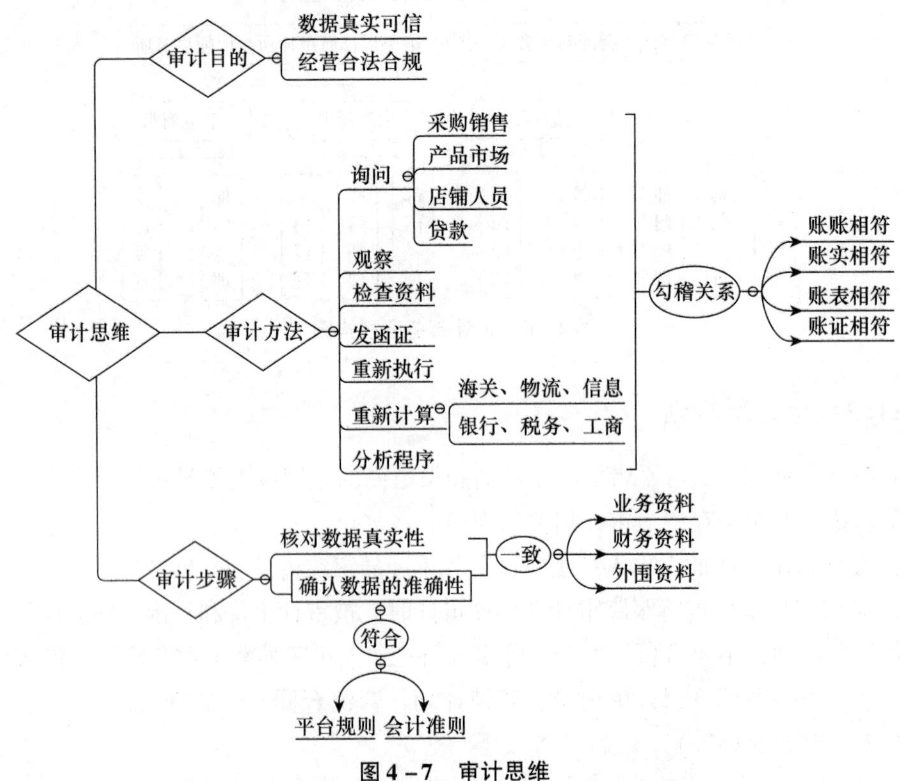


图 4-7 审计思维

### 4.11.4　企业需要提供给审计所的资料

#### 4.11.4.1　生产商需要提供给审计的资料

注意：试运营期间生产商上交审计所的业务资料为 11 项，财务资料为“7 + 1”，其中“1”为试运营专属财务报表（包括丁字账、试算平衡表、资产负债表、利润表、现金流量表）。在试运营期间财务资料的第 1 ~ 8 项上交 Excel 电子版表格。正式运营期间生产商上交审计所的业务资料为 11 项，财务资料为 11 项，财务资料的第 3 ~ 11 项都为用友 U8 系统导出。

（1）业务资料名称以及企业的对接人员。①原材料订单（采购主管）；②入库时间数量汇总（采购主管）；③原材料及辅料采购表（采购主管）；④生产线购买表（生产主管）；⑤合同订单（CMO）；⑥生产排程表（生产主管）；⑦生产商运输仓储表格（采购主管、物流）；⑧员工薪酬汇总表（人事主管）；⑨人力资源需求计划表（人事主管）；⑩排班表（照片图/表）（人事主管）；⑪固定资产和无形资产折旧额计算表（制单会计）。

（2）财务资料名称以及企业的对接人员。①代扣代缴个人所得税明细申报表（制单会计）；②企业所得税月（季）度预缴纳税申报表（制单会计）；③银行存款日记账（出纳）；④资产负债表（CFO，会计主管）；⑤利润表（CFO，会计主管）；⑥库存商品明细账（CFO，会计主管）；⑦原材料明细账（CFO，会计主管）；⑧进销存表（CFO，会计主管）；⑨余额表（CFO，会计主管）；⑩记账凭证列表（制单会计）；⑪财务状况分析表（CFO）。

#### 4.11.4.2　渠道商需要提供给审计的资料

注意：试运营期间渠道商上交审计所的业务资料为 7 项，财务资料为前 6 项 + 1，其中“1”为试运营专属财务报表（包括丁字账、试算平衡表、资产负债表、利润表、现金流量表）。在试运营期间财务资料的第 1 ~ 6 项上交 Excel 电子版表格。正式运营期间渠道商上交审计所的业务资料为 7 项，财务资料为 10 项，财务资料的第 3 ~ 10 项都为系统导出。

（1）业务资料名称以及企业的对接人员。①采购计划表（CMO/采购主管）；②货物运单（CMO/物流主管）；③渠道商运输仓储表格（CMO/物流主管）；④员工薪酬汇总表（人事主管）；⑤人力资源需求计划表（人事主管）；⑥渠道商排班表（人事主管）；⑦长期待摊费用计算表（会计主管）。

（2）财务资料名称以及企业的对接人员。①代扣代缴个人所得税明细申报表（制单会计）；②企业所得税月（季）度预缴纳税申报表（制单会计）；③银行存款日记账（出纳）；④进销存表（CFO，会计主管）；⑤利润表（CFO，会计主管）；⑥资产负债表（CFO，会计主管）；⑦余额表（会计主管）；⑧记账凭证列表（制单会计）；⑨库存商品明细账（CFO，会计主管）；⑩序时账（CFO，会计主管）。

### 4.11.5　一般审计流程

一般审计流程如图 4 – 8 所示。

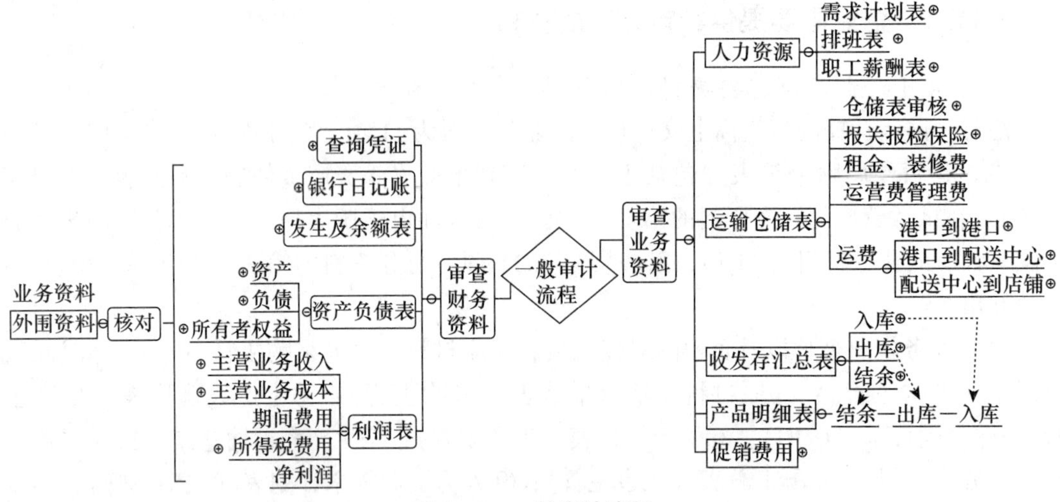


图 4-8　一般审计流程

## 4.11.6　仿真平台增值税的税种税目税率

仿真平台增值税税率一共有 4 档：13%、9%、6%、0。销售交通运输服务、邮政、基础电信、建筑、不动产租赁服务、销售不动产、转让土地使用权以及销售或进口中列举的农产品等货物税率为 9%；加工修理修配劳务、有形动产租赁服务和进口货物的税率为 13%；销售无形资产（除土地使用权）为 6%，出口货物税率为 0。其余的货物税率是 13%，其余的服务税率是 6%。

仿真平台增值税的税目及税率

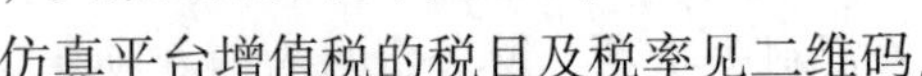

仿真平台增值税的税目及税率见二维码。

## 4.11.7　仿真平台各机构所开的单据以及税率

仿真平台各机构所开的单据以及税率如表 4-20 至表 4-29 所示。

表 4-20　海关的单据以及税率

| 序号 | 应税行为 | 所用单据类型 | 税率 |
|---|---|---|---|
| 1 | 报关报检 | 普通发票 | 无 |
| 2 | 保险费 | 增值税专用发票 | 6% |
| 3 | 进口关税 | 税收缴款书 | 10% |
| 4 | 进口增值税 | 海关进口缴款书 | 13% |

表 4-21　物流（生产商）的单据以及税率

| 序号 | 应税行为 | 所用单据类型 | 税率 |
|---|---|---|---|
| 1 | 鞋面鞋底的运费 | 增值税专用发票 | 9% |
| 2 | 成品运费 | 增值税专用发票 | 9% |
|  | 堆存费 | 增值税专用发票 | 6% |
| 3 | 厂房租金 | 增值税专用发票 | 9% |
|  | 水电费 | 增值税专用发票 | 13% |
|  | 存储费 | 增值税专用发票 | 6% |

表 4－22　物流（渠道商）的单据以及税率

| 序号 | 应税行为 | 所用单据类型 | 税率 |
| --- | --- | --- | --- |
| 1 | 不动产租金 | 增值税专用发票 | 9% |
|  | 有形动产租金 | 增值税专用发票 | 13% |
| 2 | 运费 | 增值税专用发票 | 9% |
| 3 | 装修费 | 增值税专用发票 | 9% |
|  | 升级改造费 | 增值税专用发票 | 9% |
|  | 管理费 | 增值税专用发票 | 6% |
|  | 运营费 | 增值税专用发票 | 6% |
|  | 堆存费 | 增值税专用发票 | 6% |
| 4 | 促销费 | 增值税专用发票 | 13% |

注：国外渠道商业务开普通发票，国内渠道商业务开专用发票。

表 4－23　市场监督管理局的单据以及税率

| 序号 | 行为 | 所用单据类型 | 税率 |
| --- | --- | --- | --- |
| 1 | 收取企业罚金 | 普通发票 | 无 |

表 4－24　人才交流中心的单据以及税率

| 序号 | 行为 | 所用单据类型 | 税率 |
| --- | --- | --- | --- |
| 1 | 收取企业罚金 | 进账单、支票 | 无 |
| 2 | 收取广告费、培训费 | 增值税专用发票 | 6% |
| 3 | 收取员工薪酬 | 进账单、支票 | 无 |
| 4 | 企业员工薪酬等多退 | 进账单、支票 | 无 |

表 4－25　税务局的单据以及税率

| 序号 | 行为 | 所用单据类型 | 税率 |
| --- | --- | --- | --- |
| 1 | 收取企业罚金 | 税收缴款书 | 无 |
| 2 | 收取企业所得税 | 税收缴款书 | 25% |
| 3 | 收取城建税、教育费附加等其他税 | 税收缴款书 | 7%、3% |
| 4 | 企业所得税等税额的多退 | 进账单、支票 | 无 |
| 5 | 收取增值税 | 税收缴款书 | 参考各种税率 |
| 6 | 收取个人所得税 | 税收缴款书 | 参考各种税率 |
| 7 | 收取车辆购置税 | 税收缴款书 | 参考各种税率 |
| 8 | 收取契税 | 税收缴款书 | 3% ~5% |
| 9 | 出口退税 | 进账单、支票 | 无 |
| 10 | 税额的多退 | 进账单、支票 | 无 |

**表 4－26　审计事务所的单据以及税率**

| 序号 | 应税行为 | 所用单据类型 | 税率 |
| --- | --- | --- | --- |
| 1 | 审计费 | 增值税专用发票 | 6% |

注：国外渠道商业务开普通发票，国内渠道商业务开专用发票。

**表 4－27　信息中心（生产商）的单据以及税率**

| 序号 | 应税行为 | 所用单据类型 | 税率 |
| --- | --- | --- | --- |
| 1 | 有形动产的购入与转让：<br>原材料及辅料<br>生产线<br>车辆 | <br>增值税专用发票<br>增值税专用发票<br>增值税专用发票 | <br>13%<br>13%<br>13% |
| 2 | 不动产的购入与转让：仓库 | 增值税专用发票 | 9% |
| 3 | 生产线费用：<br>生产线超负荷维修费<br>生产线转换调试费<br>产品研发费用、生产线研发费 | <br>增值税专用发票<br>增值税专用发票<br>增值税专用发票 | <br>13%<br>13%<br>6% |
| 4 | 违规罚金 | 进账单、支票 | 无 |

**表 4－28　信息中心的单据以及税率**

| 序号 | 应税行为 | 所用单据类型 | 税率 |
| --- | --- | --- | --- |
| 1 | 产品销售：国内市场<br>产品销售：国外市场 | 增值税专用发票<br>增值税普通发票 | 13%<br>无 |
| 2 | 不动产的购入与转让：品牌专营店 | 增值税专用发票 | 9% |
| 3 | 无形资产的购入：品牌网上直播专卖店 | 增值税专用发票 | 6% |
| 4 | 品牌网上直播专卖店运营费 | 增值税专用发票 | 6% |
| 5 | 国内广告费 | 增值税专用发票 | 6% |
| 6 | 国外广告费 | 增值税普通发票 | 无 |
| 7 | 违规罚金 | 进账单、支票 | 无 |

注：国外渠道商业务一律开普通发票。

**表 4－29　银行的单据以及税率**

| 序号 | 应税行为 | 所用单据类型 | 税率 |
| --- | --- | --- | --- |
| 1 | 利息收支 | 增值税普通发票 | 无 |
| 2 | 手续费及佣金 | 增值税普通发票 | 无 |
| 3 | 其他收费（中间业务） | 增值税专用发票 | 6% |

注：贷款业务以及国外渠道商业务一律开普通发票。

### 4.11.8　审计所对企业季度、年度财务报表的评分细则（见二维码）

审计所对企业季度、年度财务报表评分细则

**温馨提示**：强调审计职业操守和诚信的重要性，培养学生“坚持准则、诚信为本、不做假账”等审计职业道德观念。同时，让学生树立法制观念，强调要按会计法规和会计准则审计，不得触碰法律底线，否则将承担相应的法律责任。

## 4.12　赛事活动策划部

### 4.12.1　赛事活动策划部概况

赛事活动策划部是企业经营仿真综合实习平台的外围机构之一，主要负责组织各类赛事活动，并对仿真综合实习平台运营情况及赛事活动进行报道与宣传。赛事活动策划部通常由部长、助理、文案写作与编辑岗、摄影与视频制作岗、活动执行岗组成。主办的赛事活动通常有仿真实习动员大会、CI 设计大赛、高峰论坛、仿真实习期末总结表彰大会、各类分享会与讲座、各类创意活动等。与此同时，赛事活动策划部还会协助管理委员会、审计事务所等机构举办交流座谈会、财会峰会等活动。

### 4.12.2　赛事活动策划部组织结构

赛事活动策划部由部长统领，设立助理、推文组、活动组、摄影组，组织结构如图 4－9 所示。各组各岗位需要紧密协作、密切配合，共同完成工作任务。

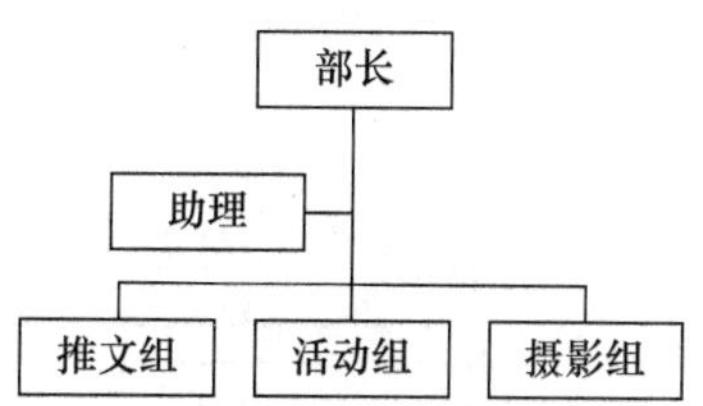

图 4－9　赛事活动策划部组织结构

### 4.12.3　赛事活动策划部业务规则

赛事活动策划部业务规则主要分为活动规则、推文规则、摄影规则、归档规则。

4.12.3.1　赛事活动策划部活动规则

赛事活动策划部活动规则具体如下：

（1）动员大会、CI 设计大赛、高峰论坛、总结表彰大会等活动是赛事活动策划部必办的重点活动，务必精心组织与实施。除了这些常规的固定赛事活动外，赛事活动策划部还应策划一些能激发学生仿真实习热情的创意活动。与此同时，根据需要，为仿真平台其他机构举办的活动提供协办支持。

（2）赛事活动大体分为两类：一类是评比类赛事活动，另一类是非评比类赛事活动。其中，评比类赛事活动是按照正式比赛的流程开展的活动，明确设立了获奖等级，如 CI 设计大赛。非评比类赛事活动则是未按照正式比赛流程开展的活动，也没有设立获奖等级，如团队沟通分享交流会。不同类型活动的评分机制有所不同，且还会根据参与活动的主体（企业或外围机构）而有所区别，如图 4－10 和图 4－11 所示。

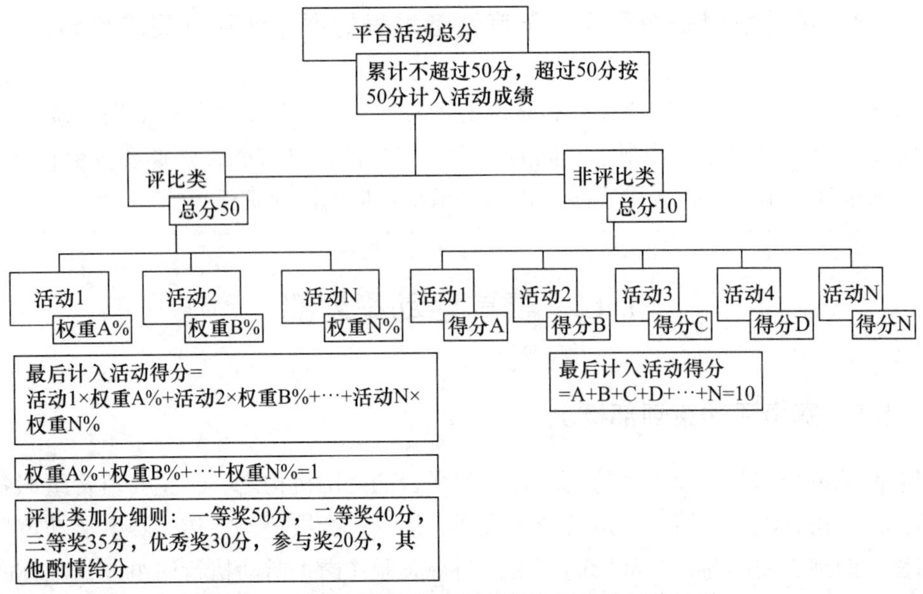


**图4-10 仿真实习企业每年度参与活动评分细则**

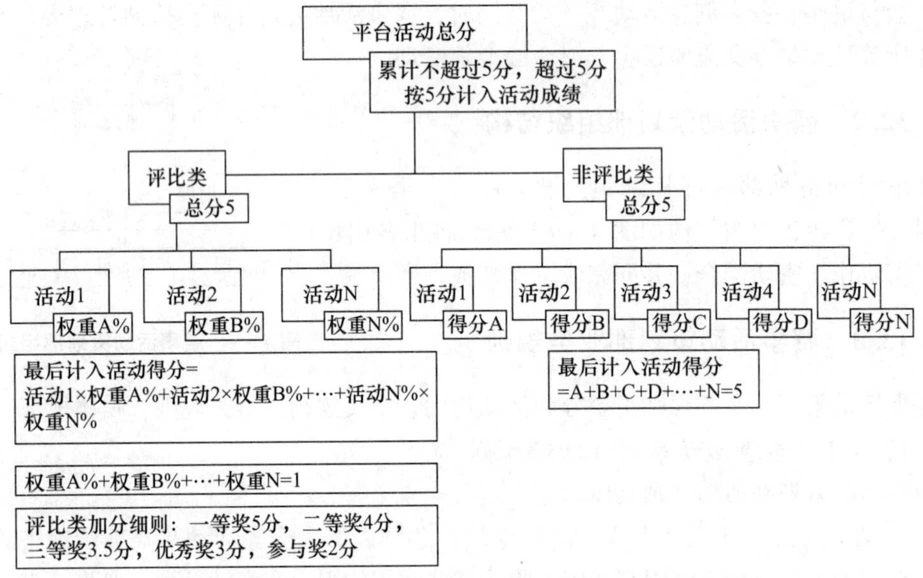


**图4-11 仿真实习外围机构每年度参与活动评分细则**

#### 4.12.3.2 赛事活动策划部推文规则

赛事活动策划部负责运营仿真综合实习微信公众号，具体的推文规则如下：

（1）仿真实习期间，每天至少推出1篇公众号文章。

（2）重大活动需有事前预告推文、事后回顾推文。

（3）推文内容必须真实准确，不得弄虚作假。

（4）关于活动的推文需及时发布，一般当天举办的活动最好当天能够发布推文回顾，最迟不要超过活动举办的第二天。

（5）推文的图片要清晰美观，文字表达要准确无歧义，杜绝发布违规不当内容。

（6）推文主题与内容尽可能做到具有吸引力。

（7）推文点击数是赛事活动策划部的业绩考核点之一。

#### 4.12.3.3　赛事活动策划部摄影规则

赛事活动策划部负责拍摄仿真实习运营日常照片和各类赛事活动专题照片，并负责制作当期仿真实习期末总结视频。具体规则如下：

（1）至少需要拍摄仿真实习动员大会照片、试运营及正式运营的日常照片。

（2）至少需要拍摄仿真实习平台各类赛事活动的专题照片。大概包括但不局限于：CI设计大赛、高峰论坛、总结表彰大会、财会峰会、命运罗盘、讲座与交流会、分享会等。

（3）设计并制作一份期末总结视频。

（4）拍摄的照片需确保清晰完整，当天或隔天必须及时进行整理与归档，务必选出用于推文的照片。

#### 4.12.3.4　赛事活动策划部归档规则

赛事活动策划部务必做好各类活动的资料归档。具体规则如下：

（1）根据活动分门别类做资料的归档，并且需做好文档类、照片类、视频类资料的区分。

（2）每类资料需按照规范进行命名，以备需要之时方便查找。

（3）至少制作一份仿真实习回忆录锦集，内容涵盖仿真实习平台的日常运营和各类赛事活动，需图文并茂，格式规范。

> **温馨提示：**赛事活动策划部需要举办各种类型的活动，准备和制作各类资料，并且经常与人打交道。这就要求担任赛事活动策划部岗位的同学必须拥有工匠精神，做到认真负责、细致耐心、吃苦耐劳、攻坚克难、友好懂礼仪、团结协作，方可较好地完成各项工作任务。与此同时，拥有正确的价值观和时代责任感是不可或缺的必要条件。

## 4.13　管理委员会

### 4.13.1　管理委员会概况

管理委员会拥有管理和监督各外围机构和企业的权力，接受企业对外围机构或其他企业的投诉。管理委员会直接对仿真实习指挥部负责，各企业及外围机构指导老师不得干预管理委员会行使权力。

（1）企业对外围机构的投诉，经调查外围机构确实存在过失的，被投诉的外围机构个人（每次）扣业务评分5分；经调查外围机构存在过失，同时企业无任何过失的，可撤销已经给予企业的违规记录；经调查企业投诉情况不属实，外围机构无过失的，外围机构及个人不扣分，投诉企业记警告一次。

（2）为避免企业恶意投诉外围机构，企业被警告两次记“一般违规”一次，警告三次记“中等违规”一次。

（3）外围机构及个人因为被投诉，对投诉企业进行报复或不公平对待的，经调查属实，相关外围机构个人扣业务评分 10 分。

（4）外围机构漏记企业违规行为的，如果是非故意的，相关外围机构个人扣业务评分 5 分。

（5）外围机构漏记企业不合规行为的，如果是因为同学、朋友、舍友、机构同事等关系故意漏记的，相关外围机构个人扣业务评分 15 分，同时相关企业漏记的违规次数翻倍。

（6）企业可以针对其他企业的“飞单”行为向管理委员会投诉。“飞单”是指生产商和渠道商之间在签订合同之前达成了口头协议，但是又在达成口头协议和签订正式合同之前背弃口头协议的行为。经管理委员会调查属实，飞单企业将被记录信用污点，影响企业信用评分。

（7）管理委员会对商业银行的监管，除了接受企业对商业银行的投诉外，还会不定期检查商业银行的业务是否存在违规行为。例如：商业银行是否有限制客户流动现象，是否有共谋现象；检查商业银行贷款时是否存在给熟人低利率、高额度的情况；是否存在客户资产负债率超过 60% 的情况；等等。如果发现上述问题，每次罚款 30 万元。如果发现商业银行让企业承担罚款的情况，则罚款从 30 万元提高到 100 万元。

### 4.13.2 对管理委员会的工作要求

对每一起投诉事件，管理委员会都要客观、公正地调查事件的全部真相，记录完整的证据链，调查以及处理的结果需要投诉人和被投诉人签名确认。

管理委员会的调查人员与投诉人或被投诉人存在同学、朋友、舍友、机构同事等关系的，应回避该投诉事件的调查。

投诉人或被投诉人对管理委员会的调查结果和处理意见不满意，不愿签字的，可召开听证会，由仿真实习指挥部或指挥部指定的听证人裁决，听证人的人数应为三个或以上的单数，半数以上通过的裁决结果有效，裁决结果强制执行。

管理委员会在收到企业投诉之后，须在 48 小时内完成调查并公布调查结果。

# 第 2 篇

# 企业经营仿真实习<br>岗位职责与业务流程

# 第❺章

# 生产制造商岗位说明书和业务流程

> ➢［学习目标］
>
> 1. 了解生产商企业各岗位说明书的内容
> 2. 掌握生产商企业各岗位业务流程
>
> ➢［育人目标］
>
> 培养学生遵纪守法、爱岗敬业、热爱集体、合作共赢、乐于助人的理念，杜绝私自违规操作。

## 5.1 生产制造商岗位说明书

### 5.1.1 首席执行官（CEO）岗位说明书（见表5-1）

**表5-1 首席执行官（CEO）岗位说明书**

<table>
<tr><td>文件名称</td><td colspan="2">岗位说明书</td><td rowspan="2">岗位名称</td><td rowspan="2">CEO</td></tr>
<tr><td>发布日期</td><td colspan="2">2022/5/11</td></tr>
<tr><td>直接上级</td><td>指导老师</td><td>直接下级</td><td colspan="2">CFO、CMO、人事主管</td></tr>
<tr><td>难度系数</td><td>★★★★</td><td></td><td>任务量系数</td><td>★★★★</td></tr>
<tr><td>任职资格</td><td colspan="4">具备协调能力、执行能力、沟通能力，有学生会部门、班级管理及企业实习经验更好</td></tr>
<tr><td>岗位目标</td><td colspan="4">创造积极的团队氛围，保障企业能够流畅运行，带领团队获得优异成绩</td></tr>
<tr><td>岗位权限</td><td colspan="4">团队成员招聘决策权、绩效考核权、最高企业经营决策权</td></tr>
<tr><td rowspan="2">应训项目</td><td colspan="4">入职培训：生产商规则</td></tr>
<tr><td colspan="4">在岗培训：绩效考核</td></tr>
<tr><td rowspan="7">岗位职责</td><td colspan="3">1. 制定企业发展战略、制定公司章程，能够分析自身所处竞争格局</td><td>消耗时间：15%</td></tr>
<tr><td colspan="3">2. 制定公司发展策略，决策公司经营运作事项，做好财务预算</td><td>消耗时间：25%</td></tr>
<tr><td colspan="3">3. 主持和召开公司重大决策会议，组织、协调企业内部事务等</td><td>消耗时间：15%</td></tr>
<tr><td colspan="3">4. 全面管理团队负责企业员工的岗位分工，做到人尽其用，负责团队文化的建设，凝聚员工的团队力量</td><td>消耗时间：15%</td></tr>
<tr><td colspan="3">5. 管理员工的纪律，对员工的考勤及业绩进行考核与评价</td><td>消耗时间：10%</td></tr>
<tr><td colspan="3">6. 协调各个岗位的职责，加强各部门的沟通与交流，实现信息共享不断层</td><td>消耗时间：10%</td></tr>
<tr><td colspan="3">7. 了解企业的经营运作、竞争优势与企业资源的局限性</td><td>消耗时间：10%</td></tr>
</table>

续表

| | | | | | |
|---|---|---|---|---|---|
| 一般能力 | 项目 | 执行力 | 组织协调能力 | 学习能力 | 思维能力 |
| | 需要程度 | 4 | 5 | 4 | 4 |
| | 项目 | 沟通能力 | 分析能力 | 抗压能力 | 团队协作能力 |
| | 需要程度 | 4 | 4 | 4 | 4 |
| | 项目 | 语言表达能力 | 软件操作能力 | 移情能力 | 情绪管理能力 |
| | 需要程度 | 4 | 3 | 3 | 4 |
| | 项目 | 系统思考能力 | 决策能力 | | |
| | 需要程度 | 4 | 4 | | |
| 职业素质 | 项目 | 事业心 | 责任心 | 吃苦耐劳 | 细心与耐心 |
| | 需要程度 | 5 | 4 | 4 | 4 |
| | 项目 | 态度严谨 | | | |
| | 需要程度 | 4 | | | |

### 5.1.2　市场总监（CMO）岗位说明书（见表 5－2）

**表 5－2　市场总监（CMO）岗位说明书**

| | | | | |
|---|---|---|---|---|
| 文件名称 | 岗位说明书 | | 岗位名称 | CMO |
| 发布日期 | 2022/5/11 | | | |
| 直接上级 | CMO | 直接下级 | 生产主管、采购主管、物流主管 | |
| 难度系数 | ★★★★ | | 任务量系数 | ★★★ |
| 任职资格 | 具备良好的人际交流能力、商务谈判能力，有学生会部门、班级管理及企业实习经验更好 | | | |
| 岗位目标 | 争取为公司取得最大利润和最多数量的订单 | | | |
| 岗位权限 | 渠道商的选择，合同的数量和价格等 | | | |
| 应训项目 | 入职培训：业务岗位的培训、对需求和响应系统的操作培训、不同销售地区合同的规范写法和报关报检相关单据的填写、电汇凭证的收发等 | | | |
| | 在岗培训：对相关规则的进一步答疑 | | | |
| 岗位职责 | 1. 必须熟悉渠道商规则，及时与渠道商沟通，了解对方需求 | | | 消耗时间：10% |
| | 2. 负责和组织公司广告设计大赛、营销大赛 | | | 消耗时间：5% |
| | 3. 在响应订单前寻找好渠道商商谈订单，并响应渠道商在订单系统发布的需求 | | | 消耗时间：20% |
| | 4. 在确认订单后，填写好订单合同，与相应的渠道商签订合同 | | | 消耗时间：20% |
| | 5. 与生产主管探讨订单的生产排程以及产品出库的安排，产品出库时，填写报关报检单，完成报关 | | | 消耗时间：15% |
| | 6. 从签订合同的渠道商那里获得提货单并填写提货单，再将货物交予渠道商 | | | 消耗时间：5% |
| | 7. 拿到渠道商开出的支票后，视订单情况填写进账单、发票等单据，再一并交到银行转账。转账完毕后，将支票存根等票据交回给渠道商，完成收取货款的工作 | | | 消耗时间：5% |
| | 8. 与各个渠道商接触，寻找新订单的机会 | | | 消耗时间：20% |

续表

| | | | | | |
|---|---|---|---|---|---|
| 一般能力 | 项目 | 执行力 | 组织协调能力 | 学习能力 | 思维能力 |
| | 需要程度 | 5 | 4 | 4 | 4 |
| | 项目 | 沟通能力 | 分析能力 | 抗压能力 | 团队协作能力 |
| | 需要程度 | 5 | 4 | 5 | 4 |
| | 项目 | 语言表达能力 | 软件操作能力 | 移情能力 | 情绪管理能力 |
| | 需要程度 | 5 | 3 | 4 | 4 |
| | 项目 | 系统思考能力 | 决策能力 | | |
| | 需要程度 | 4 | 4 | | |
| 职业素质 | 项目 | 事业心 | 责任心 | 吃苦耐劳 | 细心与耐心 |
| | 需要程度 | 5 | 4 | 5 | 4 |
| | 项目 | 态度严谨 | | | |
| | 需要程度 | 4 | | | |

### 5.1.3 财务总监（CFO）岗位说明书（见表5－3）

**表5－3 财务总监（CFO）岗位说明书**

| | | | | |
|---|---|---|---|---|
| 文件名称 | 岗位说明书 | | 岗位名称 | CFO |
| 发布日期 | 2022/5/11 | | | |
| 直接上级 | CEO | 直接下级 | 财务主管 | |
| 难度系数 | ★★★★ | | 任务量系数 | ★★★★ |
| 任职资格 | 扎实的财会专业知识，组织协调能力强 | | | |
| 岗位目标 | 保证公司正常运营，实现资金利用率的最大化 | | | |
| 岗位权限 | 预算编制及筹融资决策权、财务报表审查权 | | | |
| 应训项目 | 入职培训：生产商财务流程培训——熟悉U8企业应用平台中的操作 | | | |
| | 在岗培训：审计所对外培训、银行对外业务培训 | | | |
| 岗位职责 | 1. 编制企业季度和年度的预算表，进行财务预算分析 | | | 消耗时间：20% |
| | 2. 预测企业资金需要量并进行筹资决策分析 | | | 消耗时间：10% |
| | 3. 审核账证表、控制成本费用、核查企业原材料和产成品的进销存表和明细账与资产负债表的存货是否一致，对企业的固定资产进行管理以及进行升级改造的决策、完成财务报表分析 | | | 消耗时间：20% |
| | 4. 监控企业的现金流量，防止资金链出现断裂 | | | 消耗时间：10% |
| | 5. 分析企业财务报表，总结和评价财务状况和经营成果，分析企业的偿债能力、营运能力、盈利能力 | | | 消耗时间：20% |
| | 6. U8的操作 | | | 消耗时间：20% |

续表

| | 项目 | 执行力 | 组织协调能力 | 学习能力 | 思维能力 |
|---|---|---|---|---|---|
| 一般能力 | 需要程度 | 4 | 5 | 4 | 5 |
| | 项目 | 沟通能力 | 分析能力 | 抗压能力 | 团队协作能力 |
| | 需要程度 | 5 | 5 | 4 | 5 |
| | 项目 | 语言表达能力 | 软件操作能力 | 移情能力 | 情绪管理能力 |
| | 需要程度 | 4 | 4 | 3 | 4 |
| | 项目 | 系统思考能力 | 决策能力 | | |
| | 需要程度 | 5 | 4 | | |
| 职业素质 | 项目 | 事业心 | 责任心 | 吃苦耐劳 | 细心与耐心 |
| | 需要程度 | 5 | 5 | 5 | 4 |
| | 项目 | 态度严谨 | | | |
| | 需要程度 | 5 | | | |

财务主管岗位说明书

制单会计岗位说明书

### 5.1.4　财务主管岗位说明书（见二维码）

### 5.1.5　制单会计岗位说明书（见二维码）

出纳岗位说明书

### 5.1.6　出纳岗位说明书（见二维码）

生产主管岗位说明书

### 5.1.7　生产主管岗位说明书（见二维码）

物流主管岗位说明书

### 5.1.8　物流主管岗位说明书（见二维码）

### 5.1.9　人事主管岗位说明书（见二维码）

人事主管岗位说明书

### 5.1.10　采购主管岗位说明书（见二维码）

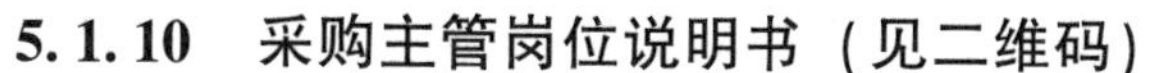

**温馨提示**：爱国、敬业、诚信和友善是每一位公民个人层面的社会主义核心价值观。因此，同学们在实训过程中需要了解自身岗位的职责，保质保量完成各项本职工作。遇到困难时，虚心请教。发现问题时，先从自身查找原因，在其他同学需要帮助时，保持友善之心，伸出援助之手，共同为创业企业贡献自身应有的力量。

采购主管岗位说明书

## 5.2 生产制造商业务流程

业务流程反映了一个企业各个岗位之间工作关键节点的走向和顺序，能够让企业每一位员工都能非常清晰地熟悉自身的工作内容和交接对象，避免工作上的不必要错误。企业经营仿真综合实习生产商作为实习中非常重要的虚拟企业，由9~10个学生担任不同的岗位角色，实习内容较为复杂，因此掌握业务流程则显得尤为重要。生产商业务流程分为总体流程和岗位流程两个部分。生产商总体流程按照一天一个季度发生的时间节点作为基本走向，每个岗位间的具体业务从左至右顺序自然发生，有箭头的实线代表着业务发生的走向、先后顺序以及关联对象。例如，CEO在早上8点前（学生可以自由安排时间，但必须是本季度业务发生之前）召开全体工作人员的例会，确定本季度市场战略，与此同时，CFO迅速跟进财务预算，判断上述方案是否可行（不行则退回去更改市场战略），方案顺利通过之后，CMO与渠道商合作伙伴进行必要的商务洽谈活动，CFO确定融资策略，采购主管确定材料采购，生产主管确定生产线和生产排程表，人事主管负责制订人才招聘计划以及根据生产排程确定人员需求和排班表，制单会计负责审核财务单据，整理和保管原始凭证，编制记账凭证，完成手工做账出报表，出纳负责公司纳税申报工作（见图5-1）。

### 5.2.1 CEO岗位工作流程

CEO岗位包括以下工作内容，工作流程如图5-2所示。

◆ 负责制定企业发展战略、公司章程，能够分析自身所处竞争格局。

◆ 制定年度经营规划，决策公司经营运作事项，组织公司制定财务预算。

◆ 建立组织结构，组织销售、组织生产、组织采购、组织财务核算。

### 5.2.2 CFO岗位工作流程

CFO岗位包括以下工作内容，工作流程如图5-3所示。

◆ 编制企业季度和年度的预算表，进行财务预算分析。

◆ 预测企业资金需要量并进行筹资决策分析。

◆ 审核账证表、做好成本费用的控制。

◆ 对企业的现金流量进行监考，防止资金链断裂。

### 5.2.3 CMO岗位工作流程

CMO岗位包括以下工作内容，工作流程如图5-4所示。

◆ 了解本企业的客户资源、市场需求、客户订货以及销售状况。

◆ 并在响应订单前寻找好渠道商商谈订单，并响应渠道商在订单系统发布的需求。

◆ 在确认订单后，填写好订单合同，与相应的渠道商签订合同。

◆ 与生产主管探讨订单的生产排程以及产品出库的安排，产品出库时，填写报关报检单，完成报关。

◆ 与签订合同的渠道商拿提货单并填写提货单，再将货物交予渠道商。

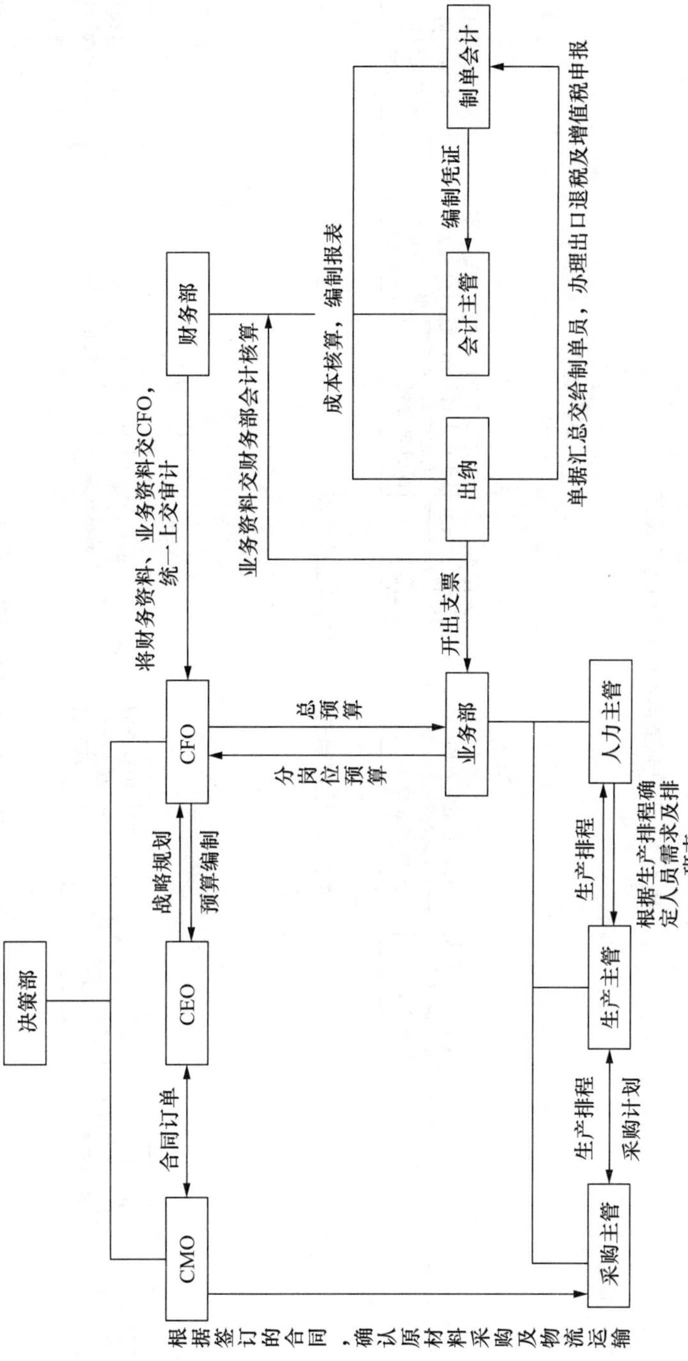

决策部

CMO

合同订单

CEO

战略规划

预算编制

CFO

将财务资料、业务资料交CFO，统一上交审计

财务部

业务资料交财务部会计核算

成本核算，编制报表

分岗位预算

总预算

根据签订的合同，确认原材料采购及物流运输

业务部

开出支票

出纳

会计主管

编制凭证

制单会计

单据汇总交给制单员，办理出口退税及增值税申报

采购主管

生产排程

采购计划

生产主管

生产排程

根据生产排程确定人员需求及排班表

人力主管

图5-1　生产制造商总体工作流程

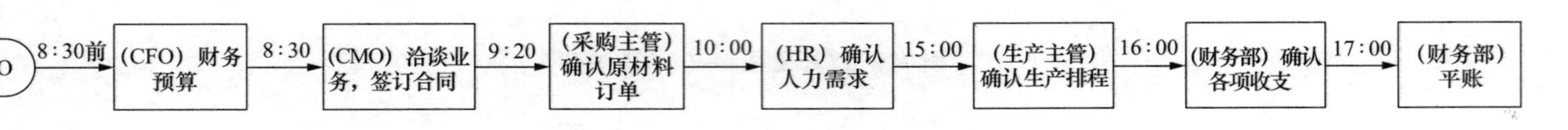


图5-2　生产制造商CEO岗位工作流程

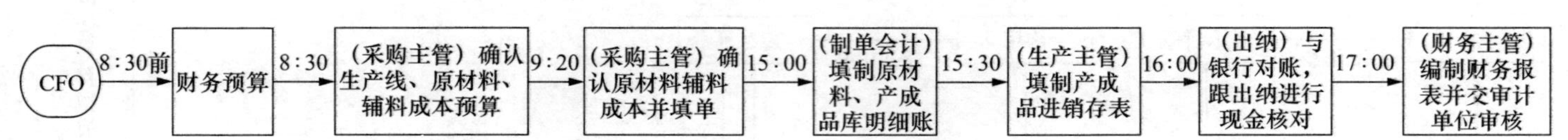


图5-3　生产制造商CFO岗位工作流程

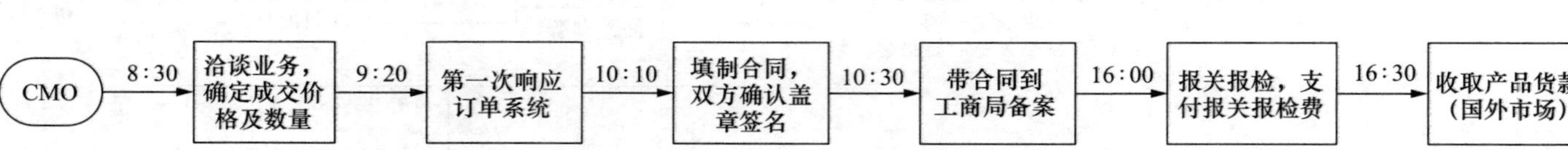


图5-4　生产制造商CMO岗位工作流程

### 5.2.4 生产主管岗位工作流程

生产主管岗位包括以下工作内容，工作流程如图 5 – 5 所示。

◆ 了解本企业的生产需求，预测产能状况、生产库存、物料清单。

◆ 制订车间的生产作业计划，制作生产预排程表，预测产能，配合 CFO 制定生产预算，预测所需生产工人人数，及时报给人事主管进行招聘。

◆ 确定生产线是否需要购买、是否需要租用厂房仓库，是否涉及转产。

◆ 在订单响应后，根据确定的订单数量、产品种类，根据合同的交货时间计算出生产时间，安排生产工作，确定生产排程，安排生产工人生产，确保生产进度，准时交货。

◆ 季末，汇总季度实际产量、盘点库存量、分摊料工费、确定产品的生产成本并且及时结转完工产品成本。

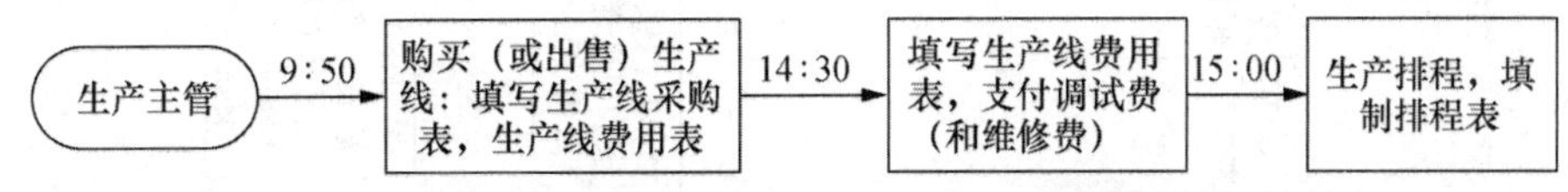


图 5 – 5 生产制造商生产主管岗位工作流程

### 5.2.5 采购主管岗位工作流程

采购主管岗位包括以下工作内容，工作流程如图 5 – 6 所示。

◆ 了解本企业的材料存库、供需关系、原材料采购信息。

◆ 预算原材料成本。

◆ 制定原材料采购计划，配合生产主管生产排程，确认原材料到货日期和配合物流主管确认最终原材料采购的数量。

◆ 操作原材料采购系统，完成原材料采购。

◆ 支付原材料以及辅料采购费用。

### 5.2.6 人事主管岗位工作流程

人事主管岗位包括以下工作内容，工作流程如图 5 – 7 所示。

◆ 了解本企业的岗位职能、组织架构、员工构成、员工薪酬。

◆ 招聘计划。根据公司销售业绩要求或生产排程的要求，制定招聘销售人员或生产人员数量。

◆ 排班表和薪酬表。整理从 CMO 手里拿到的合同，汇总销售金额；计算加班费，填写员工薪酬汇总表。

◆ 负责岗位说明书的制定及人事制度的制定和修改，包括员工手册、公司招聘制度、绩效考核制度、培训制度、员工考勤制度等。

◆ 负责招聘广告费用和培训费用支付。

◆ 负责季度初填写人力资源计划表、薪酬表，计算“五险一金”、个人所得税。

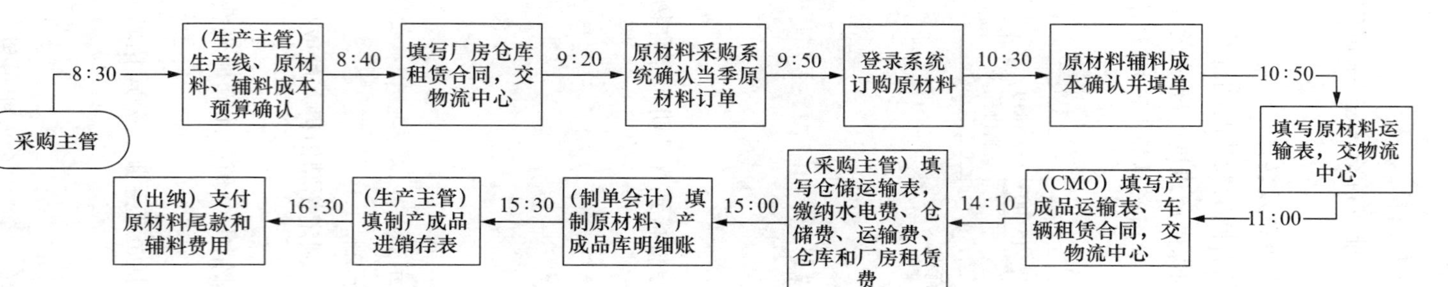


图5-6　生产制造商采购主管岗位工作流程

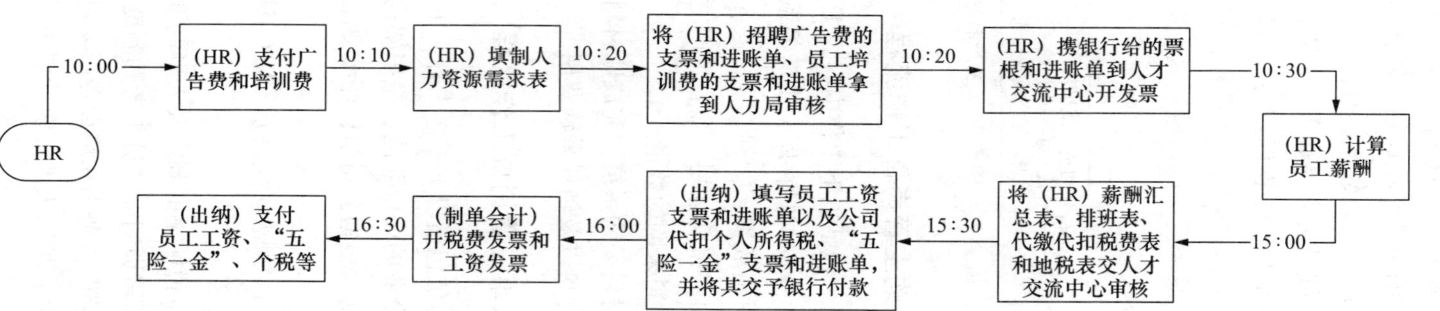


图5-7　生产制造商人事主管岗位工作流程

### 5.2.7　财务主管岗位工作流程

财务主管岗位包括以下工作内容，工作流程如图 5－8 所示。

◆ 负责公司日常账务处理工作（审核记账凭证）及登记 T 型账、科目汇总表、各类财务报表的编制。

◆ 负责组织和协调财务中心日常会计核算工作，保证会计核算流程正常运转。

◆ 负责指导制单会计和出纳的事务性工作。

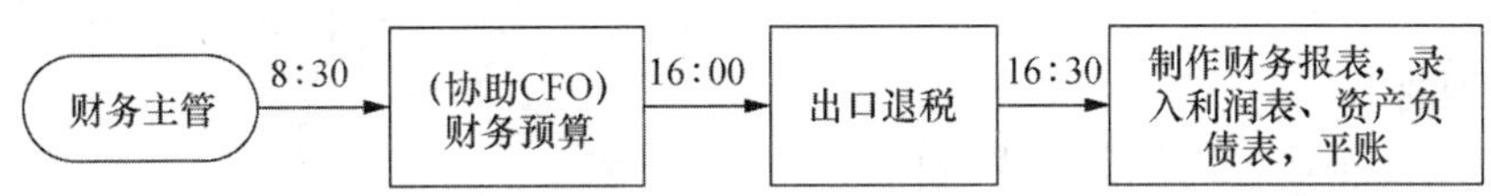


图 5－8　生产制造商财务主管岗位工作流程

### 5.2.8　出纳岗位工作流程

出纳岗位包括以下工作内容，工作流程如图 5－9 所示。

◆ 负责管理和开具发票和支票、汇票。

◆ 负责填制银行存款日记账，定期与银行对账，编制银行存款余额调节表。

◆ 月末与会计核对现金/银行存款日记账的发生额与余额。

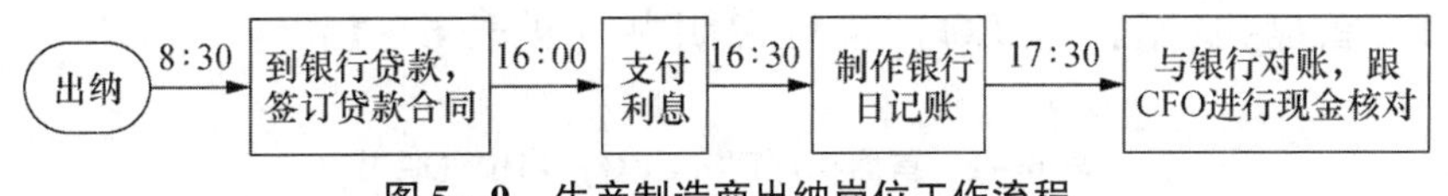


图 5－9　生产制造商出纳岗位工作流程

### 5.2.9　制单会计岗位工作流程

制单会计岗位包括以下工作内容，工作流程如图 5－10 所示。

◆ 审核财务单据，整理和保管原始凭证，编制记账凭证完成手工做账出报表。

◆ 负责公司纳税申报工作。

◆ 完成从手工做账到会计信息系统出报表的账套转换的工作。

◆ 负责编制和输入记账凭证、打印财务报表并保管各类凭证和财务报表。

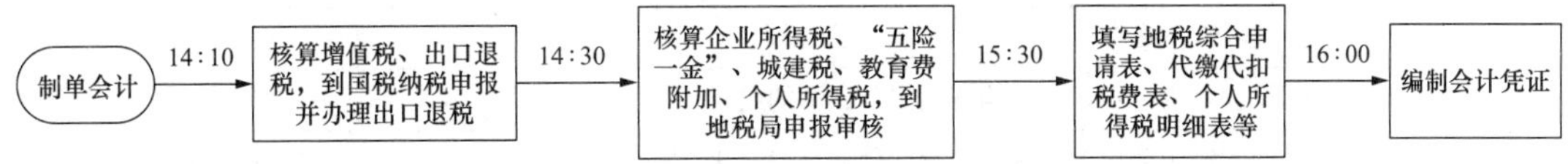


图 5－10　生产制造商制单会计工作流程

第❻章

# 品牌渠道商岗位说明书和业务流程

➢ [学习目标]

1. 了解渠道商企业各岗位说明书的内容
2. 掌握渠道商企业各岗位业务流程

➢ [育人目标]

培养学生遵纪守法、爱岗敬业、热爱集体、合作共赢、乐于助人的理念，杜绝私自违规操作。

## 6.1 品牌渠道商岗位说明书

### 6.1.1 首席执行官（CEO）岗位说明书（见表6-1）

表6-1 首席执行官（CEO）岗位说明书

| 文件名称 | 岗位说明书 | | 岗位名称 | CEO |
|---|---|---|---|---|
| 发布日期 | 2022/5/11 | | | |
| 直接上级 | 指导老师 | 直接下级 | CFO、CMO、人事主管 | |
| 难度系数 | ★★★★ | | 任务量系数 | ★★★ |
| 任职资格 | 具备协调能力、执行能力、沟通能力，有学生会部门、班级管理及企业实习经验更好 | | | |
| 岗位目标 | 创造积极的团队氛围，保障企业能够流畅运行，带领团队获得优异成绩 | | | |
| 岗位权限 | 团队成员招聘决策权，绩效考核权，最高企业经营决策权 | | | |
| 应训项目 | 入职培训：渠道商规则 | | | |
| | 在岗培训：绩效考核 | | | |
| 岗位职责 | 1. 全面负责公司运营架构的确定与团队的组建 | | | 消耗时间：5% |
| | 2. 组织制定公司内部规章制度，创立企业文化 | | | 消耗时间：5% |
| | 3. 全面负责公司的资源调配，负责公司整体的运营与管理，建立完善的运营体系与管理体系 | | | 消耗时间：10% |
| | 4. 与CMO协作，共同制定并执行公司的营销策略 | | | 消耗时间：30% |
| | 5. 与CFO协作，共同制定并执行公司的投、融资计划 | | | 消耗时间：40% |
| | 6. 协调企业内部各种关系，激励员工 | | | 消耗时间：10% |

续表

| 一般能力 | 项目 | 执行力 | 组织协调能力 | 学习能力 | 思维能力 |
|---|---|---|---|---|---|
| | 需要程度 | 4 | 5 | 3 | 4 |
| | 项目 | 沟通能力 | 分析能力 | 抗压能力 | 团队协作能力 |
| | 需要程度 | 5 | 3 | 4 | 3 |
| | 项目 | 语言表达能力 | 软件操作能力 | 移情能力 | 情绪管理能力 |
| | 需要程度 | 5 | 3 | 4 | 4 |
| | 项目 | 系统思考能力 | 决策能力 | | |
| | 需要程度 | 5 | 4 | | |
| 职业素质 | 项目 | 事业心 | 责任心 | 吃苦耐劳 | 细心与耐心 |
| | 需要程度 | 5 | 4 | 3 | 3 |
| | 项目 | 态度严谨 | | | |
| | 需要程度 | 4 | | | |

### 6.1.2　财务总监（CFO）岗位说明书（见表6－2）

**表6－2　财务总监（CFO）岗位说明书**

| 文件名称 | 岗位说明书 | | 岗位名称 | CFO |
|---|---|---|---|---|
| 发布日期 | 2022/5/11 | | | |
| 直接上级 | CEO | 直接下级 | 会计主管 | |
| 难度系数 | ★★★★ | | 任务量系数 | ★★★ |
| 任职资格 | 扎实的财会专业知识，组织协调能力强 | | | |
| 岗位目标 | 做好现金预算，保证企业不断流、不闲置资金，做好财务分析 | | | |
| 岗位权限 | 预算编制及筹融资决策权，财务报表审查权 | | | |
| 应训项目 | 入职培训：渠道商规则、财务培训、会计信息化培训、银行融资培训 | | | |
| | 在岗培训：审计培训，开账、反结账培训 | | | |
| 岗位职责 | 1. 协助CEO、CMO进行采购和销售预算，制定筹集和管理资金的计划 | | | 消耗时间：15% |
| | 2. 做好现金预算，管好用好资金 | | | 消耗时间：20% |
| | 3. 支付各项费用（税金、长/短期高利贷款、应收/还账款、管理费、折旧费等），核算成本 | | | 消耗时间：5% |
| | 4. 按时报送预算报表和财务报表，做好财务分析 | | | 消耗时间：10% |
| | 5. 具体负责公司财务方面的策略制定、执行及公司财务管理及内部控制 | | | 消耗时间：20% |
| | 6. 根据公司发展计划完成年度财务预算，制定公司的筹资投资计划 | | | 消耗时间：15% |
| | 7. 控制融资成本，提高资金的利用率，为企业创造更多的效益 | | | 消耗时间：15% |

| 一般能力 | 项目 | 执行力 | 组织协调能力 | 学习能力 | 思维能力 |
|---|---|---|---|---|---|
| | 需要程度 | 4 | 4 | 4 | 5 |
| | 项目 | 沟通能力 | 分析能力 | 抗压能力 | 团队协作能力 |
| | 需要程度 | 4 | 5 | 5 | 4 |
| | 项目 | 语言表达能力 | 软件操作能力 | 移情能力 | 情绪管理能力 |

续表

| | | | | | |
|---|---|---|---|---|---|
| 一般能力 | 需要程度 | 4 | 4 | 3 | 4 |
| | 项目 | 系统思考能力 | 决策能力 | | |
| | 需要程度 | 4 | 4 | | |
| 职业素质 | 项目 | 事业心 | 责任心 | 吃苦耐劳 | 细心与耐心 |
| | 需要程度 | 4 | 4 | 4 | 4 |
| | 项目 | 态度严谨 | | | |
| | 需要程度 | 5 | | | |

### 6.1.3 市场总监（CMO）岗位说明书（见表6-3）

**表6-3 市场总监（CMO）岗位说明书**

| | | | | | |
|---|---|---|---|---|---|
| 文件名称 | 岗位说明书 | | | 岗位名称 | CMO |
| 发布日期 | 2022/5/11 | | | | |
| 直接上级 | CEO | | 直接下级 | 采购主管、物流主管 | |
| 难度系数 | ★★★★ | | | 任务量系数 | ★★★ |
| 任职资格 | 具有较强的市场分析能力、预测市场能力，语言逻辑思维清晰，市场营销专业的优先，最好有相关实习经验 | | | | |
| 岗位目标 | 提高企业经营绩效、扩大市场份额 | | | | |
| 岗位权限 | 市场区域选择、广告投入、产品类别、开设门店数量及种类等决策权 | | | | |
| 应训项目 | 入职培训：了解市场、产品、区域；市场选择、销售预测 | | | | |
| | 在岗培训：进一步学习市场占有率和市场容量的计算 | | | | |
| 岗位职责 | 1. 负责制定公司的营销战略，确定市场营销战略和贯彻战略决策的行动计划，选择合适的营销战略 | | | | 消耗时间：15% |
| | 2. 预测与计算市场指标，保障企业销售顺利进行 | | | | 消耗时间：20% |
| | 3. 合理投放广告，避免恶性竞争 | | | | 消耗时间：5% |
| | 4. 在规定时间内填写产品预售表，合理分配产品组合，保障企业利润最大化 | | | | 消耗时间：10% |
| | 5. 与物流主管、采购主管等进行有效沟通，避免多卖少卖情况的发生 | | | | 消耗时间：20% |
| 一般能力 | 项目 | 执行力 | 组织协调能力 | 学习能力 | 思维能力 |
| | 需要程度 | 4 | 3 | 4 | 5 |
| | 项目 | 沟通能力 | 分析能力 | 抗压能力 | 团队协作能力 |
| | 需要程度 | 4 | 5 | 4 | 4 |
| | 项目 | 语言表达能力 | 软件操作能力 | 移情能力 | 情绪管理能力 |
| | 需要程度 | 5 | 3 | 4 | 4 |
| | 项目 | 系统思考能力 | 决策能力 | | |
| | 需要程度 | 5 | 4 | | |
| 职业素质 | 项目 | 事业心 | 责任心 | 吃苦耐劳 | 细心与耐心 |
| | 需要程度 | 4 | 4 | 4 | 4 |
| | 项目 | 态度严谨 | | | |
| | 需要程度 | 5 | | | |

### 6.1.4　会计主管岗位说明书（见二维码）

会计主管岗位说明书

### 6.1.5　财务助理岗位说明书（见二维码）

财务助理岗位说明书

### 6.1.6　人力主管岗位说明书（见二维码）

人力主管岗位说明书

### 6.1.7　物流主管岗位说明书（见二维码）

物流主管岗位说明书

### 6.1.8　采购主管岗位说明书（见二维码）

采购主管岗位说明书

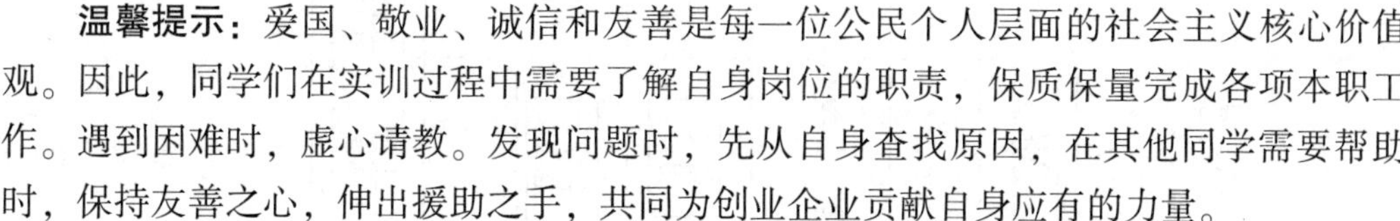

**温馨提示：**爱国、敬业、诚信和友善是每一位公民个人层面的社会主义核心价值观。因此，同学们在实训过程中需要了解自身岗位的职责，保质保量完成各项本职工作。遇到困难时，虚心请教。发现问题时，先从自身查找原因，在其他同学需要帮助时，保持友善之心，伸出援助之手，共同为创业企业贡献自身应有的力量。

## 6.2　品牌渠道商业务流程

业务流程反映了一个企业各个岗位之间工作关键节点的走向和顺序，能够让企业每一位员工都能非常清晰地熟悉自身的工作内容和交接对象，避免工作上的不必要错误。企业经营仿真综合实习品牌渠道商作为实习中非常重要的虚拟企业，由8~9个学生担任不同的岗位角色，实习内容较为复杂，因此掌握业务流程则显得尤为重要。品牌渠道商业务流程分为总体流程和具体流程两个部分。

### 6.2.1　品牌渠道商总体业务流程

品牌渠道商总体流程图以泳池的形式作为参考模板，8个企业岗位代表着8条泳道，实线作为间隔，避免工作内容上的职责混乱。总体流程按照一天一个季度发生的时间节点作为基本走向，每个岗位间的具体业务从左至右顺序自然发生，虚线代表着业务发生的走向、先后顺序以及关联对象。例如，CEO在早上8点前（学生可以自由安排时间，但必须是本季度业务发生之前）召开全体工作人员的例会，确定本季度市场战略。与此同时，CFO迅速跟进财务预算，判断上述方案是否可行（不行则退回去更改市场战略），方案顺利通过之后，CMO迅速做出广告投放策略，CFO确定融资策略，采购主管与生产商合作伙伴进行必要的商务洽谈活动，财务助理则去支付企业本季度第一笔广告费，以此类推，财务助理去银行对账，发现账务没有问题，表明本季度业务结束。

如图6－1所示，每个岗位都非常清楚地注明了各自需要操作与实习的职责内容，但需要着重说明的是，由于一天一个季度的时间紧迫性以及员工能力、兴趣、专业背景等各种因素的复杂性，每个企业可以根据自身状况对每个岗位的职责进行合理性调整，保障业务顺利完成。与此同时，规则的变动也有可能会导致渠道商业务流程的变化。

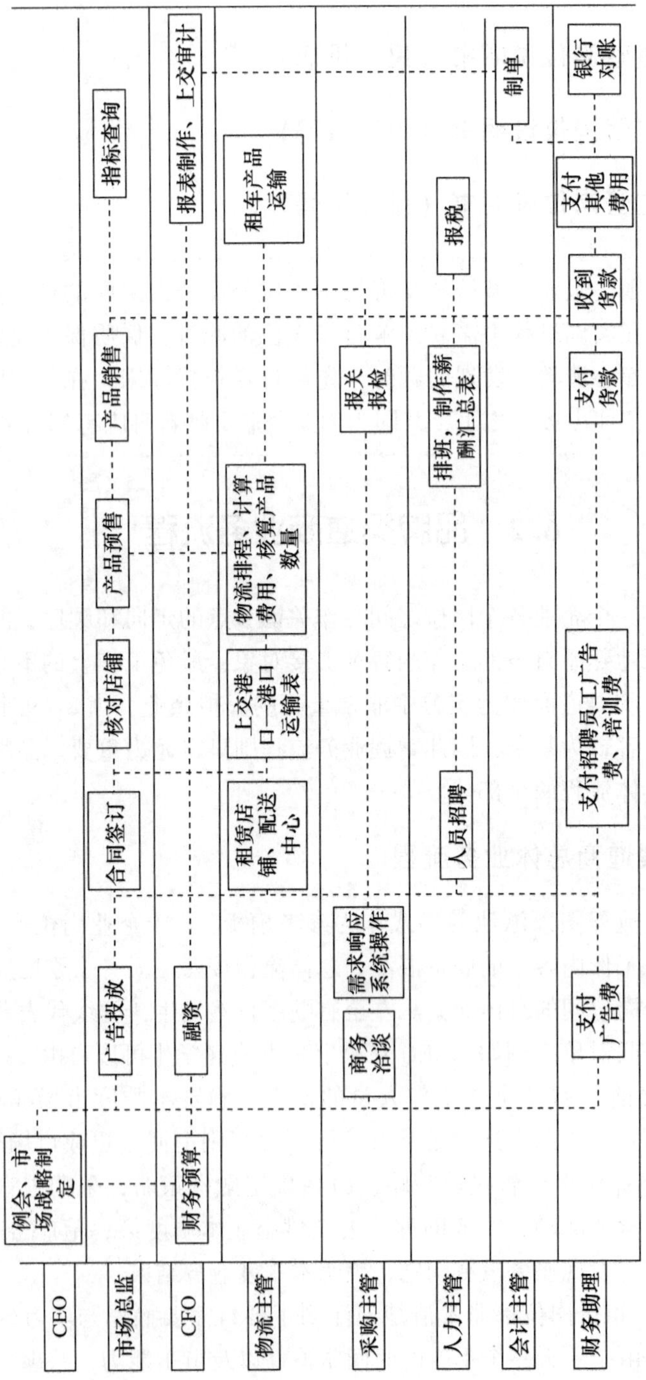

图6-1　品牌渠道商总体业务流程

## 6.2.2 品牌渠道商具体业务流程

6.2.2.1 CEO具体业务流程——会议及会议战略

如图6-2所示，CEO主持召开企业例会工作，制定企业发展战略与方向，主要完成信息收集与整理、季度总结、战略环境分析与战略制定和员工激励四方面工作，需要CEO熟悉员工激励与战略制定等相关理论，具备较强的信息搜集能力与归纳能力，应变能力较强，能根据当前情况随时调整企业战略计划，把握企业发展总体经营方向，凝聚全员力量朝着企业目标前进。与此同时，其他员工能熟知CEO战略意图，提供企业经营相关信息，为企业发展出谋划策。只有两方面强强联合方能达到会议的目的。

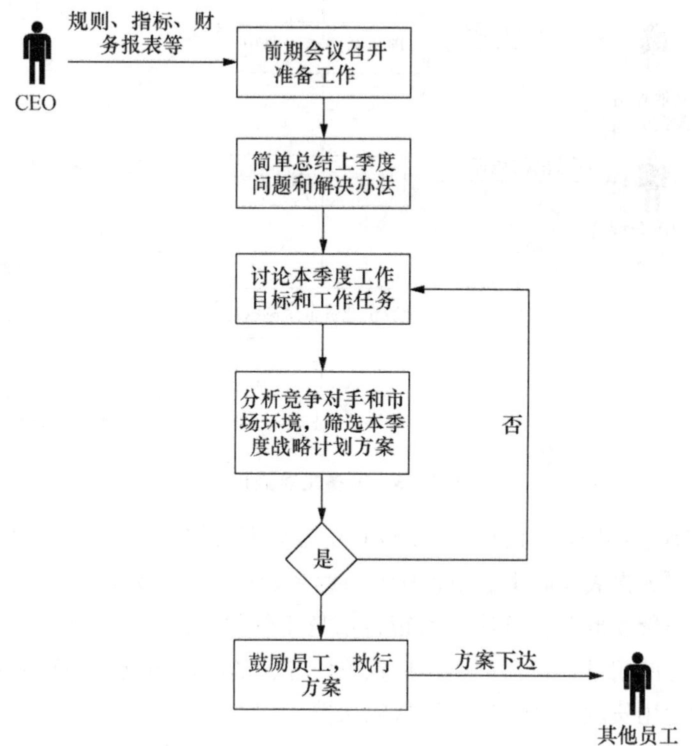


图6-2 会议战略流程

注：该流程图直走箭头都表示由其自身负责，一步一步往下操作，在操作过程中的相关步骤涉及其他部门或者外围部门人员时，旁边都有人员指示，箭头方向及其工作也有对应要求，请做好相关工作的沟通与交接。下同，不再一一注明。

6.2.2.2 CFO具体业务流程

（1）财务预算流程。如图6-3所示，CFO在财务预算过程中，主要注意以下几点：首先，熟悉规则，对于渠道商各项业务规则非常熟悉，这样才能快速地核对市场总监提供的收入与其他业务人员提供的成本费用，找出资金不对之间的差异；其次，不能过于依赖其他工作人员提供的各种数据，但又必须随时与其他业务人员保持沟通的顺畅性；最后，需要做出几套资金预算方案，能在企业发生意外时随时调整。

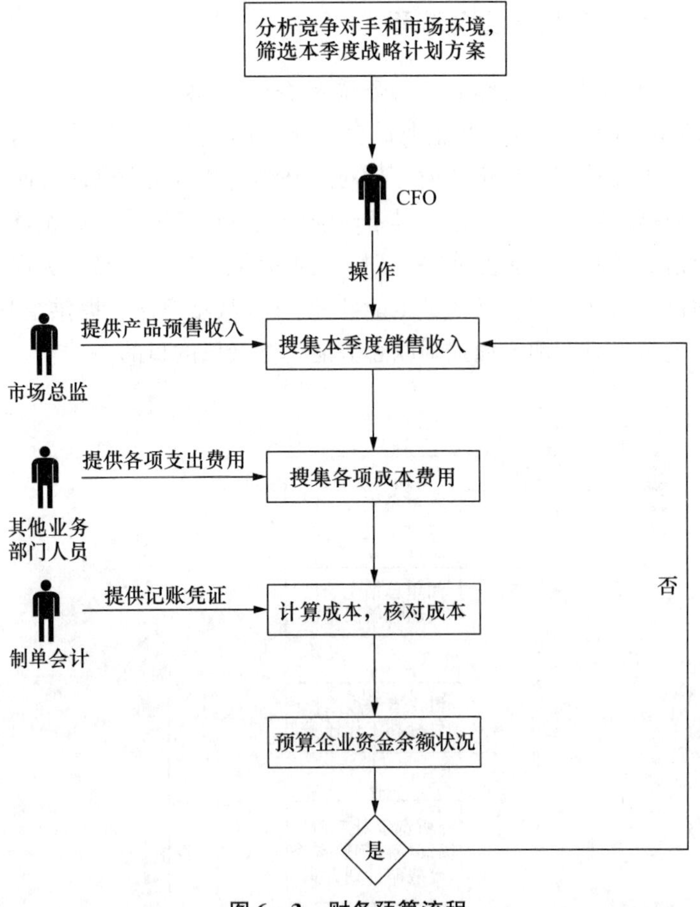


图6－3　财务预算流程

（2）融资流程。如图6－4所示，CFO在资金融资过程中，需要注意以下几点：首先，确保企业上季度财务报表及时上交审计所，且财务数据准确率较高，方能拿到审计事务所审核的报表，保障贷款成功；其次，与银行信贷主管保持良好的关系，沟通顺畅；最后，熟悉银行贷款业务的信息，包括利率、贷款条件等，掌握长期贷款和短期贷款等资金筹措相关理论，灵活运用贷款组合，保证贷款成功性。

（3）报表制作流程。如图6－5所示，CFO需要从其他业务人员那里获取相应的原始凭证，进行审核，制作好企业季度报表，并上交审计事务所，如审核没有问题，则报表流程结束，否则从头审核报表，找出错误的原因。在制作报表的过程中，CFO需掌握报表相关理论，且细心，随时积极地与其他人员保持沟通，尽量保证前期数据的准确性，才能确保报表编制具备成功的可能性。随时与审计人员沟通，知悉审计业务的规则和尺度。

6.2.2.3　CMO业务流程

（1）广告投放流程。如图6－6所示，CMO投放广告工作涵盖广告表填写、缴费与核对三个方面，需要注意：首先，仔细核对广告投放金额，可能存在自身失误或者信息工作人员统计失误等因素，避免广告费的差异带来宏观数据的偏差；其次，需要确认预算，防止广告费过高带来企业资金断流；最后，明了品牌广告与产品广告的作用，避免广告种类的投放错误导致企业经营战略失灵的风险。

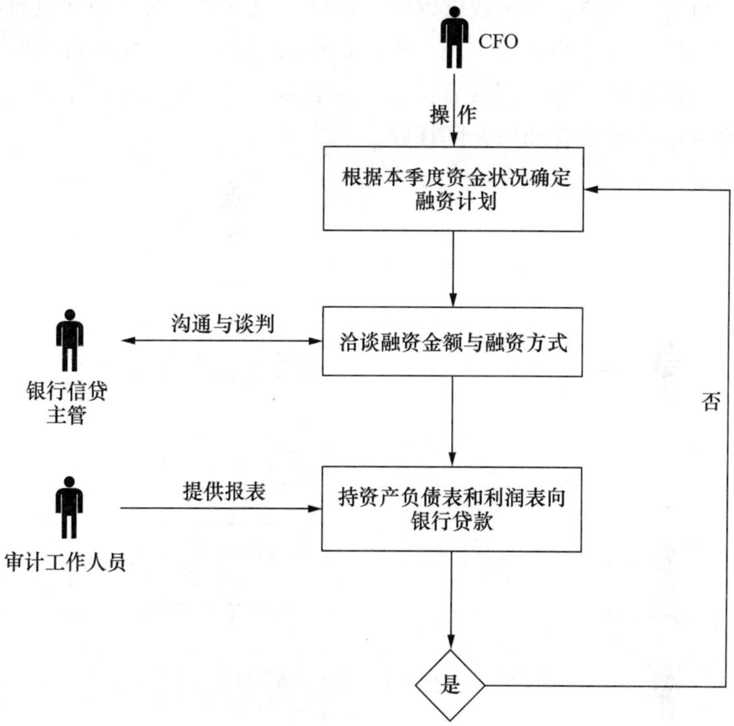

图6-4 融资流程

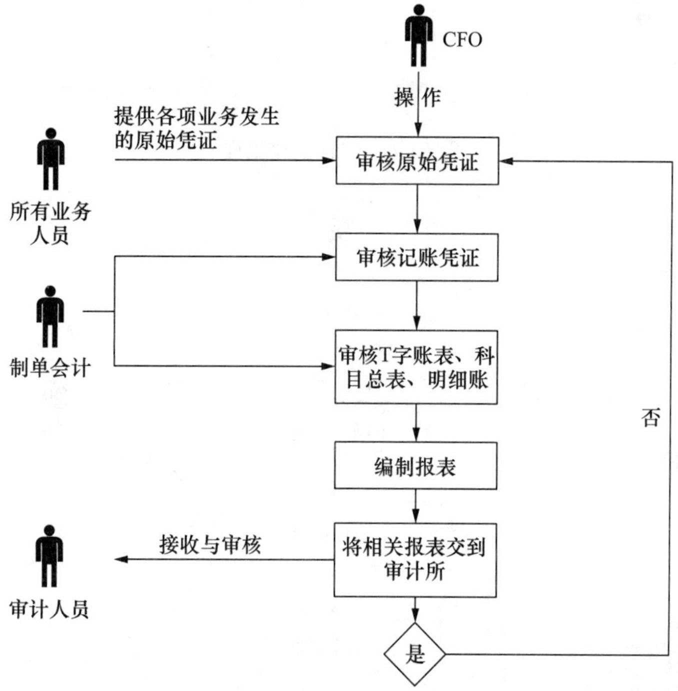

图6-5 报表制作流程

（2）合同签订流程。如图6-7所示，CMO签订合同主要是签署和备案两项工作，备案由生产商人员前往，渠道商陪同。在本项工作中，需要根据采购主管发布签订的电子订单确认生产商、市场、产品、产品数量等，一定仔细检查和沟通产品交货日期（根据电子订单，交货日期必须在当月的任何一天，不得提前或延迟）。当发现市场监督管理局（原工商局）发布的合同备案信息有误或者由于企业其他原因，可以考虑更改合同，但是应遵循相关规定，详见市场监督管理局合同规则。

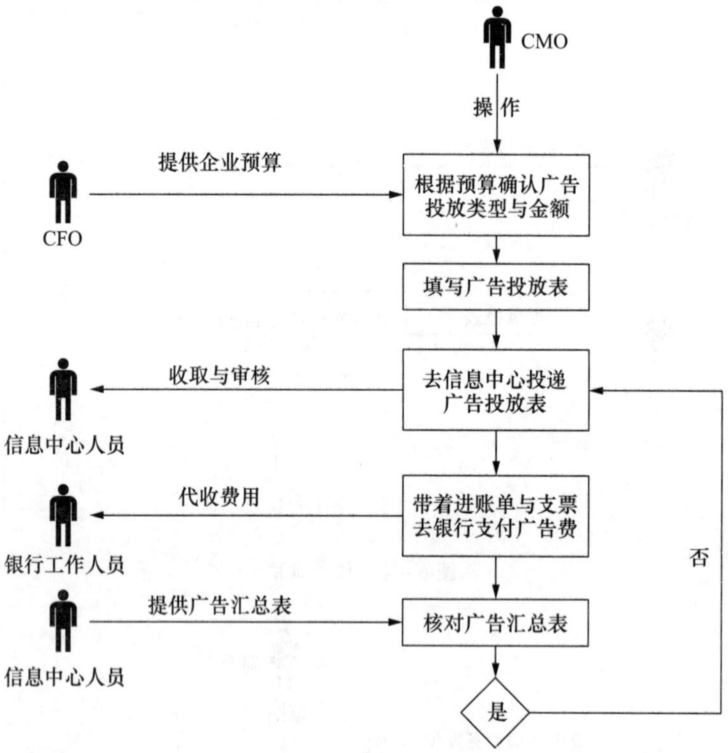

CMO
操作
提供企业预算
CFO
根据预算确认广告投放类型与金额
填写广告投放表
收取与审核
信息中心人员
去信息中心投递广告投放表
代收费用
银行工作人员
带着进账单与支票去银行支付广告费
否
提供广告汇总表
信息中心人员
核对广告汇总表
是

图6－6　广告投放流程

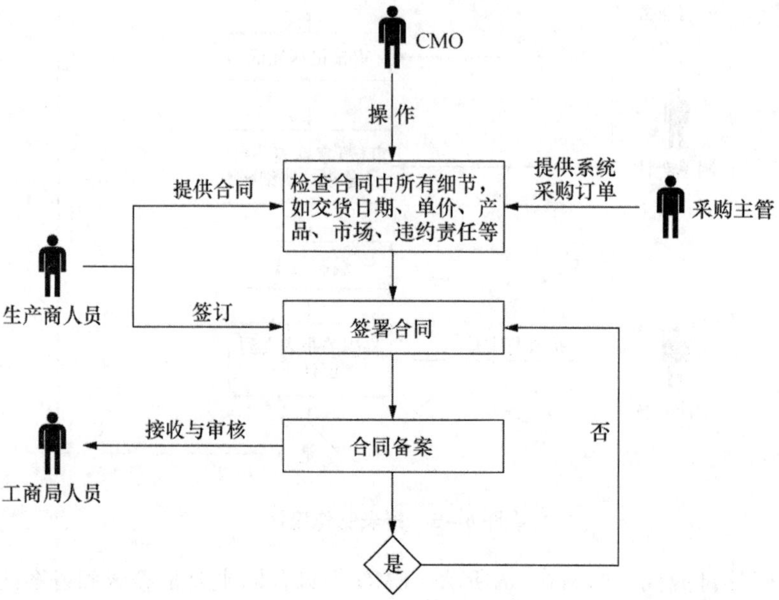

CMO
操作
提供合同
检查合同中所有细节，如交货日期、单价、产品、市场、违约责任等
提供系统采购订单
采购主管
生产商人员
签订
签署合同
接收与审核
合同备案
否
工商局人员
是

图6－7　合同签订流程

（3）核对店铺流程。如图 6－8 所示，店铺核对工作比较简单，但店铺信息核对工作非常重要，尤其对信息中心公布次季度的宏观数据至关重要，因此 CMO 绝对不能忽视本项工作，需要与物流主管及时沟通，掌握企业店铺租赁状况，及时下载信息公布的店铺汇总表，一旦发现错误，迅速与信息中心沟通更改数据，若属于企业自身状况，则应想方设法补救，调整企业战略。

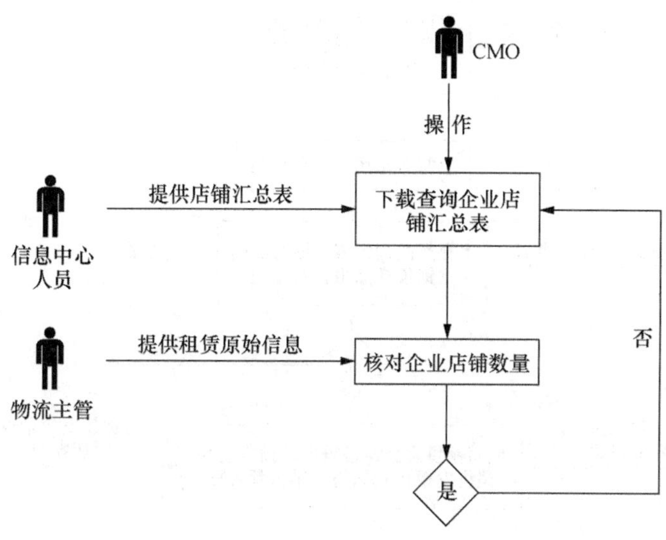


图 6－8　核对店铺流程

（4）产品预售和销售流程。如图 6－9 所示，由于企业经营仿真综合实习工作非常紧凑，一天相当于一个季度，时间很紧，为确保工作整体进度不受到影响，信息中心与渠道商商议，销售分为预售和正式销售两个环节，安排在上午与下午两个时段，一般情况下，预销售结束没有问题，渠道商 CMO 只需要带着销售发票和预售表正式销售即可，但若预销售与正式销售期间发生企业违约或者企业本身进销存等问题，则应及时调整销售策略。因此，CMO 需要掌握渠道商销售涉及的各个指标，如市场占有率、理论最大销售额、基准价格和最终价格等，根据企业自身进销存情况，合理安排与分配企业销售产品组合，且信息中心只负责核对，渠道商 CMO 应精于计算，保障企业销售收入和毛利润。值得注意的是，信息中心工作人员只负责核对销售数据，审核企业销售是否超过最大销售能力。

（5）指标查询流程。如图 6－10 所示，作为 CMO 的最后一项工作，指标查询非常重要，关系到企业次季度的产品销售情况和企业销售收入。因此，CMO 需要掌握各项指标（包括市场占有率、市场容量、基准价格、最终价格、企业最大销售能力、企业最大销售收入等指标）的计算，认真核对。若发现数据有疑问，应及时前往信息中心咨询，探讨数据的准确性，对信息中心和渠道商都有利。

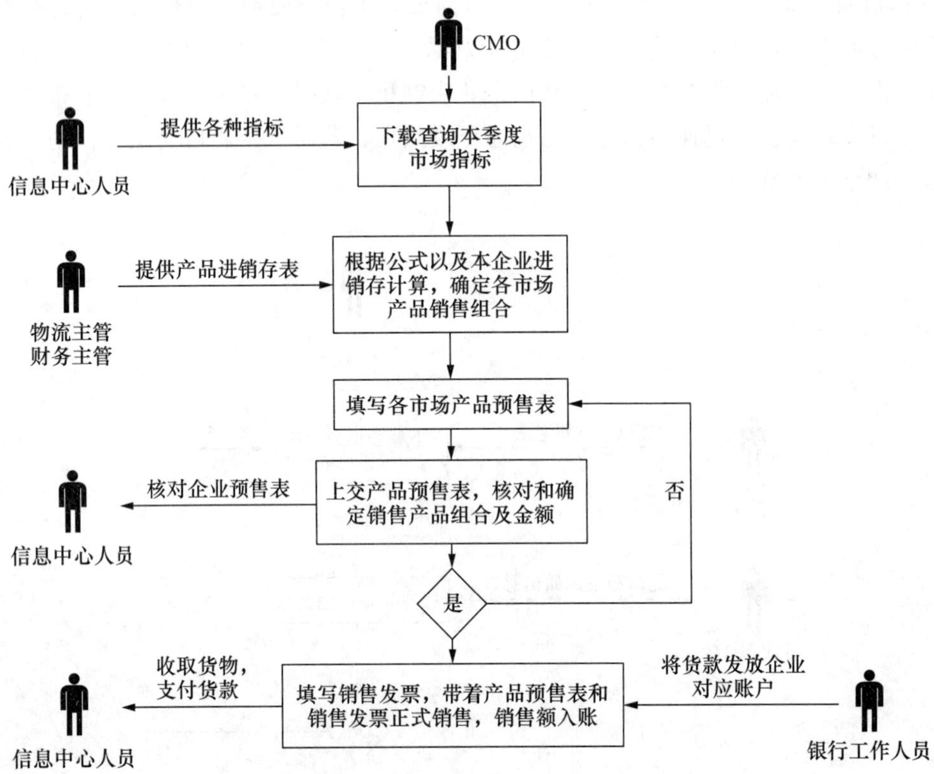


图 6－9　产品预售和销售流程

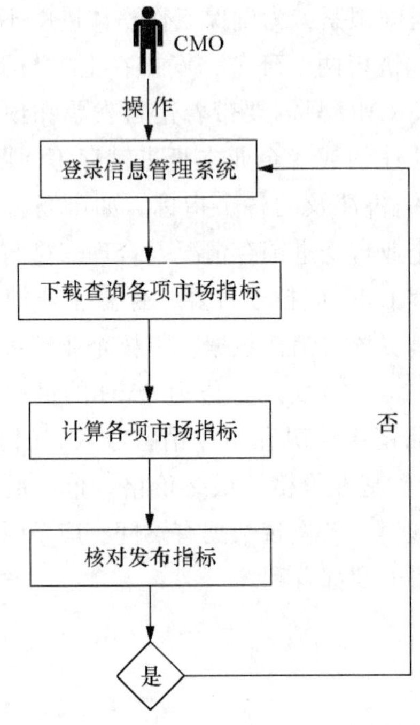


图 6－10　指标查询流程

6.2.2.4　采购主管业务流程

（1）商务洽谈业务流程。如图 6－11 所示，采购主管需要负责商务洽谈工作，选择合适的生产商伙伴，洽谈合适的产品组合以及采购价格。至于采用哪种模式（固定的生产商战略联盟、高价多产品、低价多产品、高价单一产品等），需要 CEO 站在企业发展的高度，及时沟通，告知采购主管及其企业心理价位与产品组合，方能让采购主管在采购过程中做到心中有数，游刃有余。一旦选择生产商在商品种类及其价格上谈不拢，应及时撤退，寻求下一家生产商，否则将失去先机，让企业处于被动状态。

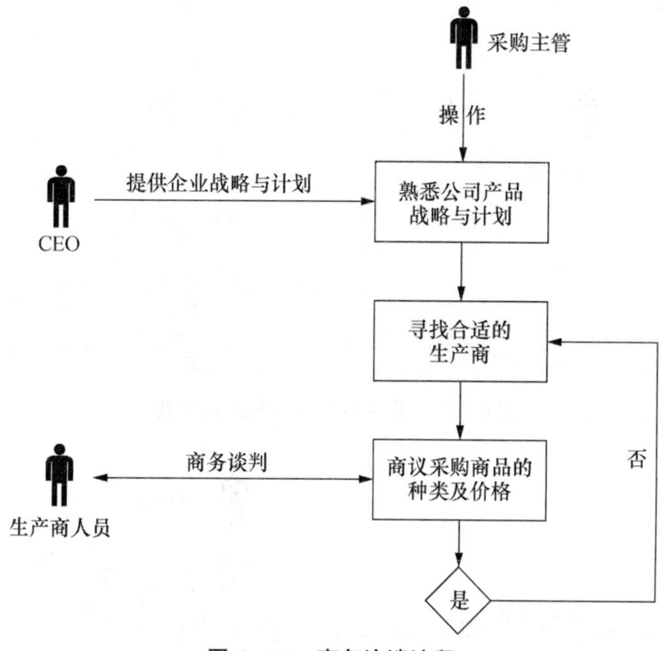


图 6－11　商务洽谈流程

（2）需求订单发布与响应流程。如图 6－12 所示，采购主管发布订单过程比较简单，包括登录系统、发布和采购订单三个环节，中间需要等待合作的生产商响应，当系统显示已订购，则代表订单采购成功。在实训过程中，订单发布常常会出现很多问题，包括发布的时间、产品种类、价格、区域市场、交货期限等，请学生熟读相应规则，避免上述问题的发生。若一旦出现漏发、错发，在生产商响应订单之前，可以考虑前往信息中心修改和补发需求订单，但会受到一定的惩罚。因此，采购主管一定要非常仔细，熟悉企业采购需求，反复查看与完善，及时跟进，避免自身错误的发生，同时避免生产商无法采购的问题。

（3）报关报检流程。如图 6－13 所示，渠道商报关报检流程已在现实报关报检的基础上进行了简化处理，只需要准备报关单、报检单、进口许可证、自理入关单、联运提单和外销商业发票 6 份材料，按照本季度需要报关的合同进行材料准备，只要材料准备齐全，经海关工作人员审核，确认无误，则报关报检工作完成，有关报关次数、报关日期、报关报检费用等则详见海关规则。在实训过程中，海关不直接收取费用，所以采购主管需要在海关人员核对清楚无误后，自己前往或者交给出纳前往银行支付报关报检费用，然后将单据交给财务主管制单。从流程中可知，涉及人员较多，且单据也较多，采购主管必须仔细用心，才能保证工作的顺利完成。

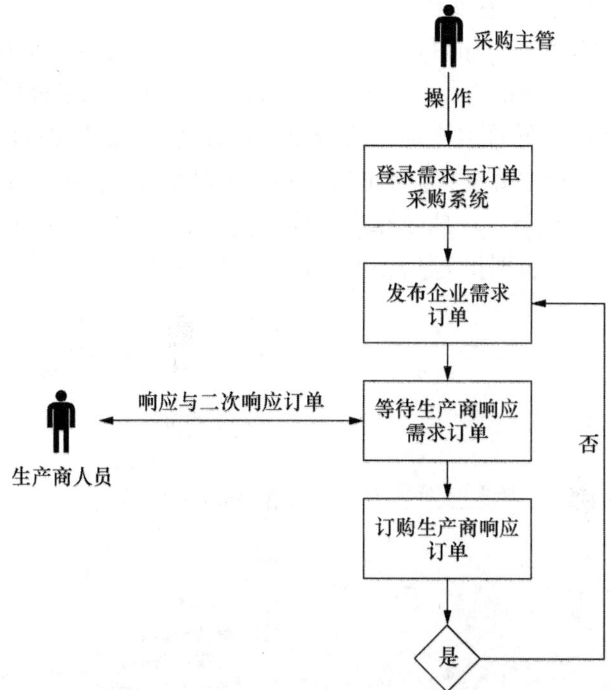


图 6-12　需求订单发布与响应流程

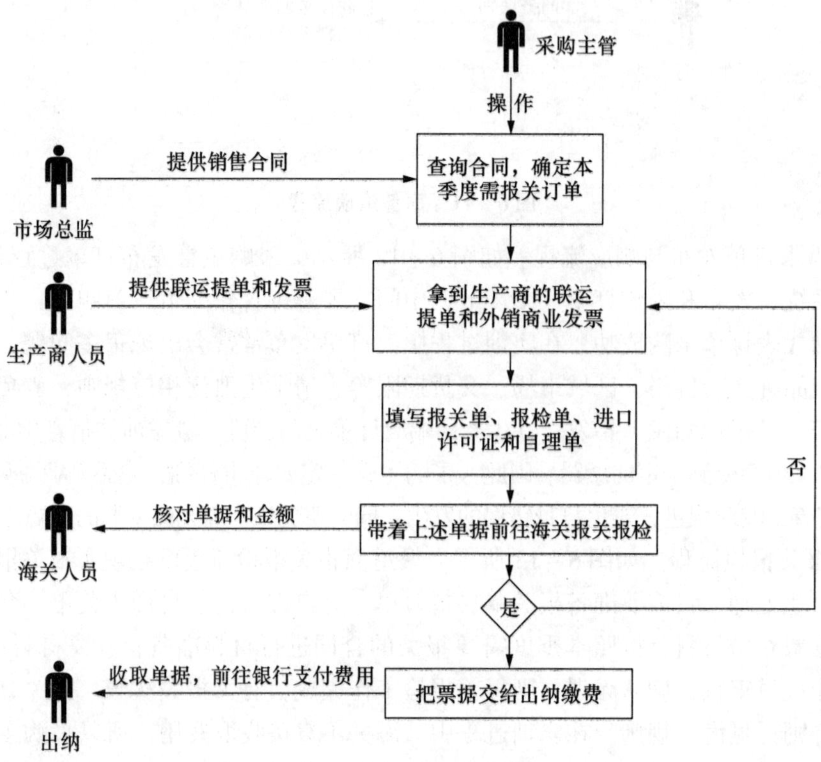


图 6-13　报关报检流程

#### 6.2.2.5 财务主管制单流程

如图6－14所示，财务主管在制作会计凭证的过程中，需要其他业务人员主动配合，拿到相关业务的原始单据，制单完毕，将凭证上交给CFO审核无误，则本季度制单工作完成。仿真实训过程中，非会计专业学生没有习惯主动上交业务原始单据时，财务主管则自己主动联络，加强沟通，告知原始凭证的重要性，保证凭证制作源头的准确性。

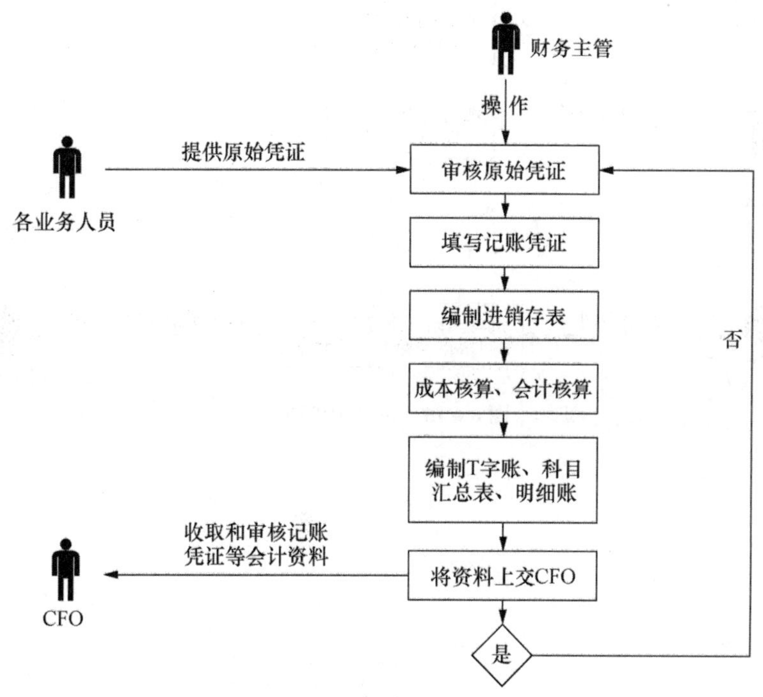


图6－14 制单流程

#### 6.2.2.6 人力主管业务流程

(1) 员工招聘流程。如图6－15所示，员工招聘的过程包含计算需求、填写需求计划表、等待审核、缴费四个方面，人力资源主管需要与物流主管以及市场总监沟通顺畅，了解企业店铺数量、类型以及本季度预估销售收入，确定本季度各类店铺员工数量。经人才交流中心工作人员审核并确认数据无误后，再去银行缴费，保证招聘过程的流畅性。

(2) 员工排班流程。如图6－16所示，渠道商人力资源主管在排班过程中需要熟读规则，才能合理分配员工与时长，计算加班时长和总费用，测算人力资源成本最优方案。排班过程并没有统一的模板和规定，只需要合乎规则，人力主管可以任意发挥，而人才交流中心工作人员只负责核对流程是否违规，金额计算是否有误。

(3) 薪酬计算和支付流程。如图6－17所示，人力主管的主要工作之一则是计算薪酬，填写薪酬汇总表。因此，人力主管需要对应付职工薪酬、职工薪酬等基本概念非常明晰。薪酬汇总表对薪酬每项内容都设置计算公式，人力主管只需要填写原始数据无误，则薪酬成本计算出现问题的概率不大。和上述工作一样，需等人才交流中心审核清楚数据并确保准确无误后，人事主管再前往银行缴纳相关费用。

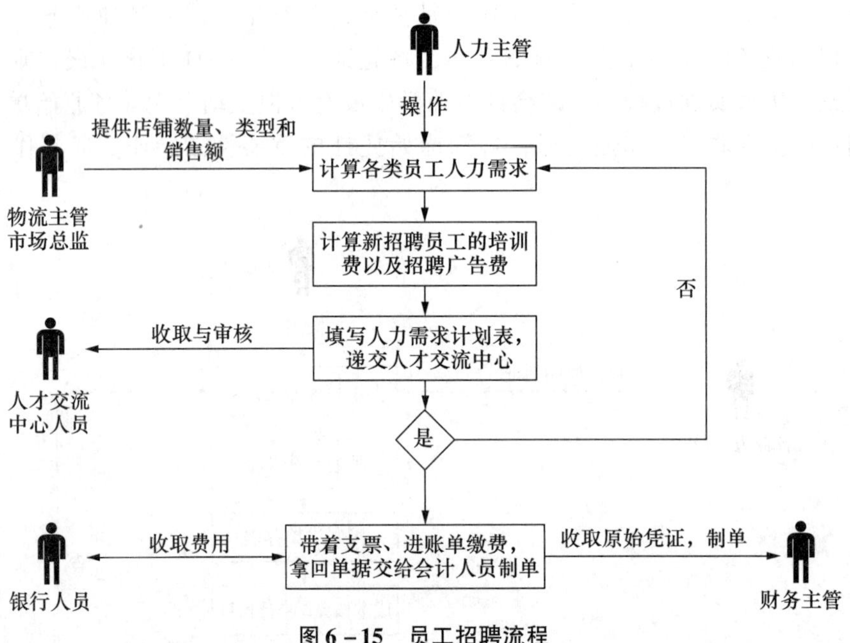


图 6－15　员工招聘流程

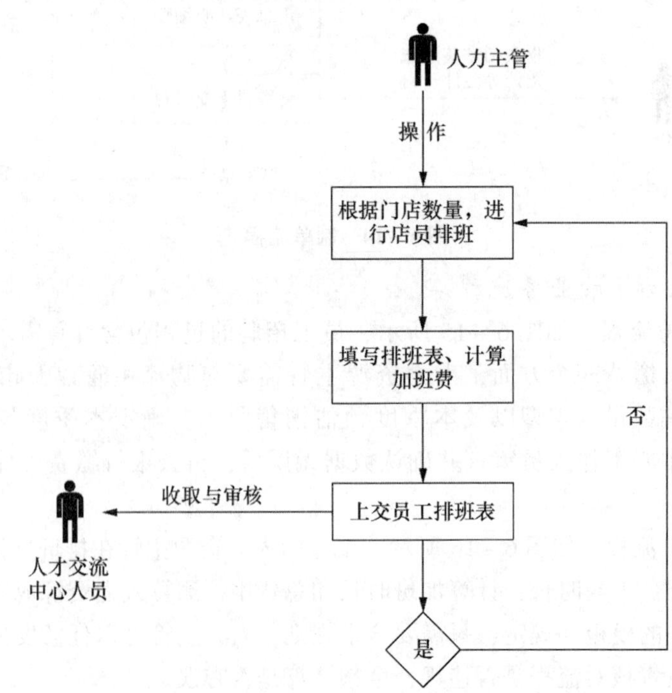


图 6－16　员工排班流程

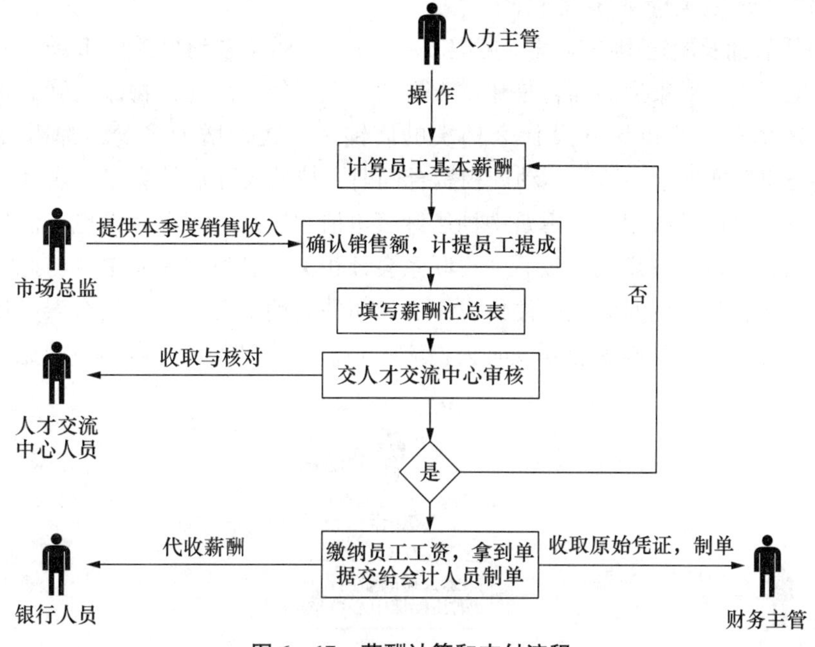


图 6－17　薪酬计算和支付流程

（4）社保与个人所得税申报流程。如图 6－18 所示，人力主管需要掌握个人所得税和社保的计算，以现有个人所得税计算方法为准，社保缴纳则以规则为依据，只要薪酬汇总表没有问题，这项工作出现问题的概率不大。如上述工作一样，等待税务局审核准确无误后，前往银行缴纳费用，将相关票据交给财务主管制单。

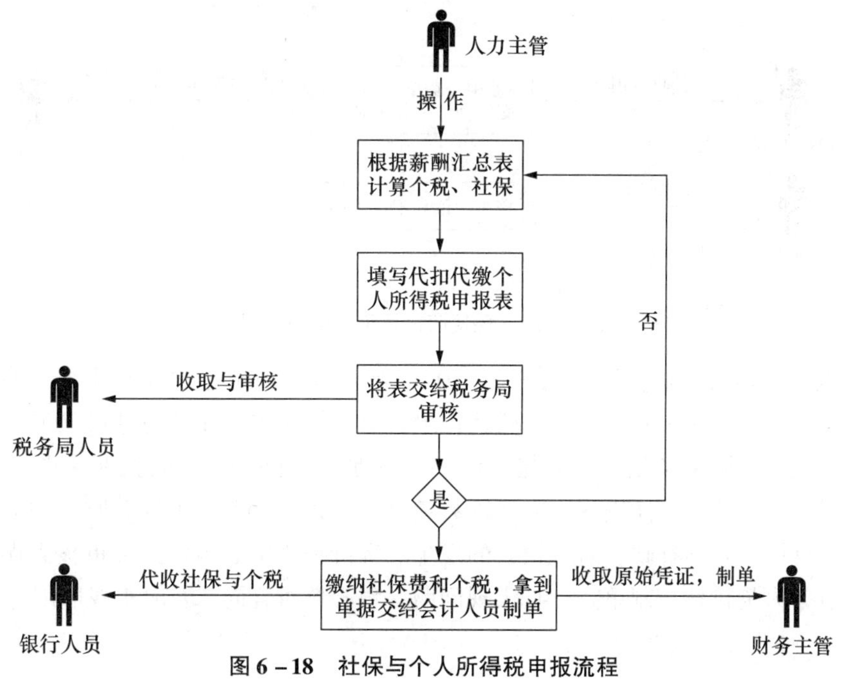


图 6－18　社保与个人所得税申报流程

6.2.2.7 物流主管业务流程

（1）租赁店铺及配送中心流程（见图6－19）。店铺关系到渠道商市场占有率和次季度销售收入的多少，对渠道商而言是非常重要的一项工作。因此，物流主管必须熟悉企业市场战略，选择在什么市场开设什么档次的店铺，一次性增加多少，都需要及时咨询CEO，按照公司发展确定。填写不动产租赁合同时，依然关注店铺数量、店铺档次和区域市场，本季度新增以及续租、是否是中档店升级申请改造高档店等因素也不能忽视，等待信息中心审核，确认双方意见一致后，再联系会计相关人员付费及制单。与此同时，一定要叮嘱市场总监在规定的时间里关注信息中心发布的店铺汇总表，一旦有误，让其及时找信息中心更正，物流主管本人也要及时去物流中心了解情况，及时申诉，避免造成不必要的损失。

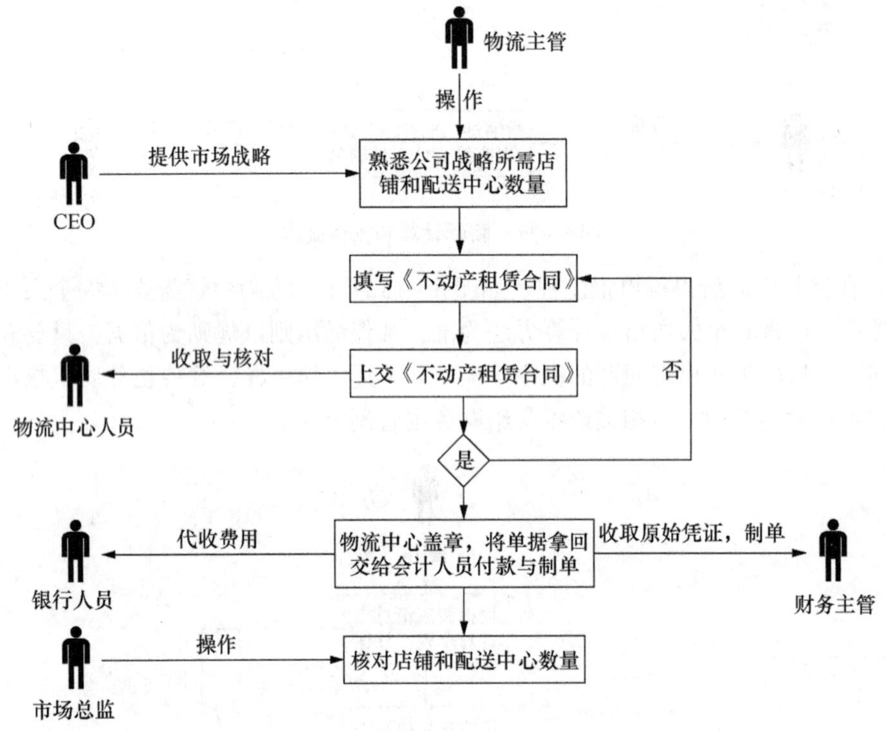


**图6－19 租赁店铺及配送中心流程**

（2）港口—港口运输流程（见图6－20）。港口到港口运输的准确与否，关系到生产商是否能够及时从物流中心拿到货物联运提单，所以物流主管在填写港口到港口运输表的时候，主要关注区域市场是否有发错，装船日期是否有问题，是否按照采购合同输入产品、数量等内容细节，关注表格下方运输数量是否一致。主动与市场总监、物流中心工作人员沟通与反馈，查漏补缺，避免错误的发生。等待物流中心工作人员审核无误后，方将单据交给财务人员付费与制单。一旦出现问题，耐心核对合同，及时查找原因。

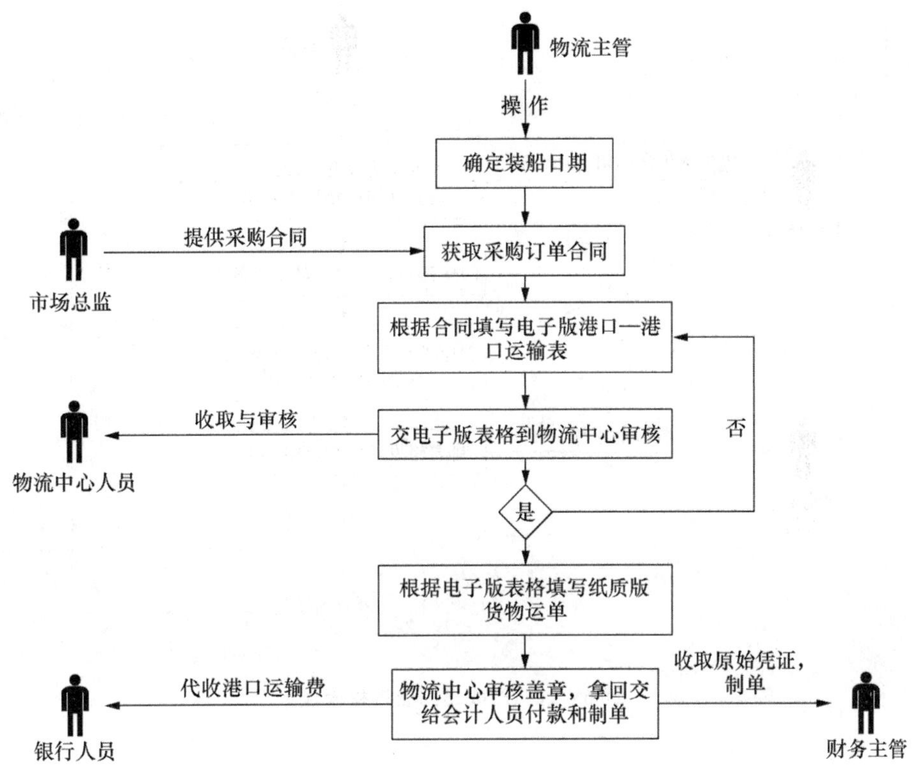


**图 6-20　港口—港口运输流程**

（3）产成品门店排程流程（见图 6-21）。店铺产成品排班出库一直是渠道商物流主管的工作难点，尤其是当店铺种类多样化、产品多样化、货物短缺时，排班情况非常复杂，而且排班过程都在电子表格中解决，出库产品很难做到直观化。在实训过程中，本项工作常出现问题的原因往往是，物流主管不清楚店铺日均销售代表什么，与市场总监沟通不到位，没有办法理清预计销量与实际销量的含义，企业进销存一塌糊涂，逻辑思维混乱，最后造成渠道商产成品排班成为一场噩梦。因此，渠道商物流主管应非常耐心，逻辑思维应非常缜密，知晓入库商品的先后顺序，且一定要把店铺按照日均销量平均出库原则用活，才能解决上述复杂局面。随时与市场总监、物流中心工作人员沟通，保持信息流畅，不耻下问，多读出库规则、多练习。

（4）产成品运输与核算流程（见图 6-22）。只要顺利解决上一个店铺出库排班问题，物流主管做本项工作将会游刃有余。只需要按照电子表格中列示的出库方式，做好运输排程，填写进纸质版，等待物流中心审核即可。但是，物流主管完成本项工作，也依然要仔细、态度端正，不然依然有犯错的风险。

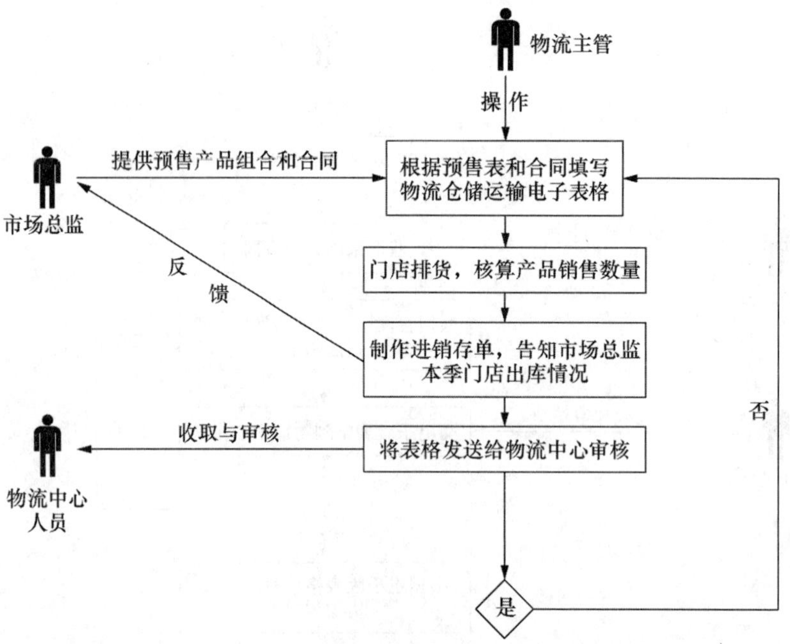


图 6－21　产成品门店排程流程

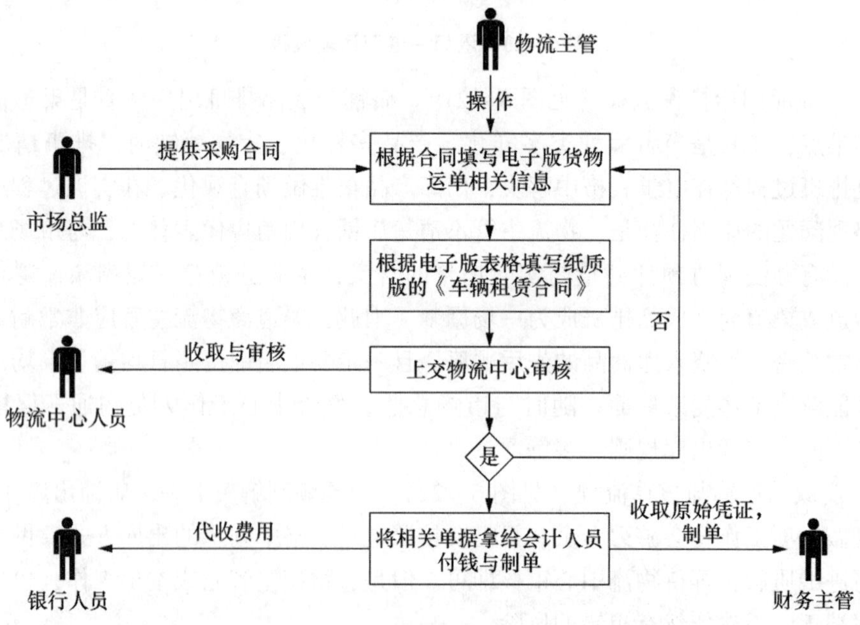


图 6－22　产成品运输与核算流程

### 6.2.2.8　财务助理业务流程

（1）支付费用流程。财务助理在完成支付流程时，主要掌握支票填写规则、日期开票规则（如渠道商大部分业务都发生在季度末，但也有诸如人员招聘广告费用、培训费用等发生在期初），保证票据填写规范即可。需要及时与各业务人员沟通，以免错漏支付。等待银行人员审核无误后，及时将相关单据交给财务主管制单（见图 6－23）。

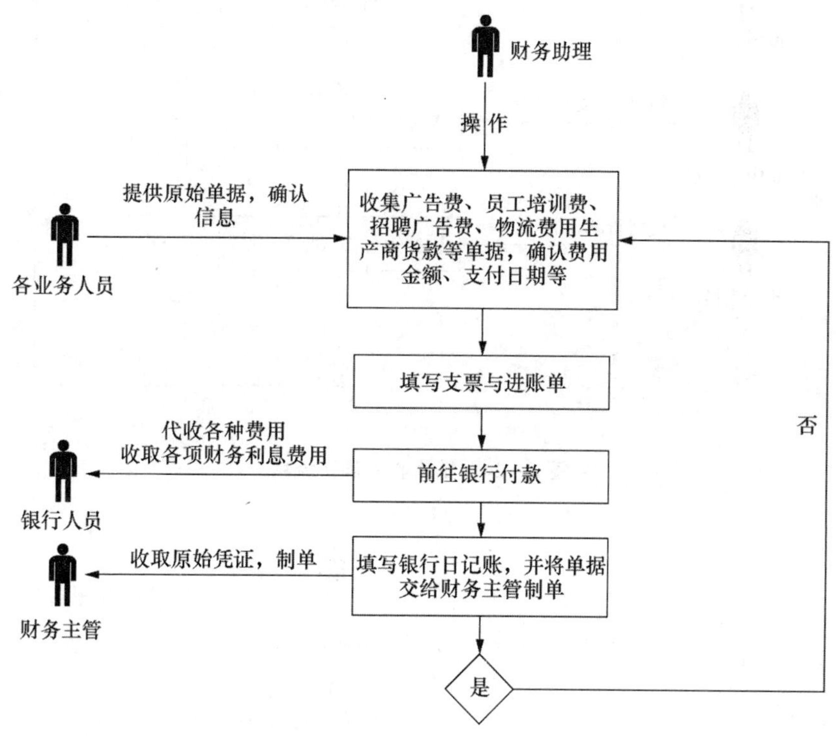


**图 6－23　支付费用流程**

（2）销售收入确认流程。财务助理在确认销售收入流程时，主要和市场总监、信息中心和银行人员保持沟通顺畅，了解信息。若是企业发生收入问题，应及时让市场总监陪同去信息中心、银行查找原因，及时更正（见图 6－24）。

（3）银行对账流程。日记账记录与对账是财务助理的一项主要工作，因此，财务助理在对日记账时要细心，按照单据先后顺序，及时填写，以免发生错漏。每季度末，主动寻求银行发送它们的日记账，耐心对账，发现账目不一致时，先查找自己的问题，自身没问题，则委婉地前往银行协商，解决问题（见图 6－25）。

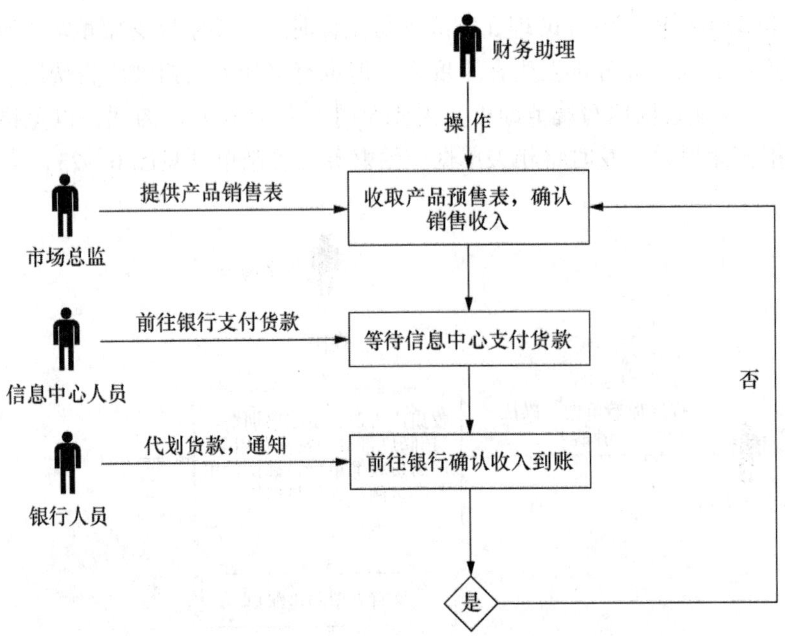


图6-24　销售收入确认流程

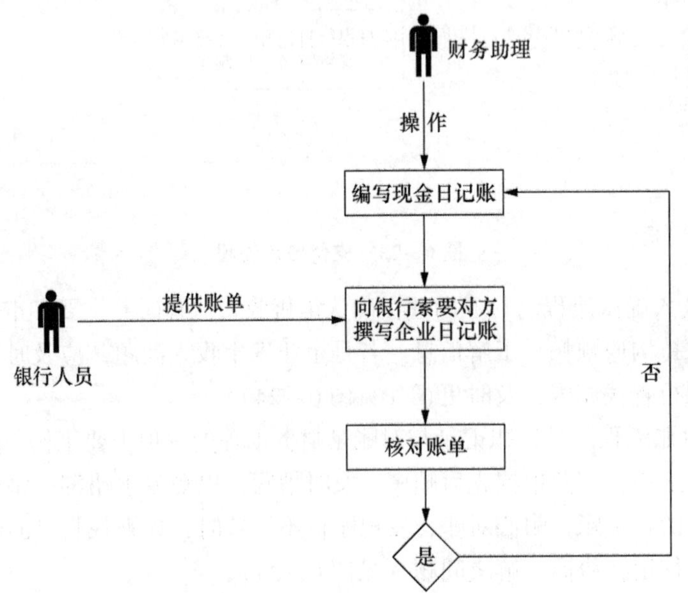


图6-25　银行对账流程

# 第7章 外围辅助机构岗位职责与业务流程

➢ [学习目标]

1. 掌握各外围辅助机构的岗位职责
2. 掌握各外围辅助机构的业务流程
3. 了解各外围辅助机构的实施规则

➢ [育人目标]

通过外围辅助机构岗位职责与业务流程的教学，让学生了解仿真实习各外围机构的员工工作岗位及要求、熟悉业务办理流程，培养学生认真负责、团队协作的精神，引导学生“扬创新思维，弘敬业精神，颂爱国情怀 ”的世界观、人生观、价值观。

## 7.1 中央银行

### 7.1.1 岗位职责

企业经营仿真实习中的中央银行，岗位和职能都进行了简化，设中央银行行长和中央银行职员两个岗位。

#### 7.1.1.1 中央银行行长的岗位职责

(1) 负责本部门与其他部门的沟通与合作。与银保监会合作，加强对商业银行的监管，并分享商业银行的统计数据；与信息中心、市场监督管理局、海关、物流服务中心、人才交流中心等部门沟通，获取企业的不合规信息；与各商业银行沟通，获取商业银行的部分经营数据。

(2) 负责货币政策的制定。通过调查问卷和访谈的方式，了解仿真实习的宏观经济运行情况，制定相应的货币政策。

(3) 对企业在各商业银行开立的基本账户进行审核。

(4) 及时向指导老师汇报本部门的工作总结、遇到的问题等，与指导老师沟通问题的解决思路。

#### 7.1.1.2 中央银行职员的岗位职责

(1) 发布信息。在企业经营仿真实习期初发布商业银行存贷款基准利率；发布初始的法定存款准备金率；在仿真企业经营的每天早上8：30到9：00发布人民币兑美元、人民币兑日元、人民币兑澳大利亚元、人民币兑欧元的汇率中间价；在行长决定调整法定准备金率或存贷款基准利率时，发布相关信息，并通知商业银行。

（2）统计数据。统计货币供给量，计算货币供给量的环比及同比增长速度；统计外围机构存款情况，并计算环比和同比的增长速度；根据企业的报表统计Z值，作为企业信用评级的影响因素之一。

### 7.1.2 货币政策的决策流程

中央银行在进行政策调整时，需经过科学合理的决策流程。首先是通过与企业CEO及商业银行行长进行访谈或以发放问卷的形式了解仿真实习的总体运营情况，其次根据市场上具体的资金状况，进行相应的货币政策调整，保障企业经营仿真实习的有序运行，如图7-1所示。

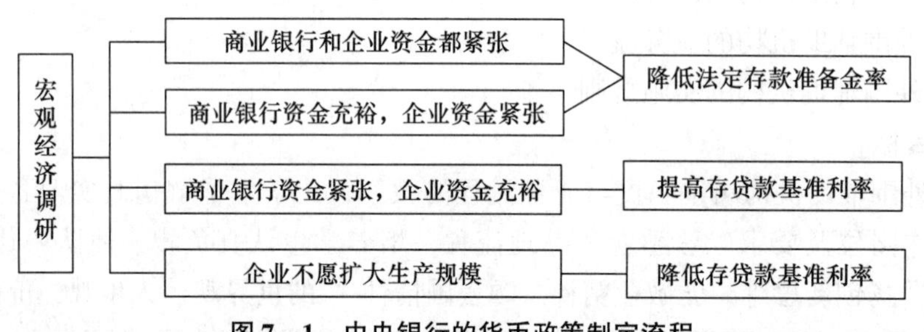


图7-1 中央银行的货币政策制定流程

## 7.2 银保监会

企业经营仿真实习中的银保监会，岗位和职能都进行了简化，设银保监会主席和银保监会职员两个岗位。

### 7.2.1 银保监会主席的岗位职责

◆ 负责本部门与其他部门的沟通与合作。与中央银行合作，加强对商业银行的监管，并分享商业银行的统计数据；与各商业银行沟通，获取商业银行的部分经营数据。

◆ 负责对商业银行的现场督查。

◆ 接受并处理企业对商业银行的投诉，协调企业与商业银行之间的矛盾。

◆ 根据银保监会职员统计的商业银行经营指标对各商业银行的经营情况进行评分。

◆ 及时向指导老师汇报本部门的工作总结、遇到的问题等，与指导老师沟通问题的解决思路。

### 7.2.2 银保监会职员的岗位职责

◆ 核查数据。核查各商业银行报表数据的准确性，并根据各商业银行提供报表的及时性和准确性对商业银行进行评分。

◆ 统计数据。根据商业银行的报表数据，统计整个商业银行的数据，统计商业银行的总资产、总负债；统计银行的利润、存贷比、净息差、存贷款余额、资产收益率、资本收

益率等指标。

◆ 核查企业的资产负债率。

## 7.3 统计局

企业经营仿真实习中的统计局，岗位和职能都进行了简化，设统计局局长和统计局职员两个岗位。

### 7.3.1 统计局局长的岗位职责

负责本部门与其他部门的沟通。与审计事务所沟通，获取准确的企业报表，对报表中部分内容的标注和格式进行协调；对在报表中发现的问题进行及时的反馈；与海关和信息中心沟通，获得相关的统计数据。

负责用支出法分别核算五大区域市场的生产总值。

对统计数据进行分析，为了解仿真实习的总体运行情况，以及制定政策提供决策依据。

及时向指导老师汇报本部门的工作总结、遇到的问题等，与指导老师沟通问题的解决思路。

### 7.3.2 统计局职员的岗位职责

用收入法分别核算A区生产商、A区渠道商、B区生产商、B区渠道商的生产总值。

对统计数据进行分析，为了解仿真实习的总体运行情况以及制定政策提供决策依据。

统计所有企业的存货信息；统计所有企业的员工招聘数据，包括初级、中级、高级工人的人数、管理人员的人数等；统计居民可支配收入。

## 7.4 商业银行

### 7.4.1 商业银行的组织结构

企业经营仿真综合实习平台现设有4家商业银行对外服务，不设立A区、B区，共同服务于72家企业（48家生产商和24家渠道商，因每期人数不同，企业组数会有所增减）和其他外围机构。每家商业银行分设4个部门，包括行长办、信贷部、财务部、综合业务部（见图7-2）。

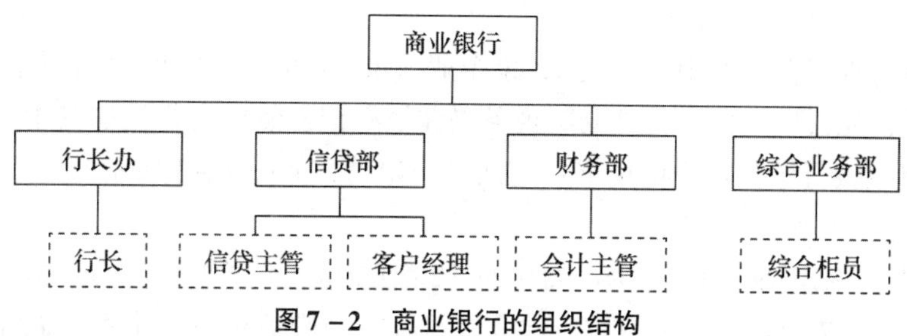


图7-2 商业银行的组织结构

### 7.4.2 商业银行的岗位职责

每家商业银行有9人，其中，行长1名，信贷主管1名，客户经理1名，会计主管1名，综合柜员5名。结合校内仿真综合实训的特点，各岗位职责如下：

7.4.2.1 行长

（1）全局掌控自己银行的状况，出现问题解决问题。

（2）协调好银行内部各岗位的工作，优化流程，提高效率。

（3）协调好银行之间以及银行与银保监会之间的业务关系。

（4）有重大问题要及时向指导老师反馈。

7.4.2.2 综合柜员

（1）按企业单据上填写的日期进行记账，来一笔业务，就记一笔业务的流水账，并在备注说明，然后判断是否断流，断流了须当面告知企业，待企业解决后再办理业务。

（2）流水账一定要按时间顺序记账，千万不可颠倒。

（3）保管好单据，并及时传递给收款人银行，不要在手中积攒很多单据。

7.4.2.3 会计主管

（1）查看综合柜员的流水账是否正确。

（2）汇总相关数据后制作财务报表以及填写银保监会要求的表格。

7.4.2.4 信贷主管

（1）每办理一笔贷款业务，就填好相关贷款业务表格，并告知企业拿着贷款的相关单据与凭证去找负责业务的综合柜员入账。

（2）合理确定贷款额度、贷款利率、贷款期限。

7.4.2.5 客户经理

（1）负责收集客户融资需求，走访企业客户，及时掌握客户信息，为信贷主管以及行长决策提供支撑。

（2）负责维护客户关系，掌握沟通技巧，维持现有客户，发展新客户，对贷款客户经营情况追踪管理。

（3）建立客户档案，分析客户的偿债能力、营运能力、盈利能力、发展能力。

商业银行对外业务受理时间（一天一季度）

### 7.4.3 对外业务受理时间（见二维码）

### 7.4.4 商业银行的业务流程

7.4.4.1 开户业务流程

企业经营仿真综合实习中，每期72家企业（48家生产商与24家渠道商）确定自己公司名称之后，先去市场监督管理局与税务局注册登记，然后自行选择其中一家商业银行填写《开立单位银行结算账户申请书》完成开户申请，如图7-3所示。

注意事项：

（1）总共72家企业（48家生产商+24家渠道商），4家银行，一开始每家银行控制的基本账户数量=72÷4=18家左右。这么做的目的是避免企业集中在一两家银行办理业

务，分散利于企业有序高效运营。后续企业可变更基本账户，但需向商业银行申请并获得央行审批。

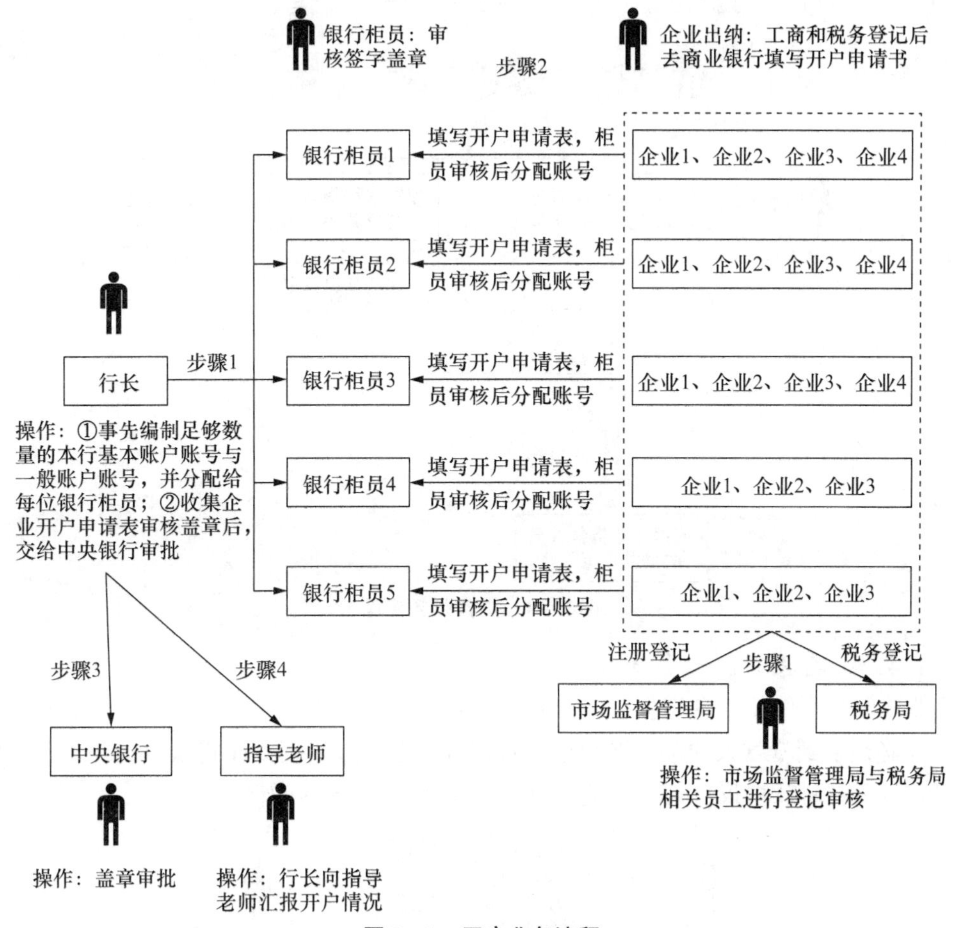


图7-3　开户业务流程

（2）企业可以注销基本账户，并在另一家商业银行重新开立基本账户，但需要获得央行的审批。

（3）上述开户业务流程只是针对生产商与渠道商，外围机构只设立基本账户账号，而且不需要到银行填写开户申请书，其银行账号由商业银行指导老师确定后公布，并分配给4家商业银行负责后续业务。

（4）每家商业银行确定好自己的名称后由老师审核（取名要规范、有内涵，现实中不存在）。

#### 7.4.4.2　银行贷款业务流程

每一家商业银行都有规范的贷款政策和程序，信贷业务人员必须准确理解和掌握贷款业务的操作流程，在创造收益的同时规避或降低风险。贷款的主要流程为：信贷业务的受理→贷前调查→贷款审批→贷款发放→放款→档案整理与移交→贷款回收→贷后管理。具体流程如图7-4所示。

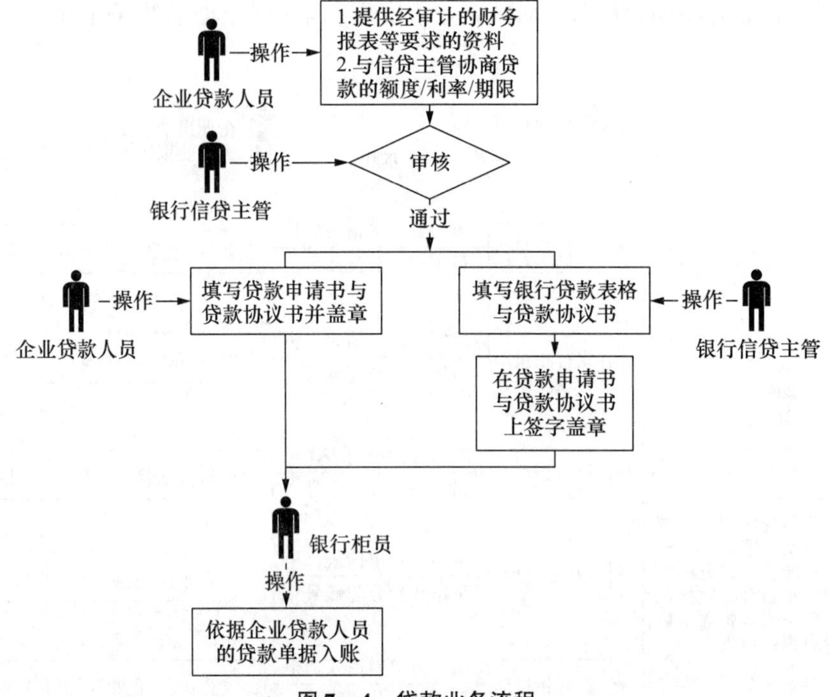


图 7－4　贷款业务流程

7.4.4.3　委托贷款业务流程

企业之间也可以相互借贷款，但需要遵循委托贷款业务规则，借款人与贷款人（也称委托人）必须要到贷款人的基本账户银行找信贷主管三方签订委托贷款协议，企业之间不得私下签订委托贷款协议，否则无效。具体流程如图 7－5 所示。

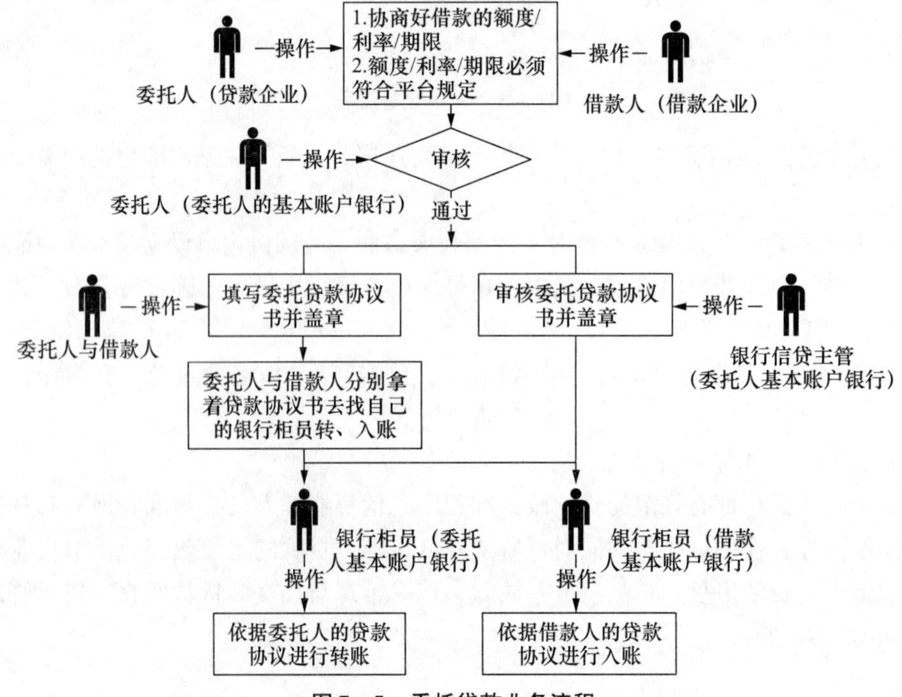


图 7－5　委托贷款业务流程

#### 7.4.4.4 转账业务流程

转账业务流程如图7-6所示。

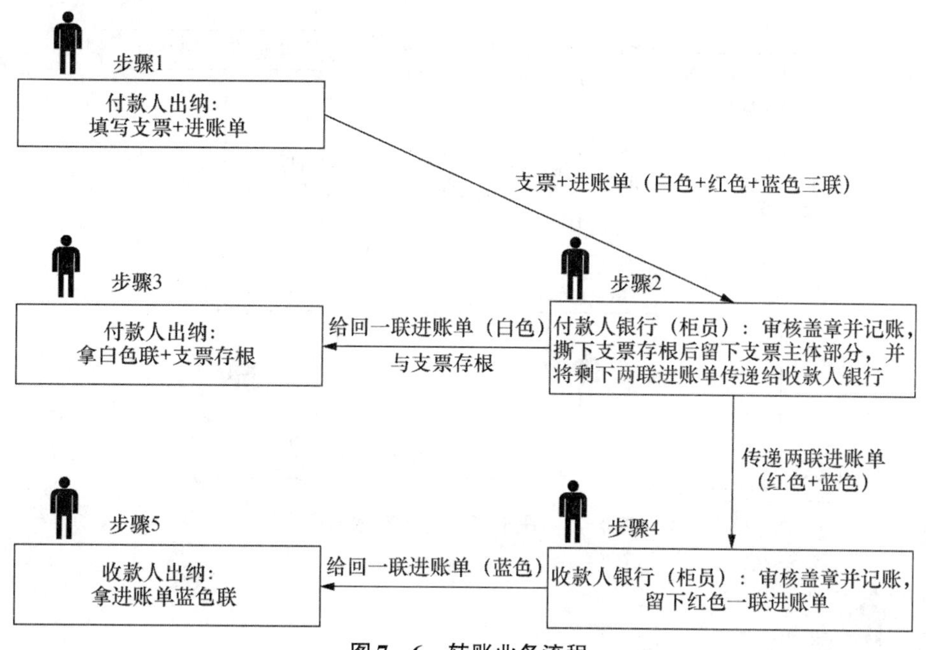


图7-6 转账业务流程

注意事项：

（1）支票与进账单上面的信息需填写准确、清晰，金额大小写一致，用途明确，不能涂改，不符合要求的单据需要重新填写。

（2）进账单在填写第一联时用点力度，如果用力太轻，会造成后面几联模糊不清，使收款人银行没办法审核并登记入账，此时银行可要求企业重写，所以企业在填写进账单的第一联时需要自行检查后面几联是否清晰，避免返工。

（3）剩下两联进账单的传递必须在银行之间进行，银行人员不可要求企业代为传递，如果丢失，容易归责不清，另外入账不及时还会严重影响业务办理进程与效率。

（4）当季度的支付收款业务当季度完成，收款人及时办理付款转账业务，且及时到自己的基本账户银行拿回相关单据入账。

#### 7.4.4.5 电汇凭证业务流程

在企业经营仿真综合实习中，企业的进出口业务采用的支付结算方式包括电汇和信用证两种。其中电汇（T/T）的业务在第一年就采取，其流程包括整体流程与支付结算流程（以第一季度为例），如图7-7和图7-8所示。

注意事项：

（1）企业经营仿真综合实习平台规定，企业签订合同的时间是每个季度初。

（2）由于平台单据库存问题，企业领取的电汇凭证有一式三联或一式四联，不影响企业的业务办理，企业均可拿到一联电汇凭证用来记账。

（3）采用电汇结算时，付款人货到码头立即付款，收款人在付款的次日才能收到款项。

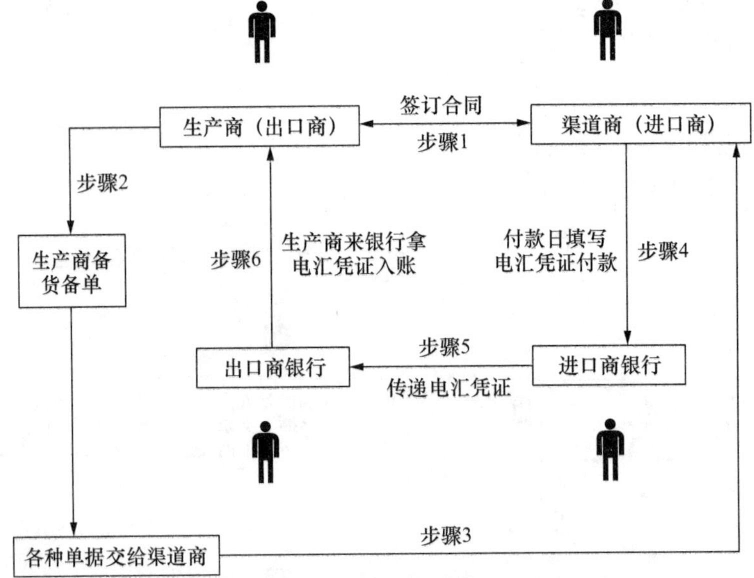


图 7-7 电汇凭证业务整体流程

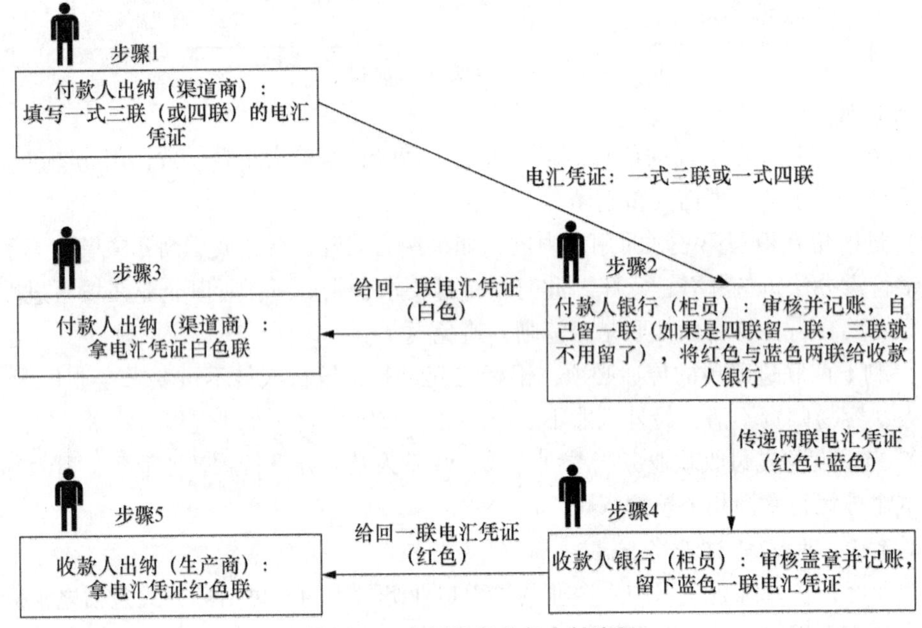


图 7-8 电汇凭证业务支付流程

#### 7.4.4.6 信用证业务（进出口）流程

在企业经营仿真实习中，企业从第二年开始采用信用证结算方式，渠道商每个季度的国际结算业务中至少选择 2 笔用信用证（L/C）这种支付方式，其他国际结算业务可选择用电汇（T/T），具体的信用证业务流程如图 7-9 和图 7-10 所示。

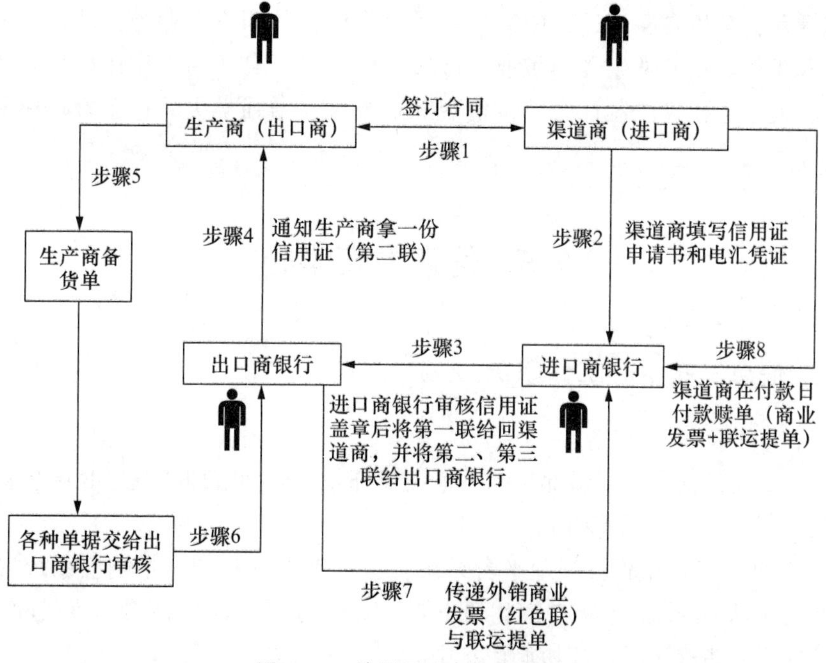


**图7－9 信用证业务支付流程**

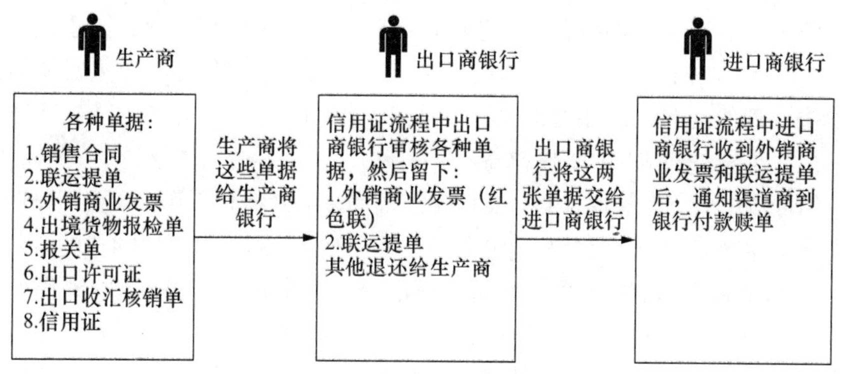


**图7－10 生产商提交单据流程**

注意事项:

（1）企业经营仿真综合实习平台规定，企业签订合同的时间是每个季度初。

（2）渠道商付款时填写电汇凭证付款，付款流程与电汇业务一致（参见电汇凭证付款业务流程）。

（3）渠道商货到码头就立即付款，信用证业务的收款人（即生产商）在渠道商付款当天就能收到款项。

（4）运输时间统一为15天，不论运输地点与方式（平台规则）。

（5）银行开出信用证当天（合同次日），渠道商存款按付款金额的20%被冻结作为保证金。

温馨提示：学生在实训过程中需要熟悉自身岗位的职责和业务技能，保质保量完成各项本职工作。培养学生爱岗敬业、诚实守信、严谨自律的工作作风和脚踏实地的职业素养；使学生树立法制社会的价值观和道德观，增强学生的社会责任感和团队协作能力。

## 7.5　信息发布中心

### 7.5.1　信息发布中心工作职责

#### 7.5.1.1　部长工作职责

信息中心部长包括生产商组部长和渠道商组部长，分别管理A区、B区生产商组和渠道商组的职员，主要工作职责如下：

（1）工作职责。①开放及管理平台系统，包括需求发布与订单响应系统（渠道商组部长）和原材料采购系统（生产商组部长）；②核对渠道商门店数（渠道商组部长）；③监督及处理企业违规情况；④协调信息中心与企业的关系。

（2）管理职责。①合理分派工作任务，保证信息中心业务的按时完成；②带领团队成员熟悉工作流程，保证业务顺利进行；③做好部门文化的建设与传导，注重团队意识的培训与交流，建设团结向上、高效有力的员工队伍；④收齐部门员工的个人总结资料，组织周例会，解决出现的问题，按计划布置下周重点工作。

#### 7.5.1.2　生产商组职员工作职责

生产商组职员主要负责管理A区、B区生产商的采购及缴费工作，主要工作职责如下：

（1）工作职责。①销售原材料、辅料，审核生产商采购原材料、辅料的资料，并开具增值税发票；②销售/回购生产线、车辆、自建仓库，审核生产商采购/销售生产线、车辆、自建仓库的资料，并开具增值税发票；③收缴生产线的费用（调试费、维修费、研发费及建造费），审核生产商缴纳生产线费用的资料，并开具增值税发票；④应对命运罗盘带来的影响。

（2）其他职责。①服从部长的管理，协调好与其他职员的关系，认真完成信息中心的工作及业务；②监督所负责的企业违规情况；③处理好所负责的企业的关系。

#### 7.5.1.3　渠道商组职员工作职责

渠道商组分为终端采购组和市场计算组，终端采购组职员主要负责管理A区、B区渠道商的缴费和销售工作，市场计算组职员主要负责市场指标的数据录入和生成工作。主要工作职责如下：

（1）终端采购组职员工作职责。①收取广告费，审核渠道商缴纳广告费的资料，并开具增值税发票/通用机打发票；②建立、撤销门市店，审核渠道商建立、撤销门市店的资料，并开具增值税发票/通用机打发票；③收缴网店建设费、改造费及运营费，审核渠道商缴纳网店建设费、改造费及运营费的资料，并开具增值税发票/通用机打发票；④销售产品（预售/正式销售），审核渠道商销售产品（预售/正式销售）的资料，支付货款；

⑤应对命运罗盘带来的影响。

（2）市场计算组职员工作职责。①编制市场计算表（市场容量计算表、市场占有率计算表、基准价格计算表、规模经济利得计算表、市场最大销售额计算表）；②协助终端采购组，完成市场数据的录入（广告费、门店数、销售量）；③计算及发布市场指标（市场容量、市场占有率、基准价格、规模经济利得、市场最大销售额）。

（3）其他职责。①服从部长的管理，协调好与其他职员的关系，认真完成信息中心的工作及业务；②监督所负责的企业违规情况；③处理好所负责的企业的关系。

#### 7.5.1.4　信息发布组职员工作职责

信息发布组职员主要负责管理A区、B区外围机构信息的收集、整理及发布。主要工作职责如下：

（1）工作职责。①发送、接收外围机构的信息与资料；②整理外围机构的资料；③按时在网站发布信息。

（2）其他职责。①服从部长的管理，协调好与其他职员的关系，认真完成信息中心的工作及业务；②处理好与外围机构的关系。

### 7.5.2　生产商组工作流程

生产商组工作内容如图7－11所示。

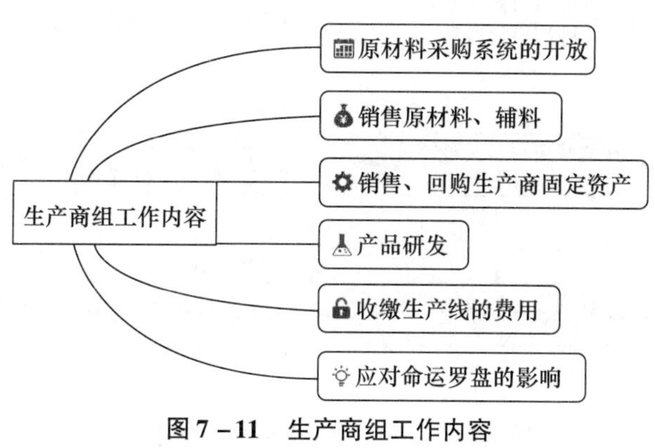


**图7－11　生产商组工作内容**

#### 7.5.2.1　原材料采购系统的开放

原材料采购系统是提供给生产商采购主管在网上提前订购原材料的系统平台，由A区、B区信息中心生产商组部长进行开放及管理，系统开放具体时间由信息中心发布。生产商采购主管只有在原材料采购系统提前订购，才能在信息中心进行原材料的采购，辅料则不用在系统中提前订购。原材料的采购价格只有在原材料采购系统关闭后由信息中心生产组部长在系统中计算出原材料最终采购价格，并导出系统原材料采购表，生产商采购主管必须按照系统原材料采购表中的原材料采购数量和采购价格进行原材料采购。

（1）工作安排表。原材料采购系统的开放工作安排如表 7－1 所示。

表 7－1　原材料采购系统的开放工作安排

| 时间点 | 信息中心 | 生产商 |
|---|---|---|
| 关闭时间<br>×年×季度 | 采购开关：关 | 系统中显示“采购系统处于关闭状态” |
| 采购时间<br>×年×季度 | 采购开关：开<br>监督生产商采购违规行为 | 系统中显示“采购系统处于开启状态”，可以发布、修改、删除本公司的原材料采购需求 |
| 关闭时间<br>×年×季度 | 采购开关：关 | 系统中显示“采购系统处于关闭状态”，可以查看自己已采购的原材料、市场剩余原材料信息 |
| 关闭时间<br>×年×季度 | 在系统中计算原材料采购价格，导出原材料采购表 | 根据系统的原材料采购数量和采购价格进行采购 |

（2）工作流程。原材料采购系统工作流程如图 7－12 所示。

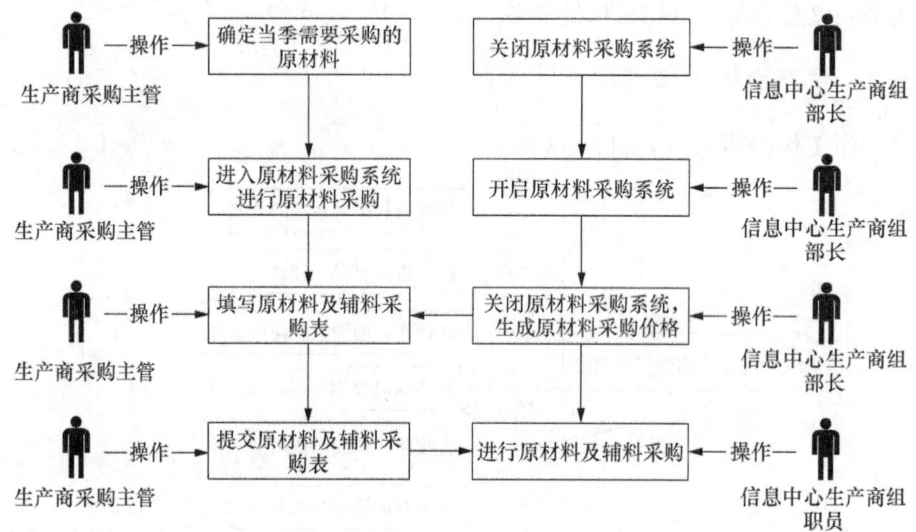


图 7－12　原材料采购系统工作流程

（3）注意事项。

1）监控生产商原材料采购系统违规行为。生产商原材料采购系统违规行为包括：①恶意囤积原材料行为，仓储任一种原材料的最大数量为其拥有全部生产线 3 个季度的最大产能所需理论原材料数量；②错采或补采原材料行为。

2）生产商原材料采购系统违规处理。①恶意囤积的原材料须以进价的 80% 退回产地，但相应的增值税进项税额需 100% 转出；②错采或补采原材料按照《生产商原材料及辅料采购的补充规定》处理。

7.5.2.2　销售原材料、辅料

每个季度在原材料采购系统关闭后，生产商采购主管在信息中心规定的采购原材料和辅料的时间内，到信息中心找到对应企业的生产商组职员，进行原材料及辅料的采购。生产商组职员则对生产商提交表格进行审核，并开具增值税发票，生产商出纳在银行付款成

功后，生产商采购主管返回信息中心领取增值税发票。

（1）工作流程。销售原材料、辅料工作流程如图7－13所示。

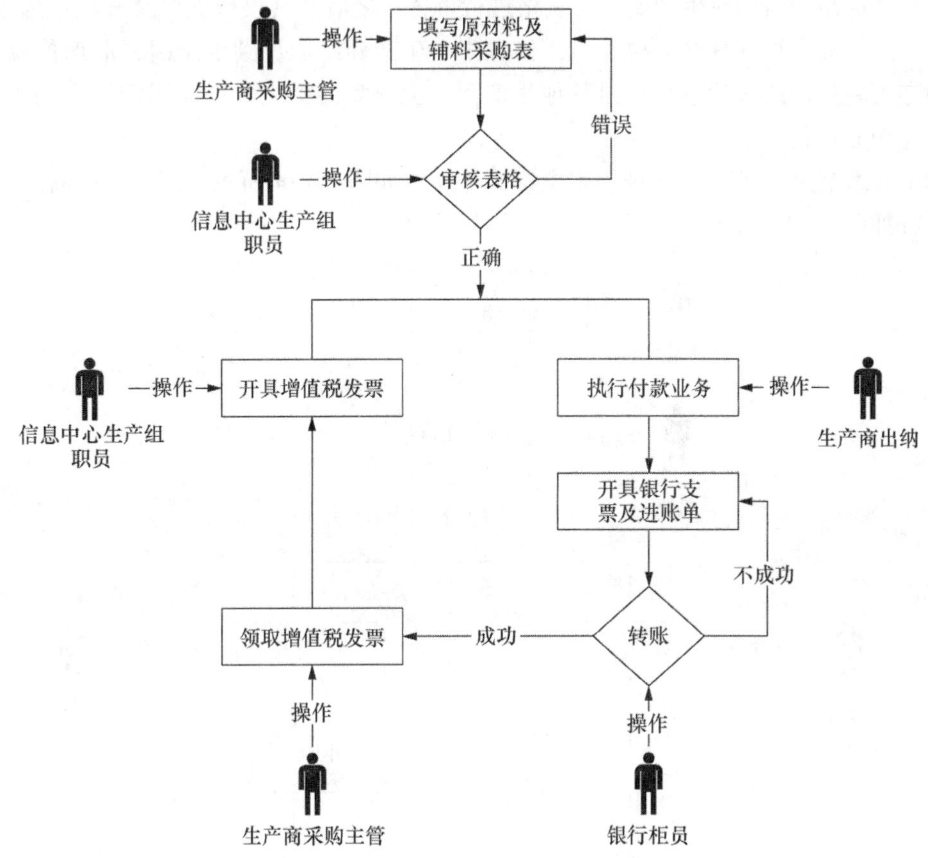


**图7－13　销售原材料、辅料工作流程**

（2）注意事项。

1）生产商交支票及进账单（共4张）。支票1：50%原材料费及50%税，即首款，支票时间为季度初。支票2：50%原材料费及50%税＋全部辅料费用（价税合计），即尾款，支票时间为季度末。进账单1：50%原材料费及50%税，进账时间为季度初。进账单2：50%原材料费及50%税＋全部辅料费用（价税合计），进账时间为季度末。

2）信息中心写增值税发票（共2张）。

原材料发票，发票时间为季度初；辅料发票，发票时间为季度末。

3）原材料与辅料的采购价格均为不含税的人民币价格，生产商在采购原材料与辅料的时候需要计算16%的增值税税额，收取价税合计数额。

4）错采或补采原材料按照《信息中心处罚实施细则》处理。

#### 7.5.2.3　销售、回购生产商固定资产（生产线、车辆、自建仓库）

生产商采购主管在信息中心规定的采购固定资产的时间内，到信息中心找到对应企业的生产商组职员，提交固定资产购买/出售表，进行生产线、车辆、自建仓库的采购。生产商组职员则对生产商提交表格进行审核，并开具增值税发票，生产商出纳在银行付款成功后，生产商采购主管返回信息中心领取增值税发票。

生产商可按照当前设备折余价值的80%价格随时出售生产线、车辆、自建仓库给信息中心，生产商采购主管到信息中心找到对应企业的生产商组职员，提交固定资产购买/出售表。生产商组职员则对生产商提交表格进行审核，之后开具银行支票及进账单到银行进行转账，生产商出纳开具增值税发票，信息中心生产商组职员到生产商领取增值税发票。生产商亦可将生产线转让或租赁给其他生产商，但仍需要提交生产商固定资产购买/出售表在信息中心进行备案。

（1）工作流程。销售生产商固定资产工作流程如图7－14所示，回购生产商固定资产工作流程如图7－15所示。

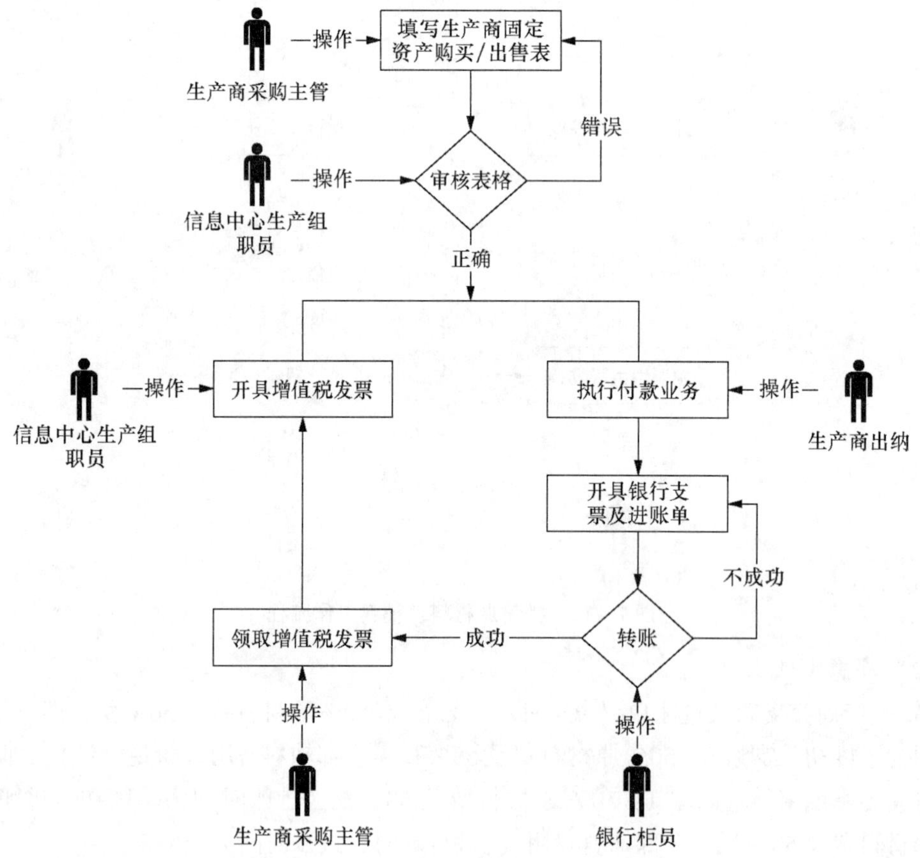

**图7－14 销售生产商固定资产工作流程**

（2）注意事项。①支票、发票及进账单的记账时间为生产商购买与出售的具体日期；②生产线固定资产的价格为含税价格，生产线、车辆的增值税税率为13%，仓库（不动产）的增值税税率为9%；③生产线当天买，当天可以用，但是当天卖生产线，当天不可以再生产了，因为还有生产线拆和卖的过程。

7.5.2.4 *产品研发*

生产商生产主管在信息中心规定的产品研发时间内，到信息中心找到对应企业的生产商组职员，提交产品研发表，进行产品研发费用的缴纳。生产商组职员则对生产商提交表格进行审核，并开具增值税发票，生产商出纳在银行付款成功后，生产商生产主管返回信息中心领取增值税发票。在抽取产品积分的规定时间内，再到信息中心进行积分抽取。

（1）工作流程。产品研发工作流程如图 7－16 所示。

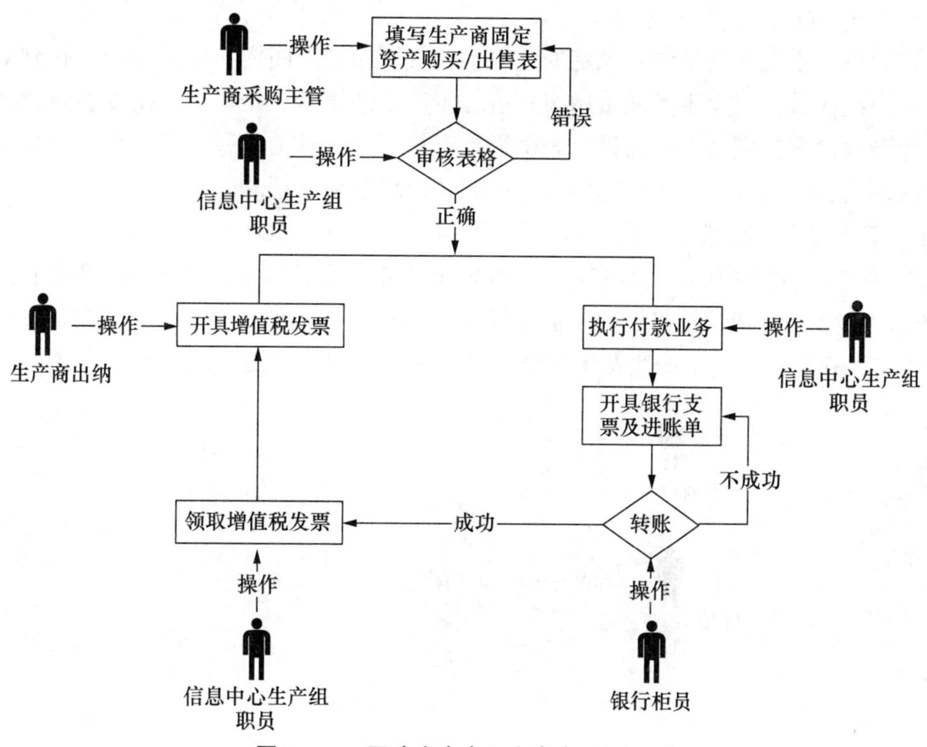


图 7－15　回购生产商固定资产工作流程

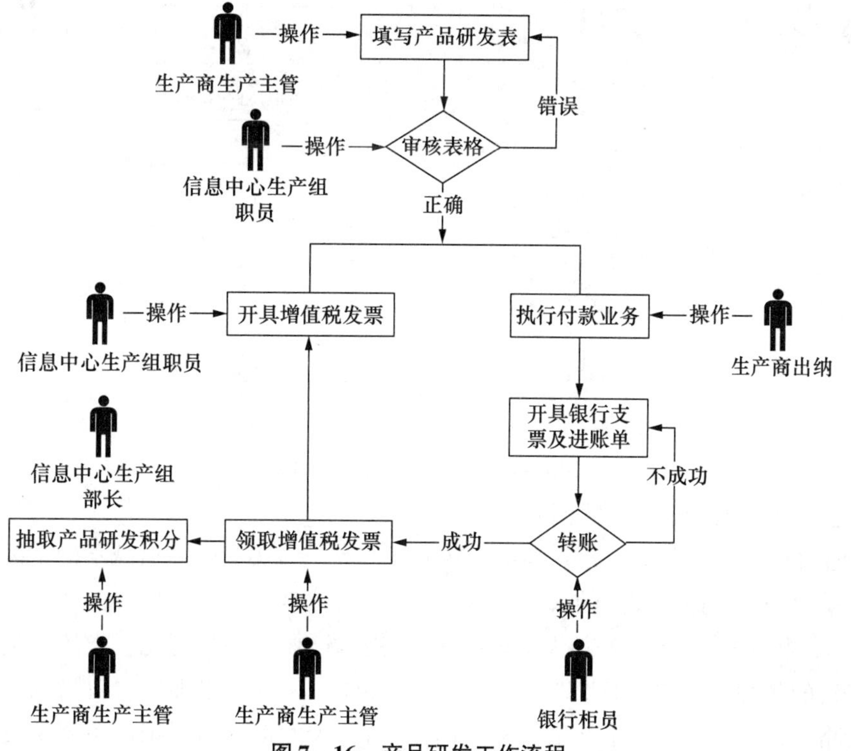


图 7－16　产品研发工作流程

（2）注意事项。①产品研发费用记账时间为季度末；②产品研发费用为含税价格。

7.5.2.5　收缴生产线费用

生产商生产主管在信息中心规定的缴纳生产线费用的时间内，到信息中心找到对应企业的生产商组职员，提交生产线费用表，进行生产线调试费、维修费、研发费及建造费的缴纳。生产商组职员则对生产商提交表格进行审核，并开具增值税发票，生产商出纳在银行付款成功后，生产商生产主管返回信息中心领取增值税发票。

（1）工作流程。收缴生产线工作流程如图 7－17 所示。

（2）注意事项。①生产线所有费用记账时间为季度末；②生产线缴纳的所有费用为含税价格，生产线调试费、维修费的增值税税率为 13%，生产线研发费、建造费的增值税税率为 6%；③补交或修改生产线费用按照《信息中心处罚实施细则》处理。

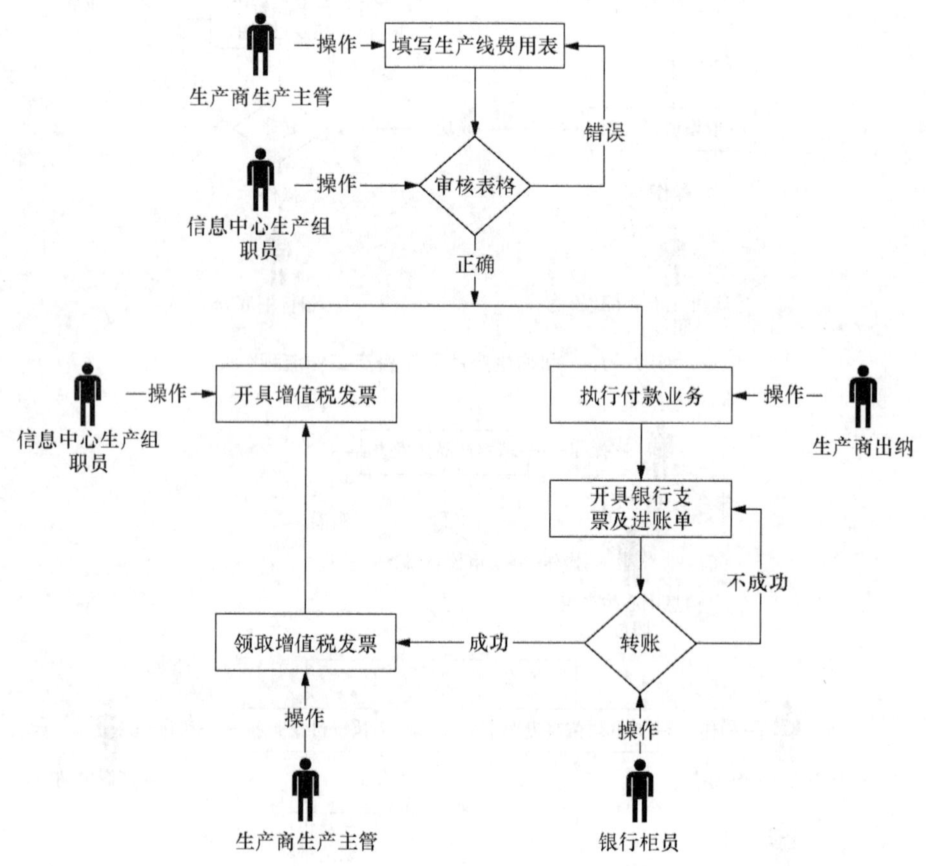


图 7－17　收缴生产线工作流程

7.5.2.6　应对命运罗盘的影响

从企业经营期第二年起，不定期地旋转命运罗盘，为实验环境增减不确定因素，命运罗盘影响季度为举办命运罗盘的次季度。

（1）风调雨顺，次季度各种天然皮料的价格下调 5%。解释意见：指的是生产商到信息中心采购的各种天然皮料的采购价格统一下调 5%，采购价格即原材料采购系统计算后的采购价格，计算公式＝原采购价格×（1－5%）；天然皮料包括国产头层牛皮、进口牛皮、羊皮、猪皮、鳄鱼皮、鹿皮。

（2）石油增产，次季度 PU 等所有石化类原材料价格下调 5%。解释意见：指的是生产商到信息中心采购的所有石化类原材料的采购价格统一下调 5%，采购价格即原材料采购系统计算后的采购价格，计算公式 = 原采购价格 ×（1 - 5%）；所有石化类原材料包括 PVC 革、PU 革、合成皮、二层牛皮和所有鞋底材料（TPR 底、PVC 底、PU 底、橡胶底、MD 底、进口 PU 底、进口真皮底）。

（3）命运罗盘的影响只能由信息中心生产商组手工计算。

### 7.5.3　渠道商组工作流程

渠道商组工作内容如图 7 - 18 所示。

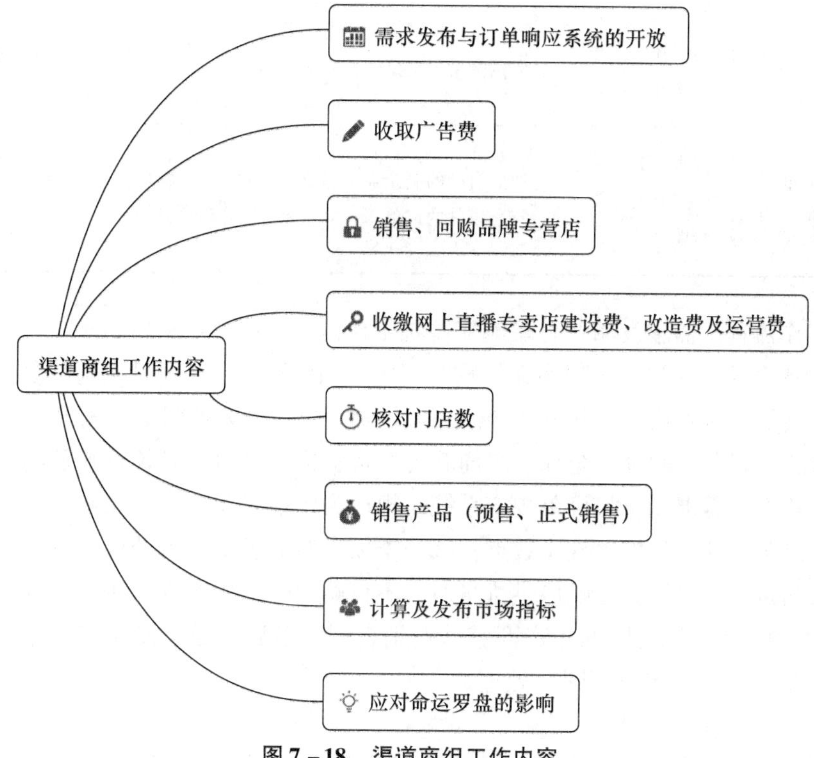


图 7 - 18　渠道商组工作内容

#### 7.5.3.1　需求发布与订单响应系统的开放

需求发布与订单响应系统是提供给生产商与渠道商在网上产品订购的系统平台，由 A 区、B 区渠道商组部长进行开放及管理，系统开放具体时间由信息中心发布。生产商与渠道商必须按照需求发布与订单响应系统上的订购意向，进行产品销售合同的签订。

（1）工作安排表。需求发布与订单响应系统的开放工作安排如表 7 - 2 所示。

表 7 - 2　需求发布与订单响应系统的开放工作安排

| 时间点 | 信息中心 | 渠道商 | 生产商 |
| --- | --- | --- | --- |
| 发布时间<br>×年×季度 | 需求开关：开<br>响应开关：关<br>订购开关：关 | 可以发布、修改、删除、查看本公司当前季度采购需求以及其他渠道商提交的订单 | 可以查看渠道商已经提交所有采购订单，但不允许做出响应 |

续表

| 时间点 | 信息中心 | 渠道商 | 生产商 |
| --- | --- | --- | --- |
| 第一次响应时间<br>×年×季度 | 需求开关：关<br>响应开关：开<br>订购开关：关 | 可以查看生产商已提交的所有响应供货量，不允许其他操作 | 可以发布、修改、删除本公司的供货响应。调整供货量与供货价格 |
| 第一次订购时间<br>×年×季度 | 需求开关：关<br>响应开关：关<br>订购开关：开 | 可以根据生产商发出的供货响应，选择供货商及供货数量 | 可查看自己公司供货响应的实际订购情况；若渠道商有采购订单剩余需求量，可准备进行第二次响应 |
| 第二次响应时间<br>×年×季度 | 需求开关：关<br>响应开关：开<br>订购开关：关 | 可以查看生产商已提交的剩余响应供货量，不允许其他操作 | 可以响应某些渠道商的剩余需求量 |
| 第二次订购时间<br>×年×季度 | 需求开关：关<br>响应开关：关<br>订购开关：开 | 按照自己的剩余需求量必须订购符合条件的订单 | 可查看自己公司供货响应的实际订购情况 |

（2）工作流程。需求发布与订单响应系统工作流程如图 7－19 所示。

（3）注意事项。首先，渠道商在订购时间中，当采购量小于累计响应供货量时，渠道商自主选择供货商与采购量，部分生产商失去供货资格；当采购量大于等于累计响应供货量时，渠道商有剩余采购量，全部生产商获得供货资格，渠道商必须订购所有响应该订单的生产商。其次，需求发布与订单响应系统违规行为包括以下内容：①响应、需求的数量最小单位不以千件计，价格出现小数点；②当季度发布需求所订购的商品在当季度进行销售；③当采购量大于等于累计响应供货量时，不订购全部的生产商订单；④超过订购截止时间的 30 分钟，还未同订购的生产商签署购销合同。最后，需求发布与订单响应系统违规按照《信息中心处罚实施细则》处理。

#### 7.5.3.2 收取广告费

渠道商市场总监在信息中心规定的缴纳广告费的时间内，到信息中心提交广告登记表。渠道商组终端采购组职员对渠道商提交的表格进行审核，并开具增值税发票/通用机打发票，渠道商组市场计算组职员对广告费数据进行录入。渠道商财务助理在银行付款成功后，渠道商市场总监返回信息中心领取增值税发票/通用机打发票。

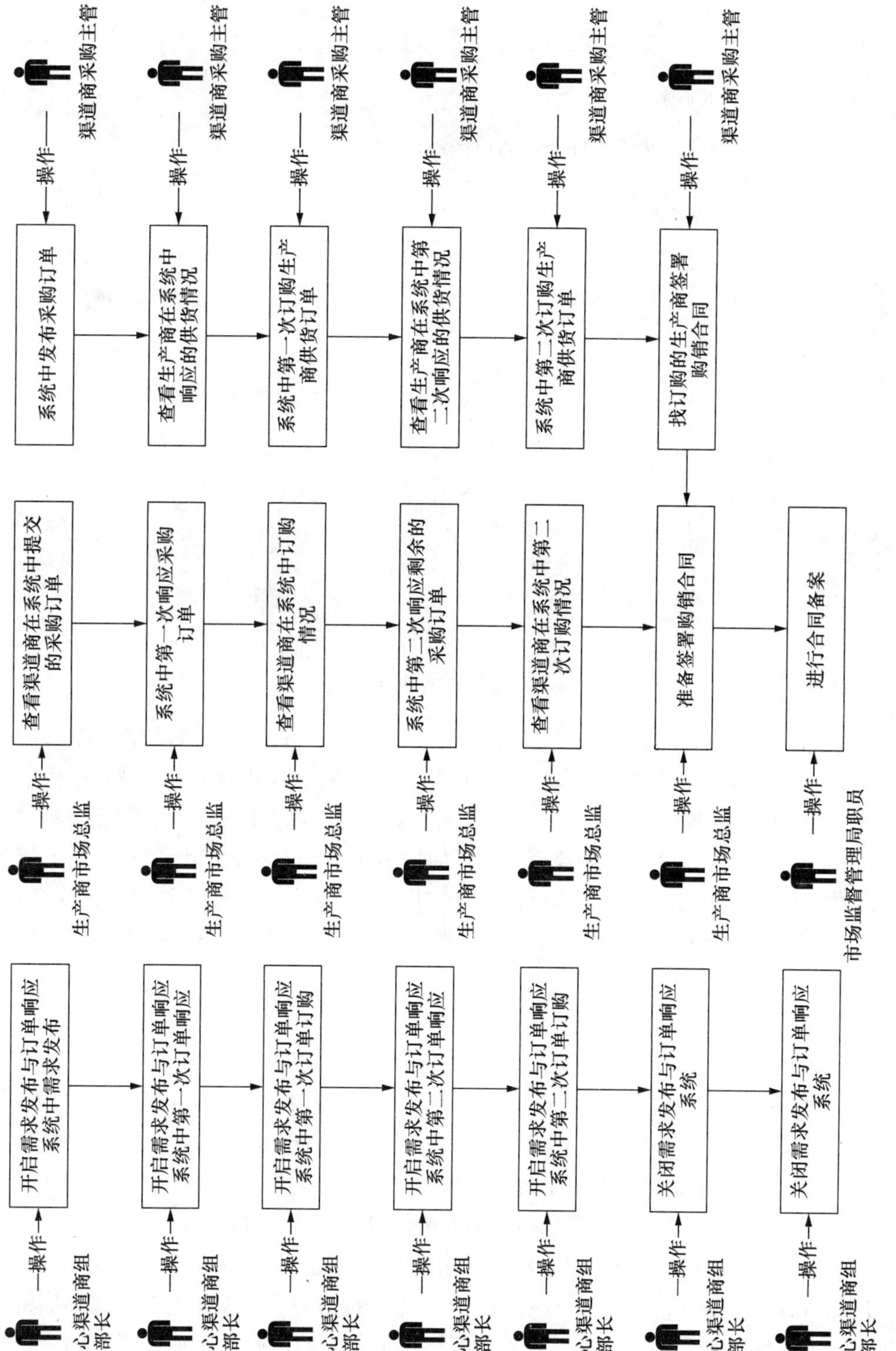

信息中心渠道商组部长 —操作→ 开启需求发布与订单响应系统中需求发布

信息中心渠道商组部长 —操作→ 开启需求发布与订单响应系统中第一次订单响应

信息中心渠道商组部长 —操作→ 开启需求发布与订单响应系统中第一次订单订购

信息中心渠道商组部长 —操作→ 开启需求发布与订单响应系统中第二次订单响应

信息中心渠道商组部长 —操作→ 开启需求发布与订单响应系统中第二次订单订购

信息中心渠道商组部长 —操作→ 关闭需求发布与订单响应系统

信息中心渠道商组部长 —操作→ 关闭需求发布与订单响应系统

生产商市场总监 —操作→ 查看渠道商在系统中提交的采购订单

生产商市场总监 —操作→ 系统中第一次响应采购订单

生产商市场总监 —操作→ 查看渠道商在系统中订购情况

生产商市场总监 —操作→ 系统中第二次响应剩余的采购订单

生产商市场总监 —操作→ 查看渠道商在系统中第二次订购情况

生产商市场总监 —操作→ 准备签署购销合同

市场监督管理局职员 —操作→ 进行合同备案

系统中发布采购订单 ←操作— 渠道商采购主管

查看生产商在系统中响应的供货情况 ←操作— 渠道商采购主管

系统中第一次订购生产商供货订单 ←操作— 渠道商采购主管

查看生产商在系统中第二次响应的供货情况 ←操作— 渠道商采购主管

系统中第二次订购生产商供货订单 ←操作— 渠道商采购主管

找订购的生产商签署购销合同 ←操作— 渠道商采购主管

找订购的生产商签署购销合同 → 准备签署购销合同

图7-19　需求发布与订单响应系统工作流程

（1）工作流程。收取广告费流程如图 7－20 所示。

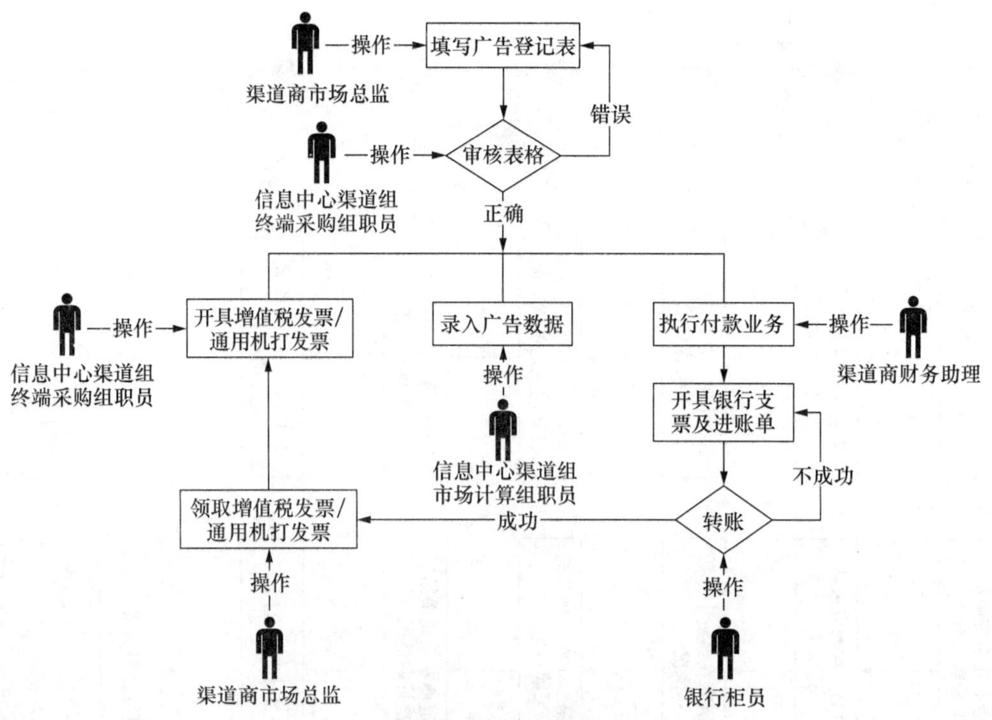

图 7－20　收取广告费流程

（2）注意事项。①渠道商广告包括品牌广告和产品广告：品牌广告是对该区域的所有产品有影响，只对市场的一个季度有影响；产品广告是对某个区域的某个产品有影响，可以累计，长久影响市场。②品牌广告和产品广告投入最小单位以千元计。③信息中心填写发票。国内市场广告费：填写增值税发票，6% 的增值税，收取价税合计数额，影响值也是价税合计数额；国外市场广告费：填写通用机打发票，没有增值税，收取不含税金额。④支票和发票的记账时间为季度末。⑤广告费投入违规按照《信息中心处罚实施细则》处理。

7.5.3.3　销售、回购品牌专营店

渠道商物流主管在信息中心规定的销售、回购品牌专营店的时间内，到信息中心找到对应企业的渠道商组终端采购组职员，提交店铺购买/出售表，进行品牌专营店的购买。渠道商组终端采购组职员对渠道商提交的表格进行审核，并开具增值税发票/通用机打发票；渠道商组市场计算组职员对渠道商购买店铺的数据进行录入。渠道商财务助理在银行付款成功后，渠道商物流主管返回信息中心领取增值税发票/通用机打发票。

渠道商可按照当前设备折余价值的 80% 价格随时出售通过购入方式取得的店铺给信息中心，渠道商物流主管到信息中心找到对应企业的渠道商组终端采购组职员，提交店铺购买/出售表，进行品牌专营店的出售。渠道商组终端采购组职员则对渠道商提交的表格进行审核，之后开具银行支票及进账单到银行进行转账；渠道商组市场计算组职员对渠道商出售店铺的数据进行录入。渠道商财务助理开具增值税发票/通用机打发票，渠道商组终端采购组职员到渠道商处领取增值税发票/通用机打发票。

渠道商亦可将购买的店铺转让给其他渠道商，但仍需要提交店铺购买/出售表在信息中心进行备案。

（1）工作流程。销售品牌专营店流程如图 7－21 所示，回购品牌专营店流程如图 7－22 所示。

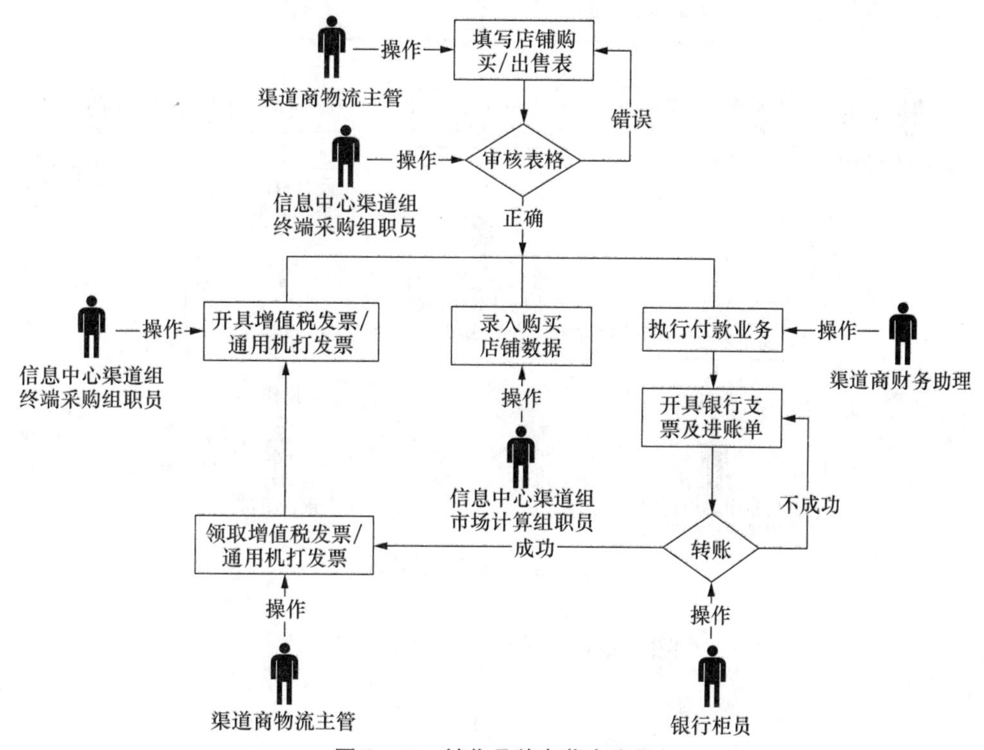


图 7－21　销售品牌专营店流程

（2）注意事项。①销售/回购品牌专营店的支票、发票及进账单的记账时间为季度初。②信息中心填写发票。国内市场店铺：填写增值税发票，9%的增值税，收取价税合计金额；国外市场店铺：填写通用机打发票，没有增值税，收取不含税金额。③渠道商只能购买或租赁低档和中档店铺，新购入和租入的店铺须耗费 1 个季度的装修期，方能配备店员进行营业。④购买或出售店铺，须前往信息中心进行登记和办理；租赁店铺，须前往物流中心进行申请、登记和办理，店铺装修费、升级改造费、管理费用由物流中心收取。

7.5.3.4　收缴网上直播专卖店建设费、改造费及运营费

渠道商物流主管在信息中心规定的网上直播专卖店建设费、改造费及运营费的缴纳时间内，到信息中心找到对应企业的渠道商组终端采购组职员，提交网店建设信息表，进行网上直播专卖店相关费用的缴纳。渠道商组终端采购组职员对渠道商提交的表格进行审核，并开具增值税发票/通用机打发票；渠道商组市场计算组职员对网上直播专卖店建设的数据进行录入。渠道商财务助理在银行付款成功后，渠道商物流主管返回信息中心领取增值税发票/通用机打发票。

（1）工作流程。收缴网上直播专卖店建设费、改造费及运营费流程如图 7－23 所示。

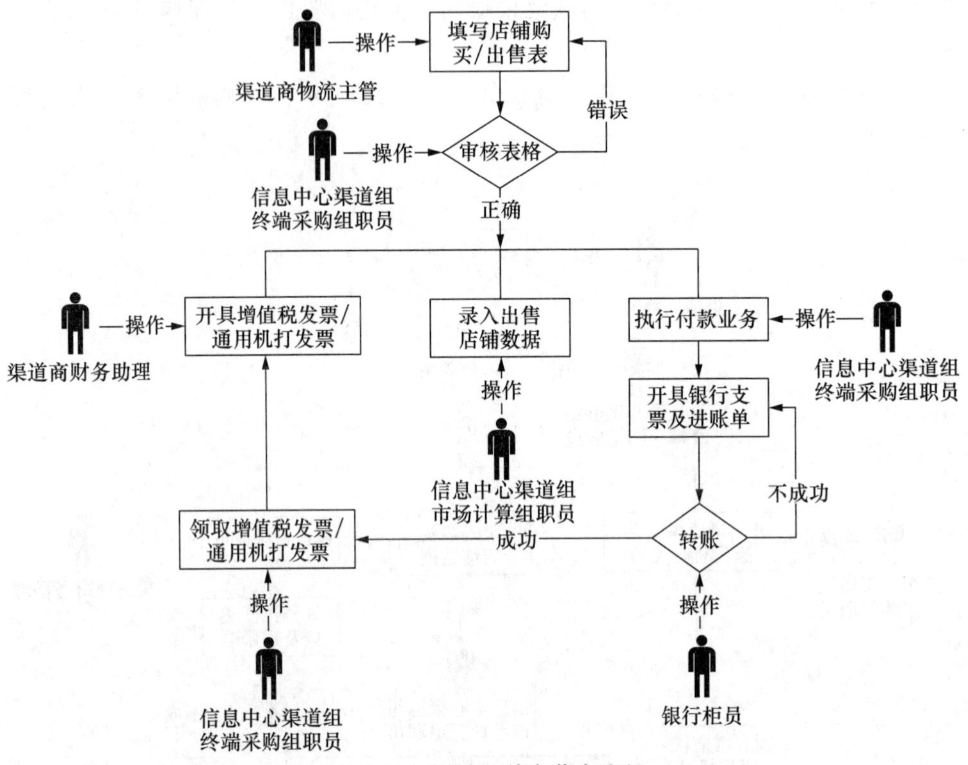


图 7 – 22　回购品牌专营店流程

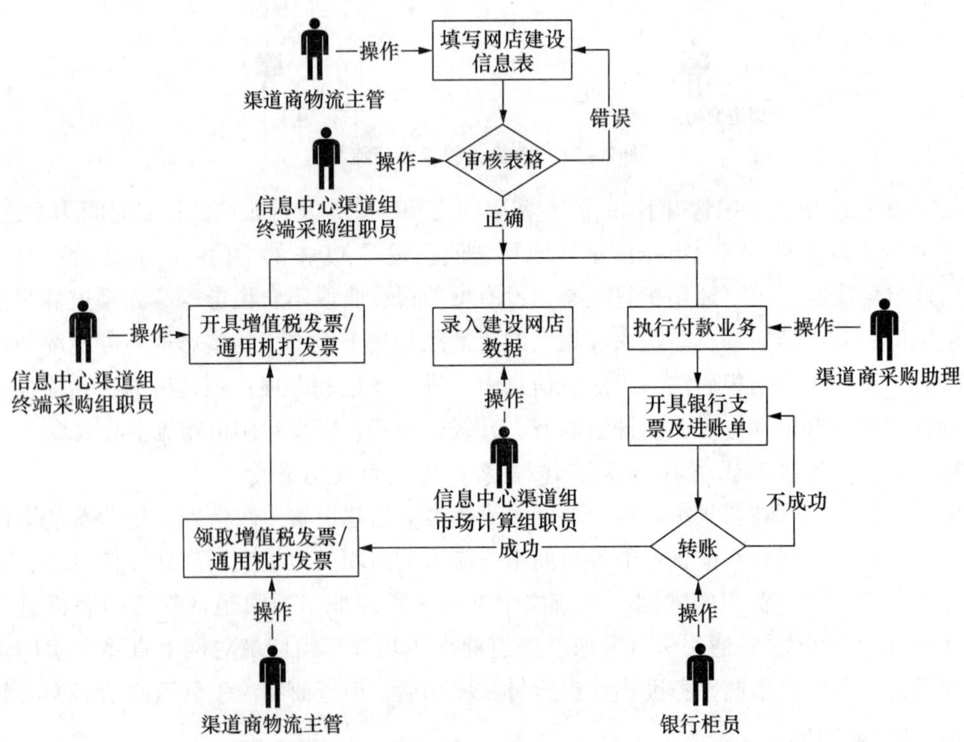


图 7 – 23　收缴网上直播专卖店建设费、改造费及运营费流程

（2）注意事项。①网上直播专卖店要有配送中心，要有市场占有率的支持。品牌网上直播专卖店的最早建店时间为第一年第一季度，建店周期为一个季度，正式销售时间为建店的次季度。渠道商在建店当季前往信息中心填写《渠道商网店销售计划》表格，由信息中心进行审核，审核成功后方可开店；审核通过的当季须前往信息中心缴纳开店费用。②已建好的网店可以改造为另一个新区域市场，改造周期为一个季度，正式销售时间为改造的次季度。③网店销售量要计入规模利得。④网店销售商品的价格是最终售价减去15元，国内销售有增值税，如国内产品P1最终售价为150元，网店销售最终售价为150－15＝135元，再计算增值税和计税合计数。⑤建店费、改造费及运营费记账时间为季度末。⑥信息中心填写发票（建店费、改造费、运营费）。国内市场网店：填写增值税发票，6%的增值税，收取价税合计金额；国外市场网店：填写通用机打发票，没有增值税，收取不含税金额。

7.5.3.5　核对门店

渠道商物流主管在信息中心规定的核对门店时间内，到信息中心找到对应企业的渠道商组部长，提交门店核对表，渠道商组部长根据物流中心的门店数统计表对渠道商提交的门店核对表进行审核。渠道商组市场计算组职员对渠道商最终门店的数据进行录入。

（1）工作流程。核对门店流程如图7－24所示。

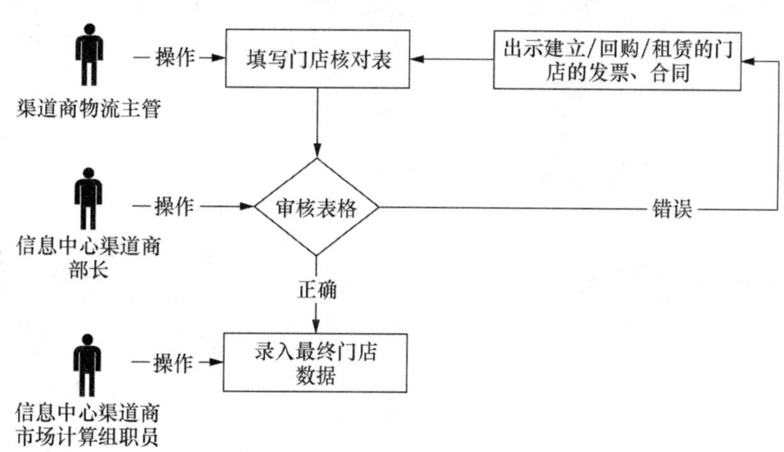


图7－24　核对门店流程

（2）注意事项。①渠道商提交的门店登记表包括已建立/租赁的门店数量、当季正在建立/租赁的门店数量。②渠道商组部长根据物流中心的门店数统计表对渠道商物流主管提交的表格进行审核，如两份表格存在误差，先通知渠道商物流主管提交建立/回购/租赁门店的发票、合同进行再次核对，后与物流中心进行沟通，以确定最终正确的门店数量。

7.5.3.6　销售产品（预售/正式销售）

渠道商市场总监先在信息中心规定的产品预售时间内，填写好产品预售/销售表中预售部分内容，到信息中心找到对应企业的渠道商组终端采购组职员，提交产品预售/销售表，进行产品预售。渠道商组终端采购组职员对渠道商的产品预售内容进行审核，以确定渠道商是否能够销售产品。

渠道商市场总监填写好产品预售/销售表中销售部分内容，在信息中心规定的正式销售时间内，到信息中心找到对应企业的渠道商组终端采购组职员，提交产品预售/销售表，进行产品正式销售。渠道商组终端采购组职员对渠道商的产品正式销售内容进行再次审核，并开具支票和进账单到银行转账；渠道商组市场计算组职员对销售数据进行录入。渠道商财务助理开具增值税发票/外销商业发票，渠道商组终端采购组职员到渠道商处领取增值税发票/外销商业发票。

（1）预售的工作流程。预售流程如图7－25所示。

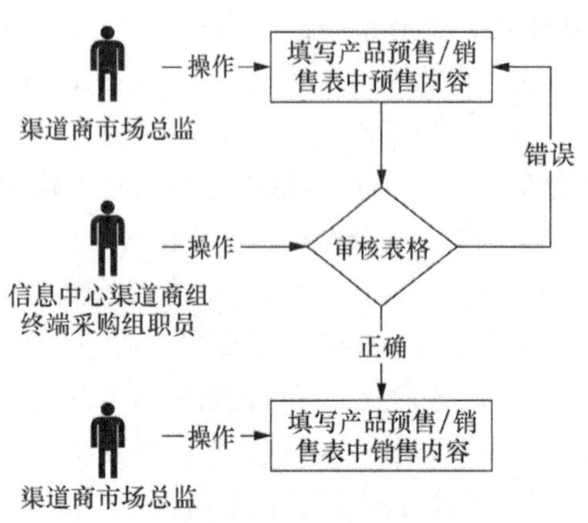


图7－25 预售流程

（2）预售注意事项。①各类商品计划销售的总额不得超过各类产品的最大销售能力；②各类商品计划销售的总额不得超过各类门店的最大销售能力；③各类商品计划销售的总额不得超过该渠道商在该区域对该商品的各类市场的最大销售能力。

（3）正式销售的工作流程。正式销售流程如图7－26所示。

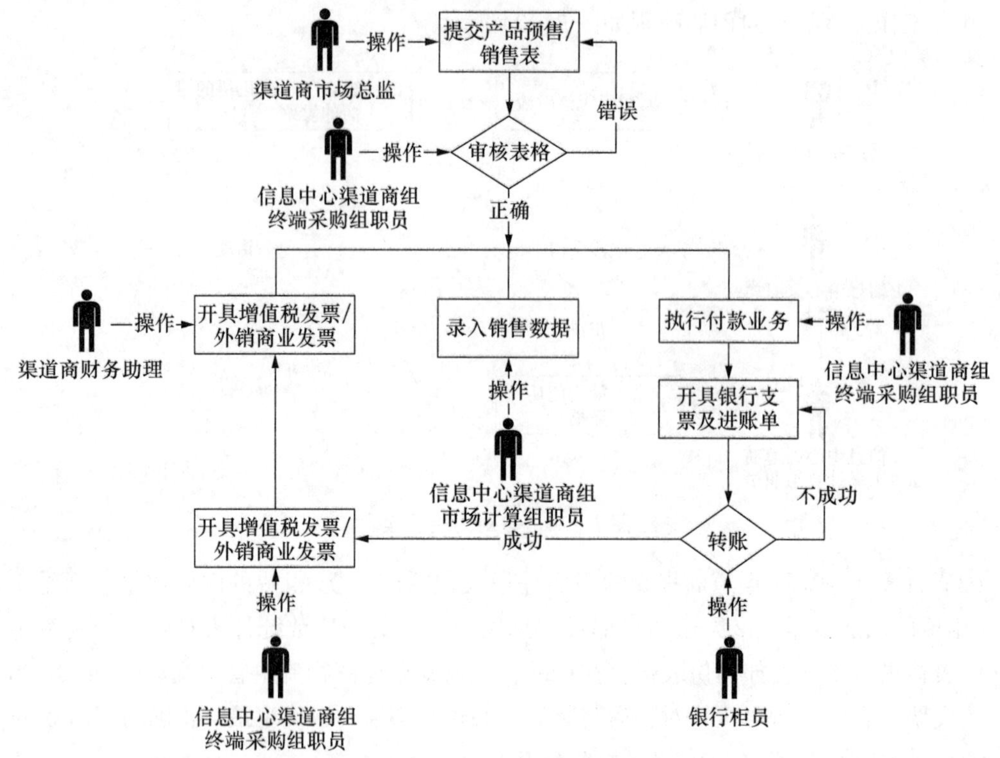


图7－26 正式销售流程

（4）正式销售注意事项。①渠道商正式销售的数量及金额必须小于或等于产品预售的数量及金额。②发票、支票和进账单上的数量及金额必须与产品预售/销售表的数量及金额一致。③渠道商开具的发票类型。渠道商销售国内产品：增值税发票，13%的增值税，信息中心支付的货款为价税合计数额；渠道商销售国外产品：外销商业发票，没有增值

税。④渠道商通过品牌专营店、网站零售，假定商品销售均匀发生，即当季度的销售额可按日平均，但当季度销售收入均累计到季末最后一天记账一次。⑤在正式销售期间，渠道商违规销售商品（数量、类型），按照《信息中心处罚实施细则》处理。

7.5.3.7 计算及发布市场指标

渠道商组市场计算组职员在企业经营前编制好所有的市场计算表（市场容量计算表、市场占有率计算表、基准价格计算表、规模经济利得计算表、市场最大销售额计算表），在经营中根据录入的市场数据（广告数据、门店数据、销售数据）计算出市场指标（市场容量、市场占有率、基准价格、规模经济利得、市场最大销售额、最终价格），并在规定时间内发布市场指标（市场容量、市场占有率、基准价格、规模经济利得）。

（1）计算方式。计算方式如图7－27、图7－28所示。

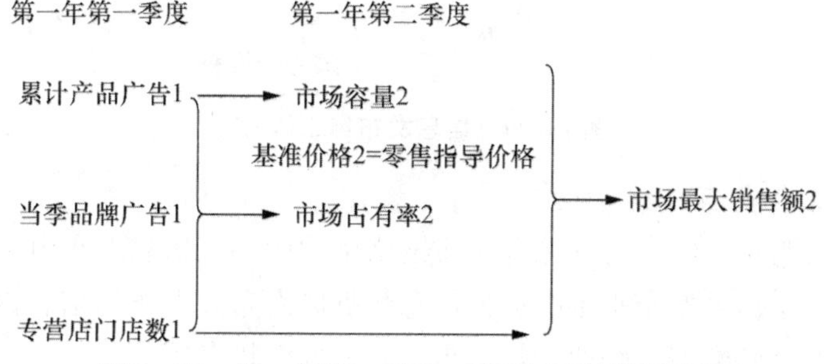


图7－27 第一年第一季度、第二季度计算示意图

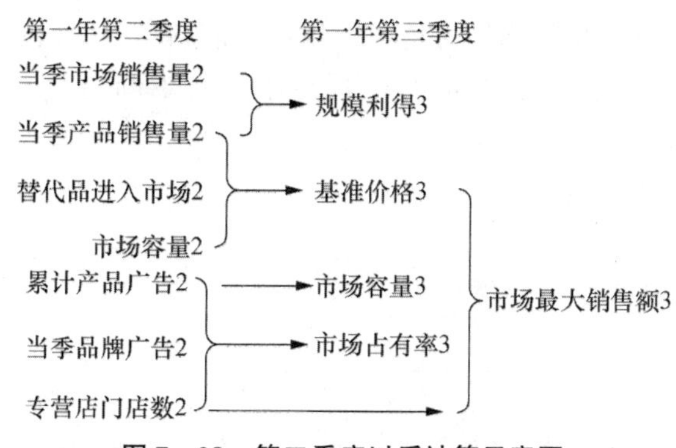


图7－28 第二季度以后计算示意图

（2）注意事项。①渠道商组市场计算组职员在规定时间内必须发布正确的市场指标，并对有疑问的渠道商进行解释；②渠道商的市场最大销售额、最终价格不会对外公布。

7.5.3.8 应对命运罗盘的影响

从企业经营期第二年起，不定期地旋转命运罗盘，为实验环境增减不确定因素，命运罗盘影响季度为举办命运罗盘的次季度。

（1）区域市场不确定风险罗盘对渠道商的影响。①消费疲软，次季度某区域市场所有商品零售价下降2%。解释意见：指的是渠道商销售到信息中心的所有商品的零售指导价统一下降2%，并且此次价格的下降，将不受该区域自有品牌专营店的最大销售能力的影响，计算公式＝原最终价格×（1－2%）。②消费火爆，次季度某区域市场所有商品零售价上涨2%。解释意见：指的是渠道商销售到信息中心的所有商品的零售指导价统一上升

2%，并且此次价格的上升，将不受该区域自有品牌专营店最大销售能力的限制，计算公式=原最终价格×（1+2%）。

（2）命运罗盘的影响只能由信息中心渠道商组手工计算。

### 7.5.4 信息发布组工作流程

信息发布组工作内容如图7-29所示。

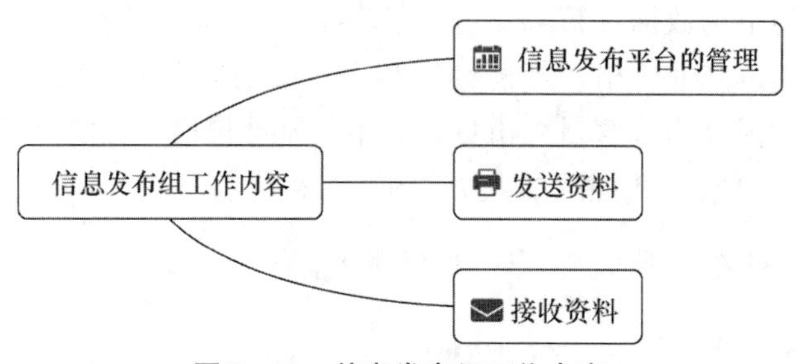


图7-29 信息发布组工作内容

7.5.4.1 信息发布平台的管理

信息发布平台为企业经营仿真综合实习网络资源中心，信息发布组中A区、B区的信息员在相应时间内于信息发布平台中进行信息数据的发布。发布的信息数据包括外围机构工作时间表、企业经营数据、企业违规通报、企业经营排名等。

7.5.4.2 发送资料及接收资料

信息发布组
发送资料时间

信息发布组
接收资料时间

信息发布组还扮演外围机构间信息传递的角色，信息发布组信息员在规定的时间内向外围机构接收资料，并发送资料给相应的外围机构（见二维码）。

7.5.4.3 工作流程

信息发布组信息员工作流程如图7-30所示。

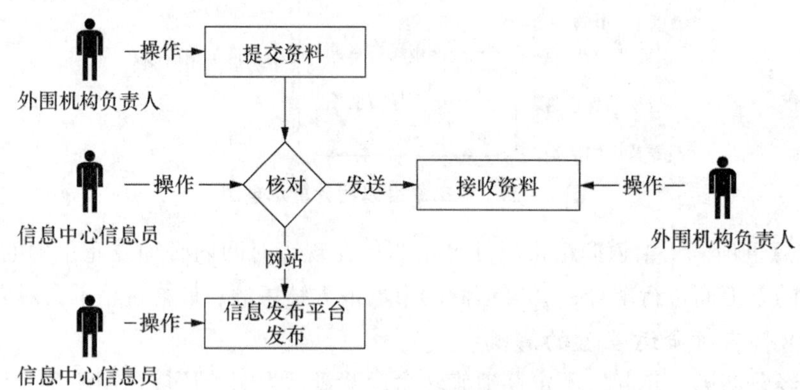


图7-30 信息发布组信息员工作流程

> **温馨提示**：学生在实训过程中需要熟悉自身岗位的职责和业务技能，保质保量完成各项本职工作。有助于培养学生爱岗敬业、实践创新、求真务实、细心严谨的职业素养；树立法制社会的价值观和道德观，增强学生的社会责任感和团队协作能力。

## 7.6　第三方物流服务中心

### 7.6.1　工作职责

#### 7.6.1.1　生产商物流中心部长工作职责

生产商物流中心部长包括A区生产商物流中心部长和B区生产商物流中心部长，主要职责如下：

（1）工作职责。①全面掌握生产商物流中心的内部事宜，熟知所有生产商物流中心办事流程，通晓各岗位的工作程序；②督导下属规范办事、高效服务，合理分配和委派工作任务，分清各项责任并及时收集下属人员的反馈信息，以便及时调整部署；③培训下属和激励下属，提高各个组员的工作积极性，确保各项服务达到优质水平；④每个季度完成该区企业的业务汇总，并能进行有关的市场分析，及时做好各项工作汇总报告；⑤能够有效处理企业的问题和投诉，并能积极与各部门协调关系，开展工作。

（2）管理职责。①每日根据指导教师工作部署制定本部门的工作计划和任务；②定期召开本部门的人员会议，并做好记录和总结，通过会议方式来传达、督导部门工作计划完成情况；③负责每日将《生产商运输仓储表格》（电子版）给审计审核，发《已出租仓库规格与数量汇总表》（电子表）及《已出租厂房汇总表》（电子表）给信息中心；④解决各企业提出的重大投诉和业务问题，若无法解决，一定及时呈报指导老师；⑤负责评定部门员工的综合表现并进行评级打分。

#### 7.6.1.2　生产商物流中心职员工作职责

生产组职员主要负责管理A区、B区生产商的原材料及产成品仓储、运输及缴费工作，主要职责如下：

（1）工作职责。①为企业提供厂房、原材料仓库、产成品仓库租赁服务；②审核《原材料运输表》（电子版）表格，办理原材料运输；③审核《产成品运输表》（电子版）表格，办理产成品运输；④审核《生产商运输仓储表格》（电子版）表格，收取相关费用。

（2）其他职责。①按规定执行生产商物流中心部长的各项工作任务安排，能够配合其他外围机构和企业的有关工作；②严格执行生产商物流中心的各项制度，确保相关费用收取准确无误；③定期整理数据，向生产商物流中心部长及时汇总并出具数据分析结果；④监督所负责的企业违规情况。

#### 7.6.1.3　渠道商物流中心部长工作职责

渠道商物流中心部长包括A区渠道商物流中心部长和B区渠道商物流中心部长，主要职责如下：

（1）工作职责。①全面掌握渠道商物流中心的内部事宜，熟知所有渠道商物流中心办事流程，通晓各岗位的工作程序；②督导下属规范办事、高效服务，合理分配和委派工作任务，分清各项责任并及时收集下属人员的反馈信息，以便及时调整部署；③培训下属和激励下属，提高各个组员的工作积极性，确保各项服务达到优质水平；④每个季度完成该区企业的业务汇总，并能进行有关的市场分析，及时做好各项工作汇总报告；⑤能够有效处理企业的问题和投诉，并能积极与各部门协调关系，开展工作。

（2）管理职责。①每日根据指导教师工作部署制定本部门的工作计划和任务；②定期召开本部门的人员会议，并做好记录和总结，通过会议方式来传达、督导部门工作计划完成情况；③负责每日将《渠道商运输仓储表格》（电子版）给审计审核，发《已出租店铺规格与数量汇总表》（电子表）和《已出租配送中心规格与数量汇总表》（电子表）给信息中心；④解决各企业提出的重大投诉和业务问题，若无法解决，一定及时呈报指导老师；⑤负责评定部门员工的综合表现并进行评级打分。

#### 7.6.1.4 渠道商物流中心职员工作职责

渠道商物流中心主要负责管理A区、B区渠道商的物流及缴费工作，主要职责如下：

（1）工作职责。①为渠道商企业提供配送中心、店铺的租赁服务；②审核《货物运单——港口到港口运输表》（电子版）表格，办理产成品运输；③审核《渠道商运输仓储表格》（电子版）表格，收取相关费用。

（2）其他职责。①按规定执行渠道商物流中心部长的各项工作任务安排。能够配合其他外围机构和企业的有关工作；②严格执行生产商物流中心的各项制度，确保相关费用收取准确无误；③定期整理数据，向渠道商物流中心部长及时汇总并出具数据分析结果；④监督所负责的企业违规情况。

### 7.6.2 生产商物流中心工作流程

生产商物流中心的工作内容如图7－31所示。

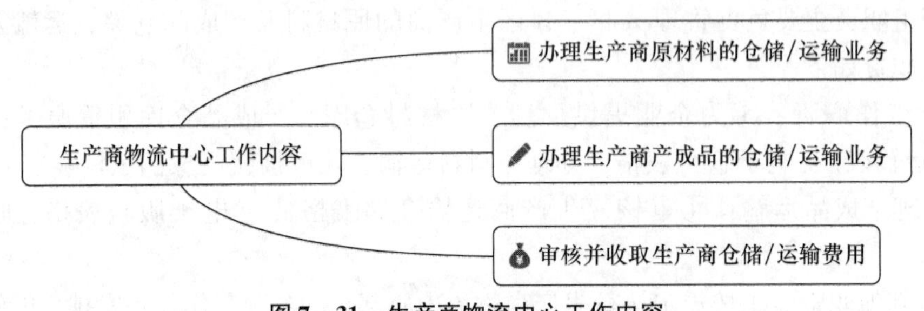


图7－31 生产商物流中心工作内容

#### 7.6.2.1 办理生产商原材料的仓储/运输业务

生产商完成原材料采购后需要进行原材料仓储和运输。原材料仓储可以选择向第三方租赁仓库和自建仓库两种方式；原材料运输可采取外包第三方物流公司或本企业自建车队两种方式。不同方式耗费的仓储费、运费不同，企业需根据自身情况合理安排。生产商若需租赁仓库以及车队，需前往第三方物流服务中心进行申请、登记和办理。

（1）工作安排表。原材料仓储/运输工作安排如表 7－3 所示。

**表 7－3　原材料仓储/运输工作安排**

| 步骤 | 时间（一天作为一季度） | 生产商物流中心 |
|---|---|---|
| 第一步 | 10：00 前 | 生产商带《租赁合同书》（纸质版，一式两份）到生产商物流中心租赁厂房、原材料仓库、产成品仓库 |
| 第二步 | | 生产商发《原材料运输表》（电子版）给生产商物流中心，生产商物流中心审核无误后，填写《车辆租赁合同》（纸质版，一式两份），办理原材料运输业务 |
| 第三步 | 11：00 前 | 信息中心发《原材料采购表》给生产商物流中心供其核对 |

（2）工作流程。原材料仓储/运输工作流程如图 7－32 所示。

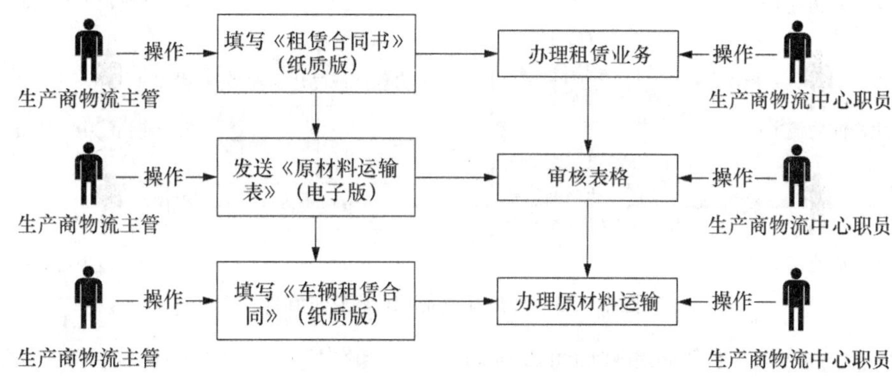


**图 7－32　原材料仓储/运输工作流程**

### 7.6.2.2　办理生产商产成品的仓储/运输业务

生产商与渠道商签订订单后，每生产出一批产成品，均需送至仓库存储。然后按照合同约定的时间，将相应的产成品送至港口。对于产成品的仓储运输，生产商可选择外包第三方或企业自建的方式。企业需根据自身情况合理安排。生产商若需租赁仓库以及车队，需前往第三方物流服务中心进行申请、登记和办理。

（1）工作安排表。产成品仓储/运输工作安排如表 7－4 所示。

**表 7－4　产成品仓储/运输工作安排表**

| 步骤 | 时间（一天作为一季度） | 生产商物流中心 |
|---|---|---|
| 第一步 | 11：30 前 | 生产商发《产成品运输表》（电子版）给生产商物流中心，生产商物流中心审核无误后，生产商填写《车辆租赁合同》（纸质版，一式两份），办理产成品运输业务 |
| 第二步 | | 生产商物流中心通知生产商领取《联运提单》 |
| 第三步 | 15：30 前 | 生产商发《生产商运输仓储表格》（电子版）给生产商物流中心，生产商物流中心审核无误后，生产商交仓储费、水电费、原材料仓库租金、产成品仓库租金、厂房租金、原材料运费、产成品运费，支票、发票日期均在季末 |

续表

| 步骤 | 时间（一天作为一季度） | 生产商物流中心 |
|---|---|---|
| 第四步 | 生产商、渠道商去银行进账，拿进账单作为已交费凭据，物流中心、海关开发票或收据 | 生产商物流中心发《生产商运输仓储表格》（电子版）给审计审核，同时发给海关，仅供海关参考（物流时间和海关报关时间并不完全一致，物流表上的报关费、报检费仅供审计、海关参考用） |
| 第五步 | 生产商、渠道商去银行进账，拿进账单作为已交费凭据，物流中心、海关开发票或收据 | 生产商物流中心发《已出租仓库规格与数量汇总表》（电子表）和《已出租厂房汇总表》（电子表）给信息中心 |
| 第六步 | 16：30后 | 物流中心、海关领取进账单 |

（2）工作流程。产成品仓储/运输工作流程如图7－33所示。

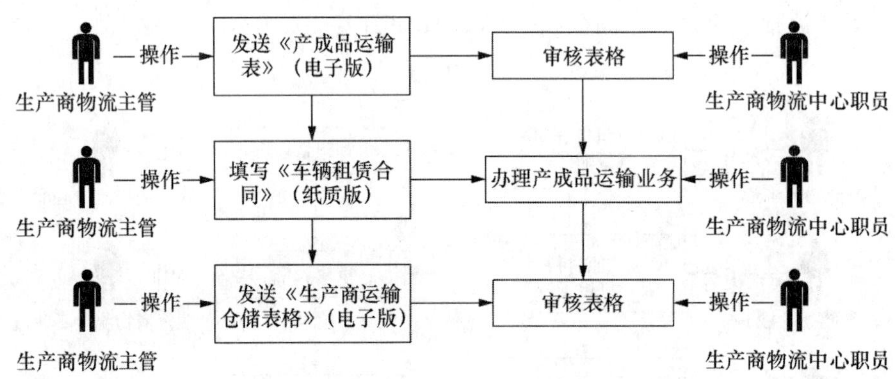


**图7－33　产成品仓储/运输工作流程**

（3）注意事项。①鞋面和鞋面可以拼箱，鞋底和鞋底可以拼箱，产成品和产成品可以拼箱，拼箱的产品写在同一行。②《生产商运输仓储表格》（电子版）中，原材料的运输量必须等于入库量，否则表格显示出错。③《生产商运输仓储表格》（电子版）中，产成品的出库量必须等于运输量，否则表格显示出错。④每个生产商的本季度购买的原材料数量要与信息中心的数据一致。⑤生产商表格填写错误导致费用出错的，当季补当季的，立刻办理；当季补上季的，多退少补，在下季办理，并罚款、扣分。

7.6.2.3　审核并收取生产商仓储/运输费用

仿真平台生产商企业每季度根据公司经营战略确定企业的仓储运输计划，填写合同书及各种运输表格，并在生产商物流中心办理相关业务。生产商物流中心职员根据企业提供的相关资料进行审核，并收取企业的仓储/运输费用，同时给企业开具增值税发票。

（1）工作流程。生产商缴纳仓储/运输费用工作流程如图7－34所示。

（2）注意事项。①支票、发票及进账单的记账时间为季度末的最后一天。②加工过程中耗费的水、电、油等各种能源不做类别细分，亦无须采购、运输与仓储。水电费价格均为含税价，每季度缴纳一次，由第三方物流服务中心代为收取。

### 7.6.3　生产商物流中心处罚实施细则

7.6.3.1　总规则

（1）在生产商物流中心累计犯错三次开始扣分（第一次、第二次不扣分、不通报、

不罚款，第三次开始通报、罚款、扣分)。

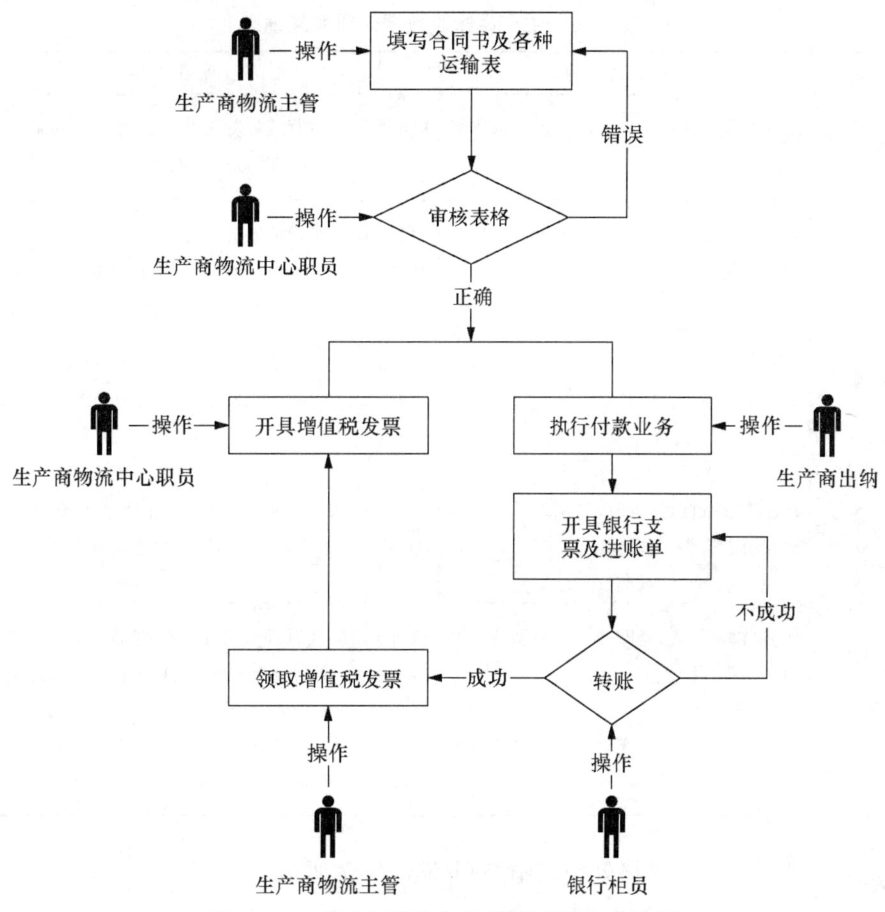


**图 7－34 生产商缴纳仓储/运输费用工作流程**

(2) 变动金额指绝对值和绝对值之和，如增加运费 1000 元和减少运营费 100 元，变动金额为 1000＋100＝1100 元，而非 1000－100＝900 元。

(3) 因生产商原因导致费用出错需更改费用，当季补当季的，立刻办理；当季补上季的，多退少补，在出错的季度办理，并扣分、罚款。

7.6.3.2 实施细则

(1) 生产商迟交相关表格处罚实施细则如表 7－5 所示。

**表 7－5 生产商迟交相关表格处罚实施细则**

| 违规类型 | 违规具体行为 | 惩罚措施 |
| --- | --- | --- |
| 一般违规 | 未能在当季规定时间之内交相关表格、费用 | 扣当季团队经营绩效分 2 分、罚款 5000 元 |
| 中等违规 | 拖延一个季度交表、缴费 | 扣当季团队经营绩效分 2 分、罚款 20000 元 |
| 重大违规 | 拖延一个季度以上交表 | 扣当季团队经营绩效分 5 分、罚款 30000 元 |

（2）生产商修改数据处罚实施细则如表7－6所示。

**表7－6　生产商修改数据处罚实施细则**

| 违规类型 | 违规具体行为 | 惩罚措施 |
| --- | --- | --- |
| 一般违规 | 修改当季原材料、产成品出库、入库导致变动仓储费（运费不变） | 扣当季团队经营绩效分2分，变动金额5000元以下罚款5000元，变动金额5000元以上罚款变动总额的100% |
| 中等违规 | 修改跨季原材料、产成品出库、入库导致变动仓储费（运费不变） | 扣当季团队经营绩效分3分，变动金额5000元以下罚款5000元，变动金额5000元以上罚款变动总额的100% |
| 一般违规 | 修改当季原材料、产成品出库、入库导致变动运输费、仓储费 | 扣当季团队经营绩效分2分，变动金额20000元以下罚款10000元，变动金额20000元以上罚款变动总额的50% |
| 中等违规 | 修改跨季原材料、产成品出库、入库导致变动运输费、仓储费 | 扣当季团队经营绩效分3分，变动金额20000元以下罚款10000元，变动金额20000元以上罚款变动总额的50% |
| 一般违规 | 变动当季厂房、仓库数量、类型导致变动仓储费、租金 | 扣当季团队经营绩效分2分，变动金额50000元以下罚10000元，变动金额50000元以上罚款变动总额的20% |
| 中等违规 | 变动跨季厂房、仓库数量、类型导致变动仓储费、租金 | 扣当季团队经营绩效分3分，变动金额200000元以下罚20000元，变动金额200000元以上罚款变动总额的10% |

（3）生产商自行修改表格处罚实施细则如表7－7所示。

**表7－7　生产商自行修改表格处罚实施细则**

| 违规类型 | 违规具体行为 | 惩罚措施 |
| --- | --- | --- |
| 重大违规 | 因用物流的表格做预算，自行修改表格，例如，将第二季度的表格改日期变为第三季度的表格或因为表格显示红色自行修改、删除表格公式，导致表格出错 | 扣当季团队经营绩效分3分，影响金额200000元以下罚20000元，影响金额200000元以上罚款变动总额的10% |

### 7.6.4　渠道商物流中心工作流程

渠道商物流中心的工作内容如图7－35所示。

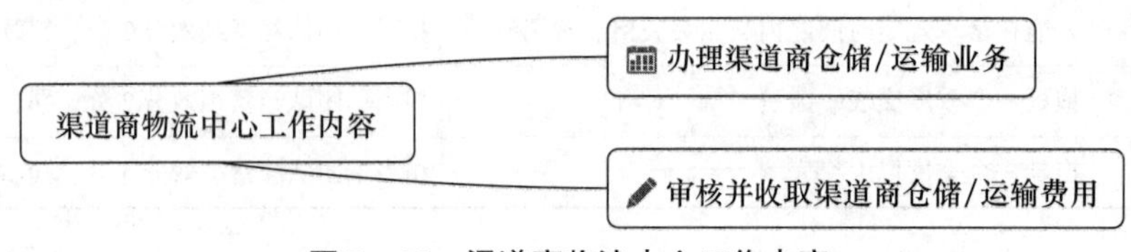


图7－35　渠道商物流中心工作内容

### 7.6.4.1　办理渠道商仓储/运输业务

（1）渠道商仓储/运输工作安排如表 7－8 所示。

**表 7－8　渠道商仓储/运输工作安排**

| 步骤 | 时间（一天作为一季度） | 渠道商物流中心 |
|---|---|---|
| 第一步 | 10：00 前 | 渠道商带《租赁合同书》（纸质版，一式两份）到渠道商物流中心租赁配送中心、店铺 |
| 第二步 | 10：30 前 | 渠道商物流中心将《店铺租赁汇总表》（电子版）发给信息中心和人才交流中心 |
| 第三步 | 11：30 前 | 渠道商发《货物运单——港口到港口运输表》（电子版）给渠道商物流中心，渠道商物流中心审核无误后，渠道商填写《货物运单——港口到港口运输表》（纸质版），办理产成品运输业务 |
| 第四步 |  | 渠道商物流中心根据《货物运单——港口到港口运输表》（电子版）填写《联运提单》，交给生产商物流中心 |
| 第五步 | 15：30 前 | 渠道商发《渠道商运输仓储表格》（电子版），渠道商物流中心审核无误后，渠道商填写《车辆租赁合同》（纸质版），交配送中心租金、店铺租金、装修费，渠道商物流中心开具发票，缴纳港口到配送中心运费、配送中心到店铺运费、运营费，支票、发票日期均在季末 |
| 第六步 |  | 信息中心发预计销售额给物流中心，用于核对预计销售额，渠道商在收到信息中心卖货的发票时，请带发票来物流核对实际销售量 |
| 第七步 | 生产商、渠道商去银行进账，将进账单作为已交费凭据，物流中心、海关开发票或收据 | 渠道商物流中心发《渠道商运输仓储表格》给审计审核，同时发给海关，仅供海关参考（物流时间和海关报关时间并不完全一致，物流表上的报关费、报检费仅供审计、海关参考用） |
| 第八步 | 生产商、渠道商去银行进账，将进账单作为已交费凭据，物流中心、海关开发票或收据 | 渠道商物流中心发《已出租店铺规格与数量汇总表》以及《已出租配送中心规格与数量汇总表》给信息中心 |
| 第九步 | 16：30 后 | 物流中心、海关领取进账单 |

（2）工作流程。渠道商仓储/运输业务工作流程如图 7－36 所示。

（3）注意事项。①填写电子表格如果出现红色，表示可能出错，请不要自行删除公式，修改表格，因自行修改表格导致错误，后果自负。如果不清楚出错在何处，请咨询物流中心老师。②表格对上个季度数据、下个季度数据并不了解，如从季末配送中心出库量加上店铺原有库存之和超过下个季度的店铺容量，表格无法检测出此类错误。③本季度实际销售数量＝本季度末卖给信息中心的量＝所有门店本季度销售量之和。④本季度的预计销售量指信息中心根据其店铺数量算出可以销售的数量。⑤销售量不是每天都必须一样，门店没有货时销售量为 0，剩下的天数除销售的最后一天、缺货的前一天以外，每天必须一样。⑥运输的具体排程应根据实际情况制定，只要不违反规则就行，如放入门店总量不能超过门店最大容量，销货量一定要大于进货量。⑦日销售量可根据卖给信息中心的数量与销售的天数计算，公式为：日销售量 = 本季度销售数量（卖给信息中心的量）/销售的天数。

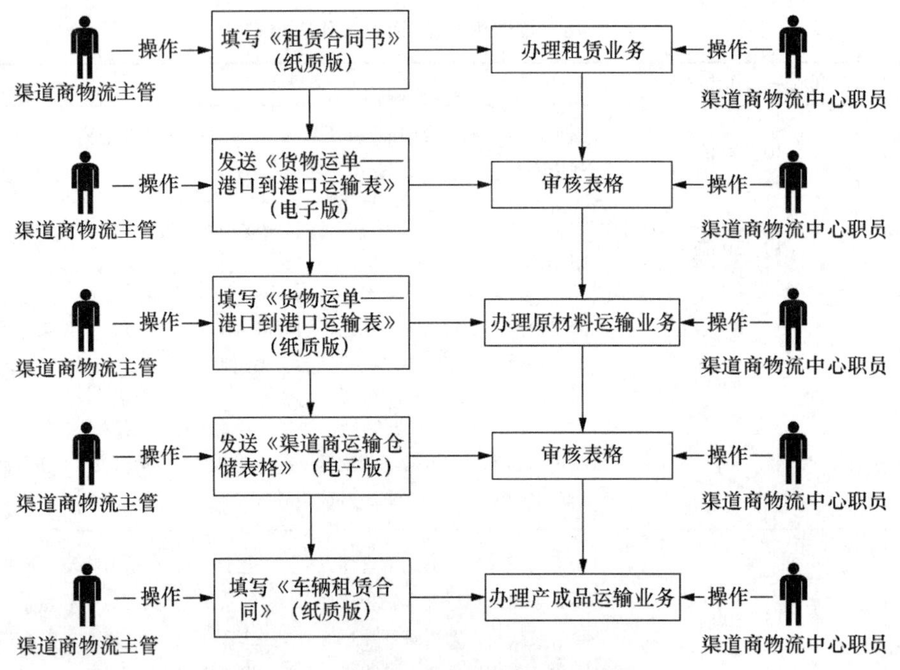


图 7－36　渠道商仓储/运输业务工作流程

7.6.4.2　审核并收取渠道商仓储/运输费用

仿真平台渠道商企业每季度根据公司经营战略确定企业的仓储运输计划，填写合同书及各种运输表格，并在渠道商物流中心办理相关业务。渠道商物流中心职员根据企业提供的相关资料进行审核，并收取企业的仓储、运输费用，同时给企业开具发票。

（1）工作流程。渠道商缴纳仓储/运输费用工作流程如图 7－37 所示。

（2）注意事项。①支票、发票及进账单的记账时间为季度末的最后一天。②企业缴纳仓储、运输费用后，渠道商物流中心职员根据渠道商市场的不同，需开具不同的发票。若渠道商市场为国内市场，则开具增值税专用发票；若渠道商市场为国外市场，则开具通用机打发票。③渠道商因断货原因而产生的促销费用由第三方物流服务中心代为收取。企业缴费后，渠道商物流中心职员根据促销费数额开具通用机打发票。

### 7.6.5　渠道商物流中心处罚实施细则

7.6.5.1　总规则

（1）在渠道商物流中心累计犯错三次开始扣分（第一次、第二次不扣分、不通报、不罚款，第三次开始通报、罚款、扣分）。

（2）变动金额指绝对值和绝对值之和，如增加运费 1000 元和减少运营费 100 元，变动金额为 1000 + 100 = 1100 元，而非 1000 − 100 = 900 元。

（3）因渠道商原因导致费用出错需更改费用，当季补当季的，立刻办理；当季补上季的，多退少补，在出错的季度办理，并扣分、罚款。

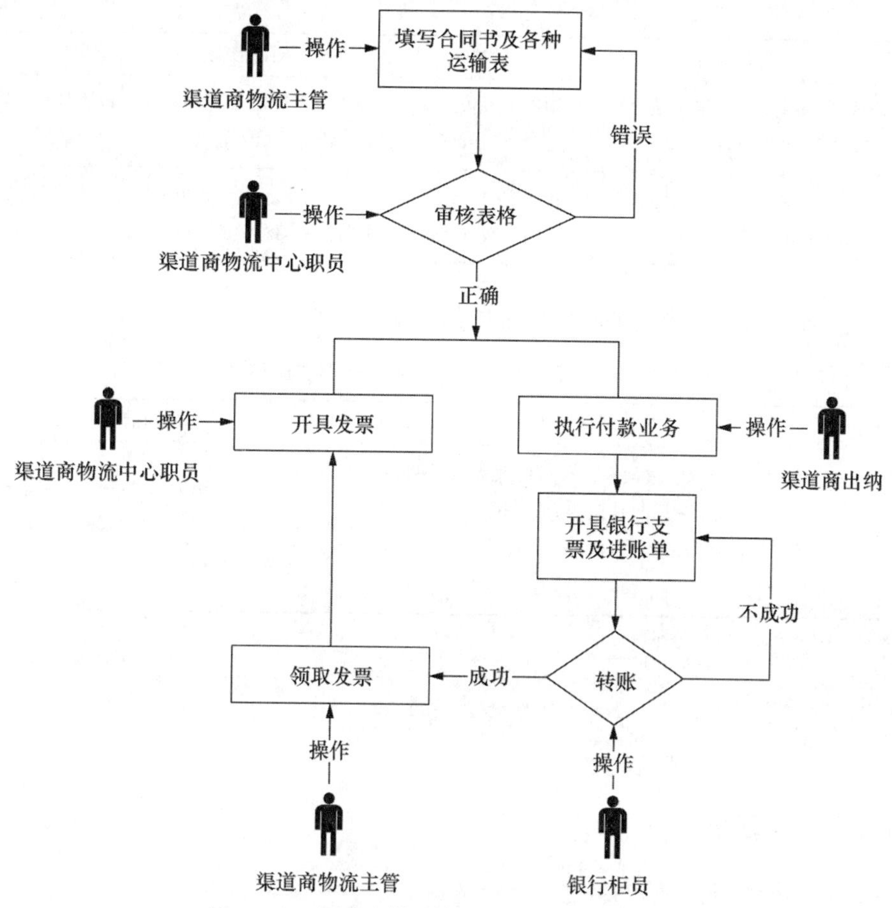


图7－37　渠道商缴纳仓储/运输费用工作流程

#### 7.6.5.2　实施细则

（1）渠道商迟交相关表格处罚实施细则如表7－9所示。

表7－9　渠道商迟交相关表格处罚实施细则

| 违规类型 | 违规具体行为 | 惩罚措施 |
| --- | --- | --- |
| 一般违规 | 未能在当季规定时间之内交付、缴纳相关表格、费用 | 扣当季团队经营绩效分2分，罚款5000元 |
| 中等违规 | 拖延一个季度交表、缴费 | 扣当季团队经营绩效分2分，罚款20000元 |
| 重大违规 | 拖延一个季度以上交表 | 扣当季团队经营绩效分5分，罚款30000元 |

（2）渠道商修改数据处罚实施细则如表7－10所示。

表7－10　渠道商修改数据处罚实施细则

| 违规类型 | 违规具体行为 | 惩罚措施 |
| --- | --- | --- |
| 一般违规 | 因修改当季度配送中心出库、入库的数据导致变动运营费的 | 扣当季团队经营绩效分2分，变动金额5000元以下罚款5000元，变动金额5000元以上罚款变动总额的100% |
| 中等违规 | 因修改跨季度配送中心出库、入库的数据导致变动运营费的 | 扣当季团队经营绩效分3分，变动金额5000元以下罚款5000元，变动金额5000元以上罚款变动总额的100% |

续表

| 违规类型 | 违规具体行为 | 惩罚措施 |
|---|---|---|
| 一般违规 | 因修改当季度运输流程导致变动运输费和运营费的 | 扣当季团队经营绩效分 2 分，变动金额 20000 元以下罚款 10000 元，变动金额 20000 元以上罚款变动总额的 50% |
| 中等违规 | 因修改跨季度运输流程导致变动运输费和运营费的 | 扣当季团队经营绩效分 3 分，变动金额 20000 元以下罚款 10000 元，变动金额 20000 元以上罚款变动总额的 50% |

（3）渠道商自行修改表格处罚实施细则如表 7－11 所示。

**表 7－11　渠道商自行修改表格处罚实施细则**

| 违规类型 | 违规具体行为 | 惩罚措施 |
|---|---|---|
| 重大违规 | 因用物流的表格做预算，自行修改表格，例如，将第二季度的表格改日期变为第三季度的表格或因为表格显示红色自行修改、删除表格公式，导致表格出错 | 扣当季团队经营绩效分 3 分，影响金额 200000 元以下罚 20000 元，影响金额 200000 元以上罚款变动总额的 10% |

## 7.7　海关

### 7.7.1　岗位职责

#### 7.7.1.1　海关署长工作职责

海关署长包括 A 区海关署长和 B 区海关署长，主要职责如下：

（1）工作职责。①全面掌握海关的内部事宜，熟知所有海关办事流程，通晓各岗位的工作程序；②督导下属规范办事、高效服务，合理分配和委派工作任务，分清各项责任并及时收集下属人员的反馈信息，以便及时调整部署；③培训下属和激励下属，提高各个组员的工作积极性，确保各项服务达到优质水平；④每个季度完成该区企业的业务汇总，并能进行有关的市场分析，及时做好各项工作汇总报告；⑤能够有效处理企业的问题和投诉，并能积极与各部门协调关系，开展工作。

（2）管理职责。①每日根据指导教师工作部署制定本部门的工作计划和任务；②定期召开本部门的人员会议，并做好记录和总结，通过会议方式来传达、督导部门工作计划完成情况；③负责每日整理相关单据，在第二天汇总《生产商、渠道商漏交、错交海关费用汇总表》，并交给审计；④解决各企业提出的重大投诉和业务问题，若无法解决，一定及时呈报指导老师；⑤负责评定部门员工的综合表现并进行评级打分。

#### 7.7.1.2　海关职员工作职责

海关职员主要负责管理 A 区、B 区企业的报关、报检和保险业务，主要职责如下：

（1）工作职责。①办理企业报关业务。审核企业《自理报关注册登记申请书》，批准报关资格。审核生产商、渠道商报关单据，确定并收取报关费。②办理企业报检业务。审核生产商、渠道商报检单据，确定并收取报检费。③办理企业保险业务，审核生产商、渠

道商投保单、保险单，确定并收取保险费。发生海啸时，为相关企业办理保险理赔。

（2）其他职责。①按规定执行海关部长的各项工作任务安排。能够配合其他外围机构和企业的有关工作。②严格执行生产商物流中心的各项制度，确保相关费用收取准确无误。③定期整理数据，向海关署长及时汇总并出具数据分析结果。④监督所负责的企业违规情况。

## 7.7.2　海关工作流程

海关工作内容如图 7－38 所示。

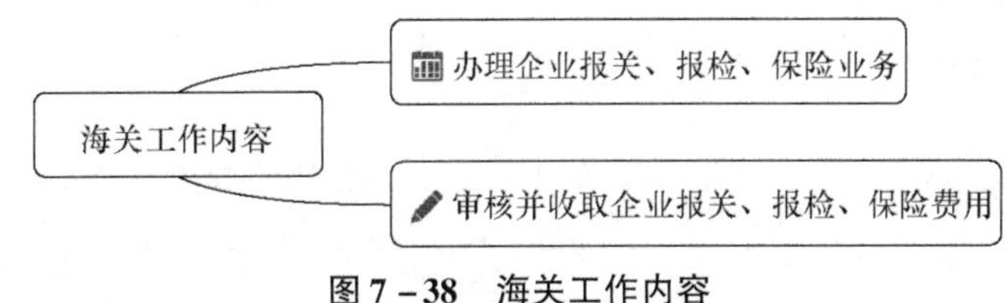


**图 7－38　海关工作内容**

### 7.7.2.1　办理企业报关、报检、保险业务

（1）工作安排（见表 7－12）。

**表 7－12　企业报关、报检及保险业务工作安排**

| 步骤 | 时间（一天作为一季度） | 海关 |
|---|---|---|
| 第一步 | | 渠道商带投保单、保险单到海关缴纳保险费，海关根据《货物运单》（电子版）计算核对保险金额、保险费 |
| 第二步 | | 生产商携带以下 8 种单据前往海关办理报关报检业务：①商业发票；②出境货物报检单；③自理报关申请书；④出口许可证；⑤出口货物报关单；⑥出口收汇核销单；⑦出口合同；⑧联运提单。交报关费、报检费，生产商报关时间为货物从厂地运到码头，即到起运港的时间 |
| 第三步 | | 渠道商接到银行通知后付款赎单，取得联运提单及商业发票后，携带以下 5 种单据前往海关办理报关报检业务：①商业发票；②入境货物报检单；③进口许可证；④进口货物报关单；⑤自理报关申请书。缴纳报关费、报检费，渠道商报关时间为港口运到港口，即货物到目的港的时间 |
| 第四步 | 生产商、渠道商去银行进账，用进账单作为已交费凭据，物流中心、海关开发票或收据 | 海关总署整理相关单据，在第二天汇总《生产商、渠道商漏交、错交海关费用汇总表》，并交给审计 |
| 第五步 | 16：30 后 | 物流中心、海关领取进账单 |

（2）工作流程。报关、报检、保险业务工作流程如图 7－39 所示。

（3）注意事项。为节约纸张及简化海关工作流程，减轻报关报检人员工作量，海关统一规定将部分单据合并在一起写，具体规定如下：①生产商报关报检。同一起运港、同一季度、不分具体日期、不分是否相同渠道商与之签订合同，可以合并报关。报关单、报检单、出口许可证可合并在一起写，当单据不够行数时可另起一张。②渠道商报关报检。同一起运港、同一目的港的，同一季度，不分具体日期，不分是否相同生产商与之签订合同，可以合并报关。报关单、报检单可合并在一起写，当单据不够行数时可另起一张。③同一季度的投保单、保险单可合并在一起写，投保日期为最早的起运日。

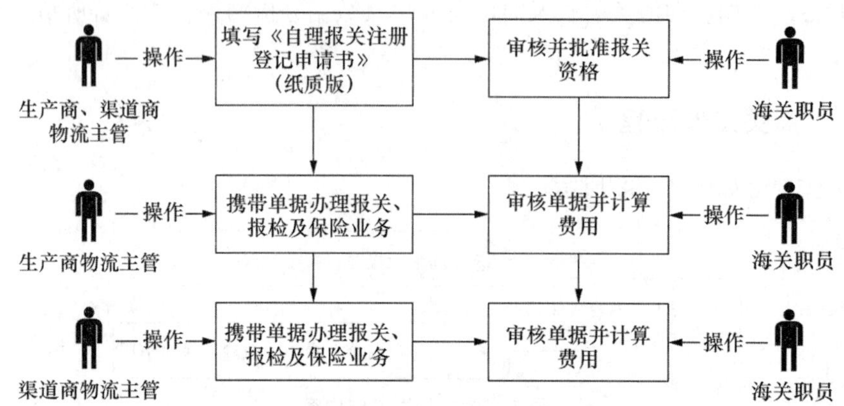


图 7-39　报关、报检、保险业务工作流程

#### 7.7.2.2　审核并收取企业报关、报检、保险费用

仿真平台企业每季度根据公司经营战略确定企业的仓储、运输计划，填写报关、报检及保险相关单据，并在海关办理相关业务。海关职员根据企业提供的相关资料进行审核，并收取企业相关的报关、报检、保险费用，同时给企业开具收据或发票。

（1）工作流程。企业缴纳报关、报检、保险费用工作流程如图 7-40 所示。

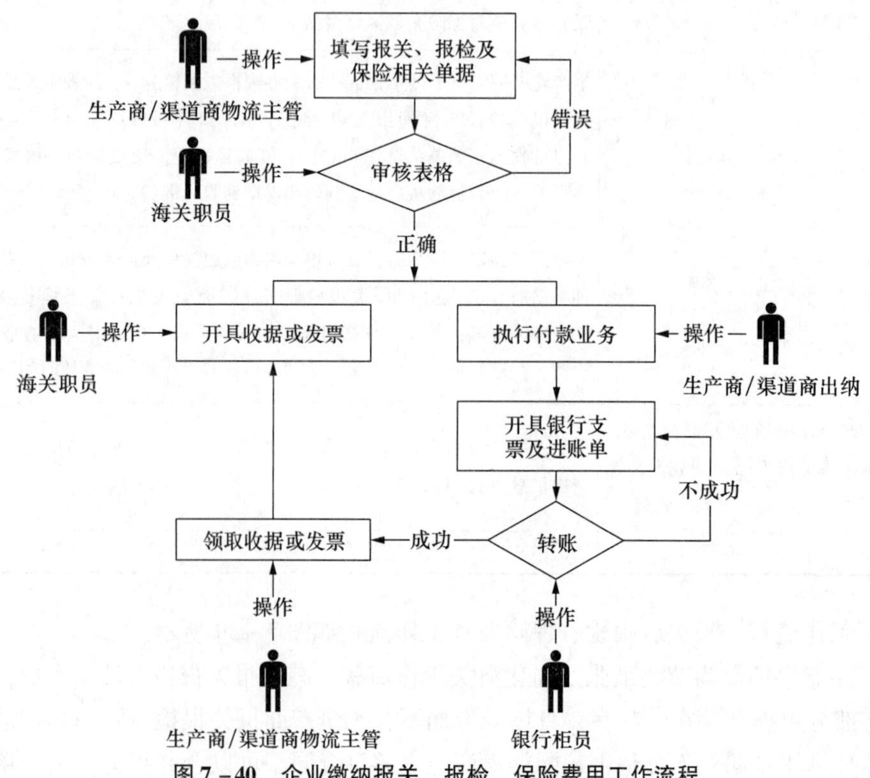


图 7-40　企业缴纳报关、报检、保险费用工作流程

（2）注意事项。①支票、发票及进账单的记账时间为季度末的最后一天。②企业缴纳报关、报检费用后，海关职员根据相应金额数，向企业开具收据。企业缴纳保险费用后，海关职员根据相应金额数，向企业开具发票。③受损的渠道商带投保单、保险单去海关，海关开具支票给渠道商，补偿金额为保险金额的5%，支票日期开在海啸发生的次季度末，付款用途写保险理赔。

### 7.7.3　海关处罚实施细则

7.7.3.1　总规则

（1）在海关累计犯错三次开始扣分（第一次、第二次不扣分、不通报、不罚款，第三次开始通报、罚款、扣分）。

（2）因生产商、渠道商原因导致费用出错需更改，当季补当季的，立刻办理；当季补上季的，多退少补，在出错的季度办理，并扣分、罚款。

7.7.3.2　实施细则

（1）企业延迟办理业务处罚实施细则如表7－13所示。

**表7－13　企业延迟办理业务处罚实施细则**

| 违规类型 | 违规具体行为 | 惩罚措施 |
|---|---|---|
| 一般违规 | 当季未在规定时间缴纳相关费用：<br>①踩着时间点来报关，在规定时间未完成报关、报检；<br>②忘记报关，当季发现，但已超过银行、物流办事时间 | 不分合同次数，共罚20000元，扣当季团队经营绩效分2分 |
| 中等违规 | 拖延一个季度报关、报检、投保 | 不分合同次数，共罚30000元，扣当季团队经营绩效分3分 |
| 重大违规 | 拖延一个季度以上报关、报检、投保 | 不分合同次数，共罚50000元，扣当季团队经营绩效分3分 |

（2）企业修改数据处罚实施细则如表7－14所示。

**表7－14　企业修改数据处罚实施细则**

| 违规类型 | 违规具体行为 | 惩罚措施 |
|---|---|---|
| 一般违规 | 修改当季数据：<br>①数据有误，导致算错报关费、报检费、保险费；<br>②因变更合同，导致修改报关数据 | 不分合同次数，共罚20000元，扣当季团队经营绩效分2分 |
| 中等违规 | 修改跨季数据：<br>①数据有误，导致算错报关费、报检费、保险费；<br>②因变更合同，导致修改报关数据 | 不分合同次数，共罚20000元，扣当季团队经营绩效分3分 |

**温馨提示**：学生在实训过程中需要熟悉自身岗位的职责和业务技能，保质保量完成各项本职工作。有助于培养学生爱岗敬业、诚实守信、严谨自律的工作作风和脚踏实地的职业素养，树立法制社会的价值观和道德观，增强学生的社会责任感和团队协作能力。

# 7.8 市场监督管理局

## 7.8.1 岗位职责

市场监督管理局组织结构相对简单，主要分设A区、B区，各区各设局长1名、职员3名。

7.8.1.1 局长工作职责

（1）工作职责。①每日根据指导教师安排部署制定本部门的工作计划和任务；②定期召开本部门的人员会议，并做好记录和总结；③每日将合同备案汇总表及时呈交给人才交流中心、税务局、审计事务所、信息中心等机构；④解决各企业提出的重大投诉和业务问题，若无法解决，一定及时呈报指导老师；⑤负责评定部门员工的综合表现并进行评级打分。

（2）管理职责。①全面掌握市场监督管理局的内部事宜，带领团队成员熟悉工作流程，保证业务顺利进行；②督导下属规范办事、高效服务，培训下属和激励下属，提高各个职员的工作积极性，确保各项服务达到优质水平；③每个季度完成该区企业的合同汇总，并能组织职员进行有关的市场分析，及时做好各项工作汇总报告；④有效处理企业问题和客户的投诉，并能积极与各部门协调关系，开展工作。

7.8.1.2 职员工作职责

（1）工作职责。①进行企业注册的工商登记，收取企业的申请书，查验企业的相关材料，颁发统一社会信用代码的营业执照。②进行企业合理的注册变更，审核变更登记申请书、变更决议（打印纸质版）、新公司章程（打印纸质版），核算无误后颁发新企业法人营业执照。③每季度初办理企业的合同备案。审核企业间签订的外销合同、内销合同（一式三份），核算无误后市场监督管理局盖章并备份。④每季度末，办理企业的合同变更。审核企业合同变更的内容并重新备份。

（2）其他职责。①严格执行市场监督管理局的各项制度，服从局长管理，并能够有效配合其他外围机构和企业的有关工作。②监督所负责的企业违规情况。③定期整理所负责的企业数据，向市场监督管理局局长及时汇总并出具数据分析结果。

## 7.8.2 市场监督管理局工作流程

市场监督管理局工作内容如图7-41所示。

7.8.2.1 企业注册登记

仿真平台企业注册登记是市场监督管理局在对生产商和渠道商进入市场的条件进行审查的基础上，通过注册登记确认申请者从事市场经营活动的资格，使其获得实际营业权的各项活动的总称。为了简化流程，提高办事效率，市场监督管理局全面推进“三证合一”制度，所谓“三证合一”，即将企业依次申请的市场监督管理营业执照、组织机构代码证和税务登记证三证合为一证，提高市场准入效率；通过“一口受理、并联审批、信息共享、结果互认”，实现由一个部门核发加载统一社会信用代码的营业执照。

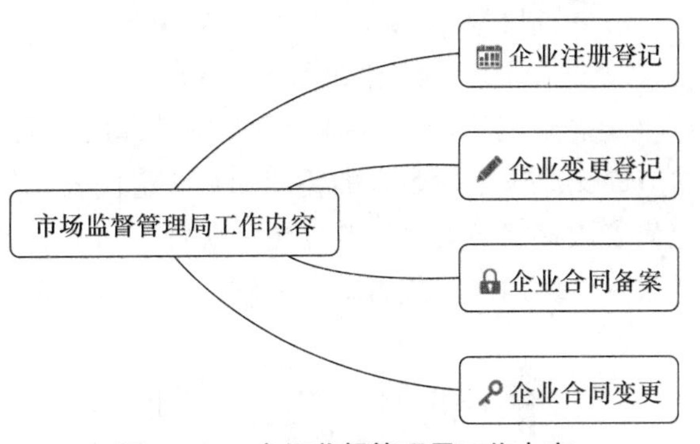

图7－41　市场监督管理局工作内容

（1）工作流程。企业注册登记工作流程如图7－42所示。

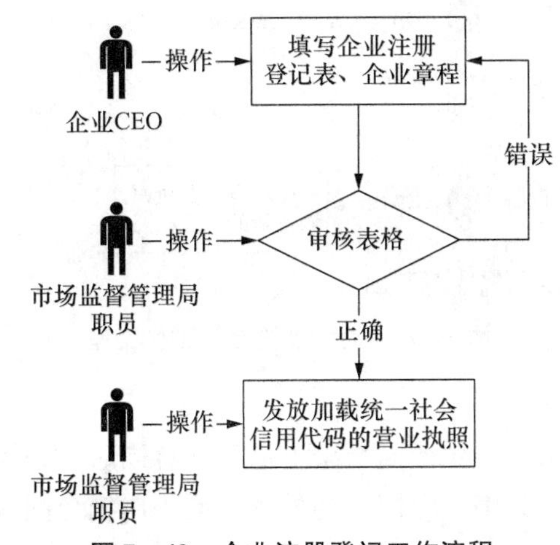

图7－42　企业注册登记工作流程

（2）注意事项。①企业名称登记。企业名称应当使用汉字；企业使用外文名称的，其外文名称应当与中文名称相一致。不得直接盗用之前已经参加过仿真实训小组的企业名称。企业名称不得含有下列内容和文字：有损于国家、社会公共利益的；可能对公众造成欺骗或者误解的；外国国家（地区）名称、国际组织名称；政党名称、党政军机关名称、群众组织名称、社会团体名称及部队番号；汉语拼音字母（外文名称中使用的除外）、数字；使用“中国”“中华”或者冠以“国际”字词。②企业章程编写。企业章程所规定的内容具有根本性，是对于公司及其运作有根本性影响的事项，诸如公司的性质、宗旨、经营范围、组织机构、议事规则、权利义务分配等。仿真平台有限责任公司章程应当载明下列事项：公司名称和住所，公司经营范围，公司注册资本；股东的姓名或者名称，股东的出资方式、出资额和出资时间；公司的机构及其产生办法、职权、议事规则；公司法定代表人；股东会议认为需要规定的其他事项。

7.8.2.2　企业变更登记

企业变更登记是指企业改变名称、住所、法定代表人、经营范围、企业类型、注册资本、营业期限、有限责任公司股东或者股份有限公司发起人的登记。企业变更登记事项应当向原企业机关申请变更登记。未经核准变更登记，企业不得擅自变更登记事项。仿真平台上引起企业变更的原因有且只有以下三种：企业更名、股东变更、企业性质变化（如上市）。

（1）工作流程。企业变更登记工作流程如图 7－43 所示。

（2）注意事项。①变更企业名称的，应提交企业登记部门出具新的名称核准通知书；②变更法定代表人的，应提交原法定代表人的免职和新法定代表人任职文件、新任法定代表人的身份证明及法定代表人签字备案书；③变更注册资本的，应提交具有法定资格的验资机构出具的对公司注册资本增加部分或者减少后的注册资本的验资证明。

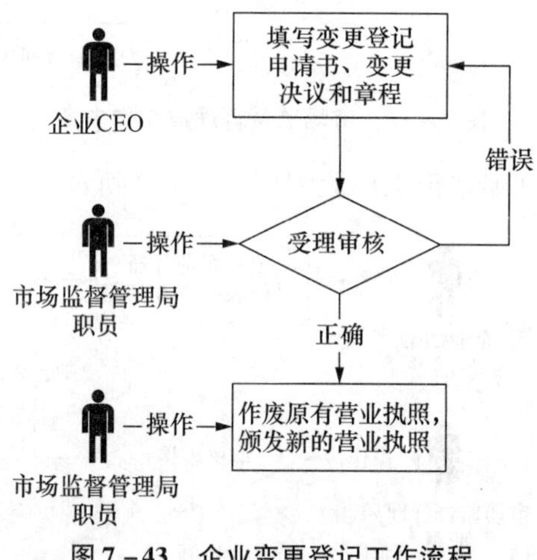


图 7－43　企业变更登记工作流程

### 7.8.2.3　企业合同备案

仿真平台企业合同备案是指生产商与渠道商签订合同后，还需将合同提交给市场监督管理局审核并登记的行为。其中，合同分为外销合同、内销合同（一式三份）。

（1）工作流程。合同备案工作流程如图 7－44 所示。

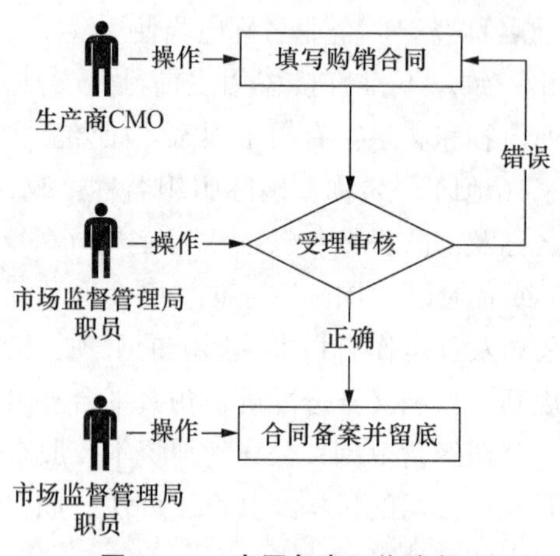


图 7－44　合同备案工作流程

（2）注意事项。①合同内容。合同内容由生产商与渠道商自行协定，一旦备案必须按合同执行；生产商在签订合同的时候，跟同个渠道商、同个交货地点的所有的订购，可以签订同一张合同，但是需要分别注明交货批次、交货产品、交货数量、交货金额及交货时间；实训时间是三年，采取的是一天当作一季、一周当作一年，所以企业要注意签订合同

的时间和交货时间，应标明属于哪一个年份。②合同格式。合同需买卖双方盖章，公司名称后均需写上企业编号；合同编号不用填写，由市场监督管理局编制及填写；合同订立内容不能留空，不填以“/”标示；国内合同订立是否需要购买保险，需在空白处注明；外销合同须在公司中文名称后补上公司英文名称及公司编号；外销合同上的币种需跟相应的市场对应，并根据信息中心发布的即时汇率，在合同中转换为人民币（统一格式为：美元——USD；日元——JPY；欧元——EUR；澳大利亚元——AUD）；合同表单不允许涂画修改，有需要请另起一份，否则按违规处理。

7.8.2.4　企业合同变更

仿真平台企业合同变更是指生产商与渠道商签订的合同尚未履行或者尚未完全履行，需要对合同内容进行修改或补充所达成的协议。仿真平台合同变更仅指合同内容的变更，不包括合同主体的变更。协商一致是合同变更的必要条件，任何一方都不得擅自变更合同。合同的变更必须在市场监督管理局重新登记或审批。

（1）工作流程。合同变更工作流程如图7-45所示。

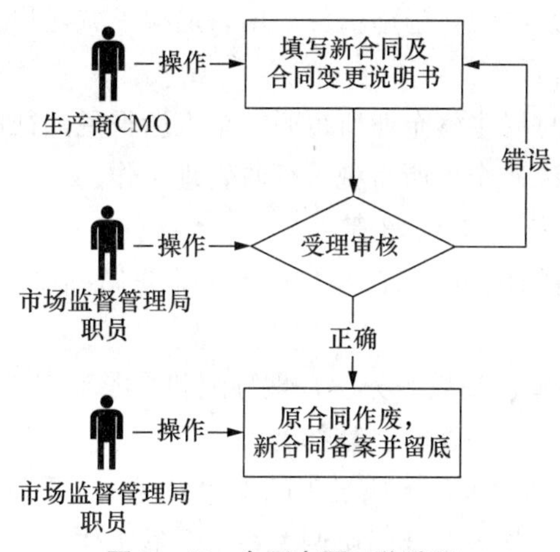


图7-45　合同变更工作流程

（2）注意事项。合同变更需要签订合同的企业双方同意，且双方需自拟一份合同变更协议书，双方盖章签字后由市场监督管理局备案；变更合同只允许变更原合同的交货日期及交货数量，但总订购数量不能变更；变更合同销售量不允许超过原合同销售总量的30%；若涉及变更合同的交货日期，变更后交货日期是不同月份的，市场监督管理局可对责任方企业进行违规罚金惩罚及违规通报。

**温馨提示**：学生在实训过程中需要熟悉自身岗位的职责和业务技能，保质保量完成各项本职工作。有助于培养学生遵纪守法、爱岗敬业、吃苦耐劳、细心严谨的职业素养，树立法制社会的价值观和道德观，增强学生的社会责任感和团队协作能力。

# 7.9 税务局

## 7.9.1 岗位职责

税务局按照日常工作职能划分为社会保险司、货物和劳务税司、所得税司、财产和行为税司、纳税服务司，主要分设A区、B区，各区各设局长1名、副局长1名、职员50名，分别负责社会保险、货物和劳务税征缴、所得税征缴、财产和行为税征缴以及为企业提供纳税服务。

社会保险司是国家税务总局主管税务系统社会保险费和有关非税收入征管工作的职能部门，主要职责是组织实施基本养老保险费、失业保险费、工伤保险费、基本医疗保险费和生育保险费的征收。

货物和劳务税司是国家税务总局主管增值税、消费税、车辆购置税、进出口税征收管理的职能部门，主要职责是组织实施增值税、出口退税、城建税、车辆购置税等征收管理工作。

所得税司是国家税务总局主管企业所得税、个人所得税的征收管理的职能部门，主要职责是组织实施企业所得税、个人所得税等征收管理工作。

### 7.9.1.1 税务局局长的岗位职责

（1）全面掌握税务局的内部事宜，熟知所有税务局办事流程，通晓各岗位的工作程序。

（2）督导下属规范办事、高效服务。合理分配和委派工作任务，交清各项责任并及时收集下属人员的反馈信息，以便及时调整部署。

（3）有能力指导、激励和评价下属员工的工作表现，公平待人，有能力独立高效处理客户的问题和投诉，并积极与各个部门协调关系、开展工作。

（4）每个季度完成该区企业的各项工作汇总，并能进行有关的市场分析，及时做好各项工作汇总报告。

（5）建立良好的公共关系，能广泛听取和搜集企业及各个部门的意见，不断改进工作。

### 7.9.1.2 社会保险司职员的岗位职责

（1）熟知该岗位社会保险司办事流程，通晓自身岗位的工作程序。

（2）按规定执行税务局局长的各项工作任务安排，并能够配合其他外围机构和企业的有关工作。

（3）主要职责是组织实施基本养老保险费、失业保险费、工伤保险费、基本医疗保险费和生育保险费的征收。

（4）严格执行税务局的各项制度，确保核算信息准确无误，并定期整理数据，向税务局局长及时汇总并出具数据分析结果。

### 7.9.1.3 货物和劳务税司职员的岗位职责

（1）熟知该岗位货物和劳务税司办事流程，通晓自身岗位的工作程序。

（2）按规定执行税务局局长的各项工作任务安排，并能够配合其他外围机构和企业的有关工作。

（3）主要职责是组织实施增值税、出口退税、城市维护建设税、车辆购置税等征收管理工作。

（4）严格执行税务局的各项制度，确保核算信息准确无误，并定期整理数据，向税务局局长及时汇总并出具数据分析结果。

7.9.1.4 所得税司职员的岗位职责

（1）熟知该岗位所得税司办事流程，通晓自身岗位的工作程序。

（2）按规定执行税务局局长的各项工作任务安排，并能够配合其他外围机构和企业的有关工作。

（3）主要职责是组织实施企业所得税、个人所得税等征收管理工作。

（4）严格执行税务局的各项制度，确保核算信息准确无误，并定期整理数据，向税务局局长及时汇总并出具数据分析结果。

### 7.9.2 缴纳增值税工作流程

增值税是以商品（含应税劳务）在流转过程中产生的增值额作为计税依据而征收的一种流转税。从计税原理上说，增值税是对商品生产、流通、劳务服务中多个环节的新增价值或商品的附加值征收的一种流转税。实行价外税，也就是由消费者负担，有增值才征税，没增值不征税。增值税是对销售货物或者提供加工、修理修配劳务以及进口货物的单位和个人就其实现的增值额征收的一个税种。增值税已经成为中国最主要的税种之一，增值税的收入占中国全部税收的60%以上，是最大的税种。增值税由国家税务局负责征收，税收收入中50%为中央财政收入，50%为地方收入。

增值税税率一共有4档：13%、9%、6%、0。销售交通运输服务、邮政、基础电信、建筑、不动产租赁服务、销售不动产、转让土地使用权以及销售或进口中列举的农产品等货物税率为9%；加工修理修配劳务、有形动产租赁服务和进口货物的税率为13%；销售无形资产（除土地使用权）的税率为6%；出口货物税率为0。其余的货物税率为13%，其余的服务税率为6%。

一般纳税人应纳税额＝当期销项税额－当期进项税额

销项税额＝不含税销售额×税率

不含税销售额＝含税销售额÷（1＋税率）

销项税额是指纳税人提供应税服务按照销售额和增值税税率计算的增值税额。

进项税额是指纳税人购进货物或者接受加工修理修配劳务和应税服务，支付或者负担的增值税税额，一般纳税人申请抵扣的防伪税控系统开具的增值税专用发票以及其他需要认证抵扣的发票，必须自该专用发票开具之日起360日内认证，否则不予抵扣进项税额。

增值税缴纳流程：将增值税纳税申报表（电子版）、增值税专用发票抵扣联（按月份排序）交给税务局的工作人员核算无误后，企业填写税收通用缴款书（税务部门盖章），再到银行缴纳增值税费，返缴款书的收款人联（蓝联）给税务部门。缴纳增值税工作流程如图7－46所示。

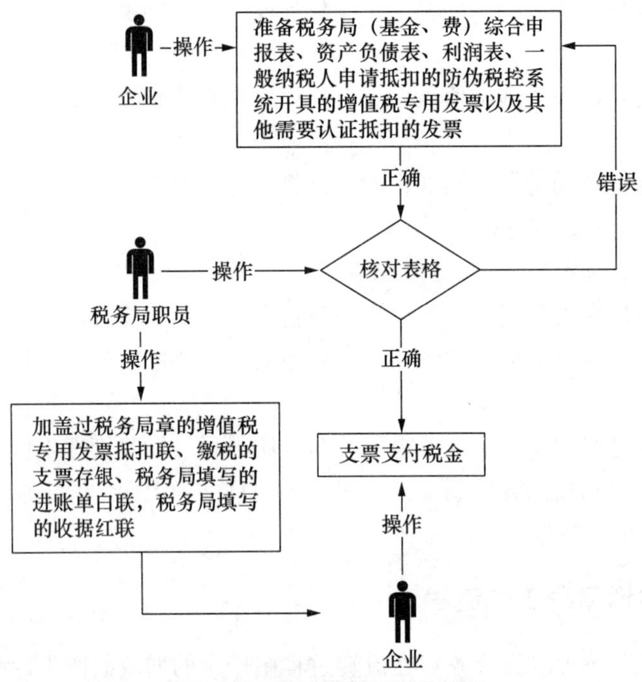


图 7 – 46　缴纳增值税工作流程

### 7.9.3　办理出口退税工作流程

7.9.3.1　出口退税

出口退税是指国家运用税收杠杆奖励出口的一种措施。一般分为两种：一是退还进口税，即出口产品企业用进口原料或半成品加工制成产品出口时，退还其已纳的进口税；二是退还已纳的国内税款，即企业在商品报关出口时，退还其生产该商品已纳的国内税金。出口退税有利于增强本国商品在国际市场上的竞争力，为世界各国所采用，而企业经营仿真综合实习平台的企业以鞋为主要产品，同样采用我国通用的做法——退还已纳的国内税款，即企业在商品报关出口时，退还其生产该商品已纳的国内税金。企业经营仿真综合实习平台的鞋类的出口退税率为 15%。

我国对生产企业出口自产货物的增值税一律实行“免、抵、退”税务管理办法，生产企业出口货物“免、抵、退税额”应根据出口货物离岸价、出口货物退税率计算。出口货物离岸价（FOB）以出口发票上的离岸价为准（委托代理出口的，出口发票可以是委托方开具的或受托方开具的），若以其他价格条件成交的，应扣除按会计制度规定允许冲减出口销售收入的运费、保险费、佣金等。

7.9.3.2　注意事项

（1）增值税专用发票抵扣联抵扣期限为 360 天（4 个季度）。

（2）出口退税登记证第一次需要办理由税务局盖章，之后可重复使用。

（3）办理出口退税成功后仍需备案增值税，填写增值税纳税申报表。

（4）办理出口退税本季度要退的一定要退，不能拖到下一季度。

7.9.3.3　出口退税额计算公式

（1）当期免抵退不得免征和抵扣的税额 = 当期出口货物离岸价格 FOB × 外汇人民币牌价 ×（征税率 - 退税率）。

（2）当期应纳税额 = 当期内销售货物销项税额 -（当期进项税额 + 上期抵税额 - 当期免抵退不得免征和抵扣的税额）。

（3）若当期应纳税额 >0，本期没有出口退税，应办理缴纳增值税业务；若当期应纳税额 <0，可以继续办理出口退税业务。

（4）免抵退税额 = 出口货物离岸价 × 外汇人民币牌价 × 出口货物退税率。

（5）若｜当期应纳税额｜> 免抵退税额，当期应退出口退税税额 = 免抵退税额；若｜当期应纳税额｜< 免抵退税额，当期应退出口退税税额 = 期末留抵税额。

（6）留抵结转到下期 =｜当期应纳税额｜- 当期应退出口退税税额。

7.9.3.4　申请退税流程

企业提交出口退税申请表（电子版）、出口退税登记证（电子版，经税务局盖章之后可重复使用）、内销合同/外销合同（合同原件）以及增值税专用发票抵扣联（按月份排序），税务局的工作人员核算无误后，税务局开具出口退税支票，生产商企业在税务局填写进账单后去银行进行划款，企业将进账单白联交还税务局。办理出口退税的流程如图 7 - 47 所示。

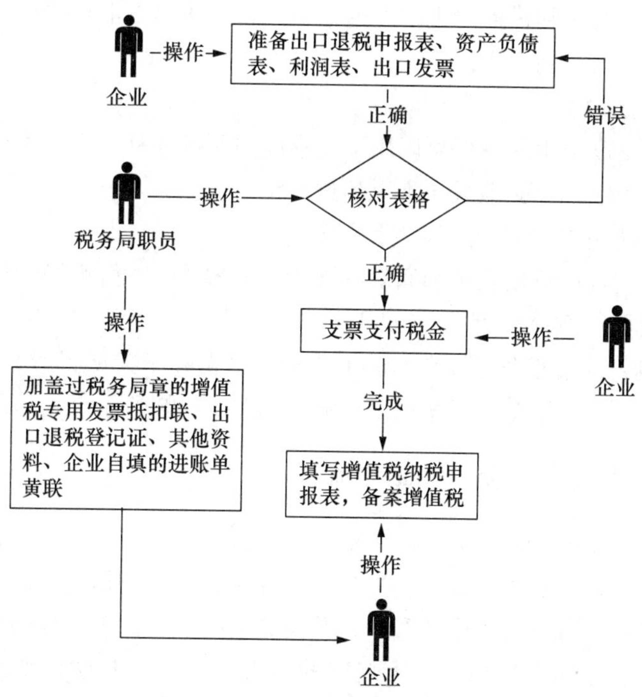


图 7 - 47　办理出口退税的流程

### 7.9.4 缴纳企业所得税的工作流程

#### 7.9.4.1 企业所得税及其概述

企业所得税是指对中华人民共和国境内的企业（居民企业及非居民企业）和其他取得收入的组织以其生产经营所得为课税对象所征收的一种所得税。企业所得税是对我国内资企业和经营单位的生产经营所得和其他所得征收的一种税。企业所得税纳税人即所有实行独立经济核算的中华人民共和国境内的内资企业或其他组织，包括以下 6 类：国有企业、集体企业、私营企业、联营企业、股份制企业、有生产经营所得和其他所得的其他组织。企业所得税的征税对象是纳税人取得的所得，包括销售货物所得、提供劳务所得、转让财产所得、股息红利所得、利息所得、租金所得、特许权使用费所得、接受捐赠所得和其他所得。在仿真综合实习平台中，生产商的企业和渠道商的企业都实行企业所得税的税率为 25%，是对企业合法经营所得扣除成本费用后的纯收益所征收的一种税种，企业所得税可容许延迟一个季度缴纳。

#### 7.9.4.2 企业所得税缴纳方式

企业所得税缴纳方式由纳税义务人按期申报缴纳。即按年计征，分季预缴，企业每个季度末提供已经平账的资产负债表和利润表，计算当季需要缴纳的所得税进行预缴。年度终了后 5 个月内，汇算清缴。在年终汇算清缴时，企业必须拿审计所审核通过并盖章的纸质版的年度财务会计报表到税务局进行多退少补，企业在年终汇算清缴还需带上 4 个季度的纸质版的资产负债表和利润表。

#### 7.9.4.3 亏损弥补

企业某一纳税季度发生的亏损可以用下一季度的所得弥补，下一季度的所得不足以弥补的，可以逐季度延续弥补，但最长不得超过 5 年。

#### 7.9.4.4 缴纳企业所得税所需材料及流程

按照企业提交的资产负债表及利润表（企业所得税）、增值税缴纳税收通用缴款书白联（城市维护建设税、教育费附加）、员工薪酬汇总表（“五险一金”），审核税务局（基金、费）综合申报表；按照企业提交的员工薪酬汇总表（个人所得税），审核代扣代缴个人所得税明细申报表。缴纳企业所得税工作流程如图 7－48 所示。

### 7.9.5 缴纳“五险一金”的工作流程

“五险一金”指的是五种社会保险以及一个公积金，“五险”包括养老保险、医疗保险、失业保险、工伤保险和生育保险；“一金”指的是住房公积金。其中，养老保险、医疗保险和失业保险这三种险是由企业和个人共同缴纳的保费；工伤保险和生育保险完全是由企业承担的，个人不需要缴纳，国家规定的“五险一金”是法定要求，而公积金则不是。仿真综合实习平台的“五险一金”原则上要求企业都要缴纳。生产商和渠道商为员工缴纳的“五险一金”由地税代扣代缴。“五险一金”的缴纳金额＝基本薪酬×缴纳比例。

“五险一金”的缴纳比例如表 7－15 所示。

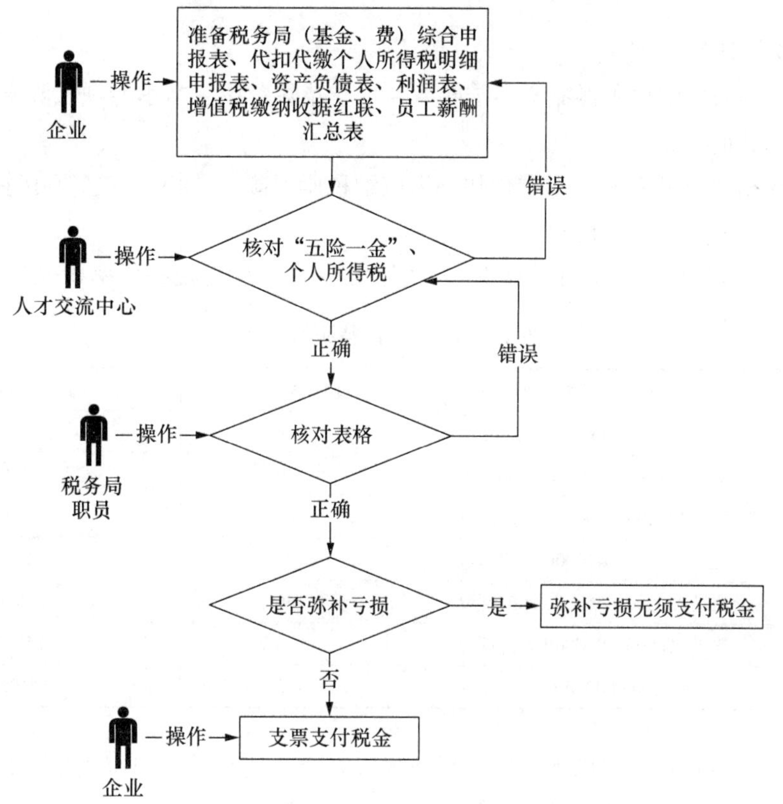


图7－48　缴纳企业所得税工作流程

表7－15　“五险一金”的缴纳比例　　单位：%

| | 个人缴纳比例 | 公司缴纳比例 | 合计比例 |
|---|---|---|---|
| 住房公积金 | 10 | 10 | 20 |
| 养老保险 | 8 | 12 | 20 |
| 医疗保险 | 2 | 10 | 12 |
| 失业保险、工伤保险、生育保险 | | 3 | 3 |
| 合计 | 20 | 35 | 55 |

## 7.9.6　缴纳个人所得税的工作流程

### 7.9.6.1　个人所得税

个人所得税是国家对本国公民、居住在本国境内的个人的所得和境外个人来源于本国的所得征收的一种所得税。这一税种的作用是调节社会上收入悬殊的现象，由税务局代扣代缴。企业员工的工资、薪金所得，是指个人因任职或受雇而取得的工资、薪金、奖金、年终加薪、劳动分红、津贴、补贴以及与任职或受雇有关的其他所得。也就是说，个人取得的所得，只要是与任职、受雇有关，不管其单位的资金开支渠道或以现金、实物还是以有价证券等形式支付的，都是工资、薪金所得项目的课税对象。从2019年1月1日起，扣缴义务人向居民个人支付工资、薪金所得时，需要按照“累计预扣法”计算预扣预缴税款。

7.9.6.2　计算公式

本季预扣预缴应纳税所得额 = 本季收入 − 本季减除费用 − 本季专项扣除 − 本季专项附加扣除 − 本季其他扣除

本期应预扣预缴税额 = （本季预扣预缴应纳税所得额 × 预扣率 − 速算扣除数） − 累计减免税额 − 累计已预扣预缴税额

其中，“本季”指按 3 个月计算出的季度税额。个人所得税的税率如表 7 − 16 所示。

**表 7 − 16　个人所得税的税率**

| 级数 | 累计预扣预缴应纳税所得额 | 预扣率（%） | 速算扣除数（元） |
|---|---|---|---|
| 1 | 不超过 36000 元的 | 3 | 0 |
| 2 | 超过 36000 ~ 144000 元的部分 | 10 | 2520 |
| 3 | 超过 144000 ~ 300000 元的部分 | 20 | 16920 |
| 4 | 超过 300000 ~ 420000 元的部分 | 25 | 31920 |
| 5 | 超过 420000 ~ 660000 元的部分 | 30 | 52920 |
| 6 | 超过 660000 ~ 960000 元的部分 | 35 | 85920 |
| 7 | 超过 960000 元的部分 | 45 | 181920 |

缴纳个人所得税需提交以下资料：税务局（基金、费）综合申报表、代扣代缴个人所得税明细申报表、员工薪酬汇总表、资产负债表、利润表。

7.9.6.3　注意事项

（1）根据已经由人才交流中心审核盖章通过的员工薪酬汇总表，审核税务局综合申报表，主要为“五险一金”的计算审核，以及个人所得税的代收代缴。

（2）审核通过后，在税务局申报表、代扣代缴个人所得税申报表以及员工薪酬汇总表盖税务局的公章。

（3）企业缴纳相关税费，企业出具税收通用缴款书，税务局确认盖章后，企业持税收通用缴款书去银行办理转账业务（企业不需要再填写支票及进账单），交税成功后企业需要将盖章的税收通用缴款书蓝联交至税务局。

### 7.9.7　缴纳城建税和教育费附加税的工作流程

7.9.7.1　城市维护建设税

城市维护建设税简称城建税，是我国为了加强城市的维护建设，扩大和稳定城市维护建设资金的来源，对有经营收入的单位和个人征收的一个税种，为城市建设发展、改造旧城区、发展公共事业和维护公共设施而征收的一个税种。城市维护建设税是对从事工商经营，缴纳增值税、消费税的单位和个人征收的一种税。城建税没有独立的征税对象或税基，而是以增值税、消费税“二税”实际缴纳的税额之和为计税依据，随“二税”同时附征，本质上属于一种附加税，而仿真平台中企业所缴纳的城建税的税率为 7%（市级城市），城建税的缴纳金额 =（企业已缴纳的增值税 + 消费税）× 7%。

7.9.7.2 教育费附加

教育费附加税是为地方教育事业发展，扩大地方教育经费而征收的一种税种。以纳税人实际缴纳的增值税、消费税的税额为计税依据，属于“税中税”，税率为3%。而仿真平台中所有企业所缴纳的教育费附加税率都为3%，由税务局负责征收，应纳教育费附加=(实际缴纳的增值税+消费税)×3%。

7.9.7.3 缴纳流程

将增值税纳税申报表（电子版）、增值税专用发票抵扣联（按月份排序）增值税缴纳税收通用缴款书白联（城市维护建设税、教育费附加）交给税务局的工作人员核算无误后，企业填写税收通用缴款书（税务部门盖章），再到银行缴纳增值税费，返缴款书的收款人联（蓝联）交给税务部门（见图7-49）。

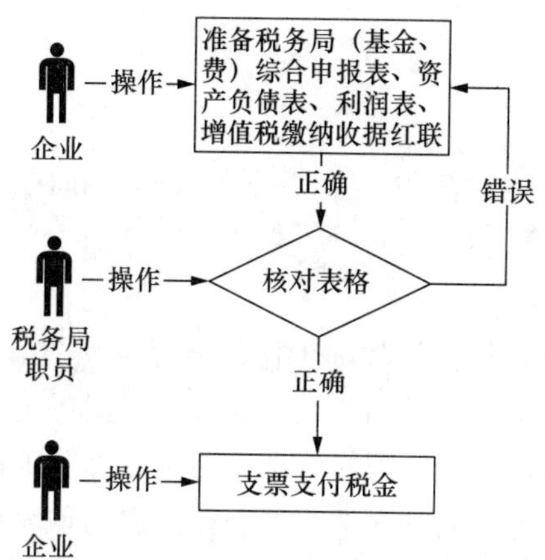


图7-49 缴纳城建税和教育费附加工作流程

## 7.9.8 税务局注意事项

7.9.8.1 对外办公时间

支付个人所得税、增值税、出口退税、车辆购置税、教育费附加、车船使用税及“五险一金”在季度末；支付所得税税费在次季度初。

7.9.8.2 提交资料

（1）提交税务局（基金、费）综合申报表、代扣代缴个人所得税明细申报表打印后的手写版本，字迹工整清晰。

（2）提交资产负债表、利润表纸质打印版本。

7.9.8.3 办理支付税费成功后

（1）公司留有的单据。增值税缴纳收据红联，员工薪酬汇总表（要返还给人才交流中心），缴税的支票存根，地税填写的进账单白联，地税填写的收据红联。

（2）地税留有的单据。地方税（基金、费）综合申报表，代扣代缴个人所得税明细申报表，资产负债表，利润表，地税自填进账单黄联，地税填写的收据白联。

7.9.8.4 逾期则按规则的“税款滞纳罚金说明”缴纳滞纳金

（1）企业所得税可容忍延迟一个季度交。

（2）50 万元以下，延缴两个季度罚款 5000 元，延缴三个季度罚款 8000 元；50 万元以上，延缴两个季度罚款额 ×15%，延缴三个季度罚款额 ×20%。

（3）若涉及的各缴费项目由于各企业计算错误，税务局的同学没有核算更正，责任在于税务局，老师应酌情对税务局的办事员扣除一定的个人成绩分及团队成绩分。

**温馨提示：**学生在实训过程中需要熟悉自身岗位的职责和业务技能，保质保量完成各项本职工作。有助于培养学生遵纪守法、拼搏精神、责任担当、勇于创新的职业素养，树立法制社会正确的价值观和道德观，增强学生的社会责任感和团队协作能力。

## 7.10 人才交流中心

### 7.10.1 岗位职责

人才交流中心组织结构相对简单，主要分设 A 区、B 区，各区各设局长 1 名、职员 4 名。

#### 7.10.1.1 局长岗位职责

（1）工作职责。①每日根据指导教师工作部署制定本部门的工作计划和任务。②定期召开本部门的人员会议，并做好记录和总结。③每日根据各企业的响应需求，组织人才交流中心职员顺利开展企业的招聘、解聘、培训、薪资核算等工作。④每日将薪酬汇总表及时呈交给审计局、信息中心等机构。⑤解决各企业提出的重大投诉和业务问题，若无法解决，一定及时呈报指导老师。⑥负责评定部门员工的综合表现并进行评级打分。

（2）管理职责。①全面掌握人才交流中心的内部事宜，带领团队成员熟悉工作流程，保证业务顺利进行。②督导下属规范办事、高效服务；培训下属和激励下属，提高各个职员的工作积极性，确保各项服务达到优质水平。③每个季度完成该区企业的各项工作汇总，并能进行有关的市场分析，及时做好各项工作汇总报告。④有效处理企业问题和客户的投诉，并能积极与各部门协调关系，开展工作。

#### 7.10.1.2 职员岗位职责

（1）工作职责。①季度初响应企业招聘需求和培训需求，收取招聘广告费和培训费，并开具相应的增值税发票和收据。②季度初响应企业解聘人员需求，并备案，对于解聘人员工作不满一年，按规定扣收补偿金，并开具增值税发票和收据。③季度末负责核算企业员工人力薪酬、奖金、“五险一金”以及个税情况，收取企业人员工资，并开具相应的增值税发票和收据。

（2）其他职责。①严格执行人才交流中心的各项制度，服从局长管理，并能够有效配合其他外围机构和企业的有关工作。②监督所负责的企业违规情况。③定期整理所负责企业数据，向人才交流中心局长及时汇总并出具数据分析结果。

### 7.10.2　人才交流中心工作流程

人才交流中心的工作内容如图 7－50 所示。

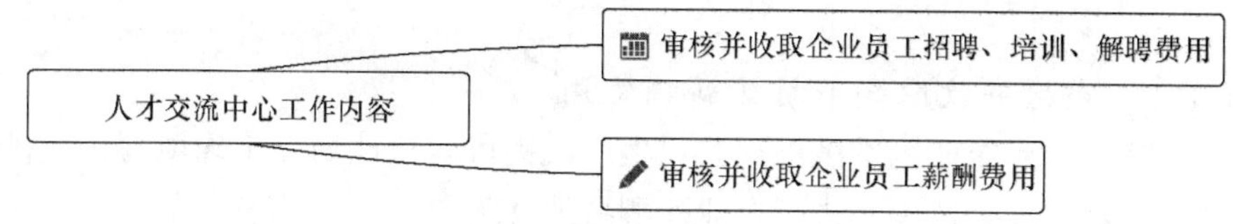


图 7－50　人才交流中心工作内容

7.10.2.1　审核并收取企业员工招聘、培训、解聘费用

仿真综合实习平台企业每季度根据公司经营战略确定企业的人力资源战略计划，填写企业人力资源需求计划表，并在人才交流中心进行企业的招聘、培训和解聘工作。人才交流中心职员根据企业提供的人力需求计划表进行审核，并收取企业相关的招聘、培训、解聘费用，同时给企业开具增值税发票和收据。

（1）工作流程。员工招聘、培训、解聘工作流程如图 7－51 所示。

（2）注意事项。

1）人力资源需求计划表。①渠道商必须根据季度初的店铺数量有效招聘人员种类和数量。②生产商“在职人数”和渠道商“店员数量”填写企业在职的总人数，“新增人数”填写企业需要招聘的人数。

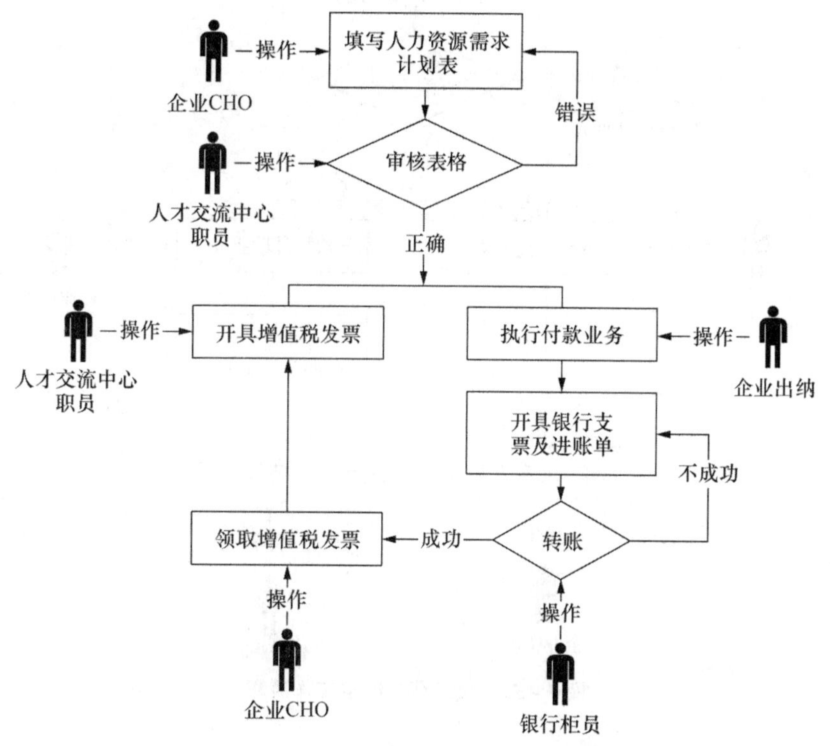


图 7－51　员工招聘、培训、解聘工作流程

2）人员招聘、培训、解聘。①国内市场广告费和培训费开具增值税的专用发票，税率为6%；国外市场开具增值税的通用发票。②支票、发票及进账单的记账时间均为季度初。③补交或修改相应费用按照《人才交流中心对企业通报批评、收取罚金的实施细则》处理。

7.10.2.2 审核并收取企业员工薪酬费用

仿真综合实习平台企业每季度根据公司生产或销售运营计划，正确填写企业排班表和薪酬汇总表，并在人才交流中心进行企业薪酬缴纳“五险一金”审核工作。人才交流中心职员根据企业提供的排班表和薪酬汇总表进行审核，待人才交流中心审核完毕并盖章后，拿已盖好章的员工薪酬汇总表和代扣代缴表到税务局审核个人所得税，持盖有税务局公章的员工薪酬汇总表再回到人才交流中心审核薪酬汇总表中的实际发放，待数据审核完毕后企业才可填写支票和进账单去银行缴纳工资，人才交流中心收取企业的薪酬费用，同时给企业开具收据。

（1）工作流程。员工薪酬缴纳工作流程如图7－52所示。

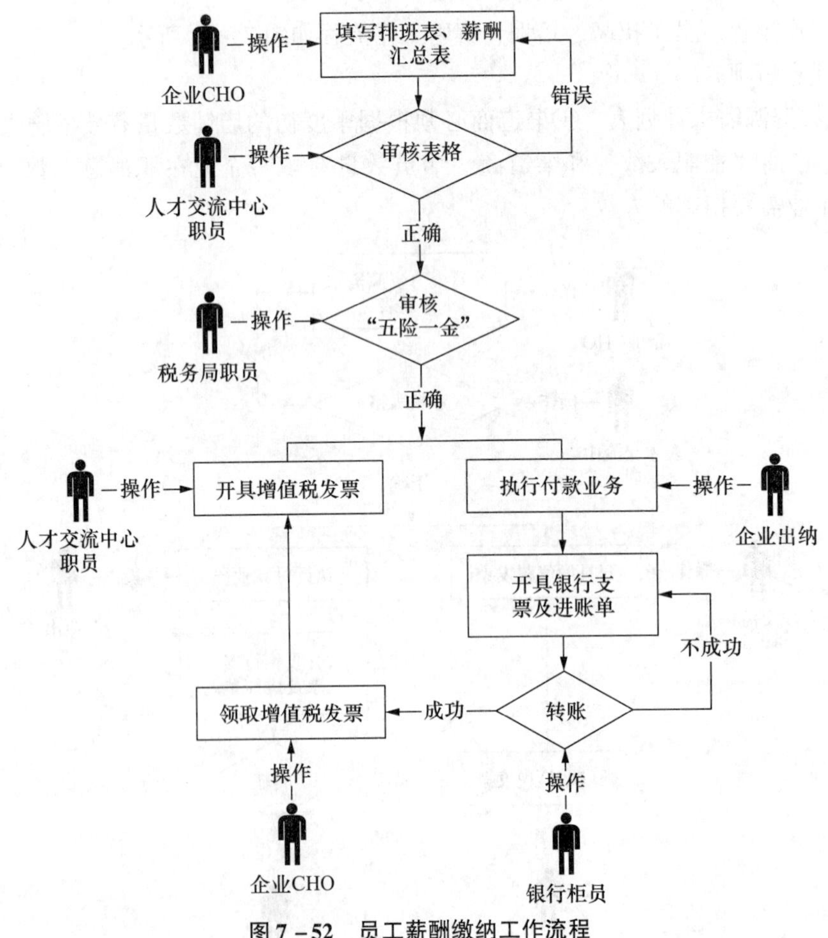


图7－52 员工薪酬缴纳工作流程

（2）注意事项。

1）排班表。①生产商排班表按月份打印（一个月打印在一张A4纸上），按技工等级（初级、中级、高级）分成三份表格排班。根据企业要求自行安排排班时间，要求简单清晰。②渠道商排班表按季度打印（一个季度打印在一张A4纸上），按店铺类型（初档、中档、高档）进行排班。根据企业要求自行安排排班时间，要求简单清晰。

2）薪酬汇总表。①员工薪酬汇总表中高级管理人员的季度薪酬合计为180000元（企业根据人数自行分配）。②个人所得税一栏不能设公式，必须与代扣代缴纳税申报表的数字保持一致。③生产商销售收入以当月装船日确定，不能平摊到每月。④渠道商销售收入分市场分店铺类型填写，平摊到每月。⑤涉及国内订单的销售额，必须要确保是不含税的，去税后再平摊到每个月。⑥薪酬汇总表和代扣代缴表最好由一人填写并办理，且必须要人才交流中心和税务局联合盖章后再统一去银行缴纳工资及个人所得税。注意缴纳工资进账单收款银行填写人才交流中心，缴纳个人所得税进账单填写税务局。

## 7.11　审计事务所

### 7.11.1　岗位职责

#### 7.11.1.1　审计事务所所长岗位职责

（1）协助组建审计事务所（以下简称审计所）组织机构，项目经理8名，部门经理2名，审计人员72名（根据期数不同人数可有增减）。

（2）策划并组织财会峰会，设计好活动形式、活动内容、活动流程、活动具体安排，尤其是财会峰会的前期推文和峰会总结推文。

（3）组织每周的分享会和各种大型、小型会议，并做好相关的会议记录。

（4）带领审计所各项目组，做好职责分工、工作内容安排，协助审计员快速进入工作状态。

（5）复核审计业务资料，收集被审计单位的年度报表（电子版和纸质版），审核无误后盖章并发给银行和信息中心进行贷款和评分，撰写审计所年度总结报告。

（6）做好审计所企业文化的建设与传导，注重团队意识和业务知识的培训与交流，建设团结向上、高效有力的员工队伍。

（7）对审计重点细节问题进行解说和介绍，并对各种疑难问题进行解答。

（8）解决各种突发事件，并做好总结以及预防再次发生同类型的事件的准备。

（9）每周至少去企业开展1次审计询问工作以了解企业当前的发展状况、资产配置、市场配额、员工种类，对于企业出现的问题要询问相应审计员和项目经理了解具体的情况。

（10）负责审计所的期末工作汇报，以及对审计员上交的期末资料进行收集和归档，做好审计所内部的考核工作。

#### 7.11.1.2　部门经理岗位职责

（1）协助审计所所长管理审计所日常工作，对部门审计员合理分派工作任务，保证审计业务按时完成。

（2）负责收集区域内项目组的一审结束的资料，并对相应的被审计单位的重点科目进行二级审核，在发现被审计单位的问题时，让负责企业的审计员或项目经理反馈给企业。

（3）主持并召开部门例会、解答审计员和项目经理的疑难问题，处理各种突发状况，当被审计单位有突发状况时，跟进、了解事态的发展并积极反馈给指导老师。

（4）每季度末都需要在所长处对企业财务报表进行评分（根据企业财务报表的评分细则严格执行）。要求部门经理的专业能力较强，能够及时发现审计员出现的错误。

（5）协助所长组织审计所的财会峰会以及审计所的分享会。

#### 7.11.1.3 项目经理岗位职责

（1）收集企业电子版的财务资料——原材料明细账、产成品明细账、进销存记录表、凭证列表、银行存款日记账、发生额及余额表、财务报表（资产负债表、利润表、现金流量表）。

（2）收集企业电子版的业务资料——合同订单记录表、生产排程表、生产商排班表、生产商人力资源需求表、员工薪资汇总表、原材料订单、运输仓储表格。

（3）收集纸质版的财务报表——资产负债表和利润表。

（4）对企业提供的业务资料和财务资料进行审核，重点审核业务资料，确保业务资料无错，在必要时对资料中的每个数据进行重新计算和分析程序。在发现企业的错误时，告知企业并提出审计意见。

（5）每年第二季度同企业签订审计业务约定书，并提醒企业去银行缴纳审计费 30000 元。在企业缴费结束后，持盖有企业公章的审计业务约定书、企业的付款证明和审计员开具的发票，找所长核对确认盖章并进行登记。

（6）对报表进行审计，确保勾稽关系无误，并对报表上对应的科目所涉及的相关资料进行审计，当审核无误时，对审核无误的财务报表出具审计报告。

（7）填写各种资料，包括但不限于工作底稿和审定表。

（8）负责收集项目组成员的一级审核资料，并对项目组的一级审核资料进行一级复核，一级复核结束后，把审核过的资料发给部门经理，由部门经理进行二级复核。

（9）每周需召开项目组会议，重点讨论项目组成员发现的问题和提出审计意见，并做好相应会议记录。

（10）日常实训中，对组内成员提出的问题进行解答。对于解决不了的疑难问题进行汇总，反馈给部门经理或者所长。

#### 7.11.1.4 审计员岗位职责

（1）收集企业电子版的财务资料——原材料明细账、产成品明细账、进销存记录表、凭证列表、银行存款日记账、发生额及余额表、财务报表（资产负债表、利润表、现金流量表）等。

（2）收集企业电子版的业务资料——合同订单记录表、生产排程表、生产商排班表、生产商人力资源需求表、员工薪资汇总表、原材料订单、运输仓储表格等。

（3）收集纸质版财务报表——资产负债表和利润表。

（4）对企业提供的业务资料和财务资料进行审核，重点审核业务资料，确保业务资料无错，在必要时对资料中的每个数据进行重新计算和分析程序。在发现企业的错误时，告知企业并提出审计意见。

（5）每年第二季度末同企业签订审计业务约定书，并提醒企业去银行缴纳审计费30000 元。在企业缴费结束后，持盖有企业公章的审计业务约定书、企业的付款证明和审计员开具的增值税发票，找所长核对确认盖章并进行登记。

（6）对报表进行审计，确保勾稽关系无误，并对报表上对应的科目所涉及的相关资料进行审计，并对审核无误的年度财务报表出具审计报告。

（7）填写各种资料，包括工作底稿和审定表。

（8）其他被安排的任务。

#### 7.11.1.5　专项审计员岗位职责

（1）收集市场监督管理局的资料——合同备案汇总表和合同变更汇总表。

（2）收集人才交流中心的资料——员工薪酬汇总表、用人需求汇总表。

（3）收集税务局的资料——税务一局（增值税汇总表、出口退税汇总表）、税务二局（企业所得税、个人所得税、企业和个人“五险一金”、城建税和教育费附加）。

（4）收集银行的资料——中国银行、中国建设银行、中国工商银行、中国农业银行的流水账。

（5）收集信息中心的资料——生产商订单汇总表，生产商原材料及辅料采购核对统计表，生产线、车辆及仓库购买出售核对统计表，生产线费用核对统计表。

（6）收集物流的资料——运输仓储表。

（7）对主营业务收入和主营业务成本进行审核，当检查出问题时，让相应的审计员反馈给企业负责人。

（8）协助所长和部门经理管理整个团队，完成所长布置的各种任务。

（9）其他被安排的任务。

### 7.11.2　审计事务所总体工作流程

所长协助组建审计事务所，组织机构设有部门经理 2 名和项目经理 8 名，由所长组织召开审计事务所的成立大会，编制审计事务所章程，完成审计事务所登记，所长要组织审计事务所成员定期开会，分配工作内容，计划布置重点工作，了解被审计单位，确定是否接单，确定三方关系，签订审计业务约定书，在审计业务开始时开展初步业务活动，制定总体审计策略，制定审计具体计划，在审计实施前必须实施风险评估程序，以此作为评估财务报表层次和认定重大错报风险的基础，对生产商和渠道商评估的财务报表层次重大错报风险确定总体应对措施，实施进一步审计程序，以将审计风险降至可接受的低水平，在完成了进一步审计程序后，做好审计阶段的完成工作，根据获得审计证据，进行合理的职业判断，形成审计意见。最后，对被审计单位的财务报表进行整合，编制工作底稿及存底，出具审计报告，同时编写审计所年度总结报告。

### 7.11.3 审计实质性测试流程（见图7-53）

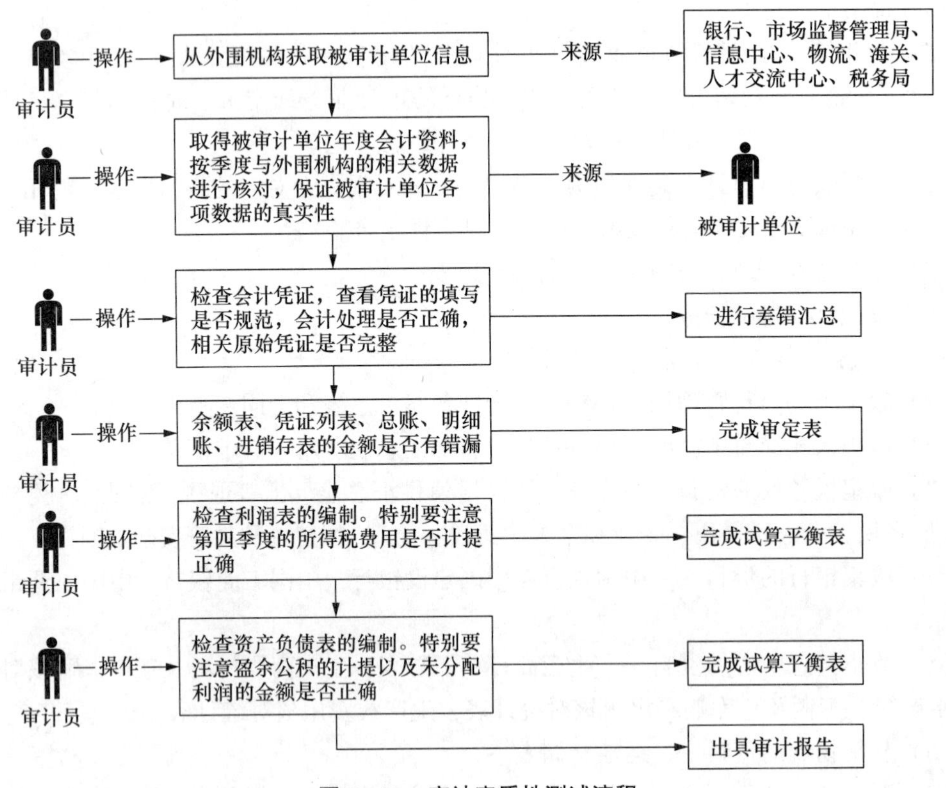

图7-53 审计实质性测试流程

### 7.11.4 生产商审计流程一

7.11.4.1 一般审计流程

生产商审计流程如下：销售收入项目审计→生产项目审计→工资项目审计→产品成本项目审计→主营业务成本项目审计→出口退税项目审计→期间费用项目审计→利润表审计→资产负债表审计。一般审计流程图可参考第4章“4.11.5”部分。

7.11.4.2 销售收入项目审计

销售收入项目审计主要包括核对市场监督管理局合同备案与企业订单合同：交货时间、产品类别、市场、销售数量、销售总额一一核对。具体操作步骤如下：

（1）核查当季与上一季的订单记录表，筛选出合同交货时间为当季的订单，与相应的市场监督管理局备案合同核对。

（2）记录相应的销售产品种类和数量合计。

（3）相应的合同订单总销售额相加，得出本季的主营业务收入。

（4）核查相应的记账凭证审查企业是否正确入账。

（5）核查主营业务收入明细账贷方发生额是否与记账凭证一致。

（6）主营业务收入明细账贷方发生额合计数为利润表中主营业务收入的填列数。

### 7.11.4.3 生产项目审计

生产项目的审计包括以下几个方面：生产排程、生产排班、生产所需原材料的购买、生产线的购置、折旧、技工和车间管理人员的配置、生产相关的原材料的运输及仓储、生产线的转产及维修。产品成本构成如图7－54所示。

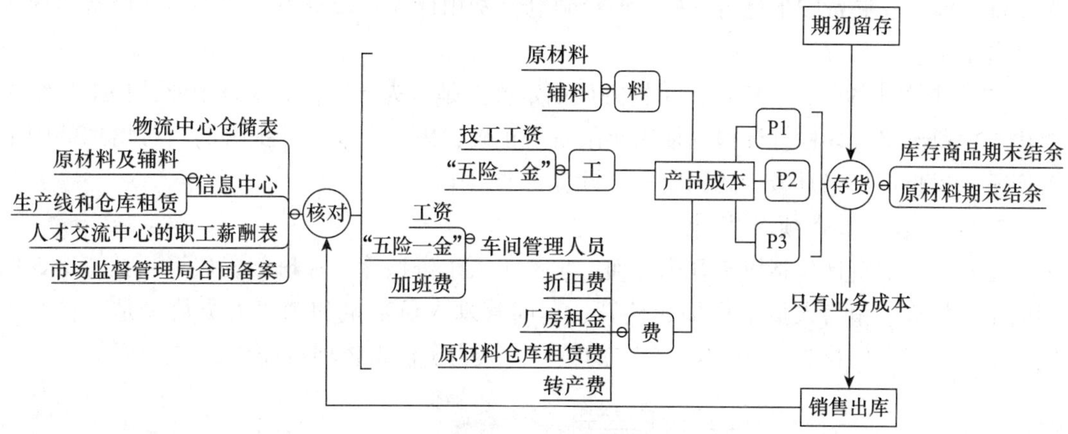


图7－54 产品成本构成

(1) 原材料审计。①根据排产表本季生产的各种产品的总数，核算至少需要购买多少种类原材料，核查信息中心的原材料订单信息与企业的原材料订单是否一致；②审查相应原材料的运输仓储表核查原材料的运费和仓储费；③原材料运费为含税价，需要经价税分离后计入原材料成本；④原材料的入库、领用做核查相应原材料的明细账、进销存表以及原材料明细账。

(2) 核对生产排程表和生产排班表。①检查生产线周末是否加班，与排班表是否一致。②每条生产线有几批工人生产，检查工人的工作时长（技术工人每周一至周六是正常工作日，工作时长为8小时，每日工作不得超过12小时）。③根据生产排程表核算加班工时，计算加班工资。加班时，不需要配备车间管理人员。技工加班工资：初级工35元/小时、中级工45/小时、高级工60元/小时，需要注意的是从第二年开始所有员工（包括高级管理人员、技工、车间管理人员、销售人员）的标准薪酬在原基础上每年递增10%。每条生产线超16小时的需计算额外维修费1000元（生产线每日的最大工作时间为20小时）。④检查生产线的转产情况，核算调试费。⑤根据生产排程表核算总工时或总产量和各产品的总工时或总产量，分摊生产成本。

(3) 根据合同订单检查生产排程表。合同交货时间为装船日，企业应在前一天将产品起运到码头。检查生产排程表在起运日是否已有足够的产品，即检查生产排程表的累计库存量是否足够交货。

(4) 检查原材料的领用。①根据生产排程表季末累计库存量，检查原材料采购是否足够；②检查原材料采购表中运费计算是否正确；③重新计算原材料领用数量，检查进销存表和原材料明细账、记账凭证、发生额及余额表是否正确。

(5) 检查产成品/原材料仓储方式及成本。①根据生产排程表季末累计库存量，检查产成品产量是否足够交货；②检查产成品和原材料租用什么类型仓库仓储，仓库租金费用归集是否正确（产成品仓库租金计入管理费用，原材料仓库租金计入制造费用）；③重新计算产成品单位成本，检查进销存表和产成品明细账、产成品发生额及余额是否正确。

（6）根据出入库情况表检查仓储费用表。①检查企业原材料和产成品分别租用了什么仓库；②根据产品出入库检查仓储表是否正确；③检查原材料和产成品的仓储费用是否归集正确，检查仓储费归集是否正确，原材料仓储费用计入制造费用，产成品仓储费用计入管理费用。

（7）生产线的购买、折旧。①检查该固定资产是否为新增；②检查企业计提生产线是否用不含税价格；③检查计提的使用年限是否正确，采用直线法计提折旧当月增加的固定资产不计提折旧，当月减少的固定资产计提折旧。

#### 7.11.4.4 工资项目审计

工资项目的审计包括以下几个方面：生产工人工资核算、加班工资核算、技工培训期间的工资核算、销售人员销售提成核算、车间管理人员数量和销售人员数量是否符合规则、个人所得税的核算、“五险一金”的核算。人力资源审核项目如图 7－55 所示。

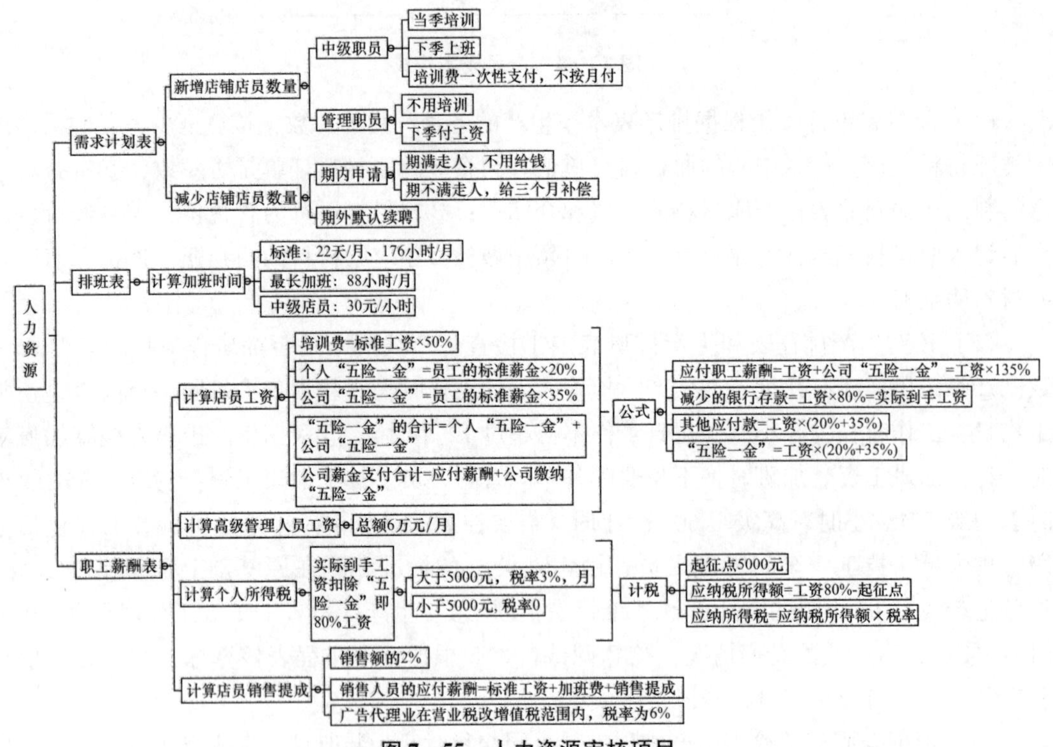


图 7－55 人力资源审核项目

（1）生产工人工资核算。①核查生产排产表和排班表，两表的排班排产要对应。②查看企业是否存在停产，如果因为企业自身的原因而导致累计停工 5 天以上（不含 5 天）的停产，停工期间的工人基本工资和“五险一金”要计入管理费用。③技术工人每周一至周六上午是正常工作日，每日工作时间不超过 8 小时且每周上班时间不超过 44 小时，延长工作时间和周日安排上班均属于加班性质，需支付加班工资。法定休假日如安排加班，需支付双倍加班工资报酬（每位技工每月加班时长不得超过 36 小时）。④在核算工人工资时如果存在加班要分月核算，算出每个生产工人的当月所得来计算个人所得税。

（2）生产工人个人所得税核算。①个人所得税＝（标准工资＋加班费－个人“五险一金”－免征额5000元）×税率－速算扣除数。②初级技工和中级技工在没有加班的情况下是需要缴纳个人所得税的，重点核算高级技工个人所得税。③核算高级技工加班费：根据生产排产表查看对应技工的级别以及加班工时、加班天数，根据工资薪酬表查看每个级别技工的人数，加班人数×加班工时×加班费工时＝总加班费。④核算高级技工个人所得税：计算每人每月的个人所得税；计算所有技工每月的个人所得税；把所有技工3个月的个人所得税加总。

（3）销售人员的工资核算。①销售人员工资由基本工资和提成组成，核查重点在于提成工资的核算。②核查销售人员人数是否合理，每位销售人员每个季度能承担的最大销售额为270万元，销售人员人数＝当季总销售额/270万元，如有小数点向上取整。③销售人员底薪3500元/月，提成为销售额的1%（当月确认有主营业务收入的，当月就要计算销售员提成）。销售人员的提成要分月核算，销售收入确认当日确认销售人员的提成，分月核算销售人员所得计提个人所得税。④核查当月销售总额，分月核查销售收入。

（4）销售人员个人所得税的计算。①个人所得税＝（标准工资＋提成－个人“五险一金”－免征额5000元）×税率－速算扣除数。②收集资料：销售合同或订单记录表，工资薪酬表。③核算提成：根据合同订单核算每个月的销售额，所有销售人员每月的销售提成＝当月的销售额×1%，查看工资薪酬表的销售人数，每人每月的销售提成＝当月的销售额×1%÷人数。无销售额就无提成。④核算销售人员个人所得税：计算每人每月的个人所得税；计算所有销售人员每月的个人所得税；把销售人员3个月的个人所得税加总。

（5）车间管理人员人数。检查车间管理人员有没有少于技工总数的5%，限制人数最少为10人。

#### 7.11.4.5　生产成本项目审计

生产成本项目的审计包括以下几个方面：原材料、工人工资分摊计入相应的产品生产成本、制造费用的分摊、水电费、转产费计入制造费用。

（1）原材料计入生产成本核算。①根据生产排产表所生产产品总数，确认领用相应数量的原材料，注意减去期初库存；②领用的原材料是含运费、不含增值税的价格；③相应产品的原材料成本计入相应产品的生产成本；④核查原材料明细账、进销存表、原材料明细账的贷方发生总额；⑤注意如果两种总产品需要用到同一种原材料，要在计入运费后，根据相应的产品数量进行分摊。

（2）技工工资计入生产成本核算。①如果企业有停产，应该先将技工基本工资进行分配，将停工工资计入管理费用的需剔除；②生产工人基本工资核算加总得出的技工基本工资应该计入生产成本的总数；③核算技工加班工资，技工的加班工资全部计入产品生产成本；④将基本工资和加班工资加总就是计入产品生产成本的总工资；⑤生产多种产品的应该按工时或者数量分摊生产成本；⑥企业承担技工“五险一金”的部分按基本工资的核算方法，先剔除停工部分，再按工时或者数量分摊计入相应的产品成本；⑦查看相应的会计分录是否入账正确，核查生产成本明细账。

（3）制造费用计入生产成本核算。①计入制造费用的项目包括原材料的仓储费、厂房租金、原材料仓库租金、生产线折旧、车间管理人员工资、企业承担的车间管理人员的

“五险一金”、生产线的维修费和转产费；②结转制造费用到生产成本，按照产品的数量分配，某种产品分摊的制造费用计入该产品的成本 = （制造费用总和/所有产品总数） × 该种产品的数量；③查看制造费用明细账和生产成本明细账，以及发生额及余额表。

（4）水电费、转产费计入生产成本核算。①水电费核查用相应产品生产的总数乘以相应产品单位消耗的水电得出该产品计入生产成本的水电费；②与仓储表的水电费合计核对是否一致；③根据排产表核查转产费，将转产费直接计入下一个产品的成本；④核查相应的发生额及余额表和生产成本明细账。

（5）产品入库检查。①生产成本结转至库存商品；②库存商品入库，核查相应记账凭证和发生额及余额表；③核查生产成本、库存商品明细账；④核查产成品明细账和进销存表。

7.11.4.6 主营业务成本项目审计

主营业务成本项目的审计包括以下方面：已销产品成本、出口不得免征和抵扣的税额、计算主营业务成本总额。

（1）已销产品的成本核算。①查看当季销售订单，核查销售每种产品的数量；②企业若存在期初库存，按企业选择的方法，先进先出或者加权平均结转上期产品成本；③企业的出库商品生产成本要按产品数量去摊成本即出库产品成本 = （产品总成本/产品数量） × 出库数量核算出当期销售产品的成本；④核查相应的记账凭证、库存商品和主营业务成本的明细账、产成品明细账以及进销存表。

（2）出口销售不得免征和抵扣的税额。①查看当期出口销售总额；②计算当期不得免征和抵扣的税额，当期不得免征和抵扣的税额 = 当期出口销售总额 × （增值税税率 - 出口退税率）；③核查税务局提交的出口退税汇总表的金额是否正确；④核查相应记账凭证、明细账、发生额及余额表。

（3）计算主营业务成本总额。主营业务成本总额 = 已销产品成本 + 不得免征和抵扣的税额。

7.11.4.7 出口退税项目审计

出口退税项目的审计包括以下几个方面：当期不得免征和抵扣税额、当期应纳税额、“免抵退”税额、应退税额、“免抵”税额。具体操作步骤如下：

（1）核对企业当期可抵扣的进项税额，注意在计算出口退税时进项税额要以税务局当期可抵扣为准，而不是企业当期的进项税加总。

（2）核查企业当期出口销售额合计。

（3）核查企业上期是否有留抵的。

（4）计算企业当期应纳税额。企业当期应纳税额 = 当期销项税额 - （当期进项 - 当期出口销售额 × （增值税税率 - 退税率）） - 上期留抵税额。

（5）计算企业当期不得免征和抵扣税额。企业当期不得免征和抵扣税额 = 当期出口销售额 × （增值税税率 - 退税率），做进项税额转出计入主营业务收入。

（6）计算当期免抵退税额。当期免抵退税额 = 当期出口销售额 × 退税率。

（7）比较企业当期应纳税额和免抵退税额的绝对值大小，哪个小退哪个税，退税额要做进项税额转出。

（8）免抵税额 = 当期免抵退税 - 当期退税额。

（9）若企业不存在内销，无论企业当期是否有免抵税额，都不需要计提税金及附加；若企业存在内销，则要以免抵税额10%计提税金及附加。

7.11.4.8　期间费用项目审计

期间费用项目的审计包括以下几个方面：销售费用、财务费用、管理费用。

（1）销售费用核算。①销售费用包括销售人员的工作和企业承担销售人员的“五险一金”、出口销售的报关报检费、产成品运费；②核查销售人员的基本工资和销售提成；③核查海关报关报检汇总表，查看相应的报关报检费是否核算正确；④核查运输表中产成品的运费；⑤核查相应的记账凭证是否正确入账。

（2）财务费用核算。①财务费用包括银行业务手续费、贷款利息费用；②核查企业的贷款合同、利息率，核查相应记账凭证和发生额及余额表；③计算企业的利息费用；④核查财务费用明细账。

（3）管理费用核算。①管理费用包括招聘广告费、技工培训费、技工培训期间的工资和企业承担的“五险一金”、停产期间技工的工资及“五险一金”、高级管理人员的工资及“五险一金”、审计费、仓库租金、产成品的仓储费；②核查仓储运输表中仓库租金和产成品仓储费；③核查相应记账凭证、发生额及余额表、管理费用明细账。

7.11.4.9　利润表审计

利润表的审计即利润表中各个项目的审计。审计流程如下：营业收入（本期销售总额）→营业利润（营业利润=主营业务收入-主营业务成本-税金及附加+其他业务收入-其他业务支出-营业费用-管理费用-财务费用）→利润总额（利润总额=营业利润+营业外收入-营业外支出）→净利润（净利润=利润总额-所得税）。

（1）主营业务收入。①核查当季与上一季的订单记录表，筛选出合同交货时间为当季的订单；②相应的合同订单总销售额相加，得出本季的主营业务收入；③核查相应的记账凭证，审查企业是否正确入账；④核查主营业务收入明细账贷方发生额是否与记账凭证一致；⑤主营业务收入明细账贷方发生额合计数为利润表中主营业务收入的填列数。

（2）主营业务成本。①核查产成品明细账本期出库金额和进销存表；②当企业存在出口销售额时，核查应交税金贷方发生的当期不得免征和抵扣税额（进项税额转出）；③核查与主营业务成本借方发生额及其相关科目如库存商品贷方发生额；④主营业务成本明细账借方发生额合计为利润表中主营业务成本的填列数额。

（3）税金及附加。①核查税金及附加相关项目的入账凭证；②企业既存在内销又存在出口销售额的，其税金及附加等于当期免抵税额的10%；③核查税金及附加的明细账与发生额及余额表金额是否一致。

（4）期间费用（销售费用、管理费用、财务费用）。①审查计入期间费用的支出是否正确入账；②审查期间费用明细账借方发生额与记账凭证是否一一对应。③期间费用明细账借方发生额合计为利润表期间费用填列数。

（5）利润总额。①利润总额=营业利润+营业外收入-营业外支出，营业利润=主营业务收入-主营业务成本-主营业务税金及附加+其他业务收入-其他业务支出-营业费用-管理费用-财务费用；②审核企业期末结转损益的记账凭证；③审核相应的收入、成本、费用明细账期末借贷方发生额一致，期末无余额；④未结转所得税费用前的贷方余额即为利润总额填列数，也是计提所得税费用的基数。

（6）所得税费用。①所得税费用＝利润总额×25%，计算出应计提的所得税费用；②核查计提所得税费用记账凭证和发生额及余额表；③所得税费用结转至本年利润借方；④计提的所得税费用在应交税金贷方体现。

（7）净利润。①净利润＝利润总额－所得税费用；②结转所得税费用后本年利润的贷方余额为净利润；③由本年利润结转至利润分配，利润分配的贷方本期发生额为净利润在利润表中填列数。

7.11.4.10　资产负债表审计

资产负债表审计主要是核查资产负债表中的各个项目，以及资产负债表和利润表的勾稽关系。审计流程如下：流动资产（银行存款、应收账款、存货）→非流动资产（固定资产）→流动负债（短期借款、应付账款、应交税费、应付利息）→非流动负债（长期借款）→所有者权益（实收资本、盈余公积、未分配利润）。

（1）流动资产（货币资金、应收账款、存货）。①货币资金：核对银行存款日记账、银行流水账；核对银行存款明细账余额；银行存款日记账（本季银行存款日记账余额）＝资产负债表（本季货币资金期末数）。注意：银行存款必须核查企业是否在季初支付原材料价税款的50%和季初招聘广告费，而固定资产是即买即用，季初买季初付，季末买季末付。②应收账款：核对记账凭证、应收账款明细账期末借方余额。③存货：核查原材料明细账、库存商品明细账、核查进销存表；核查原材料明细账期末余额、库存商品明细账期末余额，以及对应的凭证列表和发生额及余额表。

（2）固定资产原值、累计折旧、账面价值。①固定资产明细账借方期末余额；②累计折旧明细账贷方期末余额；③账面价值＝原值－累计折旧。

（3）短期借款、长期借款。①核查记账凭证短（长）期借款的借贷和还贷；②核查短（长）期借款发生额及余额表；③明细账贷方余额即为资产负债表短（长）期借款填列数。

（4）应交税金。①核查明细账应交税费期末余额，贷方余额则为资产负债表应交税费填列数，借方余额填列则为负数；②应交税金的期末余额应等于计提但未缴纳的所得税，借方如果存在未抵扣的进项税额，则应交税金的余额为计提未交的所得税－未抵扣的进项税额。

（5）所有者权益（盈余公积、未分配利润）。①盈余公积：核查记账凭证本期是否计提盈余公积（盈余公积年末按净利润的10%计提）；核查盈余公积明细账，贷方余额为资产负债表中盈余公积的填列数。②未分配利润：核查记账结转本年利润至未分配利润的记账凭证；核查未分配利润明细账余额、期初和本期发生额，资产负债表本期期末数为本期净利加上上期期末数。

（6）报表的勾稽关系。①资产负债表“未分配利润”科目期末数－“未分配利润”科目期初数＝利润表“净利润”科目累计数；②资产负债表“期末未分配利润”期末数＝利润表“净利润”＋“年初未分配利润”－本期分配利润－计提盈余公积金。

### 7.11.5　生产商审计流程二

7.11.5.1　业务资料的审核流程

（1）合同订单记录表的审计流程。核对企业上交的合同订单资料与外围机构市场监督管理局订单合同备案是否一致：交货时间、产品类别、市场、销售数量、销售总额一一核对，确认无误后，应与记账凭证核对，审核主营业务收入的分录应该注意，出口是 0 税率即无应交税费——应交增值税（销项税），而国内销售就会有应交税费——应交增值税（销项税），分录如下：

借：应收账款

　贷：主营业务收入

　　　应交税费

这里的主营业务收入也有几个勾稽关系，与企业合同及市场监督管理局合同备案相一致，与用友 U8 系统上的主营业务收入贷方发生额一致，与利润表中的主营业务收入金额一致。

（2）生产排程表和生产排班表的审计流程。首先，核对排程表与外围机构信息中心原材料订单中产品、原材料是否一致等，信息中心的生产线出售核对表核对生产线、产品是否与企业用的生产线一致等。其次，核对排程表与排班表，核算加班费（周一到周六是正常上班日期，周日、节假日和上班时间超过 8 小时算加班费），核算排班表的工作时长和天数；要严格按照企业的会计核算，生产线最大的技工人数是 45 人，人员正常上班时间是 8 小时，生产线不超过 16 小时，超过 16 ~ 20 小时要加 1000 元维修费。最后，核对排程表的上班排程与仓储表的运输部启用仓库，如果是平房就要备料入库两天，立体楼房则不需要；核查排程表的某产品累计日产量与产成品的入库量是否一致；核查排程表的日生产量与仓储表的产成品每日入库量是否一致；假如无排班，则排程表日产量为 0，仓储表原材料出库量为 0，产成品入库量为 0。

（3）生产商人力资源需求表的审计流程。要检查是否有增加人员，依据人才交流中心的用人需求表核对增加人员以及季度数；核查销售人员人数是否合理，每位销售人员每个季度能承担的最大销售额为 270 万元，销售人员人数 = 当季总销售额/270，有小数点向上取整。

（4）员工薪酬汇总表的审计流程。

1）工资项目的审计包括以下几个方面：生产工人工资核算，加班工资核算，技工培训期间的工资核算，销售人员销售提成核算，车间管理人员数量、销售人员数量是否符合规则，个人所得税的核算，“五险一金”的核算。

2）核查生产排产表和排班表，两表的排班排产要对应（上班天数、加班天数、工作小时）。查看企业是否存在停产，如果因为企业自身的原因而导致累计停工 5 天以上（不含 5 天），停工期间的工人基本工资和“五险一金”要计入管理费用。

3）查看工人是否有加班，在正常上班日期加班按工人的加班工资报酬来核算，用人单位在休息日安排劳动者工作又不能安排补休的，需支付双倍加班工资报酬；用人单位在法定节假日安排劳动者工作的，需支付 3 倍加班工资报酬。在核算工人工资时如果存在加班需要分月核算，算出每个生产工人的当月所得后再计算个人所得税。

4）核算高级技工加班，根据生产排产表查看对应技工的级别以及加班工时、加班天数，根据工资薪酬表查看每个级别技工的人数，根据加班人数 × 加班工时 ×60 元/小时计算总加班费。

5）核算销售提成：根据合同订单核算每个月的销售额，所有销售人员每月的销售提成

=当月的销售额×1%。查看工资薪酬表的销售人数，每人每月的销售提成=当月的销售额×1%÷人数。无销售额就无提成。

（5）原材料订单的审计流程。原材料订单计划表的含税运费应与仓储表中含税运费一致，同时应该保证它的真实性、一致性。必须核对发票中的不含税运费和原材料价格，原材料的金额是含运费不含税的，这个表中的计算需要注意：含运费金额=采购总价+不含税的运杂费，含运费单价=含运费金额÷实际采购数量，原材料数量金额要跟信息中心的原材料订单表数量金额一致。

（6）运输仓储表格的审计流程。具体如下：

1）核查运输仓储表的仓库使用是否和外围运输表给的资料对应。仓储费是含税金额，入账时应价税分离，不含税价格计入相关费用，入库开始计算仓储费，出库部分不计算仓储费。影响仓储费用的因素主要有两个：一个是原材料体积，另一个是仓储时间。

2）检查仓储表的运费是否正确，需要重新计算原材料运费、箱数是否正确，以下是换算公式：鞋面每40张皮占用仓库空间1立方米；鞋底每纸箱占用仓库空间0.25立方米；产成品每100件/箱，占用仓库空间1立方米，换算为公路的具体容量为25平方米、火车具体容量为50平方米、航空为5平方米。

3）存储费按照实际存放货物的体积数计算，空闲部分不计费。备料出库时间，即已经入库的原材料必须增加在库天数，平房仓库的备料出库时间为2天，楼房仓库为1天，方能完成备料，投入生产环节。立体货架仓库除外。

7.11.5.2　财务资料的审计流程

（1）原材料明细账的审计流程。具体如下：

1）首先看原材料的购买，要根据排产表本季度生产的各种产品的总数，核算至少需要多少种类原材料，核算信息中心的原材料订单信息与企业的采购原材料订单是否一致，审查相应原材料的运输仓储表，核查原材料的运费和仓储费，然后将原材料的运费价税分离后计入原材料成本。

2）原材料的入库、领用核查相应原材料的明细账、进销存表以及原材料明细账。

3）依据原材料订单、原材料及辅料采购表、序时账、仓储运输表、进销存表核算原材料的数量；用排产表核算本季所需各种原材料总数。①核对信息中心的原材料及辅料采购信息表中采购数量是否与企业的原材料订单中的采购数量一致；②核对信息中心的原材料及辅料采购信息表中采购金额是否与企业的原材料订单中的采购总价一致；③核对信息中心的原材料及辅料采购信息表中采购最终总额是否与企业的原材料订单中的含税价一致。

4）计算原材料的到货时间。核对原材料采购计划的到货时间是否与仓储运输表中运输部的原材料到货时间一致。例如：2021年1月4日到货，则4日、5日两天备货（平房仓库必须备料2天），6日开始生产，排程表中正常上班的日期也必须是1月6日；2021年1月4日入库、2021年1月3日到货、2021年1月2日起运分别对应仓储运输表中运输部的原材料的入库日、到货日、起运日。

5）原材料的运费核对。仓储运输表中所需原材料运费合计与原材料订单的含税运杂费合计一致。

6）进销存表的原材料收入数量合计与原材料序时账的借方数量合计一致；进销存表

的原材料收入金额合计与原材料序时账的金额合计一致。

（2）产成品明细账的审计流程。具体如下：

1）生产成本结转至库存商品，查看库存商品入库的记账凭证是否正确，同时核查生产成本和库存商品的明细账。

2）核对进销存表与产成品明细账，查看两者出入库数量是否一致，重点审查品名、数量、金额。

3）若对应的售出数不等于各产品的总数，则采用先进先出法计算售出产品的总金额。

（3）进销存记录表的审计流程。首先，根据上季度的进销存表中的本期结余核查本季度的进销存表中的上期结余；其次，根据审核无误的原材料订单核查本季入库数量、金额和单价，产成品入库的数量 = 审核无误的仓储及运输表格中的对应产成品入库数量 = 排产表中的所有生产线中对应产品的最后库存数量，产出入库金额与产成品入库的分录中的金额相等；再次，产成品出库要结合企业所选择的方法进行核算（先进先出法或月末加权平均法），产成品出库的数量 = 审核无误的仓储及运输表格中的对应产成品出库数量 = 当季该产成品的交货订单的交货数量，产成品出库金额等于结转已销产品成本分录的金额，原材料领用数量要结合产成品入库数量进行核算，原材料领用金额等于领用原材料分录中的金额；最后，本月结余的原材料金额和产成品金额 + 本月出库的原材料金额和产成品金额 = 上期结余的原材料金额和产成品金额 + 本期入库的原材料金额和产成品金额。

（4）凭证列表的审计流程。首先，审查被审计单位凭证列表的完整性，易出现的错误就是少录入分录，致使凭证列表不齐全，最后导致报表不平，如企业经常忘记录入结转本年利润这笔分录，审计员审查时应该重点关注；其次，审查被审计单位凭证列表的正确性，很多企业录入分录的金额总会有问题，如水电费、原材料仓储费等制造费用，应该以不含税的价款录入，但是很多企业没有剔除税费就直接录入了，审计员也应该对此重点审查。

（5）银行存款日记账的审计流程。收集外围机构的资料和企业的业务资料、财务资料，核对银行流水账与银行日记账明细，查看相应的记账凭证和发生额及余额表与银行进账单、支票存根是否相符，最后看银行流水账余额与银行存款日记账累计额是否一致。

（6）财务报表的审计流程。首先，利润表的审计包括核查营业收入、营业利润、利润总额以及净利润是否计算正确。核查相应的订单合同销售总额、相应的记账凭证是否与利润表的主营业务收入一致；产成品明细账、进销存表和相应的记账凭证是否与利润表的主营业务成本一致；期间费用是否正确入账以及企业所得税的计提是否正确。其次，资产负债表的审计包括核查资产负债表的各个项目以及资产负债表和利润表的勾稽关系。主要核算资产负债表的货币资金以及存货部分，并且要核查资产负债表中的未分配利润数额是否与利润表对应；若在年末，要检查企业是否有正确计提盈余公积。

## 7.11.6　生产商审计问题归纳总结

### 7.11.6.1　银行存款问题及相关细节

在检查余额表时发现企业银行存款的贷方发生额和银行的期末余额与银行流水不一致。企业的银行存款余额比银行流水少了，这说明企业多支付了款项，很可能重复做了记账凭证。如果是企业的银行存款比银行流水多了，可以预测企业记漏业务。例如，在核对企业银行日记账和银行流水的过程中发现支付原材料货款和运费的分录做重了，导致银行货币资金减少。解决方案如下：先计算出银行日记账与银行流水的差额，看看这个差额是否熟悉，然后查出这个差额是记多了哪一笔关于银行存款的分录。

7.11.6.2 存货问题及相关细节

由于企业进销存表入库数量填错导致入库数量增加，使得最终存货金额增加，存货虚增。解决方案如下：发现问题后立即开始进行调账，首先从生产成本入手，由于产量减少，领用的原材料减少，调减原材料出库金额，减少生产成本的金额，再调减结转生产成本的总额，使得库存商品数量及金额减少；其次调整售出的产品成本，由于采用月末一次加权平均法，最终计算结果使得主营业务成本增加；最后调整结转费用分录，使利润减少，但由于计提的企业所得税已交，暂不调整计提的企业所得税，等待年末汇缴清算。

7.11.6.3 固定资产和累计折旧问题及相关细节

（1）第三年第二季度某企业为扩大生产能力购买了一条生产线，那么企业就有三条同一类型的生产线了。在计算制造费用的时候财务人员计提总共 9 个月的折旧，没有考虑到当月购买的固定资产当月不计提折旧，须下月开始计提折旧。解决方案如下：下月少计提折旧，如少计提折旧，需要补计提少了的制造费用。

（2）企业在做折旧的分录时，把贷记累计折旧写成累计摊销，这导致了资产负债表的不平。解决方案如下：做一笔相反的分录冲掉累计摊销，然后再做一笔正确的计提分录。

7.11.6.4 应交税费问题及相关细节

（1）企业有时候会忘记把当季应抵扣的进项税额拿去税务局抵扣，放在了下个季度抵扣，而在账上却体现了这笔分录，这时企业的当期进项税额的发生额会与税务局的对应不上。解决方案如下：为了避免企业前季的账发生大的改动，在核对企业与外围的税费时，针对企业当期已做会计分录但未拿去抵扣的情形，让税务局发布的进项税额发生额加上本季度留作下期抵扣的税额等于企业账上的进项税额发生额。

（2）在销售货物时要交销项税额，但企业做账时做在了进项税额科目。解决方案如下：反结账，把进项税额改为销项税额。

（3）个人所得税有期初余额，经过检查发现上一季度没有做计提个人所得税的分录，直接把个人所得税付款了。解决方案如下：在下季度做补计提个人所得税分录。

借：应付职工薪酬

　　贷：应交税费——应交个人所得税

7.11.6.5 主营业务收入问题及相关细节

企业的业务量越多，越容易把上季度签的订单漏掉，确认主营业务的时间点应该是合同的交货日期而不是收款日期，因此确认本季度的主营业务收入时应当考虑上季度签订的但在本季度交货的订单。这是企业很容易忽略的。解决方案如下：在看合同订单时把本季度和上季度的所有订单筛选出来，然后找出在本季度交货的订单，把订单的合同金额加总即可。注意：主营业务收入是销售额的加总，不包含增值税销项税额。

7.11.6.6 主营业务成本问题及相关细节

主营业务成本作为存货科目中最容易出错的一个环节，内容较多也较为复杂，核查主营业务成本要从三个方面入手，分别是料、工、费。

"料"是原材料的意思，出库的原材料应计入生产成本，可以通过生产排程表、原材料明细账、材料出库汇总表、辅料汇总表等表格计算出该企业应该计入生产成本的原材料金额，然后审计人员还可以根据原始凭证核对明细账金额。

"工"是技工工资的意思，应付职工薪酬加上单位"五险一金"的总额即公司薪金支付合计的金额，可以通过审查生产排程表、技工工资表、生产商人力需求计划表、生产商员工薪酬汇总表、从人才交流中心获取的薪酬计算汇总表、生产排程表、工人安排生产情况和加班情况进行审计。需要注意的是，停工工人工资及"五险一金"计入"管理费用"。

"费"指的是制造费用，制造费用包括水电费、转产费、原材料仓库租金、原材料仓储费、生产线折旧等，生产线折旧可以通过固定资产折旧计算表审查，厂房租金可以通过增值税专用发票和支票存根审查，水电费和车间管理人员的工资可以通过增值税专用发票和支票存根审查，生产线、产品转产调试费和生产线超负荷维修费可以通过增值税专用发票和支票存根查验。

通过核对车间管理人员与车间人员的匹配情况，重新计算制造费用分配及生产成本总额。需要注意的是，转产费应该计入制造费用，然后分配计入转产后下一产品的成本。

审查结转产成品的会计分录是否存在错漏，如果生产的产品不止一个，要查验是否都按照工时和数量分配得当，并且核查用友 U8 系统上的发生额及余额表，检查成本是否都完成了结转。

#### 7.11.6.7　销售费用问题及相关细节

销售费用主要包括销售人员的工资和企业承担销售人员的"五险一金"、出口销售的报关报检费、产成品运费等。首先，核查销售人员的基本工资和销售提成，销售收入的确认经常会出现出库日跟合同日搞混的情况，接着就会出现一系列的连锁反应，如销售提成计算错误、个人所得税相应地也就会交错，所以销售人员工资的审查尤为重要。销售人员工资参照员工薪酬汇总表上的销售人员工资，并从人才交流中心获取人员招聘明细，审查原始凭证，根据确认的销售收入（市场监督管理局备案）审核提成。销售人员的每季度销售额最高是 270 万元，注意销售人员与销售额是否配比得当。

其次，需要通过核查海关表、行政事业收据、支票存根联等查看相应的报关报检费是否核算正确；核查运输表中产成品的运费、运输发票和支票、产成品生产排程计划表等以查验产品运输费用部分；从物流机构获取产成品运输费汇总表，审查生产排程表等；核对相应的记账凭证与发生额及余额表看记账凭证是否正确入账。

#### 7.11.6.8　管理费用问题及相关细节

管理费用包括招聘广告费、技工培训费、技工培训期间的工资和企业承担的"五险一金"、停产期间技工的工资及"五险一金"、高级管理人员的工资及"五险一金"、审计费、产成品仓库租金、产成品的仓储费等，核查相应记账凭证的入账、管理费用明细账。员工培训费可以通过增值税专用发票和支票存根审查，招聘广告费可以通过增值税专用发票和支票存根审查；高管人员工资可以通过管理人员工资表审查；技工培训期间的工资及"五险一金"（含在职培训）、生产期间停工工人的工资、自建车队计提的折旧可以通过固定资产折旧计算表审查；自建仓库的折旧可以通过折旧计算表审查，仓库的租金可以通过增值税专用发票和支票存根审查；仓储费可以通过增值税专用发票和支票存根审查；原材料仓储费计算表、产成品仓储费计算表核查仓储运输表中仓库租金和产成品仓储费进行核对、重新计算；从人力资源机构取得培训费汇缴表、招聘费汇总表、工资核算表，与企业的招工计划、人事档案进行核对，检查是否有错漏；从物流机构取得仓库租赁合同信息汇总表与企业的仓库使用情况进行核对，盘点仓库数量是否相符，核对租金缴纳是否有错漏；从物流机构取得仓储费缴纳汇总表，与企业的仓储费计算表进行核对，并重新计算以核查是否有误。

7.11.6.9　财务费用问题及相关细节

财务费用包括银行业务手续费、贷款利息费用等，可以通过核查企业的贷款合同、利息率、相应记账凭证，计算企业的利息费用，再核查财务费用明细账是否与原始凭证一一对应。

7.11.6.10　以前年度损益调整问题及相关细节

以前年度的损益调整属于会计差错更正，下面具体介绍处理情况：将需要调整的损益数结转至“以前年度损益调整”账户，应调增利润（上年少计收益、多计费用）时记贷方、应调减利润（上年少计费用、多计收益）时记借方。

做所得税纳税调整。补交所得税时，借记“以前年度损益调整”账户，贷记“应交税金——应交所得税”账户；冲减多交所得税时做相反的分录，将“以前年度损益调整”账户的余额转入“利润分配——未分配利润”账户。

调整盈余公积计提数。补提盈余公积时，借记“利润分配——未分配利润”账户，贷记“盈余公积”账户；冲减多提盈余公积时做相反的分录。

调整会计报表相关项目的数字。包括资产负债表日编制的会计报表相关项目的数字以及当期编制的会计报表相关项目的年初数。如果提供上年会计报表，还应调整相关会计报表的上年数。

以前年度损益调整是对以前年度财务报表中的重大错误的更正。这种错误包括计算错误、会计分录差错以及漏记事项。以前年度损益调整应在留存收益表（或股东权益表）中予以报告，以税后净利润额列示。对于报表期间之前发生的事项，以前年度损益调整将改变留存收益的期初余额。

7.11.6.11　季报和年报问题及相关细节

针对季报，需要重点注意科目有货币资金、存货、应交税金、未分配利润。货币资金要与银行存款流水账的最终余额核对一致；存货应该与进销存表格的结存金额核对一致；应交税金的审计应该核查明细账应交税费期末余额，贷方余额则为资产负债表应交税费填列数，借方余额填列则为负数。应交税金的期末余额应等于计提但未缴纳的所得税，借方如果存在未抵扣的进项税额，则应交税金的余额为计提未交的所得税——未抵扣的进项税额。年报就是在此基础上需要注意企业所得税的年末汇算清缴的问题，企业要在年报中对于前三个季度交多交少的企业所得税进行汇算清缴，具体分录如下：

a. 前三个季度计提时：

借：所得税费用（按正确的计提）

　　贷：应交税费——应交企业所得税（按正确的计提）

b. 前三个季度实交时：

借：应交税费——应交企业所得税（实际缴纳数）

　　贷：银行存款（实际缴纳数）

c. 第四季度计提：

借：所得税费用（本年利润×25%减去前三季正确的）

　贷：应交税费——应交企业所得税

d. 第四季度实交：

借：应交税费——应交企业所得税

　贷：银行存款（本年利润×25%减去前三季实交的）

7.11.6.12　企业所得税处理问题及相关细节

（1）关于企业所得税在当年年末汇算清缴的问题。企业每季度计提企业所得税的时候，一般会按当季初次计算所得的利润总额为计提基准，后因错记、多记、漏记成本费用收入等各种原因引起的利润的变化，计提所得税费用的分录保持不变。如果在发现这些漏记、多记、错记的情况时，企业已经按原计提的所得税费用到税务局缴纳企业所得税，出现多缴或少缴的情况，均不在当期做会计处理，原计提和缴纳所得税凭证不变。直至当年年末，企业应根据本年累计利润总额计算本年应计提的企业所得税，并与前面季度已计提的所得税费用汇算出差额。

在仿真平台中，税务机关不对企业的第四季度做预缴，直接做汇缴清算，即在每年的第四季度末，所得税费用不是直接根据第四季度的利润计提，而是要进行年末的汇算，下一年度初再清缴。年度汇算清缴"多退少补"＝应交税额－实交税额。

情况一：本年末汇算时，汇算差额＝全年累计利润总额×25%－前三季已计提的本年度企业所得税费用>0，即应确认的所得税费用大于已计提的所得税费用，应补计提本年度所得税费用，会计处理则为：

a. 借：所得税费用　　　　　　　　（汇算差额）

　贷：应交税费——应交企业所得税　　（汇算差额）

b. 借：本年利润　　　　　　　　（汇算差额）

　贷：所得税费用　　（汇算差额）

c. 借：利润分配——未分配利润　　　　　（汇算差额）

　贷：本年利润　　（汇算差额）

下年度初清缴时，要考虑应交所得税明细账的期初数，这种情况应交所得税一般为贷方余额则补交，检查依据是全年交所得税一定等于企业全年利润总额×25%，也等于账上计提所得税，会计处理如下：

借：应交税费——应交企业所得税（汇算差额）

　贷：银行存款　　（汇算差额）

情况二：汇算差额＝全年利润总额×25%－前三季已计提本年度所得税费用<0，即应确认的所得税费用小于已计提的所得税费用，应冲减本年度已计提的所得税费用，会计处理如下：

a. 借：所得税费用　　　　　　　（汇算差额）红字凭证

　贷：应交税费——应交企业所得税　　（汇算差额）

b. 借：本年利润　（汇算差额）红字凭证

　贷：所得税费用　　　　　　　（汇算差额）

c. 借：本年利润　　　　　　（汇算差额）

　　贷：利润分配——未分配利润　（汇算差额）

下季度清缴时，要考虑应交所得税明细账的期初数，若企业缴纳企业所得税与计提所得税一致，则需要退回多交所得税，会计处理如下：

借：银行存款（汇算差额）

　贷：应交税费（应交企业所得税）　　（汇算差额）

（2）关于企业所得税在次年汇算清缴用以前年度损益调整的问题。有以下两种情况。

情况一：次年年初汇算时，汇算差额 = 全年累计利润总额 ×25% － 前三季已计提的本年度企业所得税费用 >0，即应确认的所得税费用大于已计提的所得税费用，应补计提上年度所得税费用，使用年度以前损益调整科目，会计处理如下：

a. 借：应交税费——应交企业所得税（汇算差额）红字凭证

　　贷：以前年度损益调整　　　（汇算差额）

b. 借：以前年度损益调整　　（汇算差额）红字凭证

　　贷：利润分配——未分配利润（汇算差额）

年初清缴时，要考虑应交所得税明细账的期初数，这种情况应交所得税一般为贷方余额则补交，检查依据是全年交所得税一定等于企业全年利润总额 ×25%，也等于账上所计提所得税，会计处理如下：

借：应交税费——应交企业所得税（汇算差额）

　贷：银行存款　　（汇算差额）

情况二：汇算差额 = 全年利润总额 ×25% － 前三季已计提本年度所得税费用 <0，即应确认的所得税费用小于已计提的所得税费用，应冲减上年度已计提的所得税费用，使用年度以前损益调整科目，会计处理如下：

a. 借：应交税费——应交企业所得税（汇算差额）

　　贷：以前年度损益调整　　　（汇算差额）

b. 借：以前年度损益调整　　（汇算差额）

　　贷：利润分配——未分配利润（汇算差额）

下季度清缴时，要考虑应交所得税明细账的期初数，若企业缴纳企业所得税与计提所得税一致，则需要退回多交所得税，会计处理如下：

借：银行存款（汇算差额）

　贷：应交税费（应交企业所得税）　　（汇算差额）

### 7.11.7 渠道商审计流程

渠道商审计流程如图 7－56 所示。渠道商审计思维如图 7－57 所示。

#### 7.11.7.1 人力资源需求计划表审计

人力资源需求计划表审计步骤如下：

（1）查看新增门店数、员工的数量、员工的种类以及是否需要岗前培训，何时支付工资。

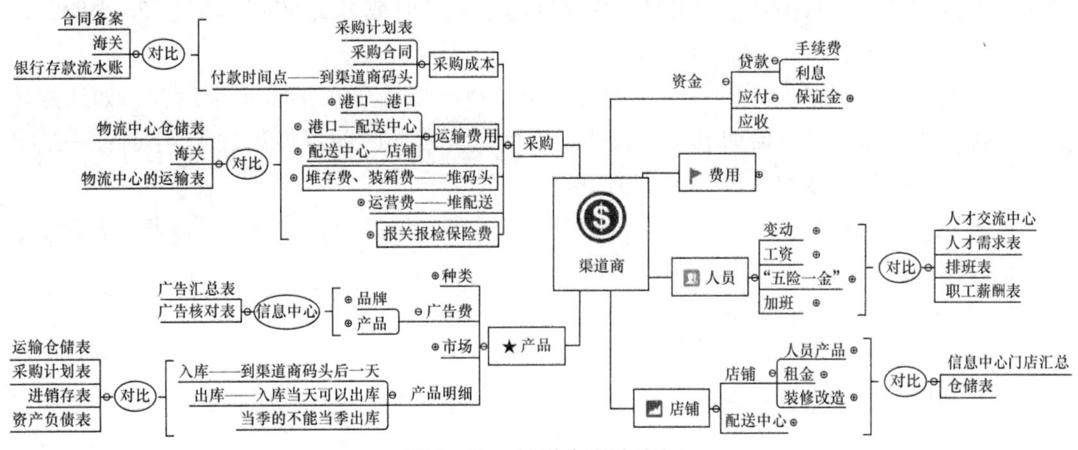


图 7－56　渠道商审计流程

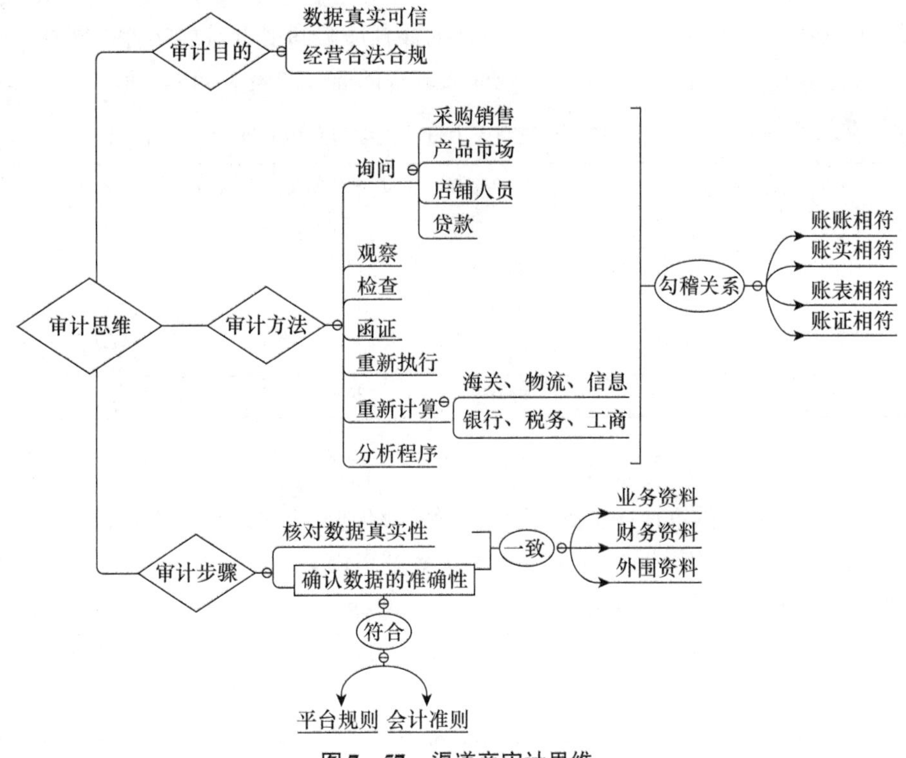


图 7－57　渠道商审计思维

（2）查看解聘人员的数量和解聘时间，若聘期满一年，企业需要解聘员工必须在第二年的季度初。

（3）渠道商企业按照《中华人民共和国劳动法》规定：①国家实行劳动者每日工作时间不超过八小时、每周工作时间不超过四十四小时的工时制度。②用人单位应当保证劳动者每周至少休息一日。③用人单位在下列节日期间应当依法安排劳动者休假：元旦；春节；国际劳动节；国庆节；法律、法规规定的其他休假节日。④用人单位由于经营需要，经与工会和劳动者协商后可以延长工作时间，一般每日不得超过一小时；因特殊原因需要延长工作时间的，在保障劳动者身体健康的条件下延长工作时间每日不得超过三小时，但是每月不得超过三十六小时。店员日工作时间超过 8 小时或月工作时间超过 176 小时，即算作加班。

（4）品牌专营店的营业时间统一规定为 10：00～21：00，周末正常运营。如法定休假日安排上班，需支付双倍加班工资报酬。店铺每天营业时间不能超过 11 小时；一般管理人员不少于店员人数的 1/20，最少为 10 人。

（5）店铺增减决定人员数量，需核查以下三个表：信息中心的门店汇总表、物流中心的运输仓储表、企业的人力资源需求计划表。

7.11.7.2 排班表审计

排班表审计步骤如下：

（1）查看员工的加班时间和加班费是否有误，每位员工每月最长加班时间累计不超过 88 小时。

（2）店员每日工作时间不超过 8 小时，每周工作时间不超过 44 小时。用人单位应当保证劳动者每周至少休息一日，日工作时间超过 8 小时或者月工作时间超过 176 小时即算作加班。

（3）确定企业员工每月加班时间，查询加班费标准，如表 7－17 所示。

**表 7－17 渠道商人力资源类型与薪酬标准**

| 序号 | 员工种类 | | 标准薪酬 | 加班费标准 | 备注 |
|---|---|---|---|---|---|
| 1 | 高级管理人员 | | 自定 | 不加班 | 总额 9 万元/月 |
| 2 | 店员 | 初级 | 3000 元/月 | 25 元/时 | 销售额（不含税收入）提成 2% |
| 3 | | 中级 | 3500 元/月 | 30 元/时 | 销售额（不含税收入）提成 2% |
| 4 | | 高级 | 4000 元/月 | 35 元/时 | 销售额（不含税收入）提成 2% |
| 5 | 一般管理人员 | | 6000 元/月 | 不加班 | 不少于店员人数 5% |

7.11.7.3 工资薪酬表审计

（1）店员工资薪金的审计。①查看店员人数、级别，查对应员工的标准工资，计算工资。查看是否需要培训，培训的人员应付薪酬＝标准工资×50%；②个人“五险一金”＝员工的标准薪金×20%，公司“五险一金”＝员工的标准薪金×35%，“五险一金”的合计＝个人“五险一金”＋公司“五险一金”；③公司薪金支付合计＝应付薪酬＋公司缴纳“五险一金”。

（2）高级管理人员的工资薪金审计。查看高级管理人员的每月工资金额以及人数，两者相乘再乘以 3 就是一个季度的工资了。实际发放的时候要扣除个人“五险一金”和个人所得税。

例如，高级管理人员的标准工资＝7500（高级管理人员总工资 9 万元）×8×3＝180000（元）。

实际发放＝应付薪酬－个人“五险一金”－个人所得税＝180000－36000－3480＝140520（元）。

7.11.7.4 个人所得税审计

个人所得税审计步骤如下：

（1）查看员工的月工资扣除个人缴纳“五险一金”的数额有没有超过 5000 元，超过

则减去5000元，得到应纳税所得额，按照预扣预缴率来计算个人所得税。

（2）确定中级门店的销售额，然后按照2%计算销售提成。例如，AQ04的销售额为16832182元，则销售额提成=16832182×2%=336643.64（元）。如果要计算每个员工每个月的销售提成，则为336643.64/280/3=400.76（元）。其中280为店员总人数。注意：销售人员的应付薪酬=标准工资+加班费+销售提成。

（3）假设高级管理人员的月标准工资为7500元，应该先扣除个人"五险一金"，再减去5000元起征点后即应纳税所得额，根据税率计算个人所得税。

#### 7.11.7.5　审查运输仓储表

审查运输仓储表需要注意渠道商货物的运输时点，包括装船日的时点、港口到港口的时点、港口到配送中心的时点、配送中心到店铺的时点（见图7－58），还需要注意渠道商在采购环节的成本计算，以及运输仓储表中的费用要素和运输过程中的运费计算和仓储费计算是否正确。

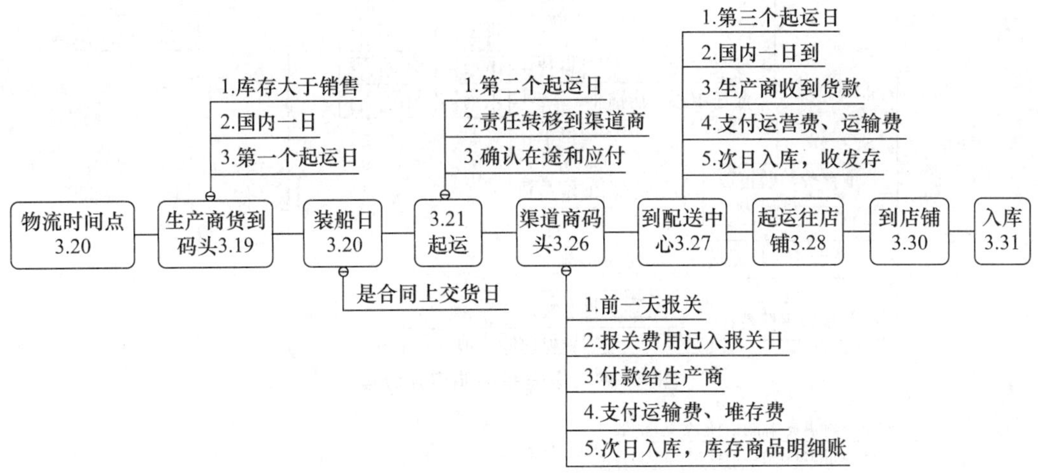


**图7－58　渠道商物流时点**

渠道商采购审计流程如图7－59所示。渠道商运输仓储表审计流程如图7－60所示。

（1）运输仓储审计。具体步骤如下：

1）从被审计单位业务资料中获取电子版和纸质版的运输仓储表格，纸质版的车辆租赁合同和不动产租赁合同。

2）与海关的资料比对企业的商检费、报关费和保险费是否正确。

3）渠道商的货物配送要注意是租赁车辆还是自建车队，租赁不同类型的车辆其容积和费用是不同的。

4）如果是自建车队，要确定车队是否真的属于公司的财产，可以去物流公司寻找相关购买车队的发票，以免他们虚报资产。如果确定了是公司的车队，则要查看被审计单位是否按照规定计提折旧。确认他们在运输时的费用是否计算准确，了解他们车队折旧的计提方法。

5）如果是租赁车队，要了解他们租的是什么车，租的数量，可以对比被审计单位提供的资料与物流中心运输部表格，以确认资料是否属实，然后审查他们的交通运输费是否计算正确，分摊的费用是否正确，等等。

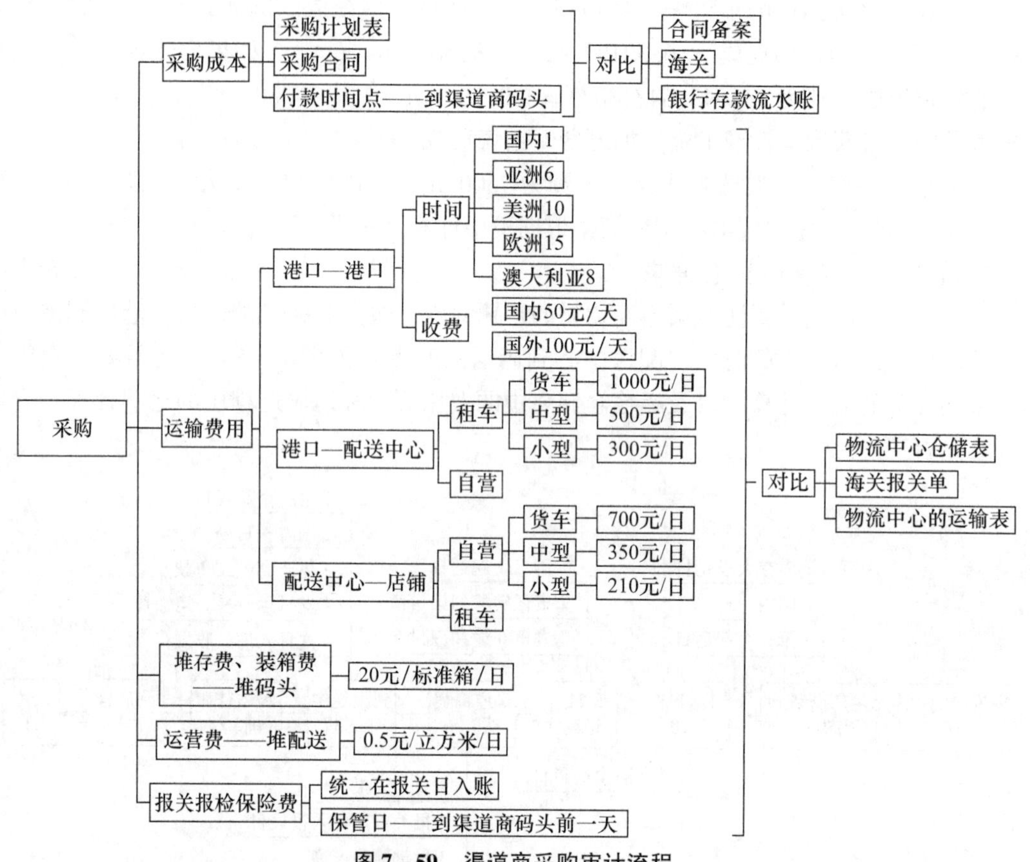


图 7－59　渠道商采购审计流程

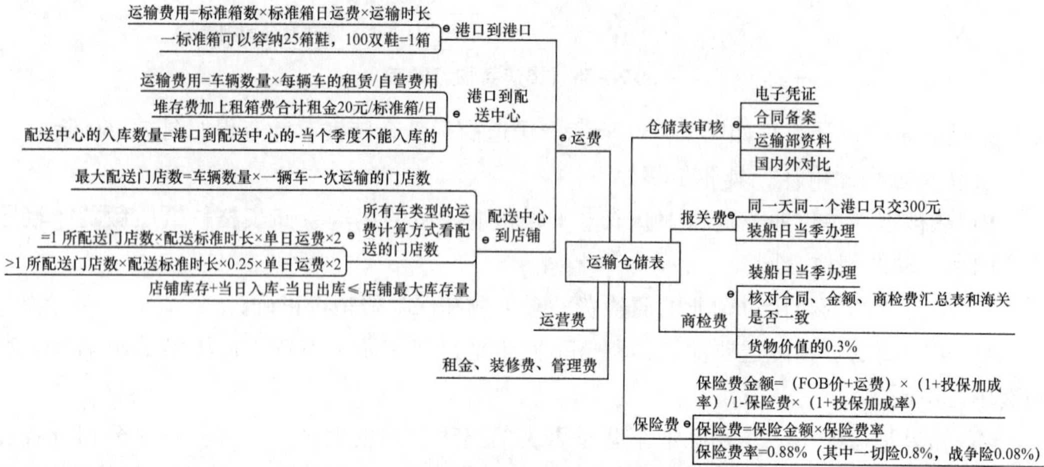


图 7－60　渠道商运输仓储表审计流程

6）根据物流中心的店铺汇总表，配送中心已出租规格和数量汇总表、港口到港口运输汇总表和商运仓储表，比对被审计单位的资料是否属实和计算正确。

（2）港口—港口的运输费用审计。具体步骤如下：

1）确定车辆是租赁车辆还是自建车队。注意车辆的类型、容积和费用。

2）确认货物离开港口的时间和数量，查看是否有因没有及时运输而堆存在港口的货物，计算堆存的时间并且计算堆存费（要与货物到港的数量时间、货物离开港口运往配送中心的时间、数量进行比对）。

3）计算公式：运输费用 = 车辆数量 × 每辆车的租赁、自营费用。

堆存费：货物到了港口，没有及时运到配送中心，堆存在港口的费用。堆存费加上租箱费合计租金20元/标准箱/日。标准箱数 = 产品数量/每标准箱容量 = 20000/2500 = 8。

运输费用 = 标准箱数 × 标准箱日运费 × 运输时长 = 8 × 1000 × 15

注意：1标准箱可以容纳25箱鞋，100双鞋 = 1箱，体积为1立方米1标准箱可以容纳2500双鞋。货物的装船日期、运输所需的天数和到港日期、货物的数量是否与标准箱的容量符合。

（3）港口—配送中心的运输费用审计。具体步骤如下：

1）查看店面的个数，计算出车辆类型和一辆车所配送的店面数，得出最大配送门店数，最大门店数一定要大于或等于店面的个数（但低档、中档、高档店最后一个的最大门店数可以小于店面个数）。

2）查看配送中心的个数，确定从配送中心到店面的天数。例如，配送中心≤5，运输天数为3天。

3）货物的数量要符合车辆容积。

4）最大配送门店数 = 车辆数量 × 一辆车一次运输的门店数 = 35 × 2 = 70。其中，车辆数量 = 鞋子数量 ÷ 车辆容积。

（4）配送中心—店铺的运输费用审计。注意小型车的数量和一辆车所配送店面的数量。

运输费用计算公式如下：

所配送门店数 = 车辆数量 × 一辆车一次配送的店面

配送中心车辆类型与价格见二维码。

配送中心车辆类型与价格

货柜车和中型货车：运输费用 = 所配送门店数 × 配送标准时长 × 0.25 × 单日运费 × 2。

小型货车：①配送的门店数等于1，运输费用 = 所配送门店数 × 配送标准时长 × 单日运费 × 2；②配送的门店数大于1，运输费用 = 所配送门店数 × 配送标准时长 × 0.25 × 单日运费 × 2。

注意：①每季末在配送中心的库存数等于下一季度初的库存数。②货物离开配送中心的日期和货物到达配送中心并且入库的日期（需要查看配送中心到店铺、港口到配送中心表格上的日期）。

#### 7.11.7.6 银行存款审计

（1）核查运输仓储费用与运输仓储汇总表的金额和海关、物流的金额是否一致。

（2）查看财务资料中的会计凭证，发生额及余额表中的销售费用的金额是否正确填写以及是否每一笔都有完整记录，没有遗漏。

（3）查看银行存款，是否有正确和完整支付运输仓储费、商检费、报关费和保险费用。

#### 7.11.7.7 进销存表、产品明细账审计

（1）核对购销合同与市场监督管理局合同备案。

（2）查看信息中心给出的预销售额汇总表，由该表可以知道企业销售在各个市场、各种产品的数量。

（3）查看企业进销存表出库数量是否与预销售额汇总表一致。审查重点：品名、品名所属市场、数量、金额、交货时间。

（4）到货时间。国内：5 天；亚洲：6 天；美洲：10 天；澳大利亚：8 天；欧洲：15 天。

（5）将本季入库产品与上期结存产品的数量和金额分市场、分类别加总起来。

（6）将已计算的各产品总数减去对应的售出数，若余额为零，则出库金额为本季入库产品与上期结存产品金额合计数；若余额不为零，则采用先进先出法计算售出产品总金额，并核对产品明细出库与结存。

7.11.7.8　销售收入循环审计

（1）核对信息中心的销售核对表与企业的发生额及余额表、利润表的主营业务收入金额是否一致。

（2）核查相应的记账凭证，审查企业是否正确入账。

（3）核查主营业务收入明细账贷方发生额是否与记账凭证一致。

（4）查看信息中心给出的预销售额汇总表。

（5）查看企业进销存表出库数量是否与预销售额汇总表一致。

（6）主营业务收入明细账贷方发生额合计数为利润表中主营业务收入的填列数（总销售额）。

7.11.7.9　销售成本循环审计

（1）核查产成品明细账本期出库金额和进销存表。

（2）当企业存在出口销售额核查应缴税金贷方发生的当期不得免征和抵扣税额（进项税额转出）。

（3）核查与主营业务成本借方发生额及其相关科目，如库存商品贷方发生额。

（4）主营业务成本明细账借方发生额合计为利润表中主营业务成本的填列数额。

渠道商销售成本循环审计流程如图 7－61 所示。

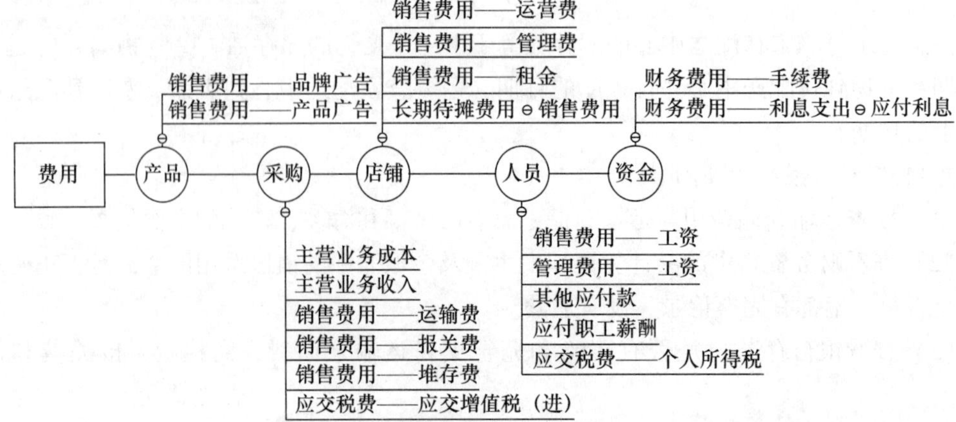


**图 7－61　渠道商销售成本循环审计流程**

7.11.7.10 期间费用项目审计

期间费用项目的审计包括以下几个方面：销售费用、财务费用、管理费用。

（1）销售费用核算。①销售费用包括销售人员的工作和企业承担销售人员的“五险一金”、出口销售的报关报检费、产成品运费；②核查销售人员的基本工资和销售提成；③核查海关表，查看相应的报关报检费是否核算正确；④核查运输表中产成品的运费；⑤核查相应的记账凭证是否正确入账，与发生额及余额表中的金额进行核对。

（2）财务费用核算。①财务费用包括银行业务手续费、贷款利息费用；②核查企业的贷款合同、利息率，核查相应记账凭证和发生额及余额表；③计算企业的利息费用；④核查财务费用明细账。

（3）管理费用核算。①管理费用包括招聘广告费、技工培训费、技工培训期间的工资和企业承担的“五险一金”、停产期间技工的工资及“五险一金”、高级管理人员的工资及“五险一金”、审计费、仓库租金、产成品的仓储费；②核查运输仓储表中仓库租金和产成品仓储费；③核查相应记账凭证和发生额及余额表、管理费用明细账。

7.11.7.11 利润表审计

利润表的审计即利润表中各个项目的审计。具体流程如下：营业收入（本期销售总额）→营业利润（营业利润=主营业务收入-主营业务成本-主营业务税金及附加+其他业务收入-其他业务支出-营业费用-管理费用-财务费用）→利润总额（利润总额=营业利润+营业外收入-营业外支出）→净利润（净利润=利润总额-所得税）。

（1）主营业务收入。①核查当季与上一季的订单记录表，筛选出合同交货时间为当季的订单；②相应的合同订单总销售额相加，得出本季的主营业务收入；③核查相应的记账凭证，审查企业是否正确入账；④核查主营业务收入明细账贷方发生额是否与记账凭证一致；⑤主营业务收入明细账贷方发生额合计数为利润表中主营业务收入的填列数。

（2）主营业务成本。①核查产成品明细账本期出库金额和进销存表；②若企业存在出口销售额，核查应交税金贷方发生的当期不得免征和抵扣税额（进项税额转出）；③核查与主营业务成本借方发生额及其相关科目如库存商品贷方发生额；④主营业务成本明细账借方发生额合计为利润表中主营业务成本的填列数额。

（3）税金及附加。①核查税金及附加相关项目的入账凭证；②企业既存在内销又存在出口销售额的，其税金及附加等于当期免抵税额的10%；③核查税金及附加的丁字借方发生额合计。

（4）期间费用（销售费用、管理费用、财务费用）。①审查计入期间费用的支出是否正确入账；②审查期间费用明细账借方发生额与记账凭证是否一一对应；③期间费用明细账借方发生额合计为利润表销售费用填列数。

（5）利润总额。①利润总额=营业利润+营业外收入-营业外支出，营业利润=主营业务收入-主营业务成本-主营业务税金及附加+其他业务收入-其他业务支出-营业费用-管理费用-财务费用；②审核企业期末结转损益的记账凭证；③审核相应的收入、成本、费用明细账期末借贷方发生额一致，期末无余额；④未结转所得税费用前的贷方余额即为利润总额填列数，也是计提所得税费用的基数。

（6）所得税费用。①所得税费用=利润总额×25%，计算出应计提的所得税费用；

②核查计提所得税费用记账凭证；③所得税费用结转至本年利润借方；④计提的所得税费用在应交税金贷方体现。

（7）净利润。①净利润 = 利润总额 − 所得税费用；②结转所得税费用后本年利润的贷方余额为净利润；③由本年利润结转至利润分配，利润分配的贷方本期发生额为净利润在利润表中填列数。

7.11.7.12 资产负债表审计

资产负债表审计主要是核查资产负债表中的各个项目，以及资产负债表和利润表的勾稽关系。审计流程如下：流动资产（银行存款、应收账款、存货）→非流动资产（固定资产）→流动负债（短期借款、应付账款、应交税费、应付利息）→非流动负债（长期借款）→所有者权益（实收资本、盈余公积、未分配利润）。

（1）流动资产（货币资金、应收账款、存货）。①货币资金：核对银行存款日记账、银行流水；核对银行存款明细账余额。②应收账款：核对记账凭证以及应收账款明细账期末借方余额。③存货：核查原材料明细账、库存商品明细账、核查进销存表；核查原材料明细账期末余额、库存商品明细账期末余额。

（2）固定资产原值、累计折旧、账面价值。①固定资产明细账借方期末余额；②累计折旧明细账贷方期末余额；③账面价值 = 原值 − 累计折旧。

（3）短期借款、长期借款。①核查记账凭证短（长）期借款的借贷和还贷；②核查短（长）期借款明细账贷方余额；③明细账贷方余额即为资产负债表短（长）期借款填列数。

（4）应交税金。①核查明细账应交税费期末余额，贷方余额则为资产负债表应交税费填列数，借方余额填列则为负数；②应交税金的期末余额应等于计提但未缴纳的所得税，借方如果存在未抵扣的进项税额，则应交税金的余额为计提未交的所得税 − 未抵扣的进项税额。

（5）所有者权益（盈余公积、未分配利润）。①盈余公积：核查记账凭证本期是否计提盈余公积（盈余公积季度不计提，年末按照净利润的10%计提）；核查盈余公积明细账，贷方余额为资产负债表中盈余公积的填列数。②未分配利润：核查记账结转本年利润至未分配利润的记账凭证；核查未分配利润明细账余额、期初和本期发生额，资产负债表本期期末数为本期净利润加上上期期末数。

（6）报表的勾稽关系。①资产负债表“未分配利润”科目期末数 − “未分配利润”科目期初数 = 利润表“净利润”科目累计数；②资产负债表“期末未分配利润”期末数 = 利润表“净利润” + “年初未分配利润” − 本期分配利润 − 计提公积金、公益金。

**温馨提示：**学生在实训过程中需要熟悉自身岗位的职责和业务技能，保质保量完成各项本职工作。提升学生的审计专业技能，培养学生“坚持准则、诚信为本、不做假账”等会计职业道德观念。同时，让学生树立遵纪守法、诚信经营的法制社会的价值观和道德观，增强学生的社会责任感和团队协作能力。

# 7.12 赛事活动策划部

## 7.12.1 赛事活动策划部岗位职责

根据工作需要，企业经营仿真综合实习中的赛事活动策划部至少设置但不局限于以下岗位：部长、助理、活动策划、活动执行、文案写作、文案编辑、摄影、视频制作。

7.12.1.1 赛事活动策划部部长的岗位职责

（1）全面统筹与管理赛事活动策划部的所有工作。

（2）制定工作计划与进度表，合理安排团队分工，协调并监督各项工作任务的执行情况。

（3）审核各项活动方案、推文编辑、照片拍摄与视频制作成果。

（4）主导团队绩效考核。

（5）定期向指导老师汇报工作进展，及时与指导老师沟通工作中出现的问题，并积极解决。

（6）在指导老师的指导下，做好与仿真平台指挥部、其他企业或外围机构的沟通、协调工作。

7.12.1.2 赛事活动策划部助理的岗位职责

（1）协助部长做好本部门管理工作。

（2）处理本部门的资料整理、归档工作。

（3）负责仿真平台活动加分表的填写。

（4）负责总结表彰大会数据的收集与表单填写。

（5）协助部长进行部门团队成员考勤、考核等人事日常管理。

（6）负责物资申购使用工作。

（7）协助部长做好与仿真平台其他企业和外围机构的沟通、协调工作。

（8）完成指导老师和部长交代的其他临时性工作。

7.12.1.3 赛事活动策划部活动策划的岗位职责

（1）组织策划各类仿真实习评比类赛事活动和非评比类赛事活动。

（2）撰写相应的活动策划方案，并负责制作赛事活动策划部活动锦集。

（3）跟踪与督导所有活动策划方案的执行。

（4）做好活动策划相关资料的整理与归档。

（5）密切与本部门其他岗位、其他部门相应岗位做好沟通与协作。

7.12.1.4 赛事活动策划部活动执行的岗位职责

（1）完成各类仿真实习评比类赛事活动和非评比类赛事活动的全过程实施工作，具体包括前期准备、现场执行和后期收尾工作。

（2）配合活动策划和文案写作完成活动策划、创意方案的讨论与制定。

（3）负责各类活动文件、数据和照片、视频的汇总、整理，供文案写作和文案编辑岗位使用。

（4）密切与本部门其他岗位、其他部门相应岗位做好沟通、协作与配合。

7.12.1.5　赛事活动策划部文案写作的岗位职责

（1）负责撰写仿真实习平台微信公众号、官网等各类新闻与报道稿件。

（2）配合活动策划参与活动策划案的设计与撰写。

（3）负责仿真实习相关媒体平台内容的维护与更新。

（4）协助制作赛事活动策划部活动锦集。

（5）密切与本部门其他岗位、其他部门相应岗位做好沟通、协作与配合。

7.12.1.6　赛事活动策划部文案编辑的岗位职责

（1）在文案写作的基础上，对各类文案内容进行编辑加工、审核及监控。

（2）协同文案写作进行稿件撰写。

（3）运用信息发布系统或相关软件进行推文制作、编辑、对外发放。

（4）负责微信公众号、官网的专题、栏目、频道的策划与管理。

（5）负责各类新闻报道稿件资料的整理与归档工作。

（6）密切与本部门其他岗位、其他部门相应岗位做好沟通、协作与配合。

7.12.1.7　赛事活动策划部摄影的岗位职责

（1）负责各项活动、会议的照片拍摄工作。

（2）对图片进行编辑处理与优化。

（3）参与专题视频制作的策划与实施。

（4）负责各类活动图片、照片的整理与归档工作。

（5）密切与本部门其他岗位、其他部门相应岗位做好沟通、协作与配合。

7.12.1.8　赛事活动策划部视频制作的岗位职责

（1）负责期末总结视频的制作。

（2）负责直播、录播、专题摄像工作。

（3）承担视频设计、视频编辑、视频美工、视频后期设计等工作。

（4）管理与维护摄像等各类视频设备。

（5）负责各类视频资料的整理与归档工作。

（6）密切与本部门其他岗位、其他部门相应岗位做好沟通、协作与配合。

## 7.12.2　赛事活动策划部业务流程

赛事活动策划部业务流程大体分为活动业务流程、推文业务流程、摄影业务流程、归档业务流程。

7.12.2.1　赛事活动策划部活动业务流程

（1）部门召开活动策划讨论会，各成员各抒己见，头脑风暴，提出活动方案雏形。

（2）活动策划岗与文案写作岗对活动方案进行具体设计与撰写。

（3）再次召开活动方案讨论会，讨论各项活动细节，直至方案敲定。

（4）根据活动策划方案，活动执行岗进行前期准备，主要包括相应的物资准备、人员安排、场地布置等。

（5）与此同时，文案写作岗与文案编辑岗进行相应的活动预告通讯稿写作与推送。

（6）到开展活动时，活动执行岗负责现场主持与管理；活动策划岗给予配合与支持；摄影岗负责活动摄影；视频制作岗负责视频直播或录制；文案写作岗负责现场记录，为后期推文撰写做准备。

（7）待活动结束后，活动执行岗负责现场收尾工作，活动策划岗归档活动策划方案，摄影岗编辑、整理归档活动照片资料，视频制作岗编辑、整理归档活动视频资料，文案写作岗撰写活动回顾报道通讯稿，文案编辑针对稿件进行编辑、美工、加工、审核和对外推送。另外，根据工作需要，部长和指导老师分别对稿件进行审核和校对，助理岗负责活动加分表填写与核对，部长主导活动工作复盘与总结。

#### 7.12.2.2　赛事活动策划部推文业务流程

（1）部门召开推文专题讨论会，文案写作岗主导制定推文制作思路。

（2）文案写作岗与文案编辑岗采集、搜集推文写作素材，其中，活动文案类资料主要从活动组获取，照片视频类主要从摄影组获取，根据需要从网络、指导老师等各处获取所需素材。

（3）根据素材，文案写作岗进行推文文案写作。

（4）文案编辑岗对推文文案进行相应的编辑、排版、美工、加工、审核。

（5）根据需要，将推文文案交由部长和指导老师二次审核。

（6）待推文稿件敲定，文案编辑对外进行发布。

（7）关注推文阅读量，及时进行工作复盘与总结。

#### 7.12.2.3　赛事活动策划部摄影业务流程

（1）根据活动策划方案或视频制作要求，讨论并设计摄影内容和视频录制内容。

（2）准备相应的摄影设备和视频录制设备。

（3）实施相应的拍摄工作。

（4）针对拍摄的图片、视频进行后期编辑、加工、美工和归档。

（5）为推文组及相关部分提供图片、视频素材。

（6）保管好或归位摄影摄像设备。

（7）及时进行拍摄工作复盘与总结。

#### 7.12.2.4　赛事活动策划部归档业务流程

（1）部长召开会议，制定好各项资料归档思路与规范，并制作资料归档索引。

（2）活动组、推文组、摄影组及时进行相应资料的整理与归档。

（3）助理岗汇总所有归档资料并进行相应的审核与加工。

（4）部长对归档资料进行全面审核，并交由指导老师进行终审。

（5）终审通过，部长将资料复制到指定备份的设备上。

**温馨提示：**赛事活动策划部的思政实施要点可以根据不同岗位各有侧重。对于部长，特别需要树立攻坚克难、积极进取的意识；对于活动策划、文案写作、摄影、视频制作，特别需要强调工匠精神的塑造；对于活动执行、文案编辑、助理，特别需要培养细致耐心、严谨认真的品质；对所有岗位而言，都要求能做到认真负责、吃苦耐劳、友好懂礼仪、团队协作，并要拥有正确的价值观和强烈的时代责任感。

# 7.13 管理委员会

## 7.13.1 岗位职责

管理委员会按照日常工作职能划分为中央银行、统计局、银保监会，三个部门各司其职、互帮互助。此外，还负责受理纠纷投诉、进行表单管理、策划两期分享会、参与协助指导老师处理突发事件、收集并整理教学案例等平台事务性工作。管理委员会设置负责人1名、职员7名。

### 7.13.1.1 管理委员会负责人岗位职责

（1）全面掌握管理委员会的内部事宜，熟知所有办事流程，通晓各岗位的工作程序，统筹管理委员会整体工作，以维护仿真平台实习工作环境秩序。

（2）督导职员规范办事、高效服务。合理分配和委派工作任务，交清各项责任并及时收集下属人员的反馈信息，以便及时调整部署。有能力指导、激励和评价下属员工的工作表现，有能力独立高效处理问题和投诉，并积极与各个部门协调关系，开展工作。

（3）完成每个季度、年度各项工作汇总，并能进行有关的数据分析，及时做好各项工作汇总报告。

（4）建立并维护良好的公共关系秩序，能广泛听取和搜集各部门机构及个人的意见，不断进步、改进工作。

### 7.13.1.2 管理委员会职员岗位职责

（1）受理纠纷投诉，定时公布受理结果。

（2）仿真平台表单管理。

（3）策划两期分享会。

## 7.13.2 管理委员会工作流程

违规信息处理流程

投诉与违规处理流程如图7－62所示；违规信息处理流程见二维码。

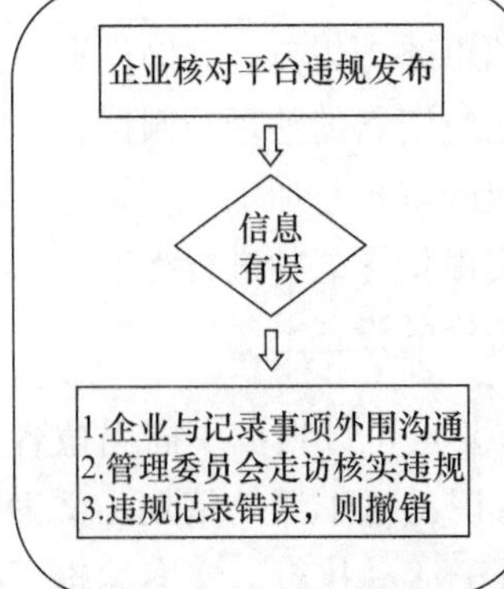


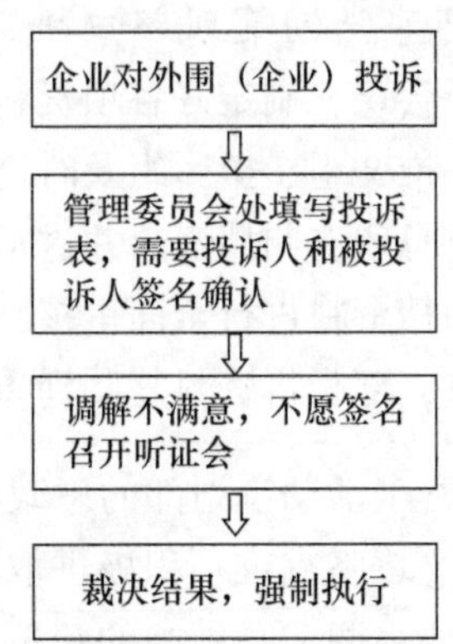


图7－62 投诉与违规处理流程

# 第3篇

# 企业经营仿真综合实习表单

在社会经济生活中，组织日常经济管理的每一个环节都离不开表单，依据数字说话的财务管理更是如此。表单既是信息载体，同时又具有简明、清晰、标准化、通用性强等不可替代的优点。特别是正确的会计凭证传递，对于协调单位内各部门、各环节的工作，加强内部控制及岗位责任制，实现会计有效监督，及时处理和加工会计信息，具有无可替代的重要作用。同时表单也是实现管理标准化、现代化的重要工具，尤其是实施会计信息化管理后，财务表单几乎不可或缺。

对于仿真综合实习平台，从专业实习角度，对表单的正确识别和恰当使用，便成为参加仿真实习同学的重要学习内容。仿真实习平台中各生产商、渠道商及外围机构业务流程在相关章节已作介绍，此处针对存货核算管理部分补充说明。

存货是企业（仿真平台生产商和渠道商）的重要资产，在实务中其一方面有较强的流动性，另一方面具有时效性和发生潜在损失的可能性。因此，加强存货的日常管理可以有效降低存货管理风险，保证存货信息的账实相符。同时，存货管理水平也是一个企业综合财务管理水平的具体体现，所以应当按照业务管理流程严格执行。

在实际工作中，从存货日常管理角度，存货管理的流程主要可分为采购、验收、保管、出库和盘点等环节。一是存货采购环节。要做好存货规划，严格采购制度，建立存货请购、询价与审批机制。二是验收入库环节。验收质检部门同采购部门职责分离，建立严格的质量控制标准，健全验收流程；外购存货的验收应当重点关注合同、发票等原始单据与存货的数量、质量、规格等核对一致，存货是否有残次损坏；自制存货的验收，应当重点关注产品质量，检验合格的半成品、产成品才能办理入库手续，不合格品应及时查明原因、落实责任、报批处理。三是存货仓储保管环节。企业需建立完善的存货仓储保管制度，加强存货的日常保管和检查工作，严格限制未经授权的人员接触存货。四是存货出库环节。企业应当明确存货发出和领用的审批权限，健全存货出库手续。五是存货盘点环节。定期和不定期的存货盘点，可以及时检查存货质量是否有变质损坏现象，以便企业及时处理减少损失，最重要的是检查存货的账实相符情况。有的企业采用日事清进行存货管理。日事清即通过看板按照项目、部门、时间等维度组织团队工作清单，创建团队工作计划，让团队工作可视化。任务会自动分解至团队相关成员的个人日程中去，让个人的日程和团队的工作安排打通，实时跟进。

仿真综合实习平台条件有限，有些环节模糊，注意根据拟定的时间节点做上述环节的操作，不能忽视。同时，恰当使用存货收发货凭证，办理相关业务手续并据以进行会计处理。存货核算管理主要环节关系如下图所示。

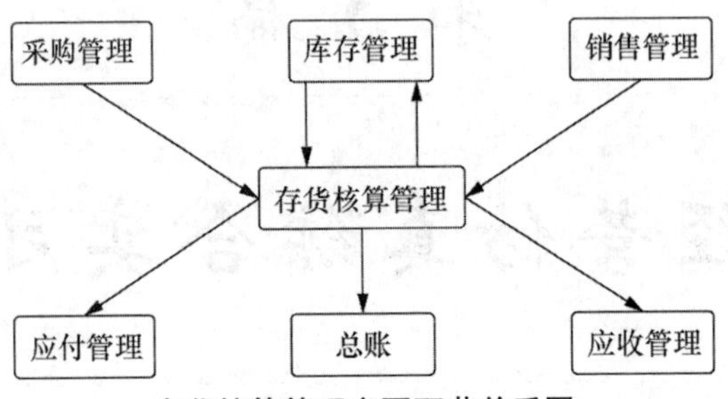


存货核算管理主要环节关系图

本篇就仿真综合实习平台在实习过程中所使用的主要实习表单，按企业和外围组织机构业务要求列示其主要种类式样。分三个部分，即生产制造商实习表单、品牌渠道商实习表单及外围辅助机构实习表单。表单的具体使用情况，请参考实习平台各部门及岗位工作流程说明。

# 第8章
# 生产制造商实习表单

> [学习目标]

通过实务操作了解不同表单的正确填写和使用方法。了解制造业重要表单体现哪些业务特点，如何有效发挥表单这一信息载体的基础作用。训练良好的岗位适应力，注意细节，熏陶端正的职业心态和职业操守。

> [育人目标]

培养一丝不苟、自律严谨的工作作风和脚踏实地的职业素养。

仿真综合实习平台所设生产制造企业，主要是从事鞋类生产制造活动，其业务流程，大致从原材料采购运输开始，进入生产排程与生产制造环节，产品完工入库，直至出售再借助运输，最后经过销售进入品牌渠道商环节。生产制造商实习表单目录如表8－1所示。

**表8－1　生产制造商实习表单目录**

| 序号 | 名　称 | 备　注 |
|---|---|---|
| 1 | 不动产租赁合同书 | |
| 2 | 国内购销合同 | |
| 3 | 中华人民共和国出口许可证 | |
| 4 | 中华人民共和国海关出口货物报关单 | |
| 5 | 材料入库汇总表 | 第一联：存根联（仓库）<br>第二联：记账联<br>第三联：生产部门 |
| 6 | 发出材料汇总表 | 第一联：存根联（仓库）<br>第二联：记账联<br>第三联：生产部门 |
| 7 | 工资费用分配表 | 第一联：存根联<br>第二联：记账联 |
| 8 | 生产成本计算表 | 第一联：记账联<br>第二联：仓库留存 |

续表

| 序号 | 名 称 | 备 注 |
|---|---|---|
| 9 | 产品入库单 | 第一联：存根联（仓库）<br>第二联：记账联<br>第三联：生产部 |
| 10 | 产成品出库单 | 本单一式两联，第一联为仓库记账联，第二联交采购员办理付款并作为财务记账联 |
| 11 | 记账凭证 | |
| 12 | 海关 专用缴款书 | 进口相关表单参见渠道商 |
| 13 | 资产负债表 | |
| 14 | 利润及利润分配表 | |
| 15 | 增值税专用发票 | 见第10章 |

# 不动产租赁合同书

## 一、订立合同双方

出租方：（以下称甲方）

承租方：（以下称乙方）

甲乙双方经友好协商，达成一致订立本合同，双方共同遵守。

## 二、出租标的

| 标的所在地区 | 种类 | 数量 | 有效期 | | 租金（元）/季度 | 装修费（万元）/升级改造费 | 备注 |
|---|---|---|---|---|---|---|---|
| | | | 起租日 | 退租日 | | | |
| | | | | | | | |
| | | | | | | | |
| | | | | | | | |
| | | | | | | | |
| | | | | | | | |
| | | | | | | | |

## 三、租金及交付方式

1. 装修费、升级改造费一次性付清。

2. 租金按季度收取，每季末30日前一次付清当季租金。

## 四、甲方的权利和义务

1. 甲方负责提供安全生产、消防安全、治安防范的大环境（防火、防盗、防鼠、防雨、防洪、社会治安等），如遇火灾、偷盗、损坏等造成的损失，由甲方负责依据损失情况进行赔偿。甲方派看守人员，保留库房大门钥匙。

甲方负责对仓库的监护，并负责库房、地面、门窗等库房设施的维护、维修。

2. 甲方负责提供水源、电源、照明设施等库房设施。

3. 甲方负责按照乙方的要求对仓库进行定期的排风。

4. 由于不可抗力等因素，导致直接影响货物的储存安全，甲方应及时将事故情况通知乙方，并在两天内提供事故详情，依据对乙方设备影响的程度，双方协商合理解决。

甲方盖章　　　　　　　　　　　　　　　　　　　　乙方盖章

甲方代表签字　　　　　　　　　　　　　　　　　　乙方代表签字

年　　月　　日　　　　　　　　　　　　　　　　　年　　月　　日

## 国内购销合同

卖方：　　　　　　　　　　买方：

合同号：　　　　　　　签订时间：　　　　　　　　　签约地：

根据《中华人民共和国民法典》，供需双方经过友好协商，签订本合同，双方达成如下协议，并共同遵守执行：

1. 卖方提供的产品名称、数量、金额、供货时间

| 产品名称 | 数量（双） | 单价（元） | 价款（元） | 税额（元） | 价税合计（元） | 交货时间 |
|---|---|---|---|---|---|---|
| | | | | | | |
| | | | | | | |
| | | | | | | |
| | | | | | | |
| | | | | | | |
| 合　计 | | | | | | |

（第一联：销货方留存　　第二联：购货方留存　　第三联：工商备案）

2. 包装

采用纸箱包装，每箱100双。

3. 产品质量标准

按商品样本质量标准验收，如产品有质量问题，卖方需承担相关责任。

4. 交货方式

码头/机场。

5. 货款结算方式及时间

□赊销，在交货时间后　天内付全款。

□签订合同时，买方支付货款总额的　　%，货到买方指定地点的次日，支付余款。

6. 合同违约责任

(1) 买方延付货款，使对方造成损失，应赔付对方货款总额的　　%的违约金。

(2) 付款后卖方无货，应赔付对方此批货款总额　　%的违约金。

7. 本合同在执行中发生纠纷，签订合同双方不能协商解决时，可申请仲裁机构仲裁或向人民法院提出诉讼。

卖方单位（盖章）：　　　　　　　　　　　　买方单位（盖章）：

卖方代表（签字）：　　　　　　　　　　　　买方代表（签字）：

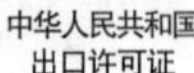

中华人民共和国出口许可证

中华人民共和国出口许可证见二维码。

中华人民共和国海关出口货物报关单

中华人民共和国海关出口货物报关单见二维码。

**表 8－2　材料入库汇总表**

年　　月　　日　　　　　　　　　　　　第　　号

| 材料编号 | 材料名称 | 计量单位 | 数量 | | 计划 | | 实际价格 | | | |
|---|---|---|---|---|---|---|---|---|---|---|
| | | | 来料量 | 入库量 | 单价 | 金额 | 单价 | 金额 | 运杂费 | 合计 |
| | | | | | | | | | | |
| | | | | | | | | | | |
| | | | | | | | | | | |
| | | | | | | | | | | |
| | | | | | | | | | | |
| 合　计 | | | | | | | | | | |

会计主管：　　　　　　　记账：　　　　　　　审核：　　　　　　　制单：

**表8－3　发出材料汇总表**

年　　月　　日　　　　　　　　　　　　第　　号

| 总账科目 | 明细科目 | 材料名称 | 领用数量 | 计划成本 | 成本差异 | 实际成本 |
|---|---|---|---|---|---|---|
| | | | | | | |
| | | | | | | |
| | | | | | | |
| | | | | | | |
| | | | | | | |
| | | | | | | |
| | | | | | | |
| | | | | | | |
| 备　注 | | | | | 合计 | |

会计主管：　　　　记账：　　　　审核：　　　　制单：

**表8－4　工资费用分配表**

单位名称　　　　　　　　年　　月　　日　　　　　　　　第　　号

| 产品、车间和部门 | 生产耗用工时 | 分配率 | 分配金额 | 备　注 |
|---|---|---|---|---|
| | | | | |
| | | | | |
| | | | | |
| | | | | |
| | | | | |
| 合计 | | | | |

复核：　　　　制表：

**表8－5　生产成本计算表**

完工产品：

产品名称：　　　　　　年　　月　　　　　　在产品：

| 摘　要 | 成本项目 | | | | 合　计 |
|---|---|---|---|---|---|
| | 直接材料 | 直接人工 | 制造费用 | 其他费用 | |
| 月初在产品成本 | | | | | |
| 本月生产费用 | | | | | |
| 合　计 | | | | | |
| 本月完工产品成本 | | | | | |
| 月末在产品成本 | | | | | |
| 单位产品成本 | | | | | |

审核人：　　　　　　　　制表人：

**表 8－6　产品入库单**

凭证编号

交库部门：　　　　年　　月　　日　　　　仓库：

| 产品编号 | 产品名称 | 计量单位 | 交库数量 | 检验结果 | | | 实收数量 |
|---|---|---|---|---|---|---|---|
| | | | | 合格率 | 合格品 | 不合格品 | |
| | | | | | | | |
| | | | | | | | |
| | | | | | | | |
| | | | | | | | |
| | | | | | | | |
| | | | | | | | |
| | | | | | | | |
| 合　计 | | | | | | | |

主管：　　　　记账：　　　　保管：　　　　交库：

**表 8－7　产成品出库单**

编号：　　　　年　月　日

| 产品名称 | 购货方 | 规格型号 | 数量 | 单位 | 体积 | 订单号 | 金额 | |
|---|---|---|---|---|---|---|---|---|
| | | | | | | | 单价 | 总额 |
| | | | | | | | | |
| | | | | | | | | |
| | | | | | | | | |
| | | | | | | | | |
| | | | | | | | | |

销售员：　　　　库管员：

**记　账　凭　证**

字第　号

年　月　日

| 摘　要 | 总账科目 | 明细科目 | 借方金额 | | | | | | | | | | | 贷方金额 | | | | | | | | | | | √ |
|---|---|---|---|---|---|---|---|---|---|---|---|---|---|---|---|---|---|---|---|---|---|---|---|---|---|
| | | | 亿 | 千 | 百 | 十 | 万 | 千 | 百 | 十 | 元 | 角 | 分 | 亿 | 千 | 百 | 十 | 万 | 千 | 百 | 十 | 元 | 角 | 分 | |
| | | | | | | | | | | | | | | | | | | | | | | | | | |
| | | | | | | | | | | | | | | | | | | | | | | | | | |
| | | | | | | | | | | | | | | | | | | | | | | | | | |
| | | | | | | | | | | | | | | | | | | | | | | | | | |
| | | | | | | | | | | | | | | | | | | | | | | | | | |
| | | | | | | | | | | | | | | | | | | | | | | | | | |
| 合　计 | | | | | | | | | | | | | | | | | | | | | | | | | |

附单据　张

会计主管：　　　　记账：　　　　复核：　　　　出纳：　　　　制单：

图 8－1　记账凭证样例

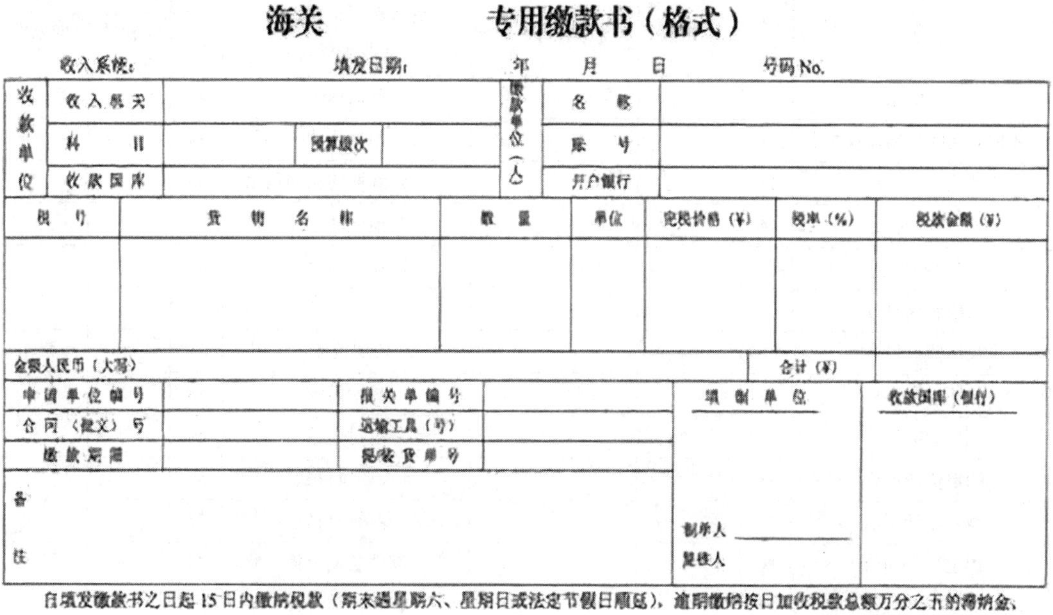

海关　　　　专用缴款书（格式）

收入系统：　　　　填发日期：　　年　月　日　　　号码 No.

| 收款单位 | 收入机关 | | | 缴款单位（人） | 名称 | |
|---|---|---|---|---|---|---|
| | 科目 | | 预算级次 | | 账号 | |
| | 收款国库 | | | | 开户银行 | |

| 税号 | 货物名称 | 数量 | 单位 | 完税价格（¥） | 税率（%） | 税款金额（¥） |
|---|---|---|---|---|---|---|
| | | | | | | |
| 金额人民币（大写） | | | | | 合计（¥） | |

| 申请单位编号 | | 报关单编号 | | 填制单位 | 收款国库（银行） |
|---|---|---|---|---|---|
| 合同（批文）号 | | 运输工具（号） | | | |
| 缴款期限 | | 提/装货单号 | | | |
| 备注 | | | | 制单人<br>复核人 | |

自填发缴款书之日起 15 日内缴纳税款（期末遇星期六、星期日或法定节假日顺延），逾期缴纳按日加收税款总额万分之五的滞纳金。

图 8－2　海关专用缴款书样例

表 8－8　资产负债表　　　　会业 01 表　　　单位：元

| 纳税人识别号 | | | 纳税人名称 | | | | |
|---|---|---|---|---|---|---|---|
| 资产负债日 | | | 报表所属期 | | 至 | | |
| 资产 | 行次 | 年初数 | 期末数 | 负债和所有者权益（或股东权益） | 行次 | 年初数 | 期末数 |
| 流动资产： | | | | 流动负债： | | | |
| 货币资金 | 1 | | | 短期借款 | 33 | | |
| 短期投资 | 2 | | | 应付票据 | 34 | | |
| 应收票据 | 3 | | | 应付账款 | 35 | | |
| 应收股利 | 4 | | | 预收账款 | 36 | | |
| 应收利息 | 5 | | | 应付工资 | 37 | | |
| 应收账款 | 6 | | | 应付福利费 | 38 | | |
| 其他应收款 | 7 | | | 应付股利 | 39 | | |
| 预付账款 | 8 | | | 应交税金 | 40 | | |
| 应收补贴款 | 9 | | | 其他应交款 | 41 | | |
| 存货 | 10 | | | 其他应付款 | 42 | | |

续表

| 纳税人识别号 | | | 纳税人名称 | | | | |
|---|---|---|---|---|---|---|---|
| 资产负债日 | | | 报表所属期 | | 至 | | |
| 资产 | 行次 | 年初数 | 期末数 | 负债和所有者权益（或股东权益） | 行次 | 年初数 | 期末数 |
| 待摊费用 | 11 | | | 预提费用 | 43 | | |
| 一年内到期的长期债权投资 | 12 | | | 预计负债 | 44 | | |
| 其他流动资产 | 13 | | | 一年内到期的长期负债 | 45 | | |
| 流动资产合计 | 14 | | | 其他流动负债 | 46 | | |
| 长期投资： | | | | 流动负债合计 | 47 | | |
| 长期股权投资 | 15 | | | | | | |
| 长期债权投资 | 16 | | | 长期负债： | | | |
| 长期投资合计 | 17 | | | 长期借款 | 48 | | |
| 固定资产： | | | | 应付债券 | 49 | | |
| 固定资产原价 | 18 | | | 长期应付款 | 50 | | |
| 减：累计折旧 | | | | 专项应付款 | 51 | | |
| 固定资产净值 | 20 | | | 其他长期负债 | 52 | | |
| 减：固定资产减值准备 | 21 | | | 长期负债合计 | 53 | | |
| 固定资产净额 | 22 | | | 递延税项： | | | |
| 工程物资 | | | | 递延税款贷项 | 54 | | |
| 在建工程 | 24 | | | 负债合计 | 55 | | |
| 固定资产清理 | 25 | | | | | | |
| 固定资产合计 | 26 | | | 所有者权益（或股东权益） | | | |
| 无形资产及其他资产： | | | | 实收资本(或股本) | 56 | | |
| 无形资产 | 27 | | | 减：已归还投资 | 57 | | |
| 长期待摊费用 | 28 | | | 实收资本（或股本）净额 | 58 | | |
| 其他长期资产 | 29 | | | 资本公积 | 59 | | |
| 无形资产及其他资产合计 | 30 | | | 盈余公积 | 60 | | |
| | | | | 其中：法定公益金 | 61 | | |
| 递延税项： | | | | 未分配利润 | 62 | | |
| 递延税款借项 | 31 | | | 所有者权益（或股东权益）合计 | 63 | | |
| 资产合计 | 32 | | | 负债和所有者权益（或股东权益）合计 | 64 | | |

企业负责人： 合计机构负责人： 制表人：

表8-9　利润表及利润分配表　　会企02表　　单位：元

| 纳税人识别号 | | | 纳税人名称 | | | |
|---|---|---|---|---|---|---|
| 报送日期 | | | 报表所属期 | | 至 | |
| 项　　目 | 行次 | 本期数 | 本年累计数 | | | |
| 一、主营业务收入 | 1 | | | | | |
| 减：主营业务成本 | 2 | | | | | |
| 主营业务税金及附加 | 3 | | | | | |
| 其中：城市维护建设税 | 4 | | | | | |
| 教育费附加 | 5 | | | | | |
| 二、主营业务利润（亏损以“－”填列） | 6 | | | | | |
| 加：其他业务利润（亏损以“－”填列） | 7 | | | | | |
| 减：销售费用 | 8 | | | | | |
| 管理费用 | 9 | | | | | |
| 账务费用 | 10 | | | | | |
| 三、营业利润（亏损以“－”填列） | 11 | | | | | |
| 加：投资收益（亏损以“－”填列） | 12 | | | | | |
| 补贴收入 | 13 | | | | | |
| 营业外收入 | 14 | | | | | |
| 减：营业外支出 | 15 | | | | | |
| 其中：坏账损失 | 16 | | | | | |
| 自然灾害等不可抗力因素造成的损失 | 17 | | | | | |
| 税收滞纳金 | 18 | | | | | |
| 加：以前年度损益调整 | 19 | | | | | |
| 四、利润总额（亏损以“－”填列） | 20 | | | | | |
| 减：所得税 | 21 | | | | | |
| 五、净利润（净亏损“－”填列） | 22 | | | | | |
| 加：（一）年初未分配利润 | 23 | | | | | |
| （二）盈余公积补亏 | 24 | | | | | |

续表

| 纳税人识别号 | | | 纳税人名称 | | | |
|---|---|---|---|---|---|---|
| 报送日期 | | | 报表所属期 | | 至 | |
| 项　目 | 行次 | 本期数 | 本年累计数 | | | |
| （三）其他调整因素 | 25 | | | | | |
| 六、当年可供分配利润 | 26 | | | | | |
| 减：（一）提取法定盈余公积 | 27 | | | | | |
| （二）提取任意盈余公积 | 28 | | | | | |
| （三）提取职工奖励及福利基金 | 29 | | | | | |
| （四）提取储备基金 | 30 | | | | | |
| （五）提取企业发展基金 | 31 | | | | | |
| （六）利润归还投资 | 32 | | | | | |
| （七）补充流动资本 | 33 | | | | | |
| （八）单项留用的利润 | 34 | | | | | |
| （九）其他 | 35 | | | | | |
| 七、可供投资者分配的利润 | 36 | | | | | |
| 减：（一）应付优先股股利 | 37 | | | | | |
| （二）提取任意盈余公积 | 38 | | | | | |
| （三）应付普通股股利 | 39 | | | | | |
| （四）转作资本（股本）的普通股股利 | 40 | | | | | |
| （五）其他 | 41 | | | | | |
| 八、未分配利润 | 42 | | | | | |
| 其中：应由以后年度税前利润弥补亏损 | 43 | | | | | |

# 第❾章
# 品牌渠道商实习表单

➤［学习目标］

通过实务操作了解不同表单的正确填写和使用方法。了解商品流通业重要表单体现哪些业务特点，如何有效发挥表单这一信息载体的基础作用。训练良好的岗位适应力，注意细节，熏陶端正的职业心态和职业操守。

➤［育人目标］

培养一丝不苟、自律严谨的工作作风和脚踏实地的职业素养。

品牌渠道商主要从事鞋类的购销活动，连接生产商和最终消费者。通过调节市场，同时赚取差价获取利润，其业务涉及内销外销，并通过营销策略，如租住门店、广告投入扩大其市场占有率，其业务流程相对生产制造商简单。日常业务活动所需表单主要有商品购入环节、商品销售环节、外贸涉及的出关报关环节、物流运输环节等。为避免重复，前文已涉及的表单不再列示。品牌渠道商实习表单目录如表 9－1 所示。

**表 9－1　品牌渠道商实习表单目录**

| 序号 | 名称 | 备注 |
| --- | --- | --- |
| 1 | 不动产租赁合同书 | 见第 8 章 |
| 2 | 品牌渠道商采购计划表 | 第一联：存根联<br>第二联：销售部门<br>第三联：财务部门 |
| 3 | 品牌渠道商商品采购订单登记表 | |
| 4 | 中华人民共和国进口许可证 | |
| 5 | 中华人民共和国海关进口货物报关单 | |
| 6 | ××国出入境检验检疫入境货物报检单 | |
| 7 | 工资费用分配表 | 见第 8 章 |
| 8 | 采购商品入库单 | 第二联会计记账联 |
| 9 | 销售商品出库单 | 第二联财务记账联 |
| 10 | 增值税专用发票 | 见第 10 章 |
| 11 | 记账凭证 | 见第 8 章 |
| 12 | 资产负债表 | 见第 8 章 |
| 13 | 利润及利润分配表 | 见第 8 章 |

品牌渠道商商品采购订单登记表

品牌渠道商采购订单登记表见二维码。

中华人民共和国进口许可证

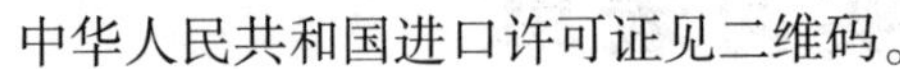
中华人民共和国进口许可证见二维码。

××国出入境检验检疫入境货物报检单

××国出入境检验检疫入境货物报检单见二维码。

采购商品入库单

采购商品入库单见二维码。

销售商品出库单

销售商品出库单见二维码。

车辆租赁合同

车辆租赁合同见二维码。

品牌渠道商采购计划表

品牌渠道商采购计划表见二维码。

# 第10章 外围辅助机构实习表单

➢［学习目标］

通过实务操作了解不同表单的正确填写和使用方法。了解商品流通业重要表单体现哪些业务特点，如何有效发挥表单这一信息载体的基础作用。训练良好的岗位适应力，注意细节，熏陶端正的职业心态和职业操守。

➢［育人目标］

培养一丝不苟、自律严谨的工作作风和脚踏实地的职业素养。

在仿真综合实习平台，外围辅助机构的主要任务是为生产制造商及品牌渠道商提供外围服务，其业务活动依据生产商与渠道商需要而设立。仿真综合实习平台外围辅助机构主要有人才交流中心、市场监督管理局、税务局、银行、信息发布中心、审计事务所、海关、第三方物流服务中心等。其中信息发布中心负责信息发布，同时扮演客户即消费者、供应商等多重角色。外围辅助机构实习表单目录如表10－1所示。

**表10－1　外围辅助机构实习表单目录**

| 序号 | 名称 | 备注 |
|---|---|---|
| 1 | 中国工商银行支票 | 银行 |
| 2 | 中国工商银行电汇凭证 | 银行 |
| 3 | 中国（　）银行进账单 | 银行 |
| 4 | 银行贷款协议 | 银行 |
| 5 | 开立单位银行结算账户申请书 | 银行 |
| 6 | 信用证 | 银行 |
| 7 | 退税申请书 | 税务局 |
| 8 | 提货单 | 第三方物流服务中心、海关 |
| 9 | 联运提单 | 第三方物流服务中心、海关 |
| 10 | 货物运单 | 第三方物流服务中心、海关 |
| 11 | 借款本金收回凭证 | 银行 |
| 12 | 会计师事务所工作底稿 | 审计事务所 |

续表

| 序号 | 名称 | 备注 |
| --- | --- | --- |
| 13 | 增值税专用发票 | 信息发布中心<br>第一联：销货方记账联<br>第二联：购货方记账联<br>第三联：抵扣联 |
| 14 | 中华人民共和国税收通用缴款书 | 第一联：收据（企业完税凭证）<br>第二联：付款凭证（开户银行留存）<br>第三联：税务机关留存 |

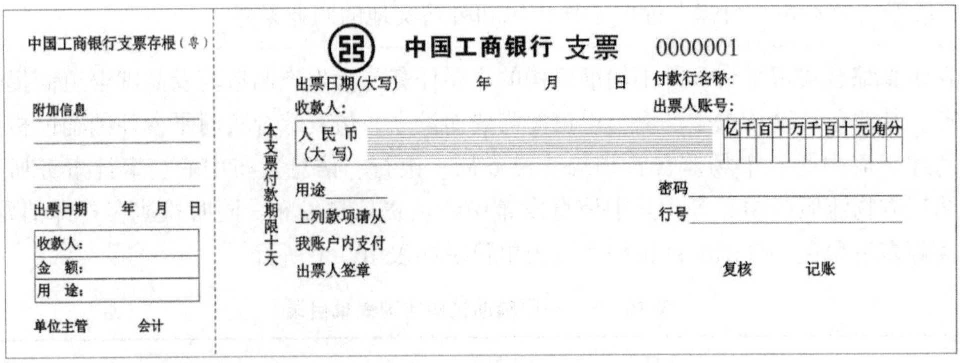

中国工商银行支票存根（粤）
附加信息
出票日期 年 月 日
收款人：
金 额：
用 途：
单位主管 会计

中国工商银行 支票 0000001
出票日期(大写) 年 月 日 付款行名称：
收款人： 出票人账号：
本支票付款期限十天
人民币（大写） 亿 千 百 十 万 千 百 十 元 角 分
用途 密码
上列款项请从 行号
我账户内支付
出票人签章 复核 记账

图 10－1 中国工商银行支票

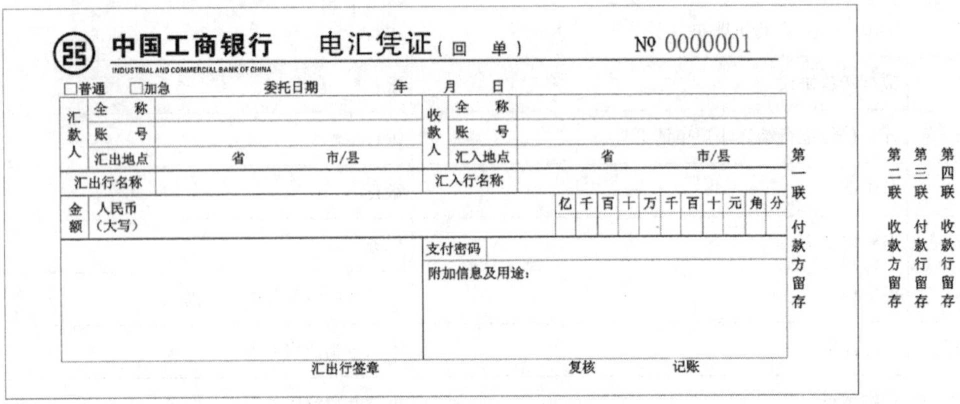

中国工商银行 INDUSTRIAL AND COMMERCIAL BANK OF CHINA 电汇凭证（回 单） № 0000001
□普通 □加急 委托日期 年 月 日
汇款人：全 称 / 账 号 / 汇出地点 省 市/县
收款人：全 称 / 账 号 / 汇入地点 省 市/县
汇出行名称 汇入行名称
金额 人民币（大写） 亿 千 百 十 万 千 百 十 元 角 分
支付密码
附加信息及用途：
汇出行签章 复核 记账
第一联 付款方留存
第二联 收款方留存
第三联 付款行留存
第四联 收款行留存

图 10－2 中国工商银行电汇凭证

中国（　）银行进账单见二维码。

中国（　）
银行进账单

银行贷款协议见二维码。

银行贷款协议

开立单位银行结算账户申请书见二维码。

开立单位
银行结算
账户申请书

信用证见二维码。

信用证

退税申请书见二维码。

**表 10－2　退税申请书**

<table>
<tr><td colspan="3">申请单位（人）</td><td colspan="2"></td><td>地址</td><td colspan="2"></td></tr>
<tr><td colspan="3">开户银行</td><td colspan="2"></td><td>账号</td><td colspan="2"></td></tr>
<tr><td colspan="3">原交税凭证</td><td colspan="3"></td><td colspan="2" rowspan="3">申请退税<br>金额</td></tr>
<tr><td colspan="3">填发日期</td><td rowspan="2">票证字号</td><td rowspan="2">税别</td><td rowspan="2">税额</td></tr>
<tr><td>年</td><td>月</td><td>日</td></tr>
<tr><td></td><td></td><td></td><td></td><td></td><td></td><td></td><td></td></tr>
<tr><td></td><td></td><td></td><td></td><td></td><td></td><td></td><td></td></tr>
<tr><td></td><td></td><td></td><td></td><td></td><td></td><td></td><td></td></tr>
<tr><td colspan="5">合计</td><td></td><td></td><td></td></tr>
<tr><td colspan="3">申请退税金额<br>人民币（大写）</td><td colspan="5"></td></tr>
<tr><td colspan="8">申请退税原因：<br>申请退税单位（人）：　　　　经办人：<br>盖章：　　　　年　月　日</td></tr>
<tr><td colspan="3">局长审批意见</td><td>会计部门<br>审核意见</td><td colspan="2">税政部门<br>审核意见</td><td colspan="2">征收单位<br>审核意见</td></tr>
<tr><td colspan="3"></td><td>经办人：<br>年　月　日</td><td colspan="2">经办人：<br>年　月　日</td><td colspan="2">经办人：<br>年　月　日</td></tr>
</table>

**集装箱船务代理有限公司**

CONTAINER SHIPPING AGENCY CO. , LTD

**提货单**

D E L I V E R Y O R D E R

地区、场站

收货人/通知方：

年　月　日

| 船名 | 航次 | 起运港 | 目的港 |
|---|---|---|---|
| 提单号 | 交付条款 | 海运费 | 合同号 |
| 货名 | | 集装箱号/铅封号 | |
| 集装箱数 | | | |
| 件数 | | | |
| 重量 | | | |
| 体积 | | | |
| 标志 | | | |
| | | | |
| | | | |

请核对放货

集装箱船务代理有限公司

凡属法定检验、检疫的进口商品，必须向有关监督机构申报。

收货人章　　　海关章

**图 10－3　提货单样例**

**表10－3 联运提单**

<table>
<tr><td colspan="2">托运人<br>Shipper</td><td colspan="2" rowspan="5">SINOTRANS<br>B/L No. 000001<br>中国外轮代理公司<br>CHINA OCEAN SHIPPING<br>AGENCY<br>联运提单<br>COMBINED TRANSPORT<br>BILL OF LADING<br>RECEIVED the foods in apparent good ordcr and condition as specified below unless otherwise stated herein. The Carrier. in accordance with the provisions contained in this document.<br>(1) undertakes to perform or to procure the performance of the entire transport form the place at which the goods are taken in charge to the place designated for delivcry in this document. and<br>(2) assumes liability as prescribed in this document for such transport one of the bills of Lading must be surrendered duty indorsed in exchange for the goods or delivery order</td></tr>
<tr><td colspan="2">收货人或指示<br>Consignee or order</td></tr>
<tr><td colspan="2">通知地址：<br>Notity address</td></tr>
<tr><td>前段运输<br>Pre－carriage by</td><td>收货地点<br>Place of Receipt</td></tr>
<tr><td>海运船只<br>Ocean Vessel</td><td>装货港<br>Port of Loading</td></tr>
<tr><td>卸货港<br>Port of Discharge</td><td>交货地点<br>Place of Delivery</td><td>运费支付地<br>Freight payable at</td><td>正本提单份数<br>Number of original Bs/L</td></tr>
<tr><td colspan="4">标志和号码 件数和包装种类 货 名 毛 重（公斤） 尺码（立方米）<br>Marks and Nos. Number and kind of packages Description of goods Gross weight (kgs.) Measurement ($m^3$)<br><br>以上细目由托运人提供<br>ABOVE PARTICULARS FINISHED BY SHIPPER</td></tr>
<tr><td colspan="2" rowspan="3">运费和费用<br>Freight and charges</td><td colspan="2">IN WITNESS whereof the number of original bills of Lading stated above have been signed, one of which being accomplished, the other (s) to be void.</td></tr>
<tr><td colspan="2">签单地点和日期<br>Place and date of issue</td></tr>
<tr><td colspan="2">代表承运人签字<br>Signed for or on behalf of the carrier<br>代 理<br>as Agents</td></tr>
</table>

**表 10-4 货物运单——港口到港口运输表**

托运人（单位）： 经办人： 地址： 运单编号：

<table>
<tr><td>发货人</td><td></td><td>地址</td><td></td><td>电话</td><td></td><td>装货地点</td><td colspan="2"></td></tr>
<tr><td>发货人</td><td></td><td>地址</td><td></td><td>电话</td><td></td><td>卸货地点</td><td colspan="2"></td></tr>
<tr><td>注意事项</td><td colspan="6">1. 托运人请勿填写栏内的项目。<br>2. 货物名称应填写具体品名，如货物品名过多，不能在运单内逐一填写须另附物品清单。</td><td>托运人签章<br>年 月 日</td><td>承运人签章<br>年 月 日</td></tr>
</table>

附

| 序号 | 货物名称 | 起运日 | 到运日 | 数量 | 货柜数 | 运费 | 货运路径 |
|---|---|---|---|---|---|---|---|
| 1 | | | | | | | |
| 2 | | | | | | | |
| 3 | | | | | | | |
| 4 | | | | | | | |
| 5 | | | | | | | |
| 6 | | | | | | | |
| 7 | | | | | | | |
| 8 | | | | | | | |
| 9 | | | | | | | |
| 10 | | | | | | | |

### 表 10－5　借款本金收回凭证

000001

扣款日期：　　　年　月　日　　　　　　单位：元

<table>
<tr><td rowspan="3">付款单位</td><td>全称</td><td></td><td rowspan="3">收款单位</td><td>全称</td><td></td></tr>
<tr><td>账号</td><td></td><td>账号</td><td></td></tr>
<tr><td>开户银行</td><td></td><td>开户银行</td><td></td></tr>
<tr><td>拨款金额</td><td>人民币：（大写）</td><td colspan="2"></td><td>人民币：（小写）</td><td></td></tr>
<tr><td colspan="6">用途：</td></tr>
<tr><td colspan="6">拨款单位盖章：</td></tr>
</table>

### 表 10－6　会计师事务所工作底稿

被审计企业：　　会计期间：

审计日期：　　年　月　日至　　年　月　日

被审计企业参加人员：　　　　　　　　审计组参加人员：

姓名：　　职务：　　　　姓名：　　职务：

姓名：　　职务：　　　　姓名：　　职务：

| 序号 | 审计内容 | 审计结果 | 审计证据 | 被审计企业意见 | | |
|---|---|---|---|---|---|---|
| | | | | | | |

审计组组长签名：　　　　　　　　审计员签名：

日期：　　　　　　　　日期：

广东增值税专用发票　　No. 000001

记账联　　开票日期：

| 购货单位 | 名　　称：<br>纳税人识别号：<br>地址、电话：<br>开户行及账号： | | | | | 密码区 | | |
|---|---|---|---|---|---|---|---|---|
| 货物或应税劳务名称 | 规格型号 | 单位 | 数量 | 单价 | 金额 | 税率 | 税额 | |
| | | | | | | | | |
| 合　　计 | | | | | | | | |
| 价税合计（大写） | | | | | | | | |
| 销货单位 | 名　　称：<br>纳税人识别号：<br>地址、电话：<br>开户行及账号： | | | | | 备注 | | |

收款人：　　复核：　　开票人：　　销货单位：（章）

第一联：记账联　销货方记账凭证

图 10－4　增值税专用发票样例

中华人民共和国
税收通用缴款书　　（9 8 1）京国缴XX号

征收机关：

隶属关系：
经济类型：　　填发日期：　年　月　日

| 缴款单位〈人〉 | 代　码 | | 预算科目 | 编码 | |
|---|---|---|---|---|---|
| | 全　称 | | | 名称 | |
| | 开户银行 | | | 级次 | |
| | 账　号 | | 收款国库 | | |

| 税款所属时期　年　月　日 | 税款限缴日期　年　月　日 |
|---|---|

| 品目名称 | 课税数量 | 计税金额或销售收入 | 税率或单位税额 | 已缴或扣除额 | 实缴金额 | | | | | | | | | | |
|---|---|---|---|---|---|---|---|---|---|---|---|---|---|---|---|
| | | | | | 亿 | 千 | 百 | 十 | 万 | 千 | 百 | 十 | 元 | 角 | 分 |
| | | | | | | | | | | | | | | | |
| 金额合计：（大写）亿 仟 佰 拾 万 仟 佰 拾 元 角 分 | | | | | | | | | | | | | | | |

| 缴款单位（人）<br>（盖章）<br>经办人（章） | 税务机关<br>（盖章）<br>填票人（章） | 上列款项已收妥并划转收款单位账户<br>国库（银行）盖章　年　月　日 | 备注： |
|---|---|---|---|

逾期不缴按税法规定加收滞纳金

无银行收讫章无效

第一联〈收据〉国库〈银行〉收款盖章后退缴款单位〈人〉作完税凭证

第二联〈付款凭证〉缴款单位〈人〉的支付凭证，开户银行作借方传票

第三联〈报查〉国库〈银行〉收款盖章后退基层税务机关作税收会计凭证

图 10－5　中华人民共和国税收通用缴款书

# 第 4 篇

# 企业经营仿真综合实习
# 会计信息化

# 第11章 企业会计信息化简介

➢ [学习目标]

1. 了解会计业务一体化模块关系及应用原理
2. 掌握 U8v11. 0 信息化企业管理系统的资源集成价值
3. 熟悉企业分行业信息化系统设计及管理方法

➢ [育人目标]

培养学生整体与局部思维，树立科学公允的实践态度，能够使用矛盾的、联系的观点去系统思考和解决问题。

## 11.1 企业会计信息化应用介绍

为了适应现代企业制度对企业信息系统化管理的需要，实现企业组织、业务、财务、战略应用高度集成一体、快速联动，企业经营仿真综合实习平台利用管理信息系统搭建针对生产商、渠道商不同应用角色的信息管理平台，实现企业管理学科知识、计算机网络技术和企业管理软件紧密结合，表现为从系统设计、系统实施、账套建立、用户分岗操作，到业务财务模块数据推送方法的使用过程，全面提升学生利用计算机处理业务的能力，达到正确使用、参与设计、懂得控制与管理会计信息系统的目的。

### 11.1.1 企业会计信息化的应用范围

企业会计信息化按照系统工程学的理论观点，以运作最优的思想揭示管理对象内在的联系和运动规律，使学生在掌握会计信息化的基本理论、设计思想、系统结构和应该具备的基本岗位专业知识的基础上，学会会计信息化系统对应操作模块的应用方法及其联系。

通过仿真综合实习平台的实践导入，能够使学生在日常工作中植入精益管理思想，学会企业管理模块化分工的使用方法，一般包括分析设计系统管理、业务财务融合一体的系统初始化实施方法，并掌握管理软件在财务管理（包括应收款管理、应付款管理、薪资管理、固定资产、出纳管理、总账、会计报表）、供应链管理（包括采购管理、销售管理、库存管理、存货核算）、预算管理和战略分析方面的应用操作方法。

在会计信息化实践培养过程中，全面培养学生按照分时分岗的操作原理紧贴实际工作环境，表现为操作时间和业务日期基本一致，并以季度作为操作期间。另外，平台在操作过程中涉及操作员的工作岗位，生产商包括会计主管、制单会计、出纳、人事主管、采购

主管、市场总监、物流主管、审计；品牌渠道商包括 CFO、财务主管、财务助理、人事主管、采购主管、市场总监、物流主管、审计。

会计业务一体化模块关系如图 11－1 所示。

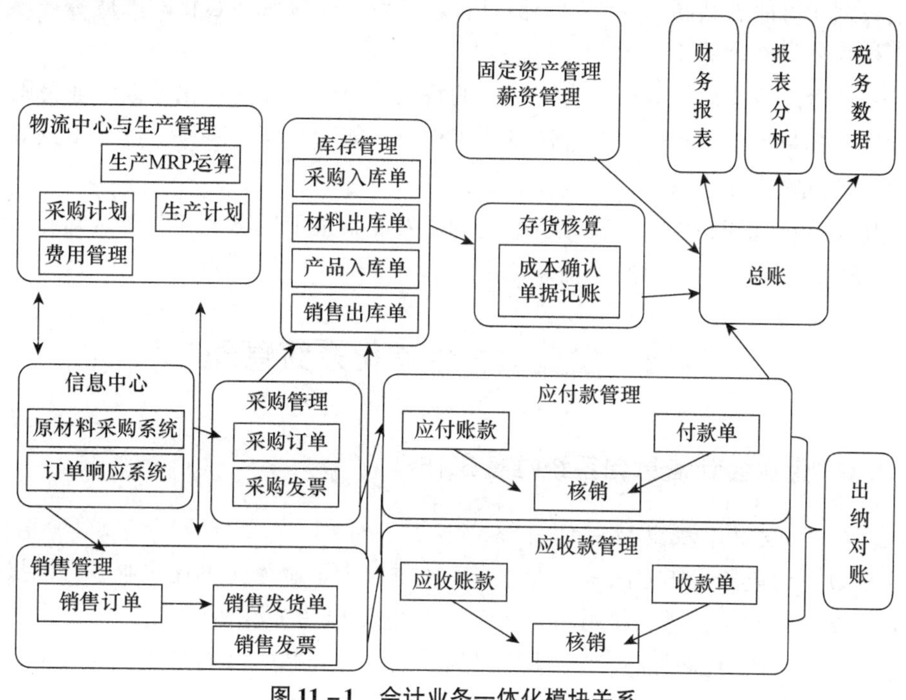


图 11－1　会计业务一体化模块关系

### 11.1.2　企业会计信息化的实践培养价值

企业会计信息化的实践培养范围展示

依据企业经营仿真综合实习平台的培养目标，实现当下企业用人需求同步，最终从技术上、管理上及发展理念上形成核心竞争力并引领时代，特引进用友 U8v11.0 信息化企业管理系统，提供财务管理、供应链管理、生产制造管理等集成化功能；企业业务部门与财务部门通过信息化技术手段实现线下业务流、资金流、信息流等数据资源及时共享，实现由业务推动财务共同做出规划、决策、控制和评价等管理活动，高效解决了经管类跨专业仿真实习的重复性工作，并协同平台各方信息系统，如订单响应系统、原材料采购系统实现平台整体运行。该系统能够实时观测企业管理的高价值数据，从而使得仿真实习环节将人才培养的重心转移到培养学生企业数据分析、预测以及过程监控、优化团队协作方面的能力，让学生切身理解业财融合的价值，明白会计参与管理的真正意义，能有更多的时间和精力用于对经营过程的分析与反思，更深入地参与企业管理决策，为智能、增值服务型高级新商科人才培养提供了实践载体。

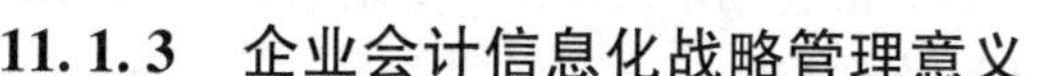

### 11.1.3　企业会计信息化战略管理意义

企业经营仿真综合实习平台作为大商科平台，要体现出其经济管理意义，需要针对企业管理所涉及的业务、财务、产品、内部运营、学习成长五个维度，通过因果关系链绘制战略地图，将企业的战略目标从上到下依次按照逻辑关系设计，对指标体系层层分解，并在不同管理层级设定指标公式，然后对具体指标再分解，最终针对终端指标对定性和定量源头数据有选择性地进行抓取，而这一过程操作的价值在于管理决策辅助，因此对数据提供具有较高的及时性和准确性要求。因此，要求纵贯于企业各岗位、部门及组织等多维度考评体系数据尽可能地共同集成于同一信息管理平台，以形成动态化的敏捷考评体系，最终形成面板式管理驾驶舱。

按照企业管理数据最终面板式直观展示的特点、企业会计信息化反馈的业务财务数据一体联动展示的特点，只有做好会计信息化工作，才能对预算、决策、过程干预等管理行为提供及时的战略数据支撑。

系统化思维训练和面板式直观分析，有利于发展学生全局思维和服务认知，有利于增强职业自信心，用联系的观点解决信息流动。

## 11.2 企业会计信息化系统管理

### 11.2.1 企业会计信息化系统准备工作

#### 11.2.1.1 设置本机电脑时间及格式

由于仿真平台业务运作方法是一天相当于一季，为了避免使用具体业务日期操作时与本机电脑日期发生冲突，达到使用当季任何一天登入 U8 完成相应工作时不发生时间冲突的效果，应设置本机电脑时间为当前季度最后一天，并调制好日期格式，每天工作按季度依次类推设置，具体操作如图 11－2 和图 11－3 所示。

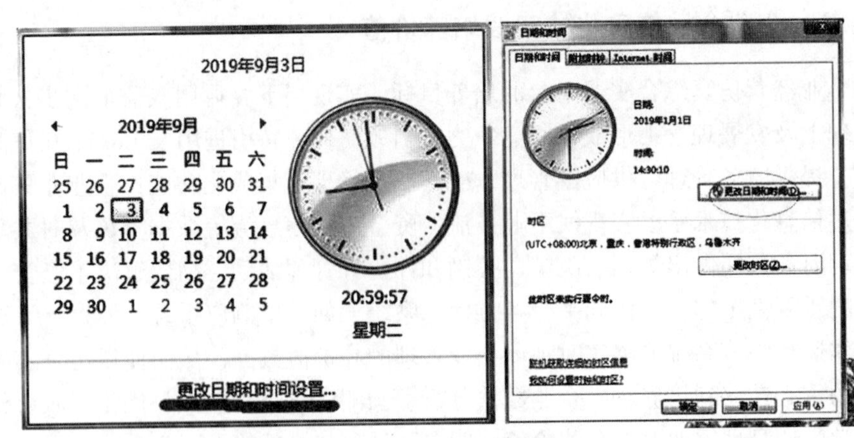


图 11－2　小组本机时间设置步骤 1

#### 11.2.1.2 熟悉 A 区、B 区服务器对应的 IP 访问地址

由于仿真平台运营是按 A 区、B 区分开展开的，两个区所属企业的会计信息化操作也对应安排了在两个不同的服务器上运行，因此有关操作人员有必要熟悉 A 区、B 区服务器各自对应的 IP 访问地址，以便在建账及具体应用时正确配置本机 IP 地址。

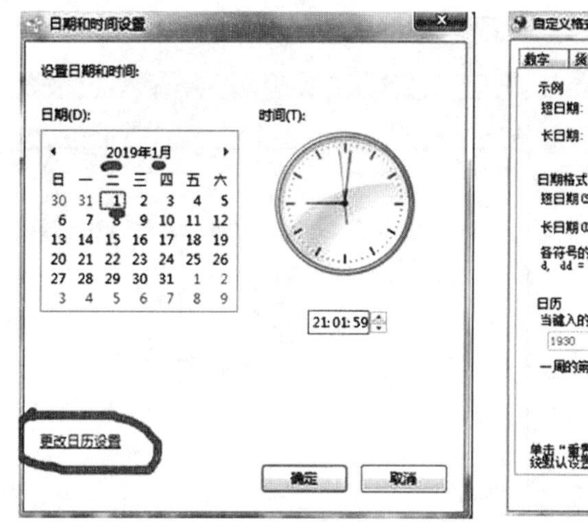


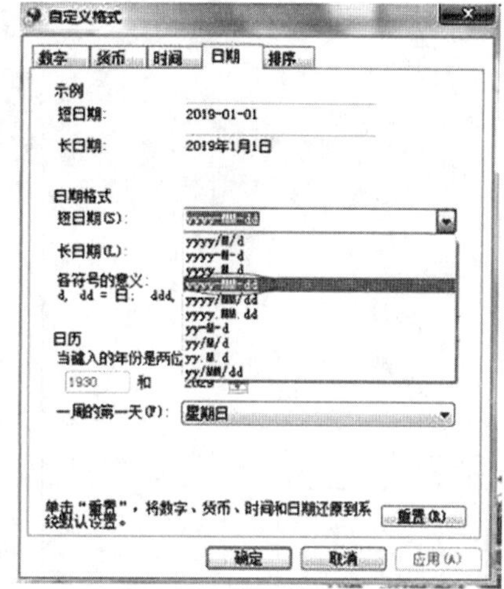


图 11－3　小组本机时间设置步骤 2

A 区、B 区两台服务器，按照每台最大访问量 180 位操作员设计，每台每期设计 27 组生产商（每组设计 8 位操作员，可通过切换的方式每组同时只能上线 3 个操作人员）、18 组渠道商（每组设计 8 位操作员，可通过切换的方式每组同时只能上线 3 个操作人员）、30 个审计人员（不限）。

A 区访问地址：172. 17. 200. 87。

B 区访问地址：172. 17. 200. 88。

A 区、B 区生产商或渠道商配置本机应用服务器 IP 地址时，打开桌面“应用服务器配置”图标，如图 11－4 所示。

图 11－4　本机应用服务器配置打开方式

A 区生产商或渠道商操作员在配置本机应用服务器 IP 地址时，只需按图 11－5 对“1”按钮进行配置，“2”按钮不用再配置，最终效果如图 11－6 所示。

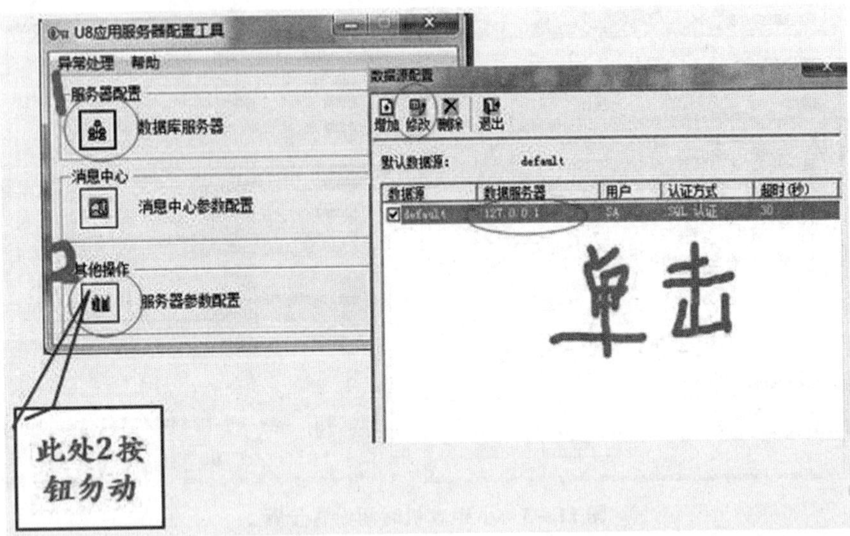


图 11－5　A 区生产商或渠道商操作员配置本机应用服务器 IP 地址的操作步骤

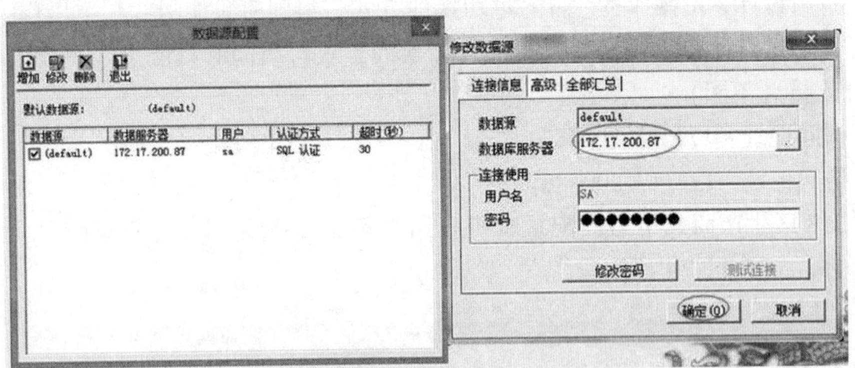


图 11－6　A 区生产商或渠道商操作员配置本机应用服务器 IP 地址的最终效果

同理，B 区生产商或渠道商操作员在配置本机应用服务器 IP 地址时，参照 A 区操作过程进行配置，如图 11－7 所示。

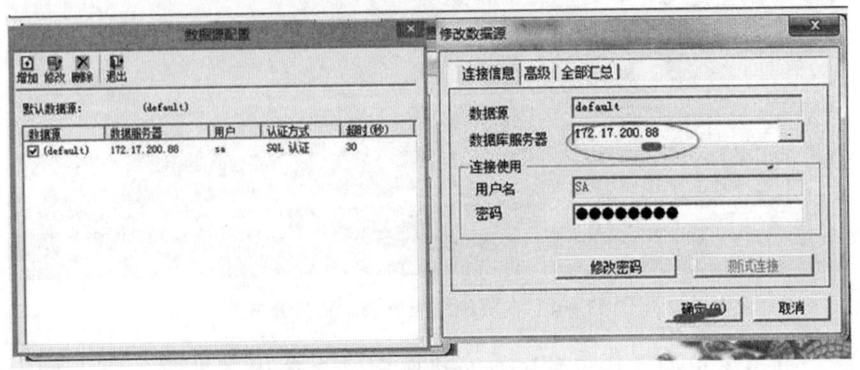


图 11－7　B 区生产商或渠道商操作员配置本机应用服务器 IP 地址的最终效果

11.2.1.3 企业各组账套号编码编制方法

在设置账套号时，必须是001～999以内的三位数字，A区、B区通用，设置方法如下：

（1）账套号首位编码标识。第一期生产商用奇数1标识，渠道商用偶数2标识；第二期生产商用奇数3标识，渠道商用偶数4标识；第三期生产商用奇数5标识，渠道商用偶数6标识。

（2）账套号后两位编码标识。生产商（01～27）、渠道商（01～18）根据自己组号的后两位编码编入即可。

（3）账套号最终编码。如第二期as01、BQ12编码：第二期、A区生产商第一组账套号编码分别对应3、01，合成后编码为301；第二期、B区渠道商第十二组账套号编码分别对应4、12，合成后编码为412。

11.2.1.4 企业各组确定账套名称

各企业对应账套名称必须是本组组号，如生产商第一组账套名称为as01。

11.2.1.5 企业各组操作员编码编制方法

当前小组账套号首位数字作为小组操作员编码的首位数字（如第二期生产商第一组301，取首位3），A区、B区生产商或者渠道商组号、操作岗位编号（用1～8依次标识）编入。例如：

第二期、A区生产商第一组、会计主管编码分别对应3、as01、1，合成后编码为3as011；

第二期、A区生产商第一组、制单会计编码分别对应3、as01、2，合成后编码为3as012；

第二期、A区生产商第一组、出纳编码分别对应3、as01、3，合成后编码为3as013；

…

第二期、A区生产商第一组、审计编码分别对应3、as01、8，合成后编码为3as018。

本组操作员密码自拟。

## 11.2.2 企业会计信息化系统建账工作

11.2.2.1 启动系统管理

在桌面双击启动系统管理窗口，如图11－8所示。

11.2.2.2 登录系统管理

各小组在建立账套时，需要登录系统管理，操作如下：

（1）第一次进入：进入“用友ERP－U8［系统管理］窗口。

（2）执行“系统”｜“注册”命令，打开“登录”系统管理对话框。

（3）系统中预先设定了一个系统管理员admin，第一次运行时，系统管理员密码为空，单击“确定”按钮，以系统管理员身份进入系统管理（见图11－9）。

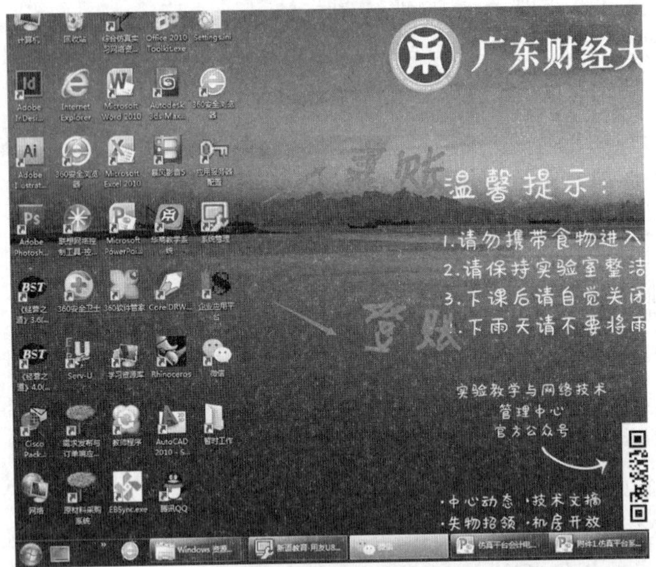


图 11-8　启动系统管理

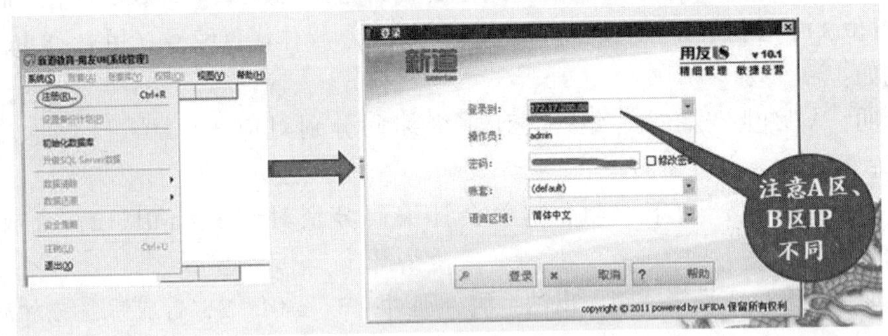


图 11-9　系统管理登录步骤

#### 11.2.2.3　复制建账

复制建账的设计原理是仿真平台提供属于平台自身的基础资源，再让各企业提供属于自身特色的个性化数据资源进行预置，以提升系统初始化效率。

各小组建账前按上述过程要求，准备好各自小组的账套信息，建议用一张白纸手写好各自的账套号、账套名称、公司全称、简称、税号、小组内七个操作人员外加一位对应审计人员（共八位操作员）的操作员编码及对应真实姓名、登录密码，建账时老师检查。

各种建账前的准备事宜完成后，下面以第一期 as01 小组 2022 年度账套信息为例建账：

账套号：101。

账套名称：as01。

账套路径：务必选择 D 盘或 E 盘（因为 C 盘空间有限）。

单位信息：据实填入。

账套主管：demo。

其他信息均为复制默认。

建账步骤如下（注意：只有用系统管理员 admin 身份才能登录建账）：

第一步，以系统管理员的身份注册进入系统管理，执行“账套” | “建立”命令，打开“账套信息”对话框，选择“参照已有账套”，生产商选977账套建账，渠道商选979账套建账，其他信息默认（见图11－10）。

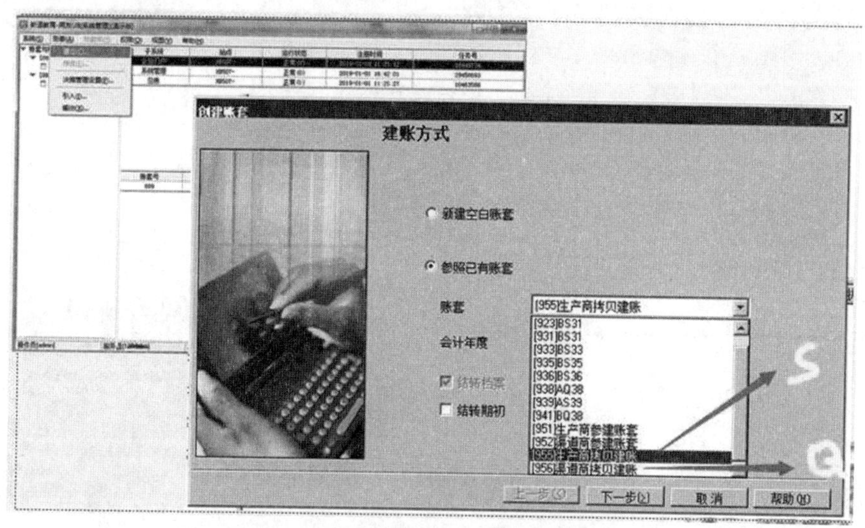


图11－10　复制建账企业类型选择图示

第二步，单击“下一步”按钮，打开“创建账套”对话框。

第三步，录入账套号及账套名称，账套路径务必选择D盘或E盘（见图11－11），然后点击“下一步”。

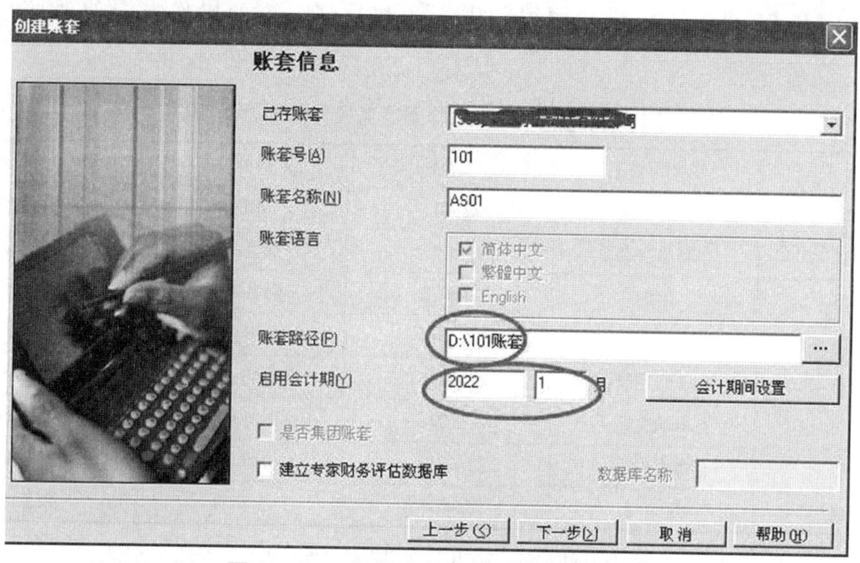


图11－11　复制建账企业账套设置效果

第四步，根据自己公司情况，据实录入单位名称、单位简称和税号三个单位信息。

第五步，单击“下一步”按钮，打开“核算类型”对话框，单击“账套主管”栏的下三角按钮，选择“demo”，其他采取系统默认。

第六步，单击“下一步”，除了结转内容部分勾选“总账”外，其他信息均默认，参照截图按顺序操作即可（见图 11－12）。

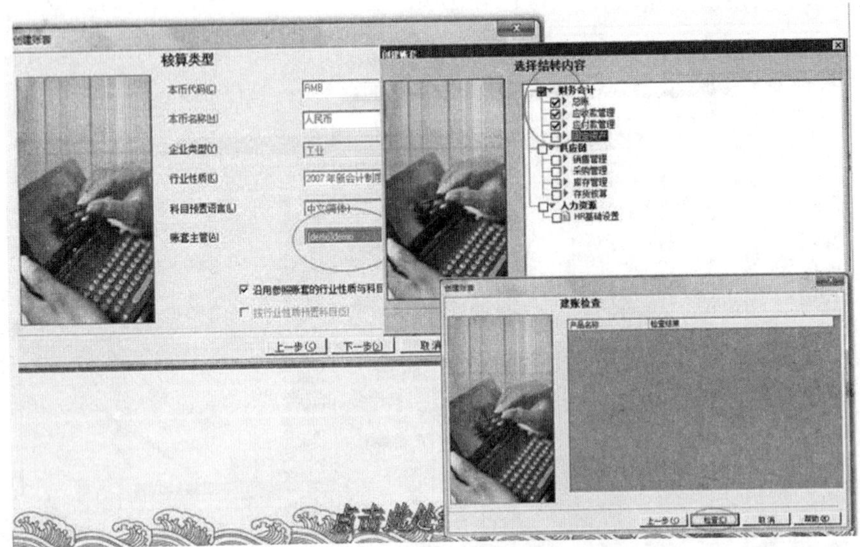


图 11－12　复制建账复制模块选择

然后依次点击“下一步”“完成”“是”“否”“确定”完成建账。

### 11.2.3　企业会计信息化系统增加操作员及分配权限

#### 11.2.3.1　增加操作员

以 as01、aq01 小组操作员为例编制生产商和品牌渠道商操作员岗位对照表（见表 11－1）。

表 11－1　生产商和品牌渠道商操作员岗位对照

| 编号 | 生产商姓名 | 编号 | 渠道商姓名 | 权限 |
| --- | --- | --- | --- | --- |
| 1as011 | 会计主管 | 2aq011 | CFO | 账套主管 |
| 1as012 | 制单会计 | 2aq012 | 财务主管 | 参照截图 |
| 1as013 | 出纳 | 2aq013 | 财务助理 | 参照截图 |
| 1as014 | 人事主管 | 2aq014 | 人事主管 | 参照截图 |
| 1as015 | 采购主管 | 2aq015 | 采购主管 | 参照截图 |
| 1as016 | 市场总监 | 2aq016 | 市场总监 | 参照截图 |
| 1as017 | 物流主管 | 2aq017 | 物流主管 | 参照截图 |
| 1as018 | 丁审计 | 2aq018 | 王审计 | 账套主管 |

注：渠道商操作员权限分配按该表对应的生产商操作员权限进行分配。

生产商和品牌渠道商操作员增加操作步骤如下：

第一步，以系统管理员（admin）的身份登录系统管理，执行“权限”｜“用户”命令，打开“用户管理”对话框。

第二步，单击“增加”按钮，打开“增加用户”对话框，分第几期、A 区/B 区生产

商、岗位录入编号，方法同上，如第一期A区生产商第一组会计主管编码，分别对应1、as01、1，合成后编码为1as011，注意所有人员均不选择所属角色。

第三步，单击“增加”按钮。依次设置其他操作员，设置完成后单击“取消”按钮退出（见图11－13、图11－14）。

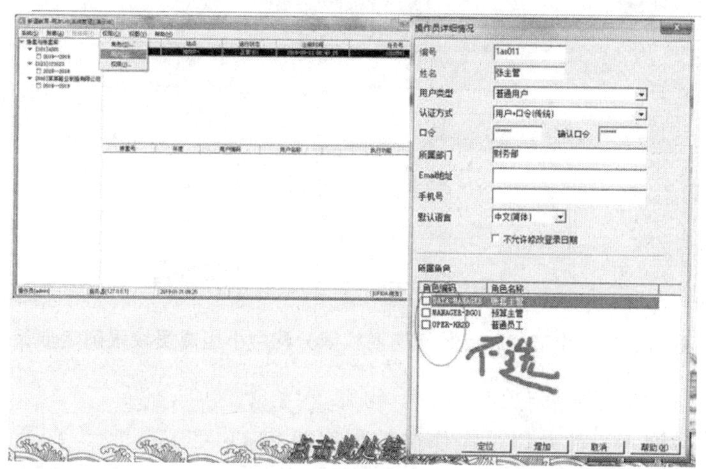


**图11－13　生产商和品牌渠道商操作员增加操作步骤**

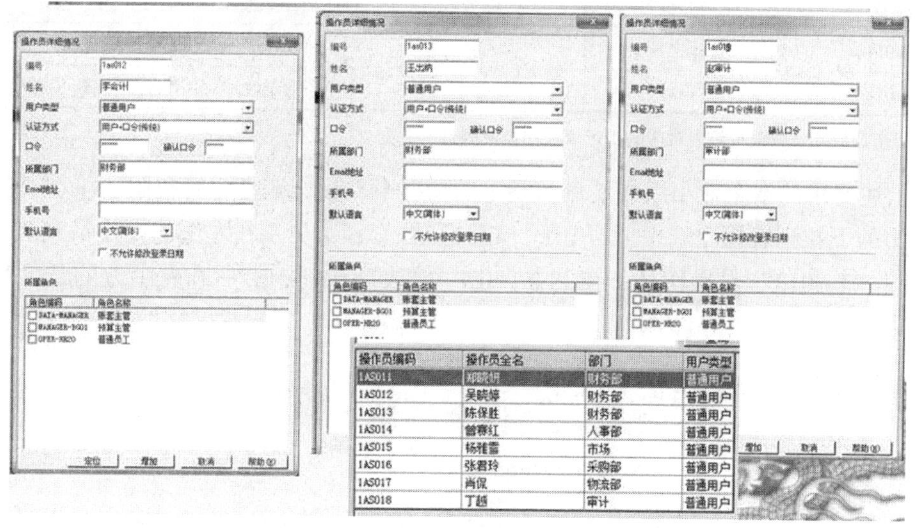


**图11－14　生产商和品牌渠道商操作员完成效果**

### 11.2.3.2　分配操作员权限——小组准备工作

在系统管理中，执行“权限”｜“权限”命令，打开“操作员权限”对话框，通过“查询”操作设定本组操作员，步骤如下：①按账套号选择本组账套；②在左边搜索栏输入本组成员编号的前5位，点击查询；③依据截图对应权限分配顺序无遗漏地分配小组成员权限（见图11－15）。

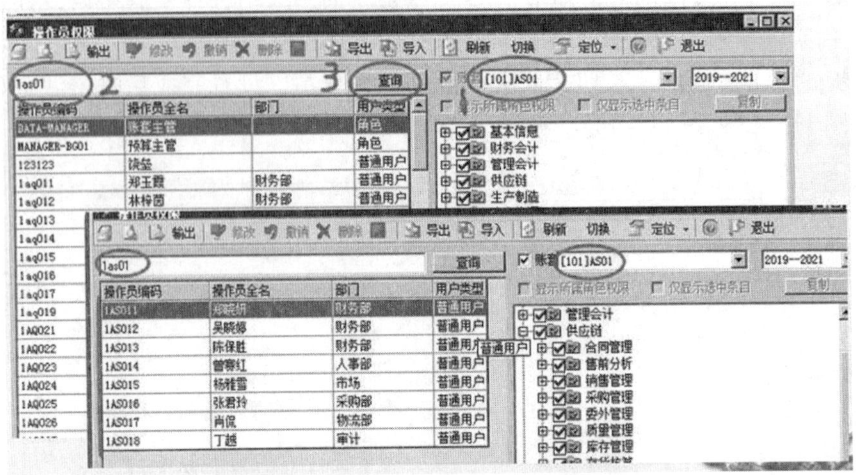

图 11－15　生产商和品牌渠道商权限分配中小组成员权限确定步骤

### 11.2.3.3　分配操作员权限——小组账套主管

按照上述人员列表，涉及以下操作员权限（见表 11－2）：

表 11－2　生产商和品牌渠道商账套主管岗位权限列表

| 编号 | 生产商姓名 | 编号 | 渠道商姓名 | 权限 |
| --- | --- | --- | --- | --- |
| 1as011 | 会计主管 | 2aq011 | CFO | 账套主管 |
| 1as018 | 丁审计 | 2aq018 | 王审计 | 账套主管 |

注：渠道商操作员权限按该表对应的生产商操作员权限进行分配。

在上述要求的本企业小组成员显示既定的情况下，设定账套主管权限：①在“账套主管”右边的下拉列表框中选中“［101］AS01”账套；②分别在左侧的操作员列表中选中“1as011”“1as018”号操作员，在上方点击“修改”按钮，然后在左上方勾选“账套主管”权限（见图 11－16）。

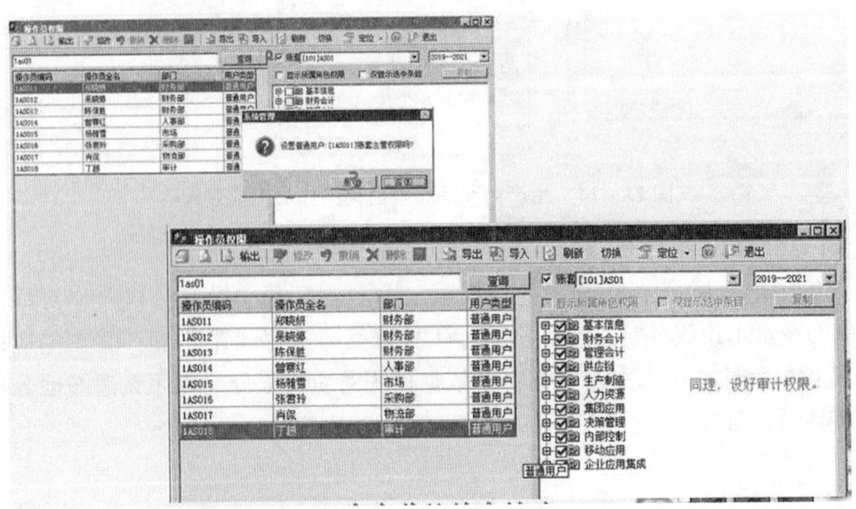


图 11－16　生产商和品牌渠道商账套主管权限分配步骤

### 11.2.3.4 分配操作员权限——小组其他操作员

按照上述人员列表，涉及以下操作员权限（见表11－3）：

**表11－3 生产商和品牌渠道商其他操作员岗位权限列表**

| 编号 | 生产商姓名 | 编号 | 渠道商姓名 | 权限 |
| --- | --- | --- | --- | --- |
| 1as012 | 制单会计 | 2aq012 | 财务主管 | 参照截图 |
| 1as013 | 出纳 | 2aq013 | 财务助理 | 参照截图 |
| 1as014 | 人事主管 | 2aq014 | 人事主管 | 参照截图 |
| 1as015 | 采购主管 | 2aq015 | 采购主管 | 参照截图 |
| 1as016 | 市场总监 | 2aq016 | 市场总监 | 参照截图 |
| 1as017 | 物流主管 | 2aq017 | 物流主管 | 参照截图 |

注：渠道商操作员权限按该表对应的生产商操作员权限进行分配。银行共用审计账号在系统导出平衡后的报表进行贷款。

在上述要求的本企业小组成员显示既定的情况下，设定账套主管以外操作员权限，在系统管理中执行“权限”｜“权限”命令，打开“操作员权限”对话框按以下步骤完成设定：①在“账套主管”右边的下拉列表框中选中“［101］AS01”账套；②分别在左侧的操作员列表中选中“1as012”“1as013”…“1as017”号操作员，在上方点击“修改”按钮，然后在右侧“增加和调整权限”对话框中，双击前面的“＋”标记，展开其下级菜单，分别勾选相应的权限，然后点击“保存”按钮。

（1）分配操作员权限——制单会计（见图11－17、图11－18）。

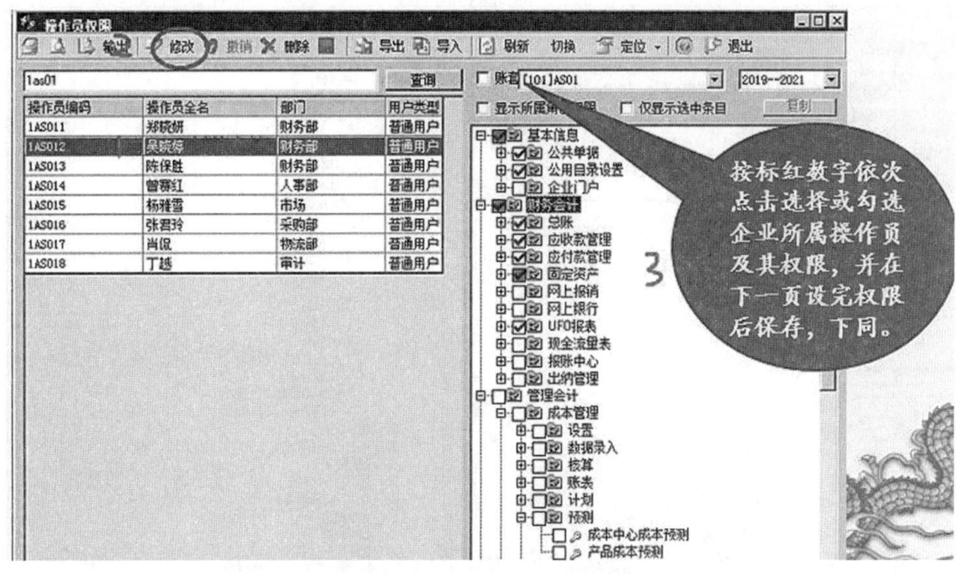


图11－17 生产商制单会计权限分配步骤1

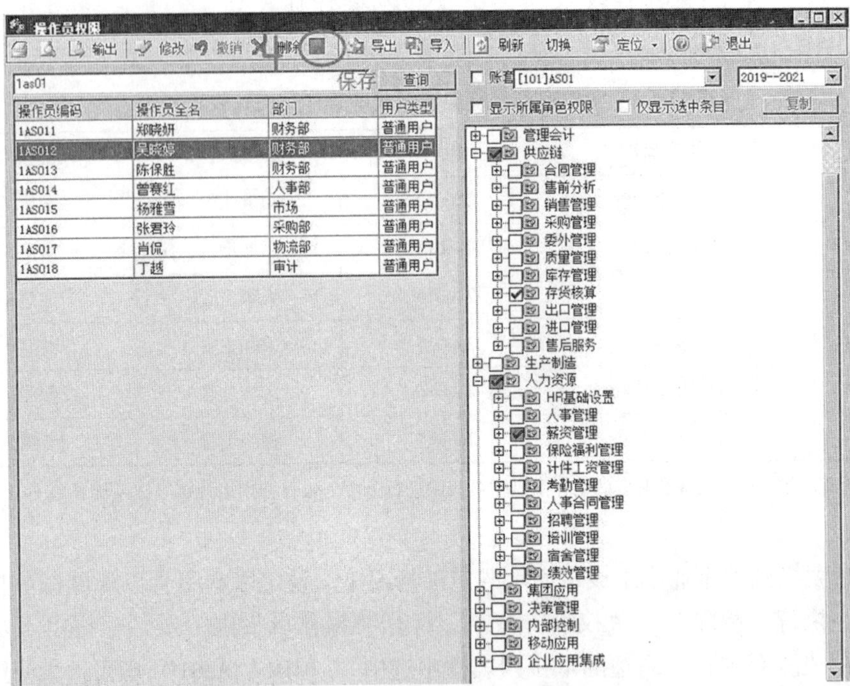

图 11－18　生产商制单会计权限分配步骤 2

（2）分配操作员权限——出纳（见图 11－19、图 11－20）。

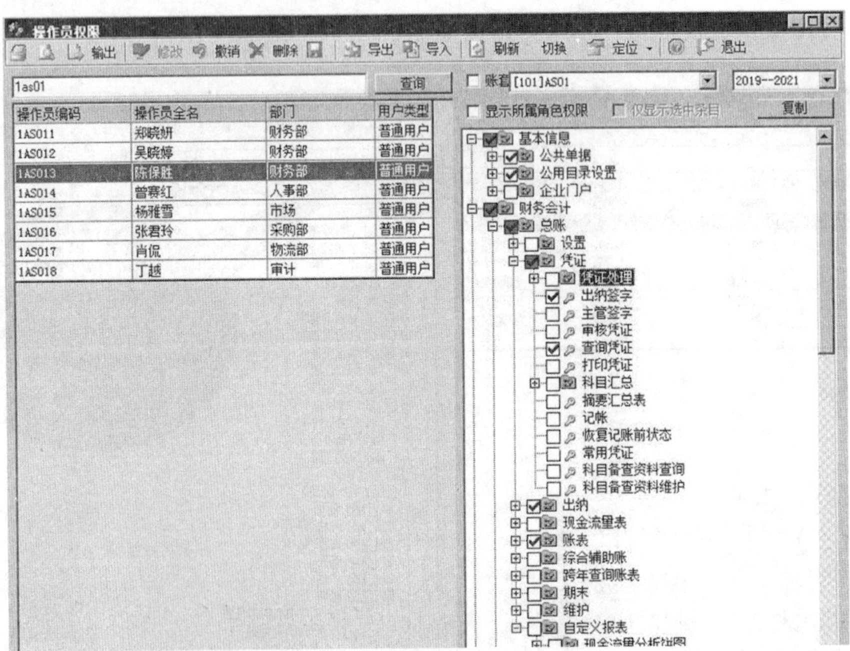

图 11－19　生产商出纳权限分配步骤 1

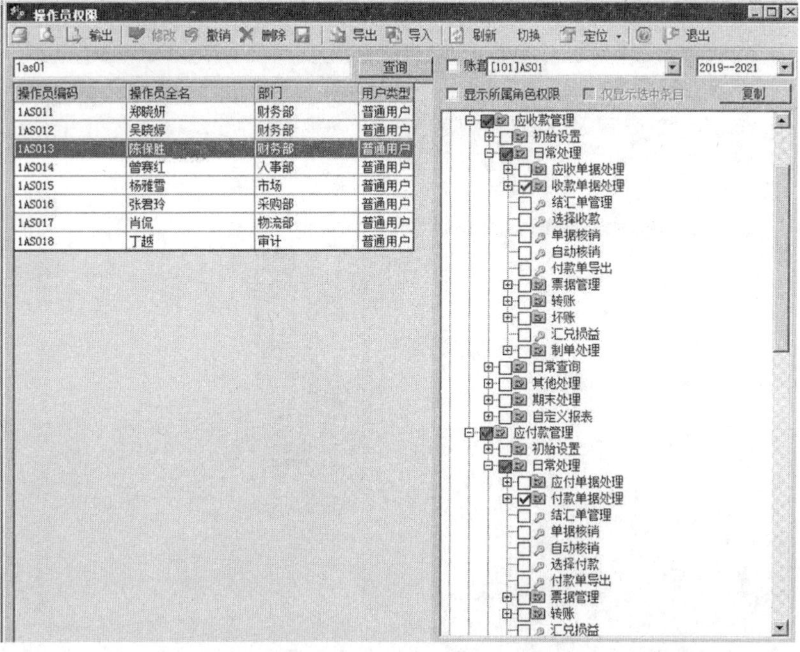

图 11－20　生产商出纳权限分配步骤 2

（3）分配操作员权限——人事主管（见图 11－21）。

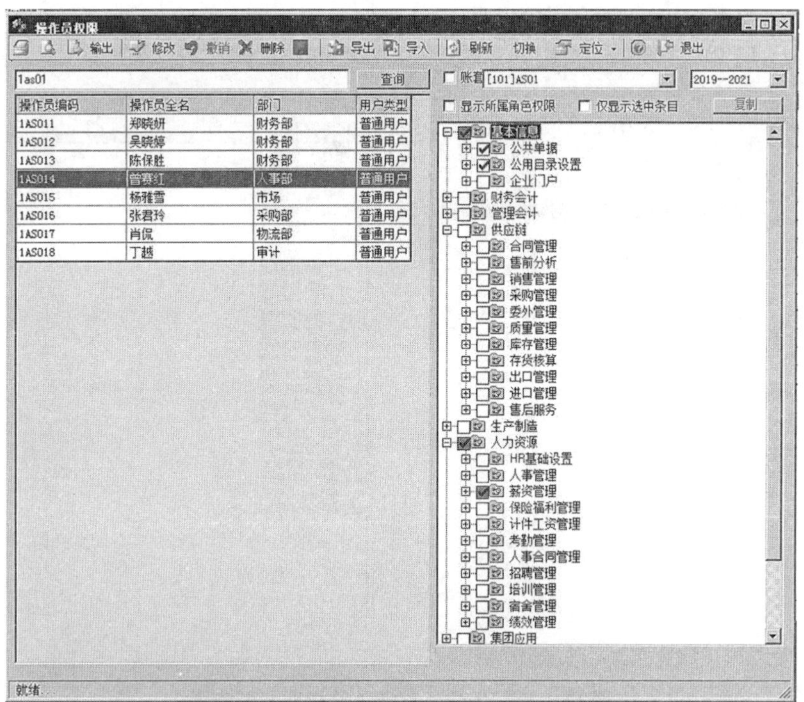

图 11－21　生产商人事主管权限分配步骤

（4）分配操作员权限——采购主管（见图 11－22）。

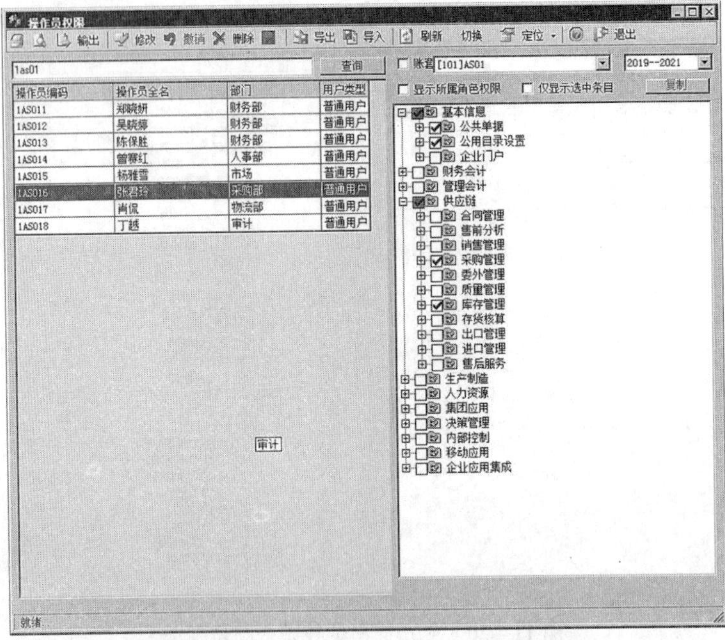

图 11－22　生产商采购主管权限分配步骤

（5）分配操作员权限——市场总监（见图 11－23）。

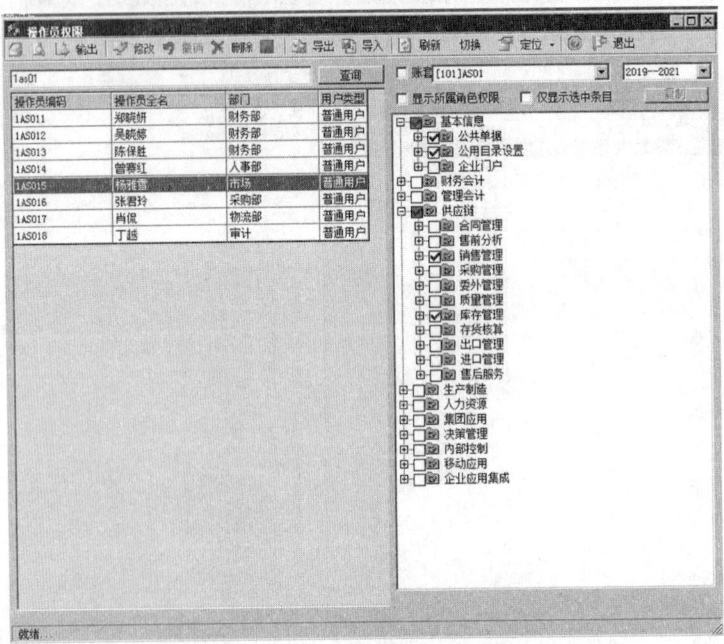

图 11－23　生产商市场总监权限分配步骤

（6）分配操作员权限——物流主管（见图11－24）。

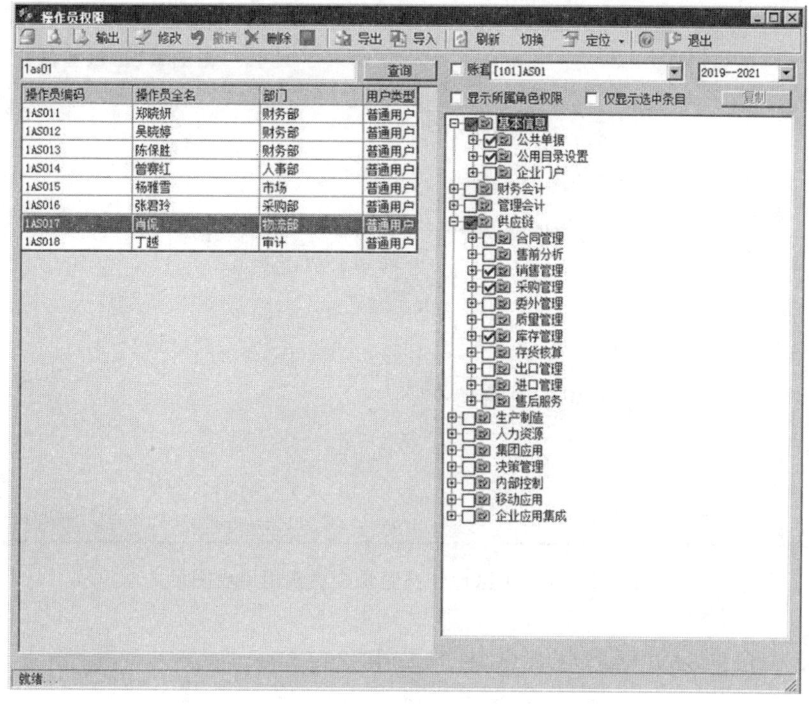


**图11－24　生产商物流主管权限分配步骤**

注意：账套建立完成后，在操作过程中只需要配置好本机时间及登录企业应用平台的日期操作即可，不需要各小组再登入系统管理，有关后台的一切事宜均由实验中心统一处理。

## 11.2.4　企业会计信息化系统登录工作

打开桌面U8企业应用平台，用不同的操作员身份登录完成业务操作（见图11－25）。

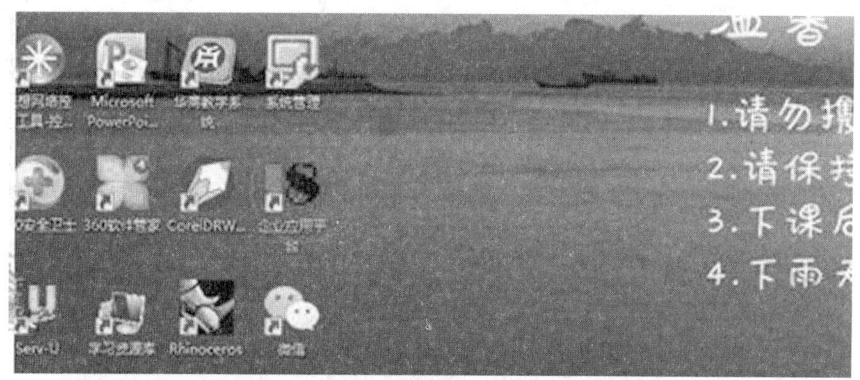


**图11－25　企业应用平台登录桌面图标**

A区、B区操作员按172.17.200.87、172.17.200.88地址及对应操作员编码登入U8（见图11－26）。

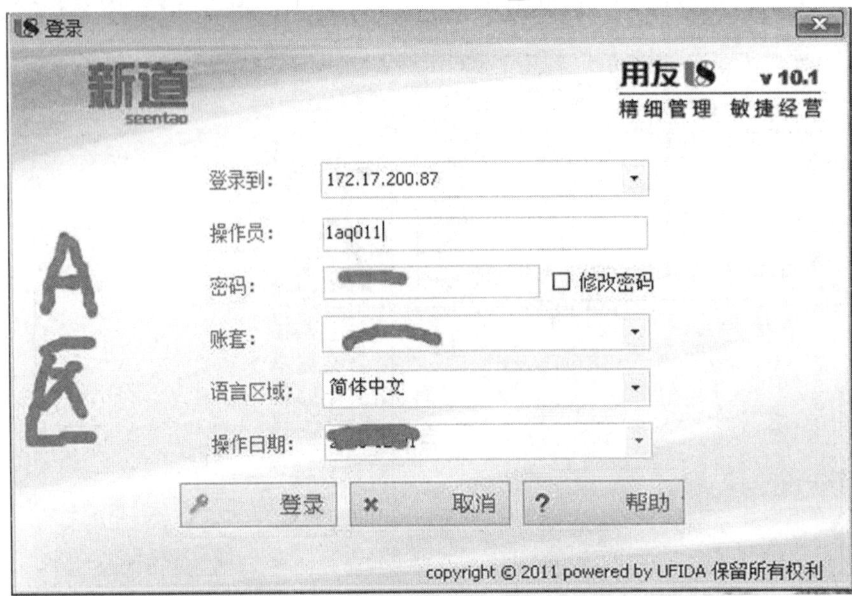


图 11－26　A 区操作员登录企业应用平台图示

### 11.2.5　企业会计信息化账套维护工作

为了提升同学们的工作效率，各小组不必再做日常备份及后台冲突处理事宜，实验中心会在后台做统一维护。

另外，仿真平台提供了网盘虚拟机，同时在厚德楼 B501 前门第一台机 D 盘准备了 U8 虚拟机，5G 大小（要求安装电脑操作系统为 64 位，4G 以上内存，导入磁盘剩余 50G 以上，复制之前先把 U 盘格式化为 NTFS 格式），同学们按要求复制并完成安装后，可以通过校园网 24 小时登录，大家注意操作节奏慢一些，可以根据需求预做一部分固定账目（注意和实际发生时的业务单据核对），或者补做也可。

**温馨提示：**通过鼓励引导，让更多学生坚定理想信念，提升道德意识，突出独立性和团队性，配合国家信息化大潮贡献自己的力量，个性鲜明地用好互联网，务实发展。

# 第❶❷章 生产制造商会计信息化

➢ [学习目标]

1. 了解生产制造商会计信息化系统建立和实施过程
2. 掌握生产制造商会计信息化系统初始化、日常业务处理、期末处理、报表管理及反结账
3. 熟悉生产制造商业务关键活动操作流程及内部控制监控事项

➢ [育人目标]

培养管理服务意识、团队协作精神、认真细致的工作态度、观察分析能力以及自我情绪控制能力。

## 12.1 生产商会计信息化系统初始化

### 12.1.1 生产商基础设置

12.1.1.1 启用模块

用2022－01－01日期、会计主管（生产商）登入用友U8企业应用平台检查模块启用情况，对未启用、多启用、启用日期错误模块做正确维护，平台在设计时只启用了8个模块（系统正常情况下已经默认启动好，另外，由于固定资产模块在平台应用较少，为简化起见不再启用），如图12－1、图12－2所示。

系统启用

全启 刷新 退出

[ ]11账套启用会计期间2022年1月

| 系统编码 | 系统名称 | 启用会计期间 | 启用自然日期 | 启用人 |
|---|---|---|---|---|
| ☑GL | 总账 | 2022-01 | 2022-01-01 | admin |
| ☑AR | 应收款管理 | 2022-01 | 2022-01-01 | admin |
| ☑AP | 应付款管理 | 2022-01 | 2022-01-01 | admin |
| ☐FA | 固定资产 | | | |
| ☐NE | 网上报销 | | | |
| ☐NB | 网上银行 | | | |

图12－1 生产商模块启用1

系统启用

全启 刷新 退出

[ ] 账套启用会计期间2022年1月

| 系统编码 | 系统名称 | 启用会计期间 | 启用自然日期 | 启用人 |
|---|---|---|---|---|
| ☐CM | 合同管理 | | | |
| ☐PA | 售前分析 | | | |
| ☑SA | 销售管理 | 2022-01 | 2022-01-01 | admin |
| ☑PU | 采购管理 | 2022-01 | 2022-01-01 | admin |
| ☑ST | 库存管理 | 2022-01 | 2022-01-01 | admin |
| ☑IA | 存货核算 | 2022-01 | 2022-01-01 | admin |
| ☐OM | 委外管理 | | | |
| ☐HB | HR基础设置 | | | |
| ☐HM | 人事管理 | | | |
| ☑WA | 薪资管理 | 2022-01 | 2022-01-01 | admin |

图 12－2　生产商模块启用 2

注意：模块启用会计期间、启用自然日期必须和图 12－1、图 12－2 一致。

12. 1. 1. 2　基础设置——开户银行

生产商开户银行样例如表 12－1 所示。设置本单位开户行步骤：在基础设置中，执行“基础档案”｜“收付结算”｜“本单位开户行”命令，进入“本单位开户行”窗口，单击“修改”，更改本单位开户行编码、银行账户、账户名称、币种、开户行、所属银行编码等。单击“保存”。

表 12－1　生产商开户银行样例

| 编号 | 银行账号 | 币种 | 开户银行 | 所属银行编码 |
|---|---|---|---|---|
| 1 | AS3000000020 | 人民币 | 中国农业银行 | 04－中国农业银行 |

注意：修改本单位开户银行有特殊需要录入项时，如需要录入机构号、联运号等，只需随意录入一些数字就可以了。

### 12. 1. 2　总账系统——结转损益设置

设置期末损益结转分两步完成：打开“总账—期末—转账定义—期间损益”窗口，清空4103，点击“确定”后退出；再重新打开窗口并输入 4103，点击“确定”（见图 12－3）。

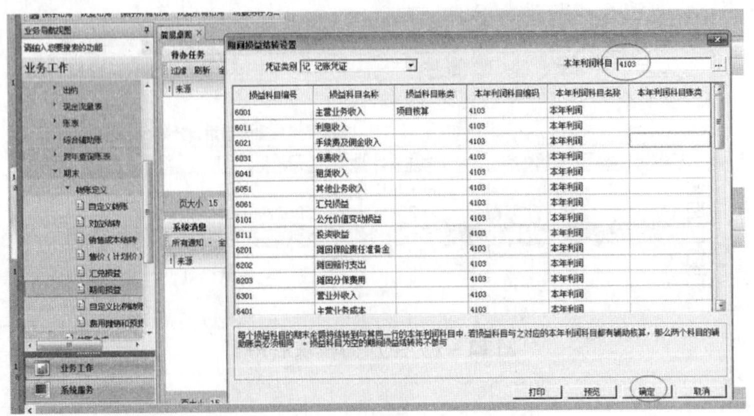

图 12－3　生产商结转损益设置

特别提示：在总账初始化过程中，请不要点击总账重新初始化按钮，点击操作后一切账务数据和财务基础设置资料归零。

### 12.1.3 薪资管理系统

12.1.3.1 建立薪资子账套

工资类别：单个；币别：人民币；不核算计件工资；不勾选工资中代扣个人所得税，不勾选扣零。

操作步骤：执行“业务工作”|“人力资源”|“薪资管理”命令，勾选“单个工资类别”；币别为“人民币”；不核算计件工资。

不勾选“是否从工资中代扣个人所得税”，点击“下一步”。

不要勾选“扣零”，点击“下一步”。

单击“完成”按钮，完成工资账套创建。

12.1.3.2 薪资管理初始化

（1）批增人员档案。操作步骤：执行“业务工作”|“人力资源”命令，进入薪资管理系统，单击“设置”|“人员档案”进入“人员档案”窗口，点击左上角“批增”按钮，选择所有部门，点击“查询”，再按“全选”，点击“确定”。

（2）预置工资项目档案（见二维码）。注意：按图12－4预置，其中应发合计、扣款合计、实发合计是系统固定项目，应付薪酬即应发合计，实际发放即实发合计，不用额外录入。

生产商工资项目档案

增加工资项目步骤：在薪资管理系统中执行“设置”|“工资项目设置”命令，打开“工资项目设置”对话框，单击“增加”按钮，工资项目列表中增加一行，例如依据项目档案列示资料，填入“标准工资”，长度“15”，小数“2”，增减项选择“增项”，继续单击“增加”按钮，增加其他工资项目，并注意调整项目顺序（见图12－4）。

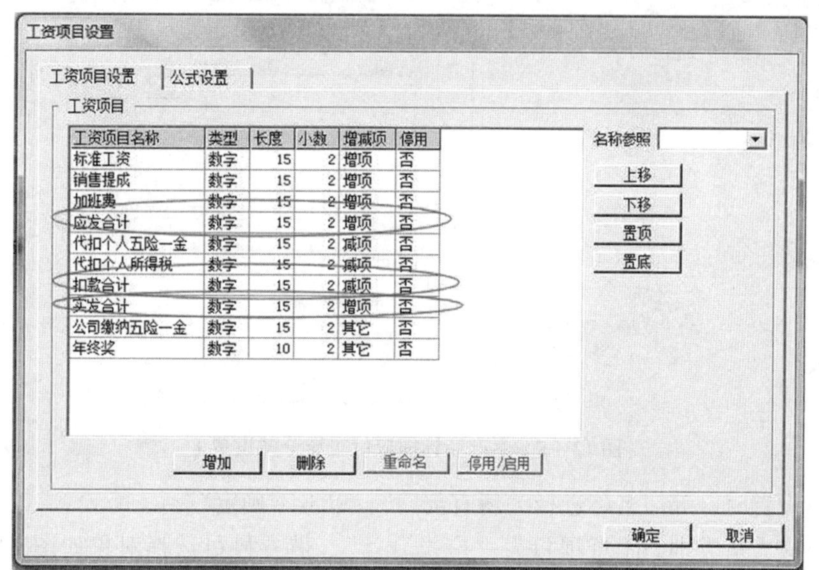


| 工资项目名称 | 类型 | 长度 | 小数 | 增减项 | 停用 |
|---|---|---|---|---|---|
| 标准工资 | 数字 | 15 | 2 | 增项 | 否 |
| 销售提成 | 数字 | 15 | 2 | 增项 | 否 |
| 加班费 | 数字 | 15 | 2 | 增项 | 否 |
| 应发合计 | 数字 | 15 | 2 | 增项 | 否 |
| 代扣个人五险一金 | 数字 | 15 | 2 | 减项 | 否 |
| 代扣个人所得税 | 数字 | 15 | 2 | 减项 | 否 |
| 扣款合计 | 数字 | 15 | 2 | 减项 | 否 |
| 实发合计 | 数字 | 15 | 2 | 增项 | 否 |
| 公司缴纳五险一金 | 数字 | 15 | 2 | 其它 | 否 |
| 年终奖 | 数字 | 10 | 2 | 其它 | 否 |

图12－4 工资项目档案完成效果图示

项目档案完成设置后，打开业务处理下的工资变动，检查一下工资表中工资项目及员工档案是否存在错漏，并注意用右边工具调整项目顺序，确保无误。

注意：不需要进行“公式设置”，系统已自动设好。

### 12.1.3.3 工资分摊及制单设置

（1）设置工资分摊。要设置工资分摊，需要先执行“业务处理” | “工资变动”，点击“汇总”按钮后才能设置工资分摊事宜。

（2）工资分摊计提比例及会计账户设置。

1）计提应付工资（见表 12－2）。在薪资管理系统中执行“业务处理” | “工资分摊”命令，单击“工资分摊设置”按钮，单击“增加”，打开“分摊计提比例设置”对话框。输入“计提应付工资”，比例“100%”，单击“下一步”，如图 12－5 所示。

表 12－2 生产商计提应付工资

<table>
<tr><th colspan="2" rowspan="2">计提工资分摊<br>部门</th><th colspan="2">应发合计（100%）</th></tr>
<tr><th>借方科目</th><th>贷方科目</th></tr>
<tr><td>行政部、采购部、财务部、生产部、营销部、人力资源部、物流仓储部</td><td>高级管理人员</td><td>660201 管理费用——工资</td><td rowspan="4">221101 应付职工薪酬——工资</td></tr>
<tr><td>营销部</td><td>销售人员</td><td>660101 销售费用——工资</td></tr>
<tr><td>生产部</td><td>车间管理人员</td><td>510101 制造费用——工资</td></tr>
<tr><td>生产部</td><td>生产人员</td><td>5001 生产成本——P1</td></tr>
</table>

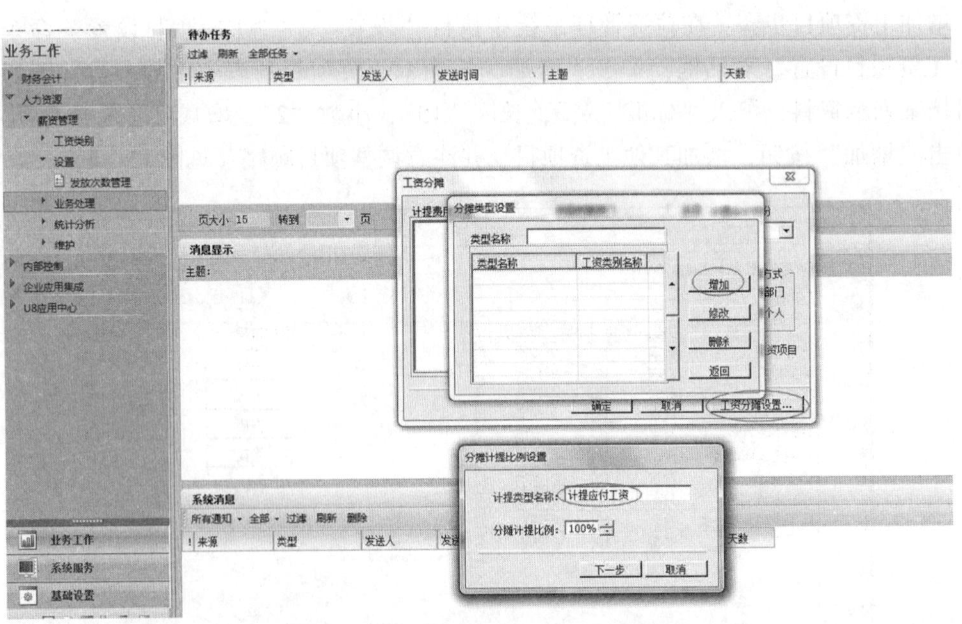


图 12－5 生产商计提应付工资分摊设置 1

第一行设置时，部门名称选择“所有部门”，单击“确定”。

选择对应人员类别，工资项目为“应发合计”，借方科目选择对象如图 12－6 所示，贷方科目为“应付职工薪酬——工资”，单击“完成”。

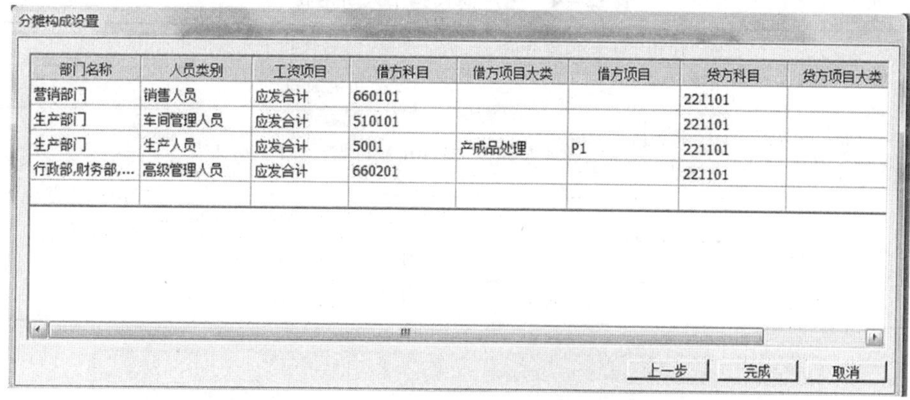

分摊构成设置

| 部门名称 | 人员类别 | 工资项目 | 借方科目 | 借方项目大类 | 借方项目 | 贷方科目 | 贷方项目大类 |
|---|---|---|---|---|---|---|---|
| 营销部门 | 销售人员 | 应发合计 | 660101 | | | 221101 | |
| 生产部门 | 车间管理人员 | 应发合计 | 510101 | | | 221101 | |
| 生产部门 | 生产人员 | 应发合计 | 5001 | 产成品处理 | P1 | 221101 | |
| 行政部,财务部,... | 高级管理人员 | 应发合计 | 660201 | | | 221101 | |



图 12 -6　生产商计提应付工资分摊设置 2

2）代扣个人"五险一金"（见表 12 -3）。继续在工资分摊设置窗口点击"增加"，输入"代扣个人五险一金"，分摊计提比例为 120%，单击"下一步"，选择对应部门，选择相应人员类别，借方科目为"应付职工薪酬——工资"，贷方科目为"其他应付款"，单击"完成"（见图 12 -7）。

**表 12 -3　生产商代扣个人"五险一金"**

| 部门 \ 代扣"五险一金"分摊 | | 代扣个人"五险一金"（100%）借方科目 | 代扣个人"五险一金"（100%）贷方科目 |
|---|---|---|---|
| 行政部、采购部、财务部、营销部、人力资源部、生产部、物流仓储部 | 高级管理人员 | 221101 应付职工薪酬——工资 | 224102 其他应付款——代扣个人"五险一金" |
| 营销部 | 销售人员 | 221101 应付职工薪酬——工资 | |
| 生产部 | 生产工人 | 221101 应付职工薪酬——工资 | |
| 生产部 | 车间管理人员 | 221101 应付职工薪酬——工资 | |

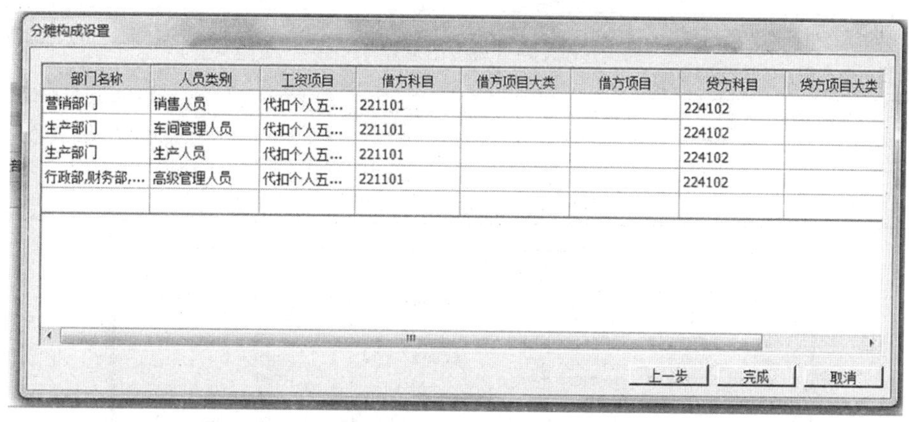

分摊构成设置

| 部门名称 | 人员类别 | 工资项目 | 借方科目 | 借方项目大类 | 借方项目 | 贷方科目 | 贷方项目大类 |
|---|---|---|---|---|---|---|---|
| 营销部门 | 销售人员 | 代扣个人五... | 221101 | | | 224102 | |
| 生产部门 | 车间管理人员 | 代扣个人五... | 221101 | | | 224102 | |
| 生产部门 | 生产人员 | 代扣个人五... | 221101 | | | 224102 | |
| 行政部,财务部,... | 高级管理人员 | 代扣个人五... | 221101 | | | 224102 | |



图 12 -7　生产商代扣个人"五险一金"工资分摊设置

3）代扣个人所得税（见表 12 -4）。继续在工资分摊设置窗口点击"增加"，输入"代扣个人所得税"，分摊计提比例为 100%，选择"人员类别"及"工资项目"，单击"下一步"（见图 12 -8）。

**表 12－4　生产商代扣个人所得税**

| 部门 \ 代扣个人所得税分摊 | | 代扣个人所得税（100%）借方科目 | 贷方科目 |
|---|---|---|---|
| 行政部、采购部、财务部、营销部、人力资源部、生产部、物流仓储部 | 高级管理人员 | 221101 应付职工薪酬——工资 | 222106 应交税费——应交个人所得税 |
| 营销部 | 销售人员 | 221101 应付职工薪酬——工资 | |
| 生产部 | 生产工人 | 221101 应付职工薪酬——工资 | |
| 生产部 | 车间管理人员 | 221101 应付职工薪酬——工资 | |

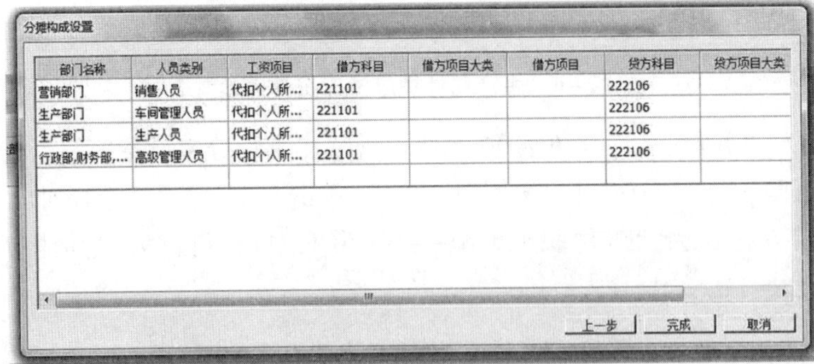


图 12－8　生产商代扣个人所得税分摊设置

4）计提企业五险一金（见表 12－5）。继续在工资分摊设置窗口点击“增加”，输入“计提企业五险一金”，分摊计提比例为 100%，单击“下一步”，选择对应部门，选择对应人员类别及工资项目，正确选择借贷方会计账户，单击“完成”（见图 12－9）。

**表 12－5　生产商计提企业“五险一金”**

| 部门 \ 计提企业五险一金 | | 公司缴纳“五险一金”（100%）借方科目 | 贷方科目 |
|---|---|---|---|
| 行政部、采购部、财务部、营销部、人力资源部、生产部、物流仓储部 | 高级管理人员 | 660210 管理费用——“五险一金” | 221102 应付职工薪酬——计提企业“五险一金” |
| 营销部 | 销售人员 | 660107 销售费用——“五险一金” | |
| 生产部 | 生产工人 | 5001 生产成本——P1 | |
| 生产部 | 车间管理人员 | 510105 制造费用——“五险一金” | |

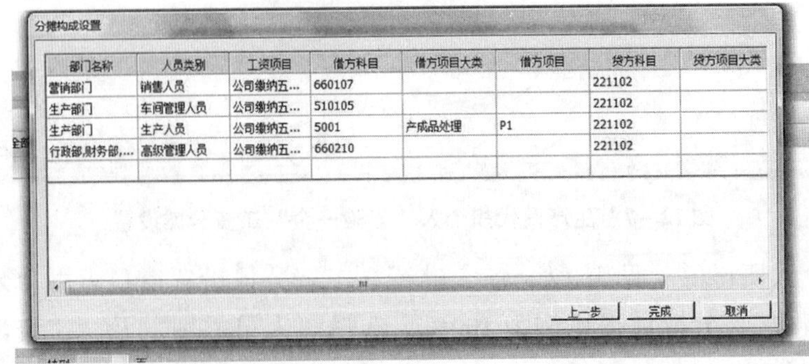


图 12－9　生产商计提企业“五险一金”分摊设置

### 12.1.4　应付款管理系统

此处包括两个修改任务：

（1）修改基础设置银行账户。选择自己的开户银行，全部更新（见图 12－10）。

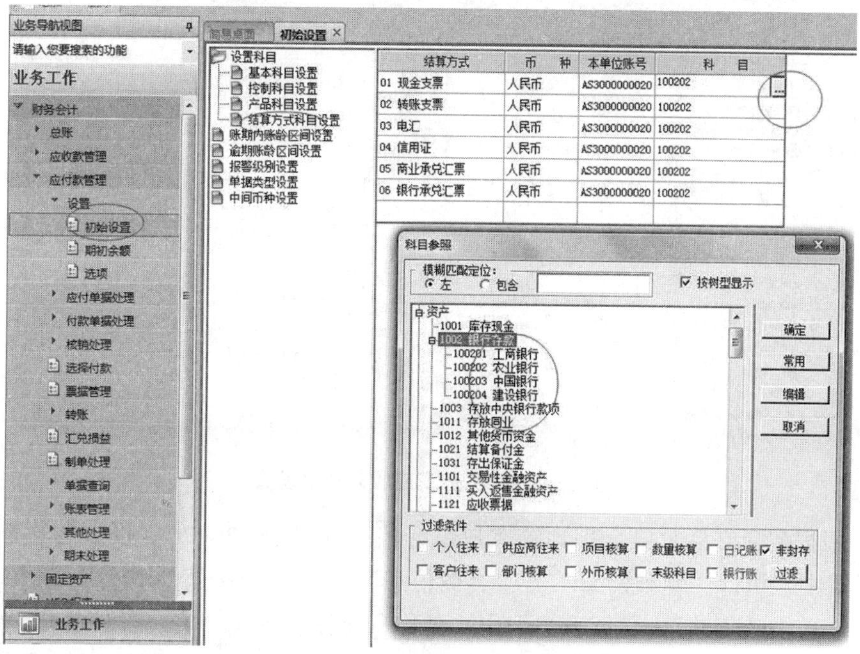

图 12－10　生产商应付款银行账户设置

（2）根据实际交易对象合理预置供应商档案（见表 12－6）。设置供应商档案步骤：在基础设置中，执行“基础档案”｜“客商信息”｜“供应商档案”命令，进入“供应商档案”窗口。单击“修改”，更改供应商编码、名称、简称、所属分类、税号、开户银行、银行账号，单击“保存”。

表 12－6　生产商供应商档案样例

| 供应商编号 | 供应商简称 | 所属分类 | 税号 | 开户银行 | 账号 |
|---|---|---|---|---|---|
| 01 | 第三方物流中心 | 03－物流中心 | 410153821167012 | 中国建设银行 | WL2000000002 |
| 02 | 信息中心 | 04－信息中心 | 410103611257888 | 中国银行 | XX1000000001 |

注意：该处的初始化资料只是作为操作参考，因为生产商供应商档案已经在系统中预置进去了，不用再增加。

### 12.1.5　应收款管理系统

此处包括两个修改任务：

（1）修改基础设置。需修改银行账户设置，注意选择自己的开户银行，全部更新（见图 12－11）。

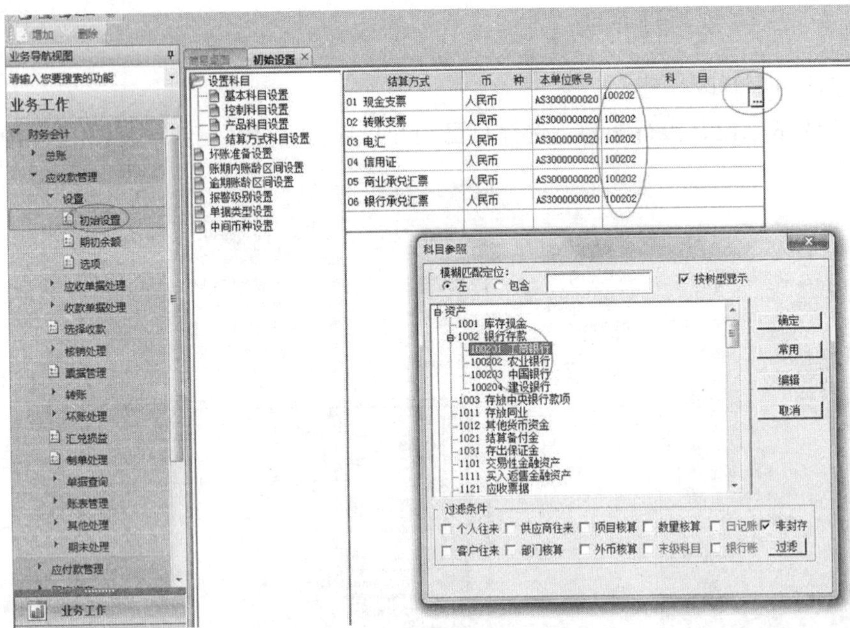

图 12－11 生产商应收款科目设置

（2）根据实际交易对象合理预置客户银行档案（见表 12－7）。设置客户档案步骤：在基础设置中，执行“基础档案”｜“客商信息”｜“客户档案”命令，进入“客户档案”窗口。单击“修改”，更改客户编码、名称、简称、所属分类、税号、开户银行、银行账号，单击“保存”。

表 12－7 生产商客户银行档案样例

| 客户编号 | 客户简称 | 开户银行 | 账号 | 税号 | 付款条件 | 默认值 |
|---|---|---|---|---|---|---|
| 01 | AQ10 | 中国工商银行 | AQ3000000010 | YZHSAQ10 | 无 | 是 |

注意：该处的初始化资料只是作为操作参考，因为生产商客户档案已经预置进去了，只需要在经营过程中根据需要在原渠道商档案上修改就可以了，不用再另行增加。通过初始化来培养学生的细心、责任心及沟通能力。

### 12.1.6 采购管理系统

需要对采购期初进行记账（见图 12－12），记账后才能进行期间内业务操作。

### 12.1.7 销售管理系统

需要设置销售参数，如图 12－13 所示。

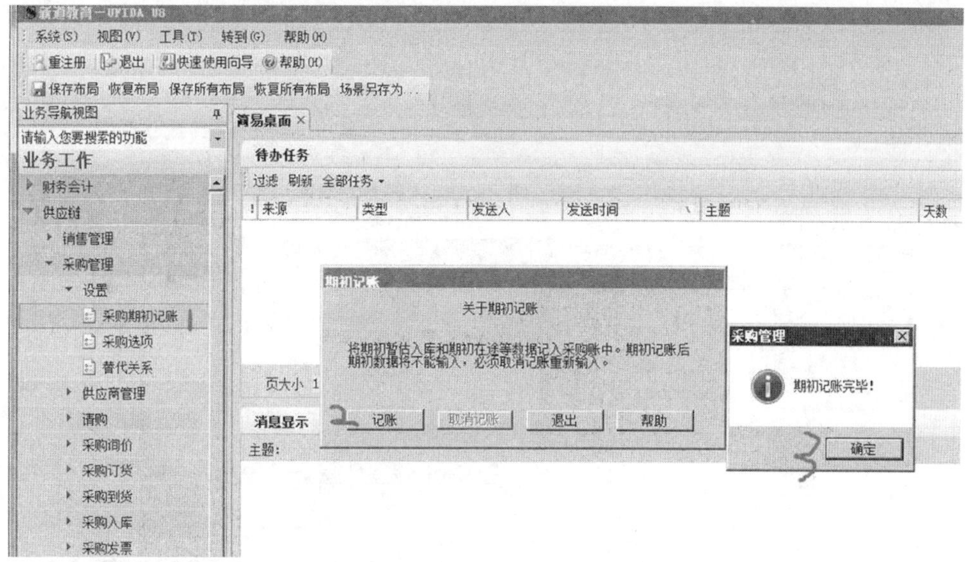


图 12 – 12　生产商采购期初记账

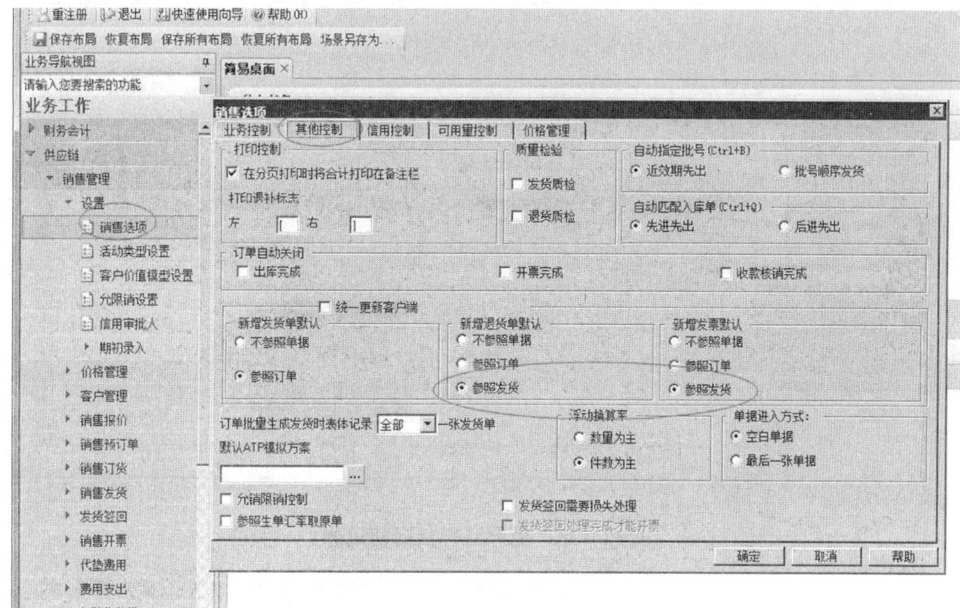


图 12 – 13　生产商销售参数设置

### 12.1.8　库存管理系统

无需其他设置。

### 12.1.9　存货核算系统

此处包括两部分内容设置：

（1）需要对存货期初进行对账（见图 12 – 14、图 12 – 15），对账后才能进行期间内账务处理。

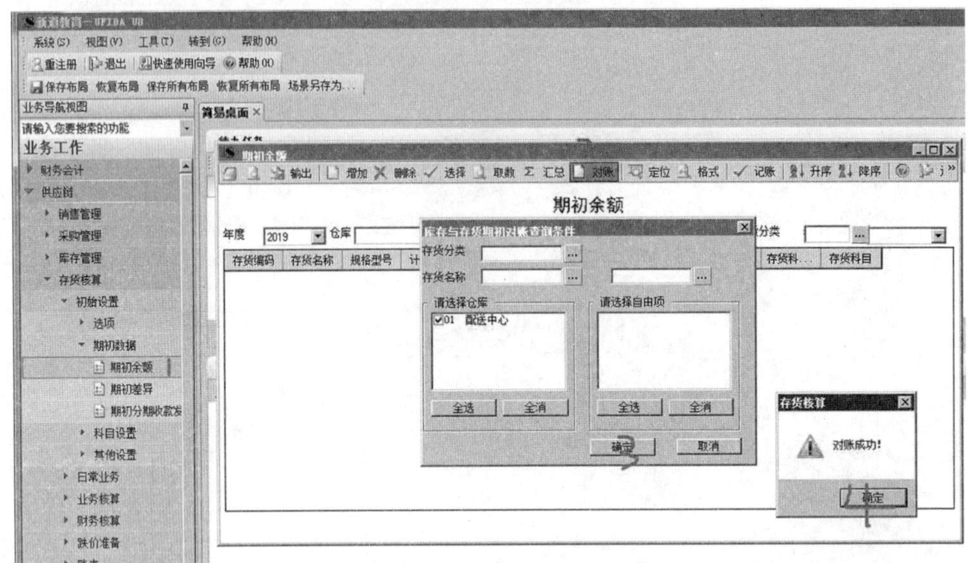


图 12－14　生产商存货期初对账

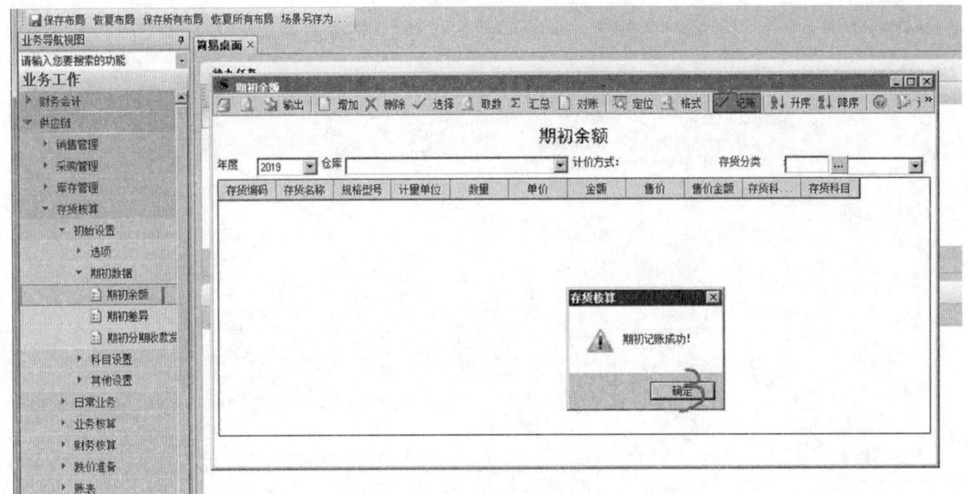


图 12－15　生产商存货期初记账

生产商存货科目对照表

（2）存货科目设置。在“存货核算”模块打开“存货科目”窗口，按照生产商存货科目对照表（见二维码）录入相应信息，点击“保存”。存货科目设置方法如图 12－16 所示。

（3）存货对方科目设置。在“存货核算”模块打开“存货对方科目”窗口，按照生产商存货对方科目对照表（见二维码）录入相应信息，点击“保存”。存货对方科目设置方法参照存货科目设置。

生产商存货对方科目对照表

### 12.1.10　报表系统

平台模板已设好，不必再动。

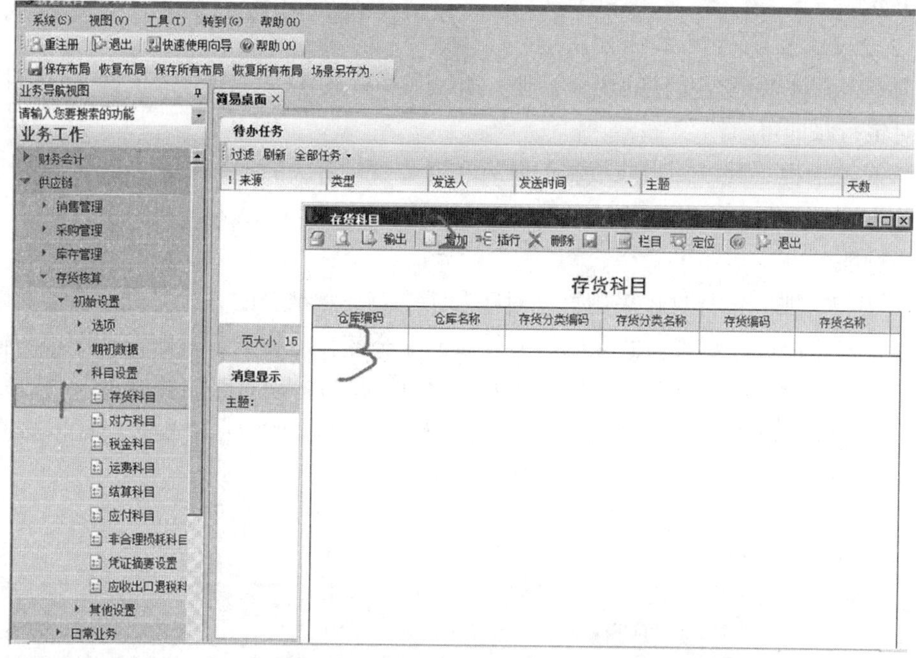


图 12 – 16　生产商存货科目设置方法

# 12.2　生产商会计信息化日常业务处理

## 12.2.1　生产商会计信息化操作员任务分工

生产商会计信息化操作员任务分工见二维码。

生产商会计信息化操作员任务分工

注意：银行共用审计账号在系统导出平衡后的报表进行贷款。

## 12.2.2　总账系统日常业务

### 12.2.2.1　总账手工录入凭证涉及对象

总账手工录入记账凭证是指排除应收款管理系统、应付款管理系统、薪资管理系统、存货核算系统机制凭证以外的业务事项及调账事宜。

步骤：打开“业务工作” | “财务会计” | “总账” | “凭证” | “填制凭证”，需要手工录入的凭证大体如下：投资人投入资金；取得银行借款；支付银行手续费；支付招聘广告费；支付厂房及仓库租金；支付仓储费；支付水电费；产成品运费；固定资产投入；固定资产折旧；处置固定资产；无形资产投入；无形资产摊销；发放工资；支付“五险一金”及个税；支付生产线转产费、维修费、调试费、研发费用；支付产成品堆存费；支付产成品销售运费；计提利息；产品研发费等；结转制造费用。

注意：①期末损益结转的两张凭证是季末一次通过总账期末生成制单的，不属于手工录入对象。②采购原材料及其运费、辅料支付款项的记账凭证，通过在应付款管理系统录入付款单后制单生成；销售商品收取款项的记账凭证，通过在应收款管理系统录入收款单后制单生成。

12.2.2.2　出纳管理工作方法

因为平台只涉及银行存款的现金管理，所以在平台运作中，出纳每季度末只需按银行账户核对银行账即可。

（1）对账前提。其一，当期填制的所有和资金收付有关的记账凭证，经过制单会计或会计主管审核、记账，才能自动过账形成企业日记账；其二，录入当期的银行对账单，形成银行日记账。

（2）银行对账。银行对账采用自动对账和手工对账相结合的方式完成。自动对账：由计算机根据对账依据（结算方式＋结算号＋方向＋金额）将银行日记账未达账项与银行对账单进行自动核对；手工对账：出纳自己两边勾对，是对自动对账的补充。

选择“业务工作”｜“财务会计”｜“总账”｜“出纳”｜“银行对账”窗口，如图12－17所示。

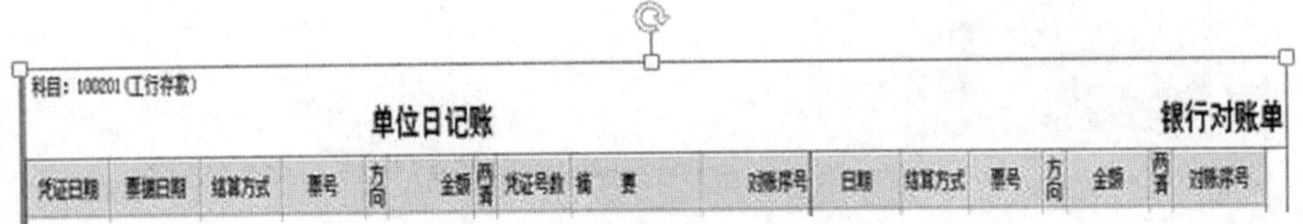


图12－17　生产商银行对账操作1

点击“对账”按钮，在弹出的“自动对账”窗口中，录入本季截止日期，选择对账条件，确定后完成自动对账（见图12－18），之后还可以用手工勾对的方式进行手工对账。

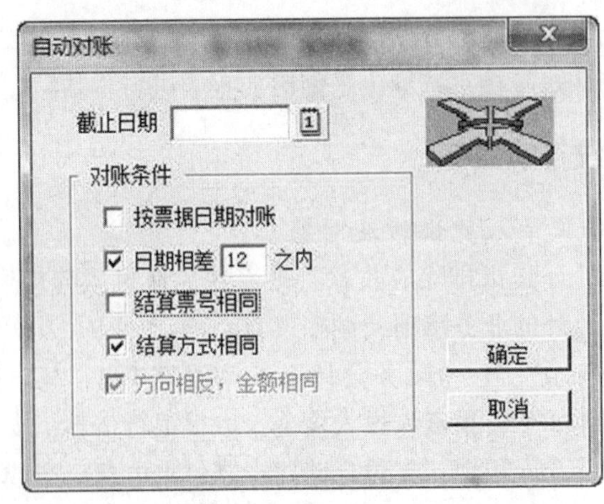


图12－18　生产商银行对账操作2

（3）核销银行账。核销银行账即核销已达账，核销已达账将删除已两清的单位日记账和银行对账单，然后再次回到对账窗口手工勾对，再次核销，直到不能再找出银行日记账和银行对账单有对应项为止。

（4）编制银行存款余额调节表。勾对完成后，可通过查询得到系统自动编制完成的银

行存款余额调节表。

注意：出纳在出纳管理模块根据银行存款日记账完成银行对账操作，由于平台无拖欠，一定是无未达账项存在。

### 12.2.3　薪资管理系统

#### 12.2.3.1　薪资模块业务处理

在本季度的第三个月（本季前两个月薪资模块已结账），打开“业务工作”|“人力资源”|“薪资管理”|“业务处理”|“工资变动”，输入相关人员的标准工资、销售提成、加班费、代扣个人“五险一金”、代扣个人所得税、计提企业“五险一金”，单击“全选”“计算”，再点“汇总”，完成后，关闭“工资变动”。

#### 12.2.3.2　制单设置

打开“薪资管理”|“业务处理”|“工资分摊”，选择“计提分配方式”|“分配到部门”，选中“明细到工资项目”，点击“确定”（见图 12－19）。

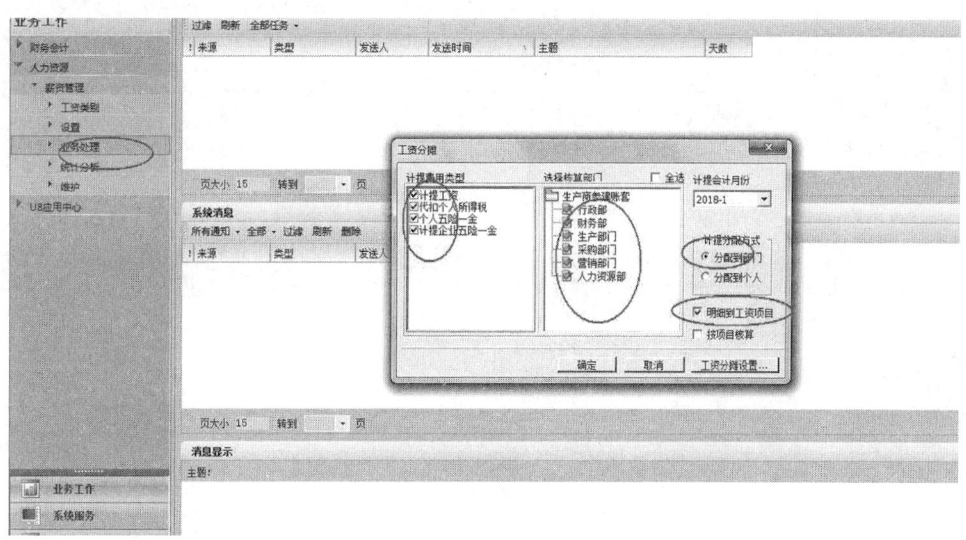


图 12－19　生产商薪资制单设置

选中“合并科目相同、辅助项相同的科目”，点击“制单”。然后勾选“合并科目相同、辅助项相同的分录”，依次切换选择制单：

（1）选择“应付工资”计提分摊类型，勾选“合并科目相同、辅助项相同的分录”，点击“制单”，如图 12－20 所示。

选择记账凭证生产成本会计分录，根据当期生产产品数量，依次点击“插入”按钮增加生产成本账户分录，根据“料、工、费”分配表分别录入“生产成本”产品项目及分配金额。

若有生产成本金额中有需分离出的管理费用金额，可选择“插入”按钮增加管理费用账户分录，分别录入“管理费用”分配金额及分摊部门，点击“保存”（见图 12－21）。

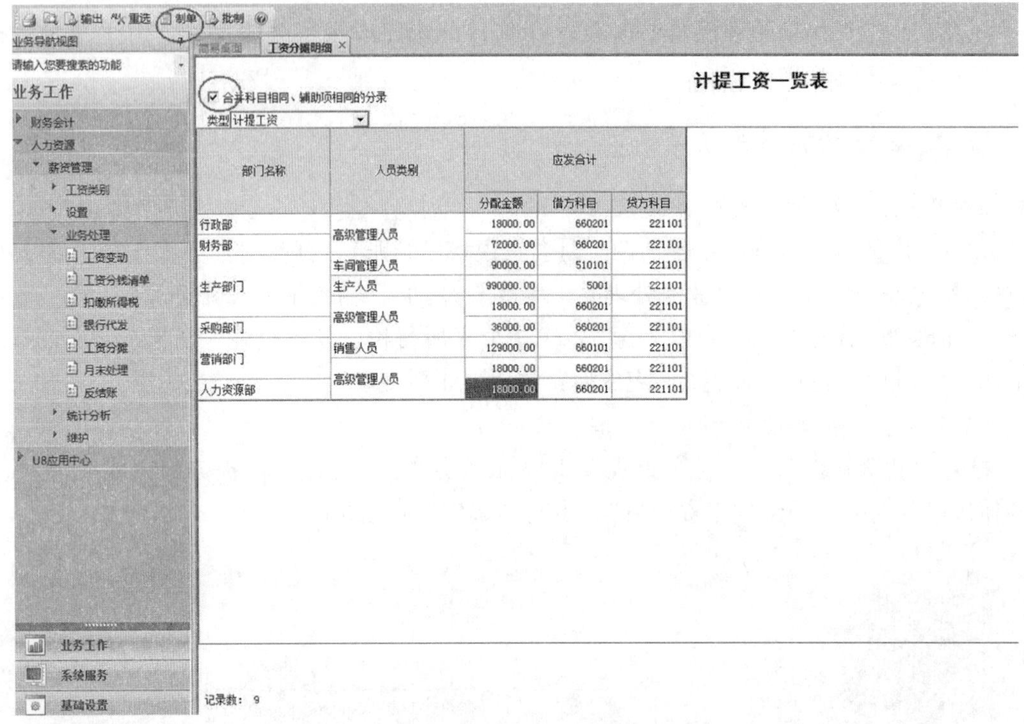


| 部门名称 | 人员类别 | 应发合计 | | |
|---|---|---|---|---|
| | | 分配金额 | 借方科目 | 贷方科目 |
| 行政部 | 高级管理人员 | 18000.00 | 660201 | 221101 |
| 财务部 | | 72000.00 | 660201 | 221101 |
| 生产部门 | 车间管理人员 | 90000.00 | 510101 | 221101 |
| | 生产人员 | 990000.00 | 5001 | 221101 |
| | 高级管理人员 | 18000.00 | 660201 | 221101 |
| 采购部门 | | 36000.00 | 660201 | 221101 |
| 营销部门 | 销售人员 | 129000.00 | 660101 | 221101 |
| | 高级管理人员 | 18000.00 | 660201 | 221101 |
| 人力资源部 | | 18000.00 | 660201 | 221101 |

图 12-20　生产商应付工资计提制单

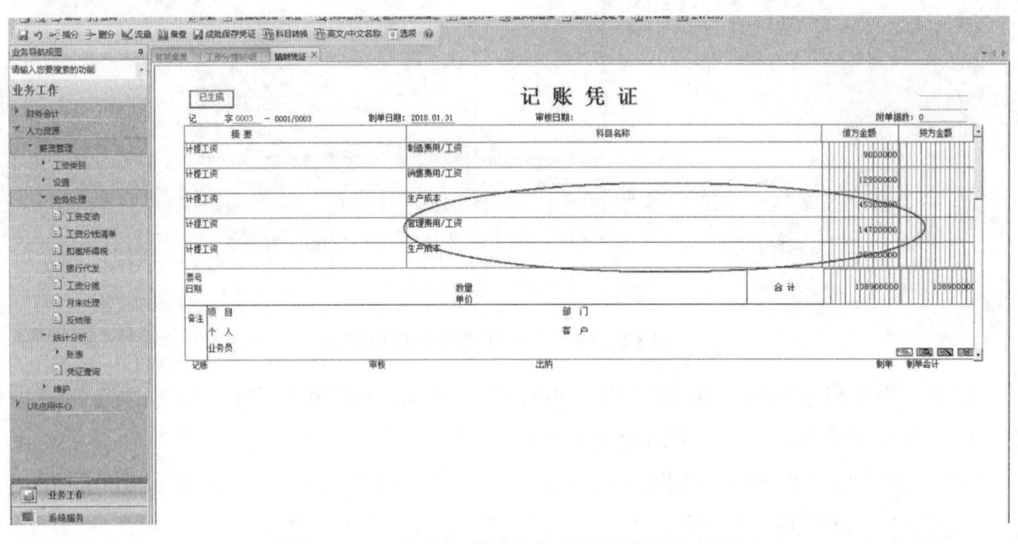


图 12-21　生产商应付工资计提制单插入分录

（2）选择“计提个人五险一金”分摊类型，勾选“合并科目相同、辅助项相同的分录”，点击“制单”并保存（见图 12-22）。

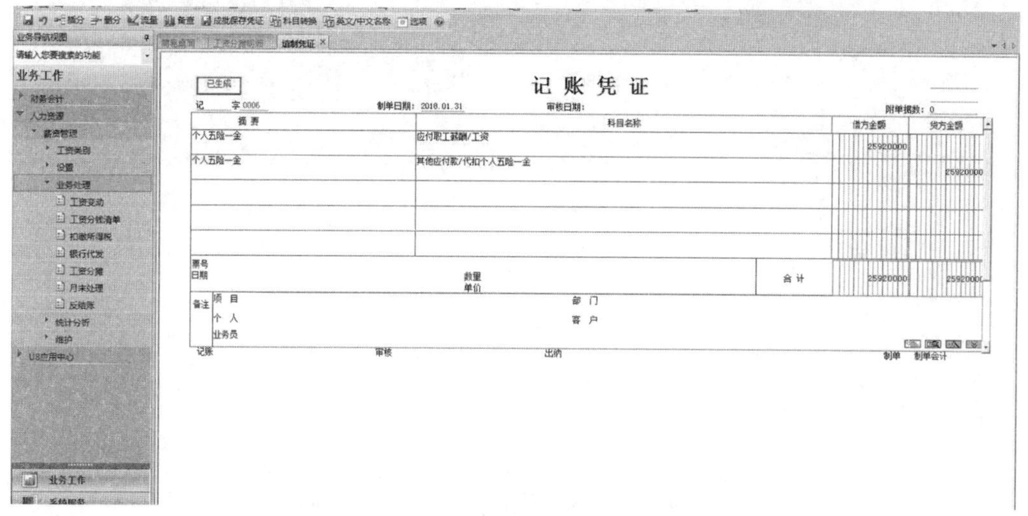


图12－22 生产商计提个人“五险一金”制单

（3）选择“代扣个人所得税”分摊类型，勾选“合并科目相同、辅助项相同的分录”，点击“制单”并保存（见图12－23）。

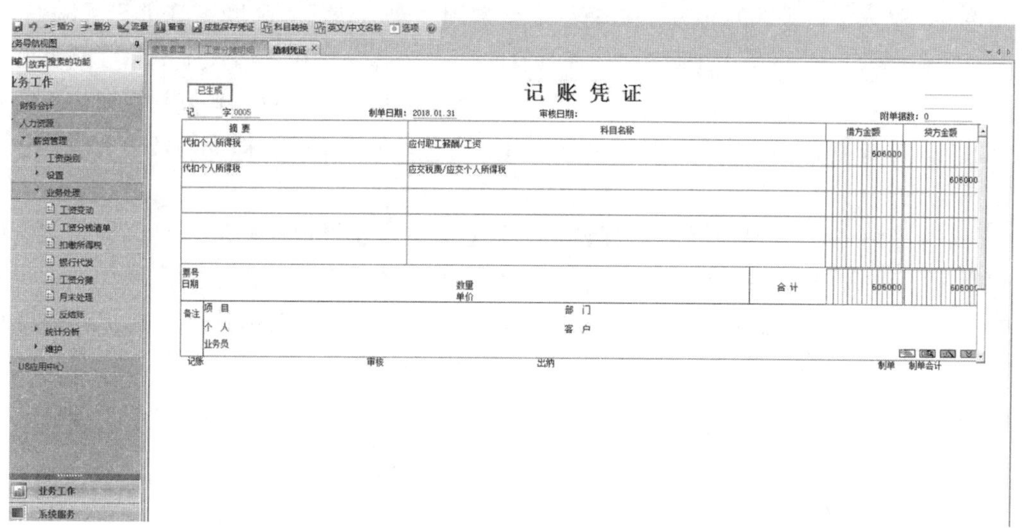


图12－23 生产商代扣个人所得税制单

（4）选择“计提企业五险一金”分摊类型，勾选“合并科目相同、辅助项相同的分录”，点击“制单”并保存（见图12－24）。

注意：发放工资和缴税缴险记账凭证应在总账系统手工填制。

### 12.2.4 采购与应付款管理系统、库存管理、存货核算系统

采购与应付款管理系统整体操作流程如下：

（1）本季度第一个月，采购主管在采购管理模块按日期登录填制采购订单并保存审核。

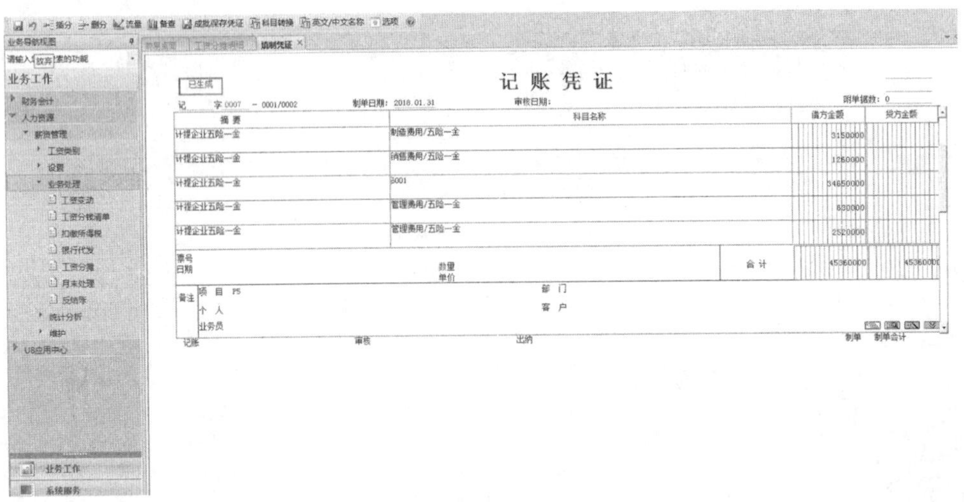

图 12-24　生产商计提企业“五险一金”制单

（2）在第一个月，物流主管根据采购订单在库存管理模块填制采购入库单并保存审核。

（3）在第一个月，采购主管在采购管理模块根据采购入库单生成原材料采购专用发票，并手工录入运费采购专用发票和辅料采购专用发票。然后，采购主管进行采购结算，单击“采购结算”｜“手工结算”，选择具有匹配关系的发票和采购入库单完成结算（注意：鞋面鞋里材料对应鞋面运费及采购入库单鞋面、鞋里材料结算，鞋底材料对应鞋底运费及采购入库单鞋底材料结算，辅料对应辅料采购入库单面结算，即采购环节有三次手工结算）。

（4）在第一个月，出纳根据支票或电汇单据在应付款管理模块填入对应的付款单据（只和前面三种发票有关的付款，其他付款均在总账系统由会计直接录入记账凭证即可）。其中，出纳付款单据填制：在应付款管理系统中，单击“付款单据处理”｜“付款单据录入”，点击“新增”，录入单据数据并保存（见图 12-25）。

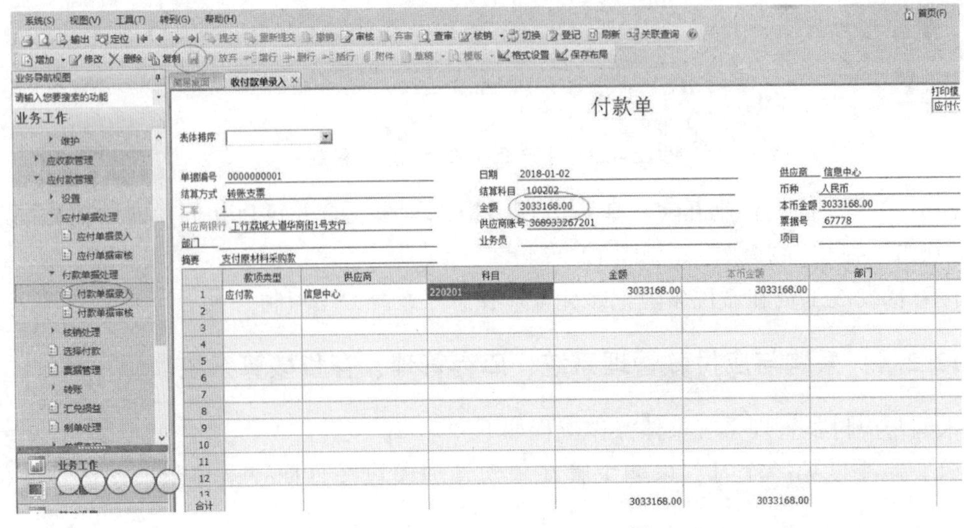

图 12-25　生产商出纳岗付款单填制

(5) 在第一个月，首先，制单会计进行应付单据审核并制单：在应付款管理系统中，单击“应付单据审核”，进入“应付单查询条件”窗口，单击“确定”，进入应付单据列表，选择要审核的单据，单击“审核”，完成发票审核。

同理，在应付款管理系统中单击“付款单据审核”，进入“付款单查询条件”窗口，单击“确定”，进入付款单据列表，选择要审核的单据，审核付款单。然后，登录应付款管理系统，单击“制单处理”，选择“发票制单”和“收付款单制单”，单击“确定”，再点击“全选”“合并”按钮，点击“制单”生成对应单据的记账凭证（见图 12-26）。

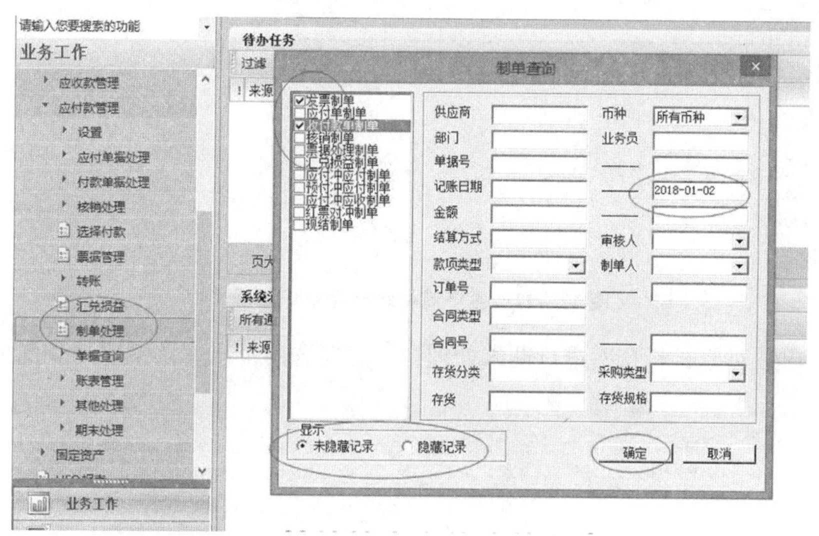


图 12-26　生产商付款单据制单

(6) 在第一个月，制单会计在存货核算模块对采购入库单正常单据记账并制单，注意该环节一定在手工结算单价无误后进行。

### 12.2.5　库存管理和存货核算系统（材料出库及产成品入库）

本环节整体操作流程按以下步骤依次进行：

(1) 在本季度第三个月，物流主管在库存管理模块根据本季所有的材料汇总填制材料出库单（可根据采购入库单生成），在确定出库单价为运费摊入后的单价的情况下，点击保存审核。在产品排产完毕后，物流主管根据本季所有的排产入库产品汇总数据，在库存管理模块手工填制产成品入库单（只填数量），点击保存审核。

(2) 物流主管录入完成后通知制单会计，制单会计在存货核算模块录入成品入库单对应的产成品入库金额（料工费汇总核算后对应的每个产品的成本）。

(3) 制单会计在存货核算模块对材料出库单进行记账、制单操作，并注意对当季出库数据对入库数据的尾差进行财务调整（对于没有按照先进先出出库以及存货收发小数尾差的处理情景），具体操作如下：

首先，当全部材料出库单完成制单后，在存货核算模块执行正常单据记账。

此处注意仅仅勾选材料出库单进行记账，不要多选，选择效果如图 12-27 所示。

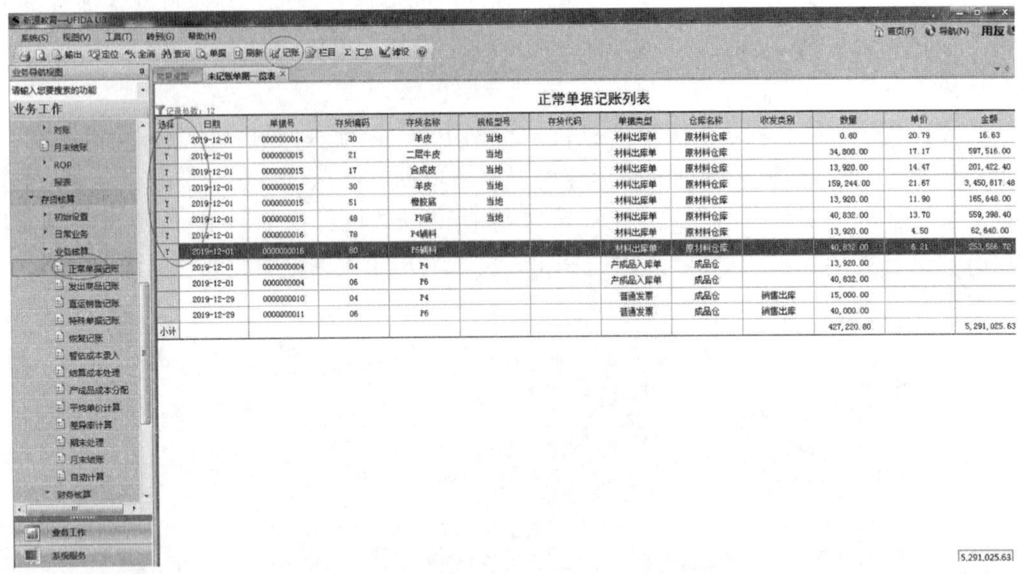

图 12－27 生产商材料出库单记账操作

其次，单独对原材料仓库进行期末处理，注意勾选两个出库调整项（见图 12－28）。

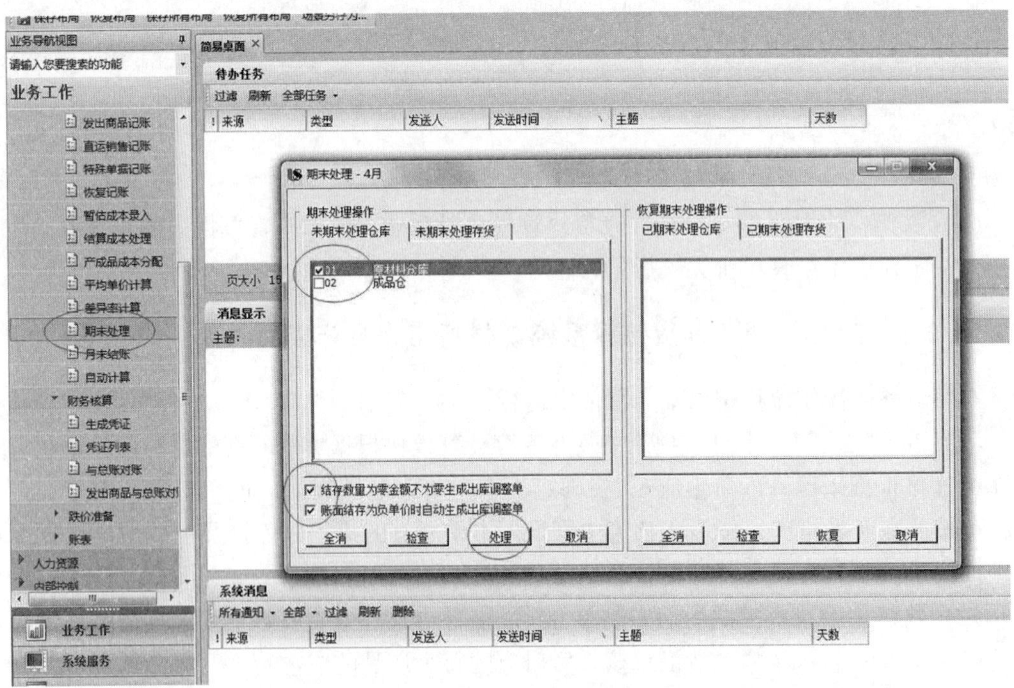

图 12－28 生产商原材料仓库出库调整 1

观察原材料仓库出库调整单价，确定无误后，点击“确定”（见图 12－29）。

结存数量为零金额不为零存货一览表

| 选择 | 存货编码 | 存货名称 | 部门编码 | 部门名称 | 仓库编码 | 仓库名称 | 调整金额 | 存货自由项1 | 存货自由项2 | 存货自由项3 | 存货自由项4 | 存货自由项5 |
|---|---|---|---|---|---|---|---|---|---|---|---|---|
| Y | 17 | 合成皮 | 04 | 采购部门 | 01 | 原材料仓库 | -12,151.42 | | | | | |
| Y | 21 | 二层牛皮 | 04 | 采购部门 | 01 | 原材料仓库 | -30,378.56 | | | | | |
| Y | 51 | 橡胶底 | 04 | 采购部门 | 01 | 原材料仓库 | 14.94 | | | | | |
| Y | 30 | 羊皮 | | | 01 | 原材料仓库 | -0.67 | | | | | |
| Y | 30 | 羊皮 | 04 | 采购部门 | 01 | 原材料仓库 | -138,078.27 | | | | | |
| Y | 48 | PU底 | 04 | 采购部门 | 01 | 原材料仓库 | 43.83 | | | | | |
| 小计 | | | | | | | | | | | | |

图 12－29　生产商原材料仓库出库调整 2

处理完成后，对材料出库单和出库调整单一起制单，勾选方法如图 12－30 所示，完成材料出库的成本确认。

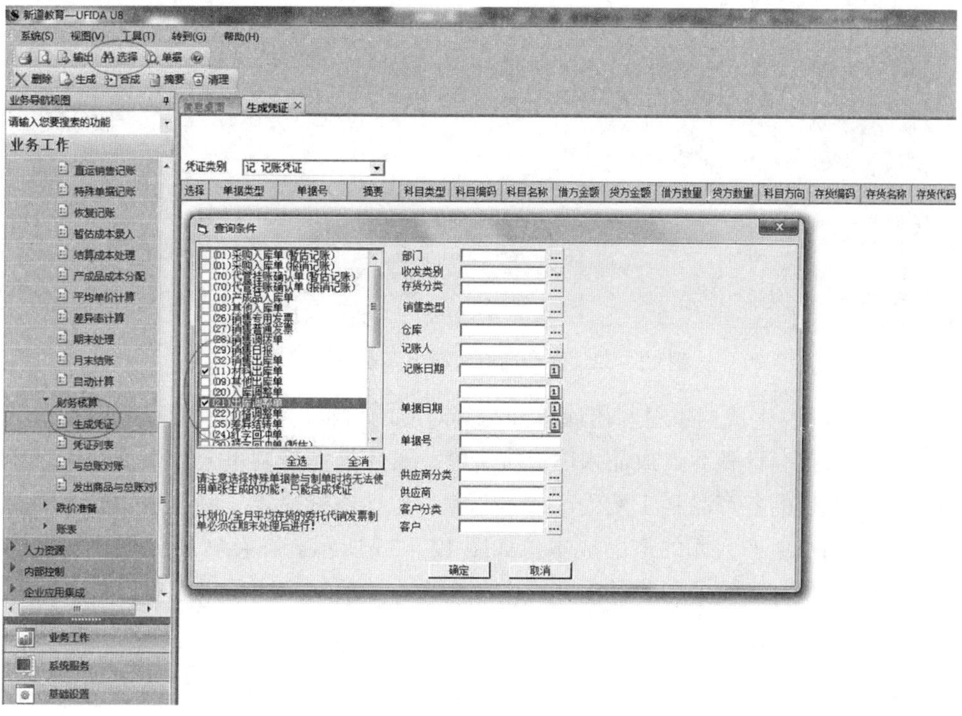

图 12－30　生产商原材料出库业务制单 1

选择材料出库单和材料对应出库调整单，如图 12－31 所示。

未生成凭证单据一览表

| 选择 | 记账日期 | 单据日期 | 单据类型 | 单据号 | 仓库 | 收发类别 | 记账人 | 部门 | 部门编码 | 业务单号 | 业务类型 | 计价方式 | 备注 | 摘要 | 供应商 | 客户 |
|---|---|---|---|---|---|---|---|---|---|---|---|---|---|---|---|---|
| 1 | 2019-06-30 | 2019-06-30 | 出库调整单 | 0000000009 | 原材料仓库 | 材料出库 | 刘艳册 | 采购部门 | 04 | | | 先进先出法 | | 出库调整单 | | |
| 1 | 2019-06-30 | 2019-06-30 | 出库调整单 | 0000000010 | 原材料仓库 | 材料出库 | 刘艳册 | 物流仓储部 | 07 | | | 先进先出法 | | 出库调整单 | | |
| 1 | 2019-09-30 | 2019-09-30 | 出库调整单 | 0000000011 | 原材料仓库 | | 刘艳册 | 采购部门 | 04 | | | 先进先出法 | | 出库调整单 | | |
| 1 | 2019-12-31 | 2019-12-01 | 材料出库单 | 0000000014 | 原材料仓库 | | 刘艳册 | | | | 领料 | 先进先出法 | | 材料出库单 | | |
| 1 | 2019-12-31 | 2019-12-01 | 材料出库单 | 0000000015 | 原材料仓库 | | 刘艳册 | 采购部门 | 04 | | 领料 | 先进先出法 | | 材料出库单 | | |
| 1 | 2019-12-31 | 2019-12-01 | 材料出库单 | 0000000016 | 原材料仓库 | | 刘艳册 | 采购部门 | 04 | | 领料 | 先进先出法 | | 材料出库单 | | |
| 1 | 2019-12-31 | 2019-12-31 | 出库调整单 | 0000000012 | 原材料仓库 | | 刘艳册 | | | | | 先进先出法 | | 出库调整单 | | |
| 1 | 2019-12-31 | 2019-12-31 | 出库调整单 | 0000000013 | 原材料仓库 | | 刘艳册 | 采购部门 | 04 | | | 先进先出法 | | 出库调整单 | | |

图 12－31　生产商原材料出库业务制单 2

制单效果如图 12－32 所示，本季所有出库成本调整均在本季一次性调整完毕。

凭证类别 记 记账凭证

| 选择 | 单据类型 | 单据号 | 摘要 | 科目类型 | 科目编码 | 科目名称 | 借方金额 | 贷方金额 | 借方数量 | 贷方数量 | 科目方向 | 存货编码 | 存货 |
|---|---|---|---|---|---|---|---|---|---|---|---|---|---|
| 1 | 出库调整单 | 0000000013 | 出库调… | 对方 | 5001 | 生产成本 | -12, 15… | | | | 1 | 17 | 合成 |
| | | | | 存货 | 140303 | 合成皮 | | -12, 15… | | | 2 | 17 | 合成 |
| | | | | 对方 | 5001 | 生产成本 | -30, 37… | | | | 1 | 21 | 二层 |
| | | | | 存货 | 140304 | 二层牛皮 | | -30, 37… | | | 2 | 21 | 二层 |
| | | | | 对方 | 5001 | 生产成本 | 14.94 | | | | 1 | 51 | 橡胶 |
| | | | | 存货 | 140314 | 橡胶底 | | 14.94 | | | 2 | 51 | 橡胶 |
| | | | | 对方 | 5001 | 生产成本 | -138, 0… | | | | 1 | 30 | 羊皮 |
| | | | | 存货 | 140307 | 羊皮 | | -138, 0… | | | 2 | 30 | 羊皮 |
| | | | | 对方 | 5001 | 生产成本 | 43.83 | | | | 1 | 48 | PU底 |
| | | | | 存货 | 140313 | PU底 | | 43.83 | | | 2 | 48 | PU底 |
| | 材料出库单 | 0000000014 | 材料出… | 对方 | 5001 | 生产成本 | 16.63 | | 0.80 | | 1 | 30 | 羊皮 |
| | | | | 存货 | 140307 | 羊皮 | | 16.63 | | 0.80 | 2 | 30 | 羊皮 |
| | | 0000000015 | | 对方 | 5001 | 生产成本 | 597, 51… | | 34, 800.00 | | 1 | 21 | 二层 |
| | | | | 存货 | 140304 | 二层牛皮 | | 597, 51… | | 34, 800.00 | 2 | 21 | 二层 |
| | | | | 对方 | 5001 | 生产成本 | 201, 42… | | 13, 920.00 | | 1 | 17 | 合成 |
| | | | | 存货 | 140303 | 合成皮 | | 201, 42… | | 13, 920.00 | 2 | 17 | 合成 |
| | | | | 对方 | 5001 | 生产成本 | 3, 450, … | | 159, 24… | | 1 | 30 | 羊皮 |
| | | | | 存货 | 140307 | 羊皮 | | 3, 450, … | | 159, 24… | 2 | 30 | 羊皮 |
| | | | | 对方 | 5001 | 生产成本 | 165, 64… | | 13, 920.00 | | 1 | 51 | 橡胶 |
| | | | | 存货 | 140314 | 橡胶底 | | 165, 64… | | 13, 920.00 | 2 | 51 | 橡胶 |
| | | | | 对方 | 5001 | 生产成本 | 559, 39… | | 40, 832.00 | | 1 | 48 | PU底 |
| | | | | 存货 | 140313 | PU底 | | 559, 39… | | 40, 832.00 | 2 | 48 | PU底 |
| | | 0000000016 | | 对方 | 5001 | 生产成本 | 62, 640.00 | | 13, 920.00 | | 1 | 78 | P4辅 |
| | | | | 存货 | 140321 | 辅料P4 | | 62, 640.00 | | 13, 920.00 | 2 | 78 | P4辅 |
| | | | | 对方 | 5001 | 生产成本 | 253, 56… | | 40, 832.00 | | 1 | 80 | P6辅 |
| | | | | 存货 | 140323 | 辅料P6 | | 253, 56… | | 40, 832.00 | 2 | 80 | P6辅 |
| 合计 | | | | | | | 5, 111, … | 5, 111, … | | | | | |

图 12－32 生产商原材料出库业务制单 3

单击“生成”，生成当季材料出库单和与其对应的材料出库调整单记账凭证。

接着，由制单会计核算产成品入库成本金额，具体操作是制单会计根据总账系统余额表读出核算完成后的各产品料工费生产成本总额，包括薪资摊入、制造费用转入和材料出库对应的每个当季生产入库的产品成本，如图 12－33 所示，在存货核算模块产成品入库单手工录入本季所有下线的各产品生产成本总金额，然后对产成品入库单记账并制单。

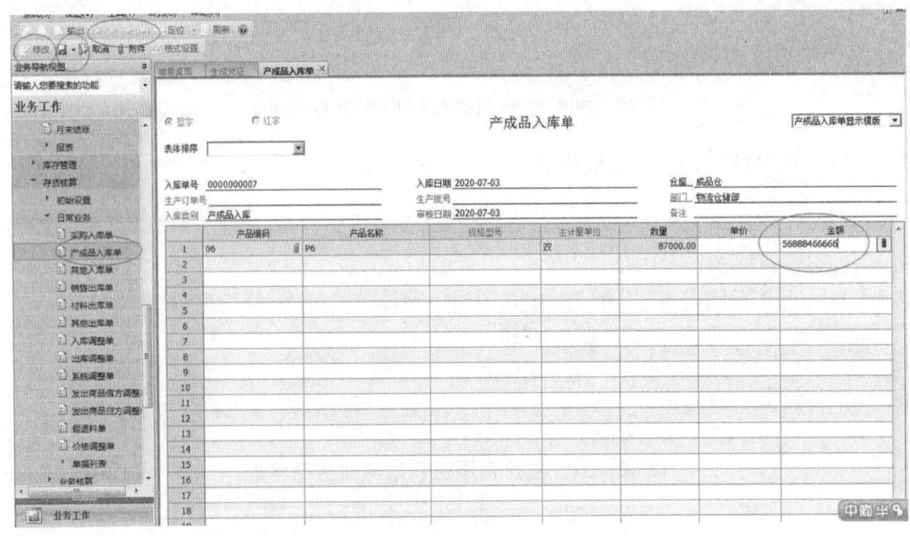

图 12－33 生产商产成品入库金额录入

对录入金额后的产成品入库单据进行正常单据记账操作（见图 12－34）。

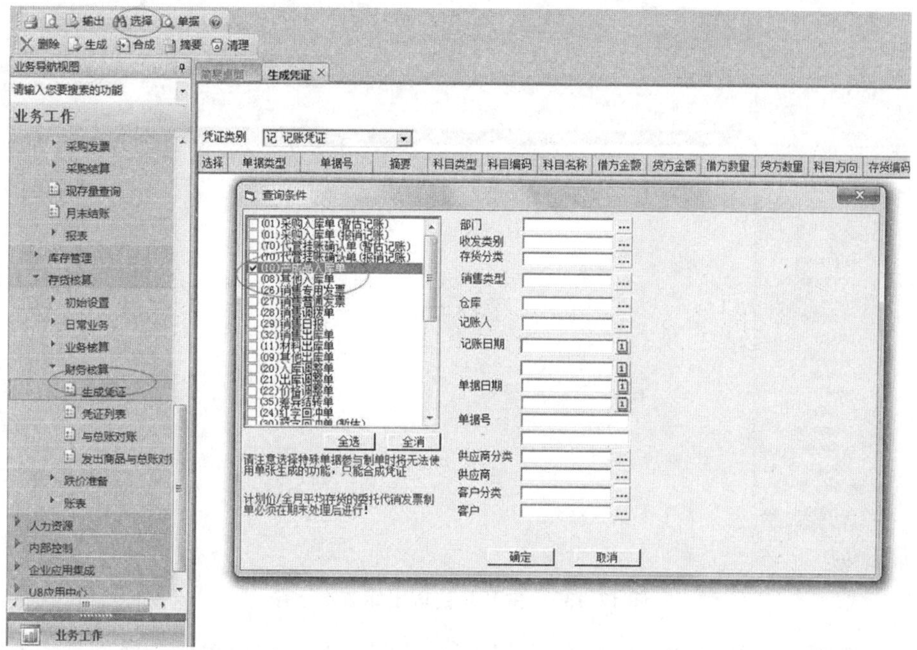


图 12－34　生产商产成品入库单制单

## 12.2.6　销售与应收款管理、库存管理、存货核算系统

销售与应收款管理系统期间业务处理可按以下步骤依次进行：

（1）市场总监在销售管理模块按日期登录填制销售订单并审核；在本季度第三个月，市场总监根据销售订单在销售管理模块生成销售发货单；市场总监根据销售发货单在销售管理模块生成销售专用发票并做复核操作。

（2）物流主管根据销售发货单在库存管理模块生成销售出库单并审核。

（3）出纳根据支票或电汇单据在应收款管理模块填入对应的收款单据（只是和前面发票有关的收款，以及渠道商预付的预收款，其他收款均在总账系统直接录入记账凭证即可），核对无误后保存。

（4）制单会计在应收款管理模块审核应收单据和收款单据，然后进行合并或单张制单。

（5）制单会计在存货核算模块进行产品销售出库成本结转。具体方法如下：

首先，明确结转前两个要求：①当季所有产成品入库单在存货核算模块记账并生成记账凭证；②本期所有销售发货对应的销售发票都完成复核，且对应销售出库单也已完成审核。

其次，制单会计在存货核算模块对该季所有的销售专用发票或普票进行销售出库成本记账并制单，完成产成品销售成本结转，具体操作如图 12－35 所示。

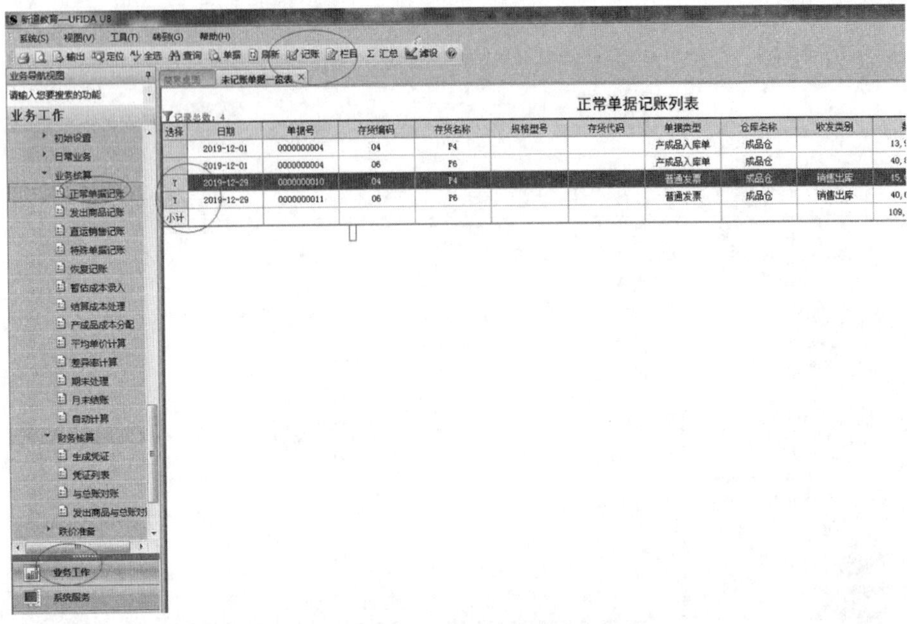


图 12－35　生产商销售出库成本记账

再次，制单会计通过“平均单价计算”操作预算产成品出库单价，原理是依据销售专用发票或普票对应的产成品销售发货进行全月平均单价计算（销售成本结转出库单价来自产成品入库单单价）。

确认产品结转单价无误后，选中产成品仓库进行期末处理操作，注意勾选两个出库调整项，如图 12－36 所示。

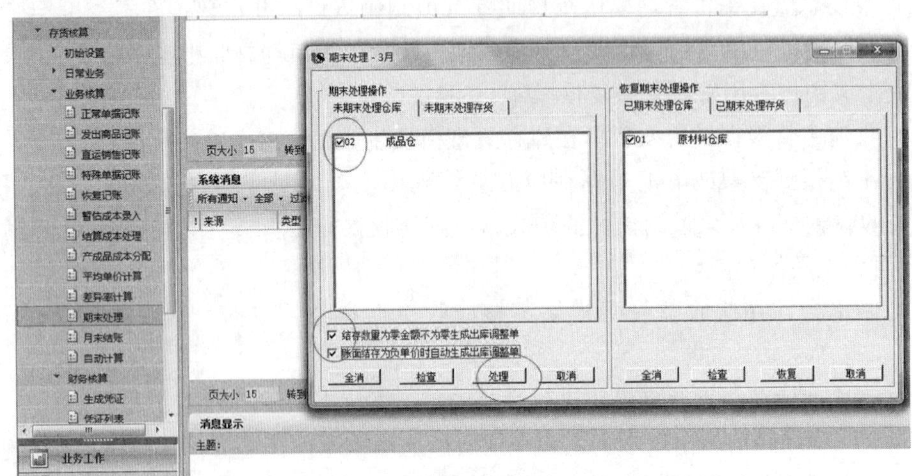


图 12－36　生产商产成品仓库期末处理操作

最后，完成所有产成品的全月平均单价计算后，进行销售成本结转制单，注意勾选出库调整单一起制单（见图 12－37），生成销售出库成本结转记账凭证及其出库调整单记账凭证（有的情况下没有出库调整事项就不必制单）。

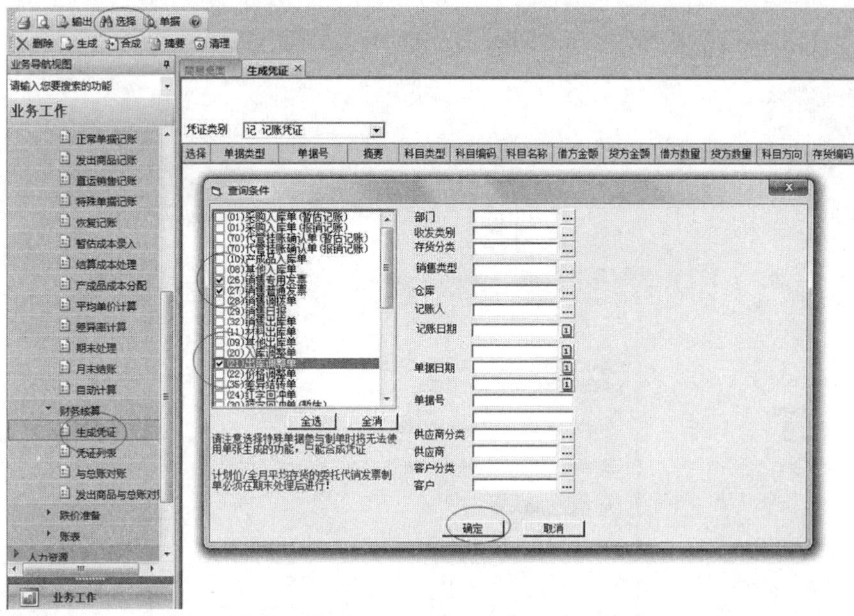


图 12－37　生产商销售出库成本结转制单

## 12.3　生产商会计信息化期末处理

### 12.3.1　总账以外模块期末处理

每个月末，在对总账系统结账之前，需要在当月业务结束后先将其他子系统结账，包括：采购管理系统、销售管理系统、库存管理系统、应收款管理系统、应付款管理系统、存货核算系统、薪资管理系统。

12.3.1.1　采购管理系统、销售管理系统、库存管理系统结账

采购管理、销售管理和库存管理模块结账时，操作方法一致，其中，采购管理和销售管理先结账，并注意订单不关闭，如图 12－38 所示，然后进行库存管理结账。

12.3.1.2　应收款管理系统结账

应收款管理系统结账过程如图 12－39 所示。

12.3.1.3　应付款管理系统结账

应付款管理系统结账过程参照应收款管理模块结账过程。

12.3.1.4　存货核算管理系统结账

存货核算管理系统结账的前提是先完成上述要求的本模块期末处理操作，再打开“业务核算”下的“期末处理”窗口，单击“结账”，完成结账操作。

12.3.1.5　薪资管理系统结账

在薪资管理系统中，执行“业务处理”｜“月末处理”命令，打开“月末处理”窗口，选择“工资类别”，单击“确定”。

双击“选择清零项目”，点击“全选”，单击“确定”，完成月末结账，如图 12－40 所示。

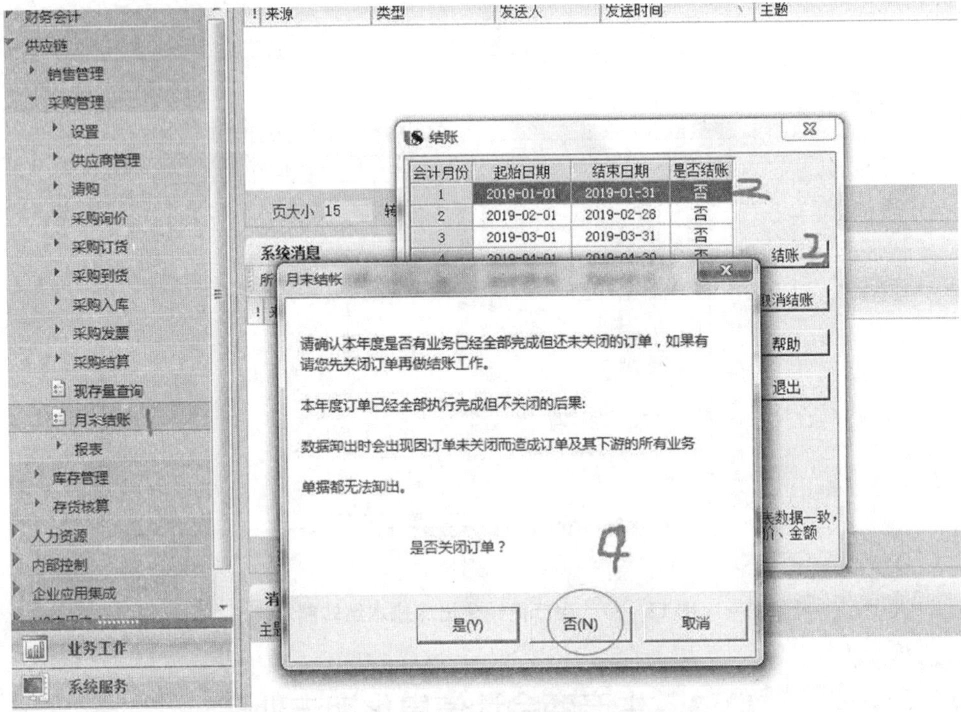


图 12－38　生产商采购管理模块结账样例

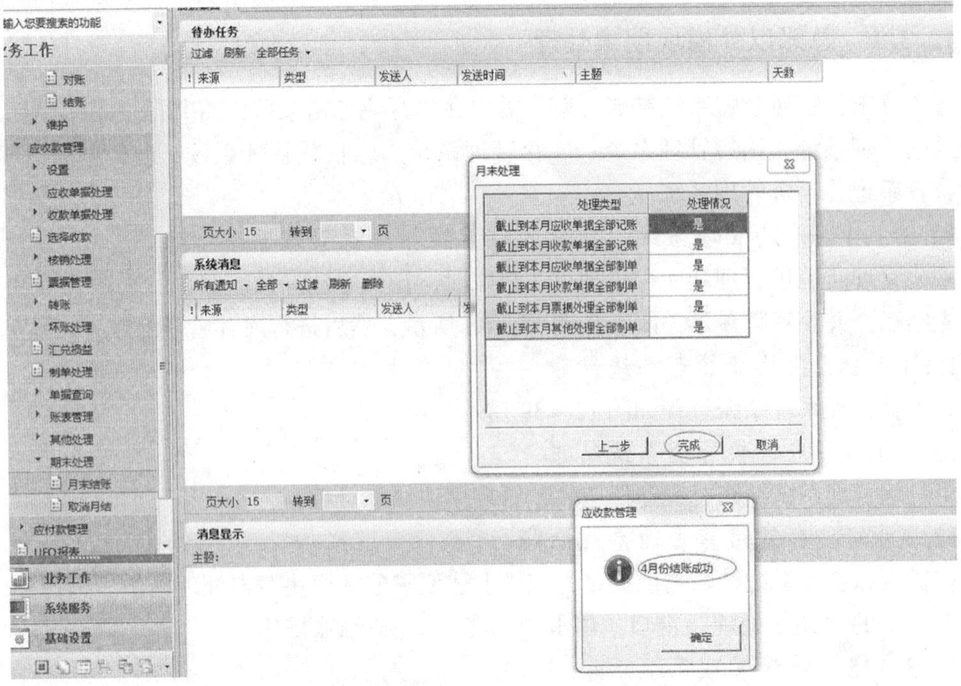


图 12－39　生产商应收款管理系统结账

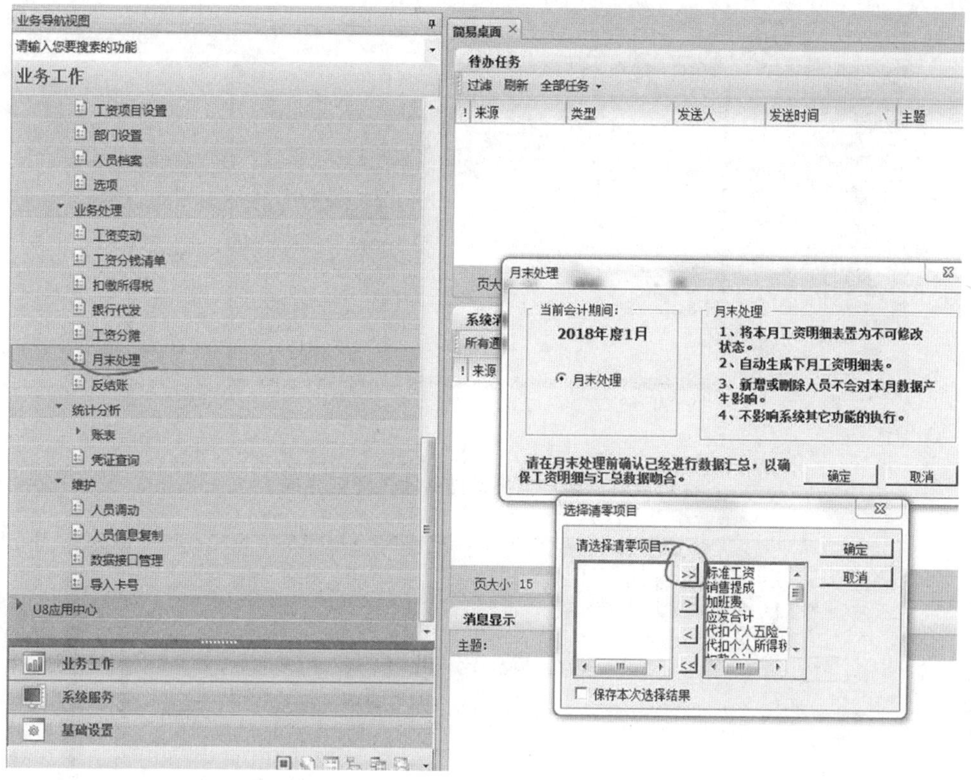

图 12－40　生产商薪资管理系统结账

## 12.3.2　总账系统期末处理

总账系统期末处理过程包括记账凭证审核、记账、期末调账、损益结转以及期末对账和结账等工作。

12.3.2.1　执行过账

由账务主管对薪资管理系统、应收款和应付款管理系统、存货核算系统传递过来的机制记账凭证，以及在总账模块手工录入的记账凭证执行审核和记账操作（为简化起见，不再进行出纳签字和主管签字），完成过账。

12.3.2.2　总账系统结账前准备工作

（1）期间损益结转设置。制单会计在总账管理系统中执行“期末”｜“转账定义”｜“期间损益”命令，打开“期间损益结转设置”，确保本年利润科目已全部填入，无误后点击“确定”。

（2）期间损益结转收入凭证生成。制单会计执行“期末”｜“转账生成”命令，类型选择“收入”，点击“全选”，单击“确定”（见图 12－41、图 12－42）。

（3）期间损益结转支出凭证生成。制单会计执行“期末”｜“转账生成”命令，类型选择“支出”，点击“全选”，单击“确定”。

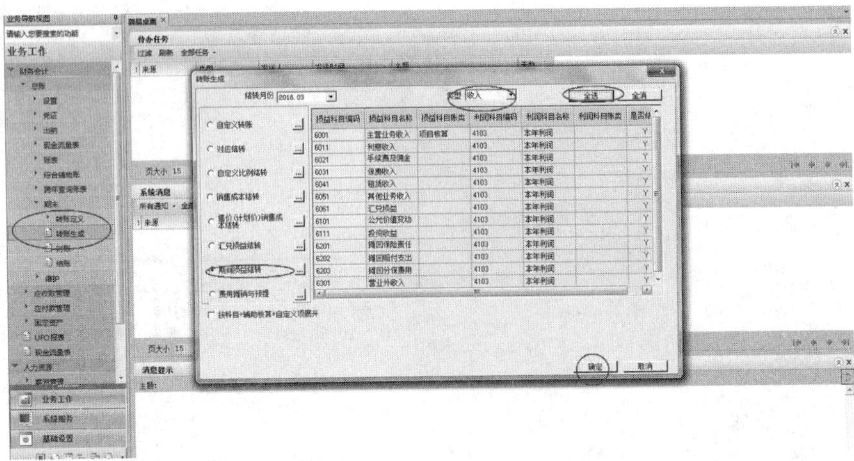

图 12－41　生产商损益结转收入凭证生成 1

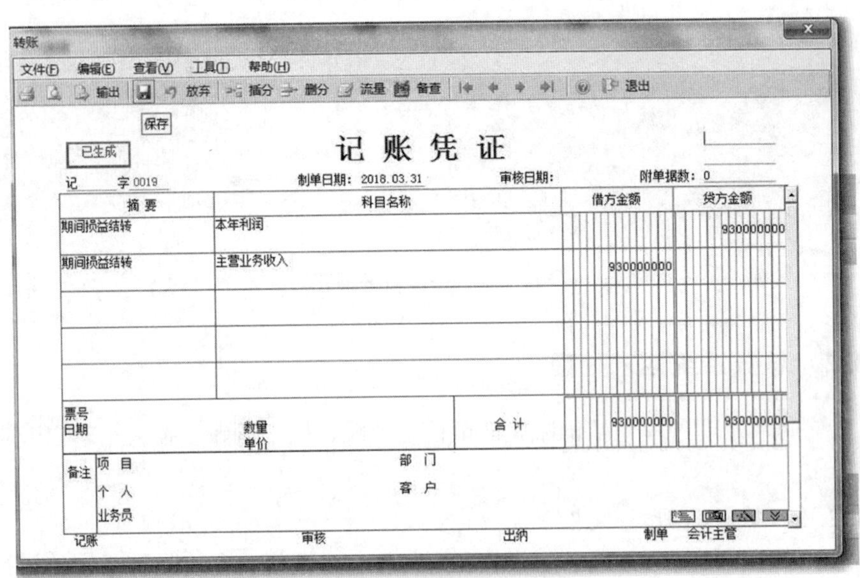

图 12－42　生产商损益结转收入凭证生成 2

（4）结转未分配利润。①若本季度有利润，需结合余额表，以补亏后盈利余额为企业所得税计提基数，结合会计核算要求，手工依次录入以下三张记账凭证：计提企业所得税、结转所得税费用、结转未分配利润。然后，对期间损益生成的两张记账凭证和上述手工录入的三张记账凭证进行审核、记账。②若本季度无利润或补亏后无盈利，直接手工录入结转未分配利润记账凭证，然后对期间损益生成的两张记账凭证和上述手工录入的一张记账凭证进行审核、记账。

12. 3. 2. 3　总账系统结账

执行“期末”｜“结账”命令，打开“结账”窗口，点击“下一步”（见图 12－43）。

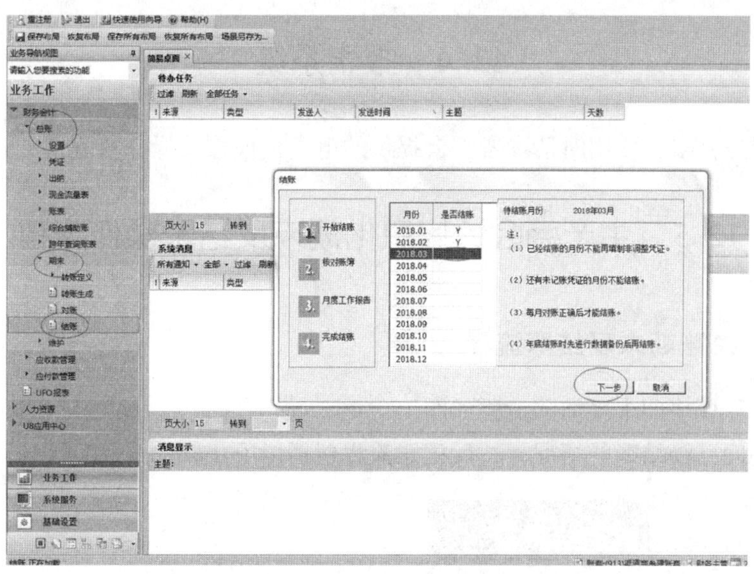


图 12－43　生产商总账系统期末结账操作 1

点击"对账"。

点击"下一步"（见图 12－44）。

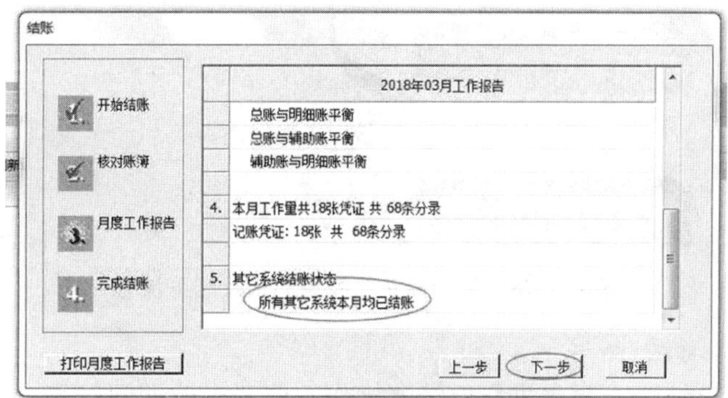


图 12－44　生产商总账系统期末结账操作 2

点击"下一步"。

点击"结账"，完成结账（见图 12－45）。

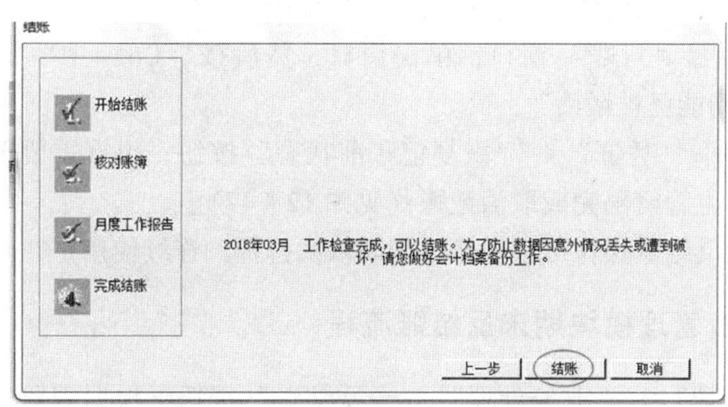


图 12－45　生产商总账系统期末结账操作 3

# 12.4 报表系统

具体应用过程略，使用时请参考平台提供的电子化模板及操作流程。

# 12.5 生产商会计信息化期末反结账操作流程

## 12.5.1 总账期末反结账流程

生产商总账模块期末反结账流程如图 12－46 所示。

在当前期间已经结账的情况下，反记账流程包括以下步骤：

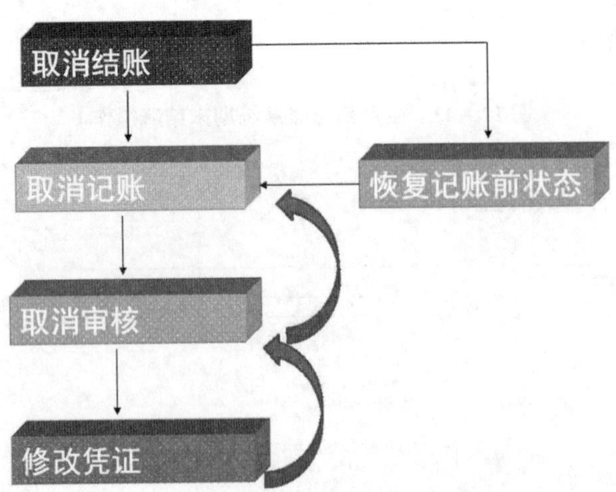


图 12－46 生产商总账模块期末反结账流程

### 12.5.1.1 取消结账

若当前月份已经结账，要先进行反结账操作，取消当前期间结账，操作步骤如下：打开“期末”｜“结账”窗口，单击窗口对应期间，然后按“Ctrl＋Shift＋F6”键，按流程完成操作。

### 12.5.1.2 反记账

在当前期间没有结账的状态下，可按如下步骤操作：

打开“期末”｜“对账”窗口，单击窗口，然后按“Ctrl＋H”键，弹出提示窗口“恢复记账前状态功能已被激活”。

打开“总账”｜“凭证”｜“恢复记账前状态”按钮，根据需要选择合适的反记账方式，并输入账套主管密码完成取消记账（见图 12－47）。

注意：该步骤反结账操作可根据修改期间依次打开，连续使用。

## 12.5.2 薪资管理模块期末反结账流程

打开“薪资管理”｜“业务处理”｜“反结账”按钮，根据需要选择对应的反结账期间，取消结账（见图 12－48）。注意：该步骤反结账操作可依次连续使用。

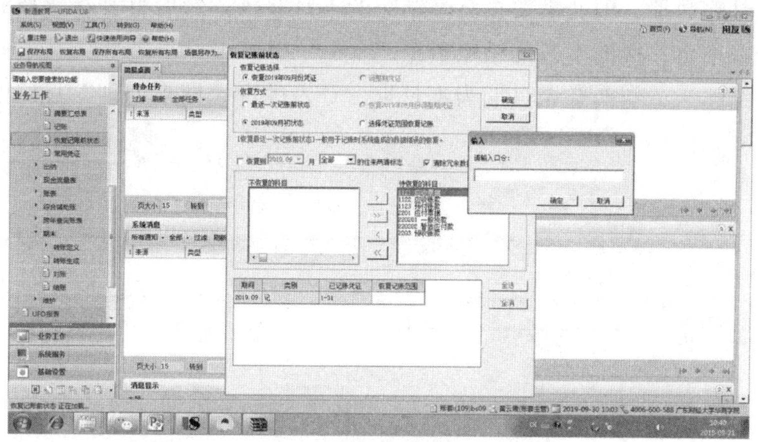

图 12－47　生产商总账模块期末反结账操作流程

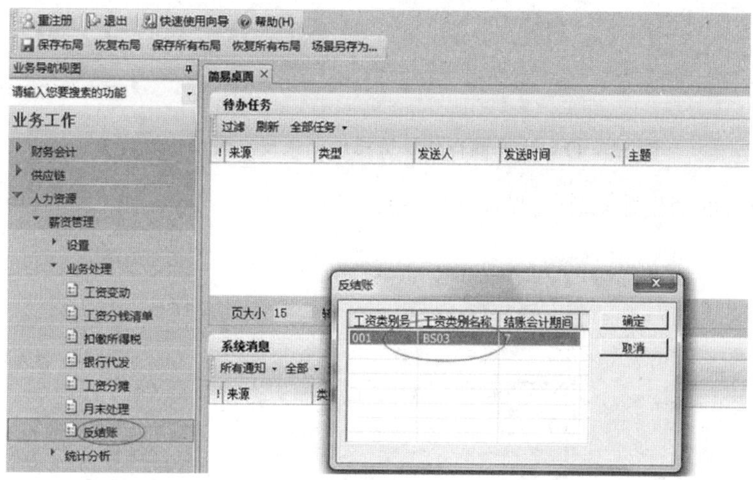


图 12－48　生产商薪资管理模块期末反结账操作流程

### 12.5.3　应收款管理模块期末反结账流程

打开“应收款管理｜期末处理｜取消月结”窗口，点击“取消月份”，单击“确定”，完成操作。

### 12.5.4　应付款管理模块期末反结账流程

参照应收款管理模块反结账操作。

### 12.5.5　供应链管理模块期末反结账流程

对于供应链管理模块涉及的存货核算、库存管理、销售管理、采购管理系统的反结账操作，每月都必须按照以下反结账顺序完成。

#### 12.5.5.1　存货核算系统取消结账

由于存货核算模块成本核算的特殊性，当月结账后成本数据已转入下月，且不能在本月取消本月已结账数据，因此需要在已经结账的下月登录，然后打开存货核算模块—业务核算—月末结账窗口，取消本月的结账数据。

取消本月结账后，切换登录日期为本月末，登入进行“期末处理”反结账操作，如图12－49所示。

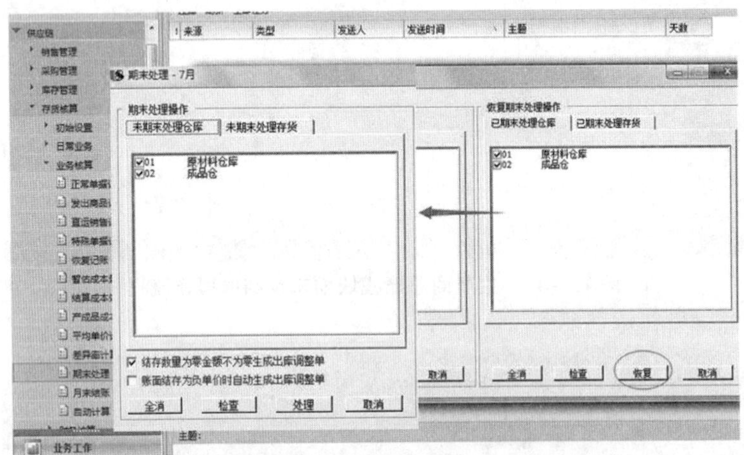


图12－49　生产商存货核算模块期末反结账操作流程1

然后，进行取消记账操作（见图12－50）。

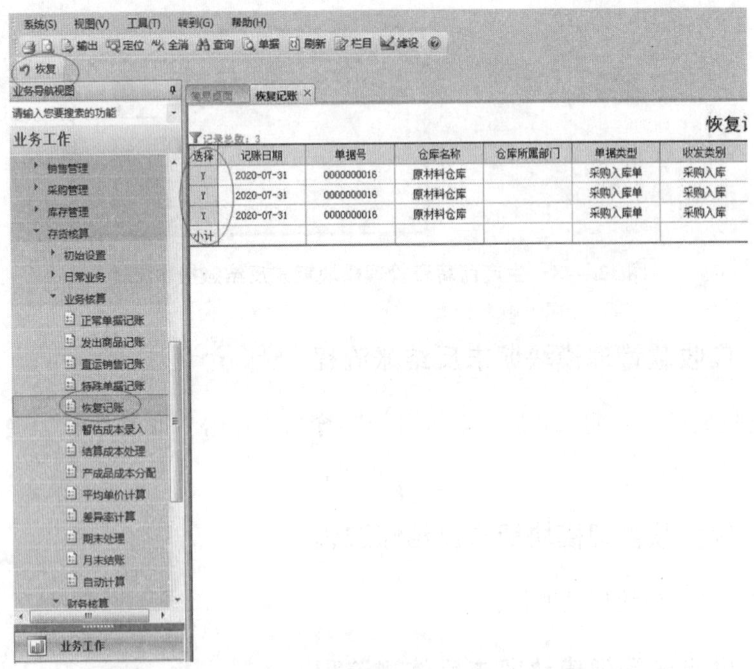


图12－50　生产商存货核算模块期末反结账操作流程2

恢复期末处理后，需要在存货核算系统删掉当期已生成的成本记账凭证，完成恢复当月存货核算模块反记账工作。

12.5.5.2　库存管理系统取消结账

打开“库存管理”｜“月末结账”窗口，单击“取消结账”，完成操作。

12.5.5.3　销售管理系统取消结账

打开“销售管理”|“月末结账”窗口，单击“取消结账”，对订单处理单击“否”，完成操作。

12.5.5.4　采购管理系统取消结账

打开“采购管理”|“月末结账”窗口，单击“取消结账”，对订单处理单击“否”，完成操作。

## 12.6　生产商业务关键活动操作流程及监控事项

### 12.6.1　业务关键活动操作流程

有关生产商供应链管理业务事项的操作，可以参考以下环节执行：

（1）CMO响应订单后签订销售合同，市场监督管理局备案后，在当月登录系统手动输入销售订单（录入数量和价税合计，由系统自动结算单价）及合同［有几个合同就写几份订单，注意时间及外销税率（0%）、内销税率（13%），注意和表头税率保持一致］，保存审核。

（2）采购主管购买原材料，在当月登录系统分别手动输入原材料采购订单和辅料采购订单（税率为13%，注意和表头税率保持一致，录入数量和价税合计），保存审核。

（3）物流主管在采购当月登录系统根据采购订单在库存管理生成蓝字采购入库单［注意忽略实际入库时间，根据信息中心审核的原材料采购订单全部汇总为一张（即当季所有运输批次材料），一般分别参照订单生成即可，注意生成原材料和辅料两张入库单］，注意入库类别为材料入库，保存审核。

（4）采购主管在采购当月登录系统根据原材料采购入库单生成一张原材料采购专用发票（原材料计入在途物资，税率为13%）。根据辅料采购订单生成一张辅料采购专用发票。注意保存。

（5）采购主管在采购当月手工增加一张原材料采购运费专用发票（注意采购类型为普通采购，税率为9%），填写运费（存货名称为鞋面或鞋底运费），填写原币价税合计，数量为1。

（6）采购主管在采购当月进行手工结算，点击“查询”，上面选择一张原材料采购专用发票和一张运费专用发票（鞋面对应鞋面鞋里，鞋底对应鞋底）。下面选择一张原材料采购入库单对应对象，按数量进行分摊、结算（注意绝对不能自动结算），辅料按金额分摊结算，效果如图12-51所示。

分三次结算：第一次为辅料结算，如图12-52和图12-53所示。第二次为鞋面结算（见图12-54），匹配好鞋面用料、鞋面运费发票和对应鞋面用料入库单，单击“确定”，选择费用分摊方式为“按数量”，然后依次单击“分摊”“结算”，完成操作。第三次为鞋底结算，做法同第二次鞋面结算。

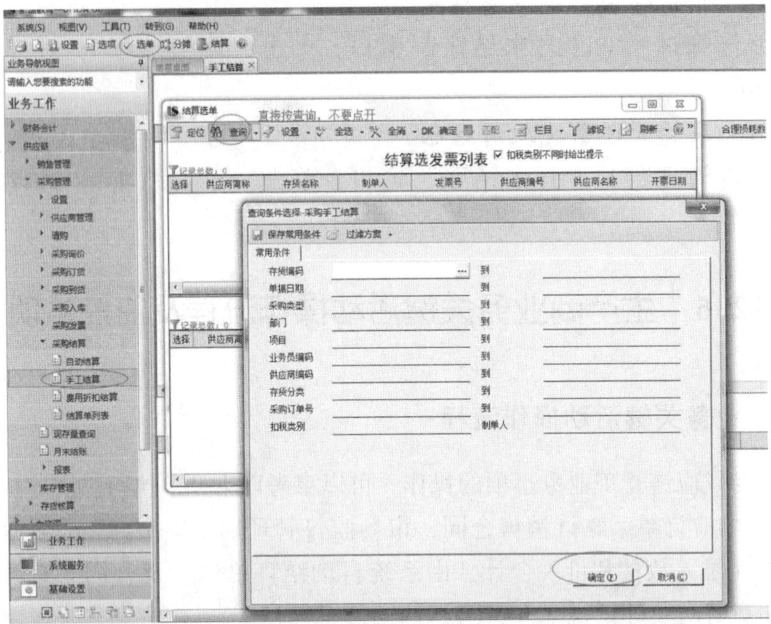

图 12－51 生产商采购管理第一次手工结算操作流程 1

结算选发票列表

记录总数：7

| 选择 | 供应商简称 | 存货名称 | 制单人 | 发票号 | 供应商编号 | 供应商名称 | 开票日期 | 存货编码 | 规格型号 | 币种 |
|---|---|---|---|---|---|---|---|---|---|---|
| | 信息中心 | PU底 | 袁霞靖 | 0000000013 | 01 | 信息发布中心 | 2019-10-01 | 48 | 当地 | 人民币 |
| | 信息中心 | 羊皮 | 袁霞靖 | 0000000013 | 01 | 信息发布中心 | 2019-10-01 | 30 | 当地 | 人民币 |
| | 信息中心 | 猪皮 | 袁霞靖 | 0000000013 | 01 | 信息发布中心 | 2019-10-01 | 33 | 当地 | 人民币 |
| Y | 信息中心 | P5辅料 | 袁霞靖 | 0000000014 | 01 | 信息发布中心 | 2019-10-01 | 79 | | 人民币 |
| Y | 信息中心 | P6辅料 | 袁霞靖 | 0000000014 | 01 | 信息发布中心 | 2019-10-01 | 80 | | 人民币 |
| | 第三方物流中心 | 鞋面运费 | 袁霞靖 | 0000000015 | 02 | 第三方物流服... | 2019-10-01 | 63 | | 人民币 |
| | 第三方物流中心 | 鞋底运费 | 袁霞靖 | 0000000015 | 02 | 第三方物流服... | 2019-10-01 | 64 | | 人民币 |
| 合计 | | | | | | | | | | |

结算选入库单列表

记录总数：5

| 选择 | 供应商简称 | 存货名称 | 仓库名称 | 入库单号 | 供货商编码 | 供应商名称 | 入库日期 | 仓库编码 | 制单人 | 币种 |
|---|---|---|---|---|---|---|---|---|---|---|
| | 信息中心 | PU底 | 原材料仓库 | 0000000013 | 01 | 信息发布中心 | 2019-10-01 | 01 | 袁霞靖 | 人民币 |
| | 信息中心 | 羊皮 | 原材料仓库 | 0000000013 | 01 | 信息发布中心 | 2019-10-01 | 01 | 袁霞靖 | 人民币 |
| | 信息中心 | 猪皮 | 原材料仓库 | 0000000013 | 01 | 信息发布中心 | 2019-10-01 | 01 | 袁霞靖 | 人民币 |
| Y | 信息中心 | P5辅料 | 原材料仓库 | 0000000014 | 01 | 信息发布中心 | 2019-10-01 | 01 | 袁霞靖 | 人民币 |
| Y | 信息中心 | P6辅料 | 原材料仓库 | 0000000014 | 01 | 信息发布中心 | 2019-10-01 | 01 | 袁霞靖 | 人民币 |
| 合计 | | | | | | | | | | |

图 12－52 生产商采购管理第一次手工结算操作流程 2

（7）物流主管在当季第三个月登录系统，选择“库存管理”|“出库业务”，根据蓝字入库单生成原材料出库单和辅料出库单（注意时间，可以汇总为一张），注意按先进先出顺序参照采购入库单依次生成（涉及上季留存要先出库，单独生成一张材料出库单，剩余部分参照本季入库单修改数量）。

（8）物流主管在当季第三个月登录系统，选择“库存管理”|“入库业务”，手动输入一张产成品入库单（只录入数量，不填写单价总额。注意入库类别为产成品入库），注意保存审核。

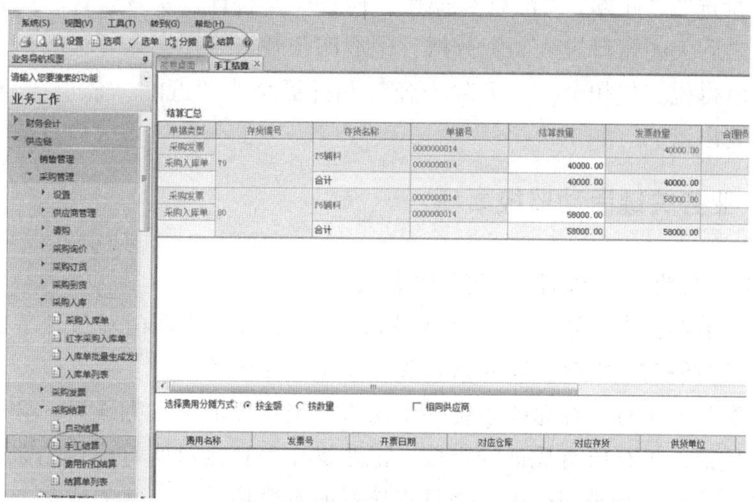

图 12－53　生产商采购管理第一次手工结算操作流程 3

结算选单

定位 查询 设置 全选 全消 确定 匹配 栏目 滤设 刷新 退出

结算选发票列表

记录总数：5

| 选择 | 供应商简称 | 存货名称 | 制单人 | 发票号 | 供应商编号 | 供应商名称 | 开票日期 | 存货编码 | 规 |
|---|---|---|---|---|---|---|---|---|---|
| | 信息中心 | PU底 | 袁霭靖 | 0000000013 | 01 | 信息发布中心 | 2019-10-01 | 48 | 当地 |
| | 信息中心 | 羊皮 | 袁霭靖 | 0000000013 | 01 | 信息发布中心 | 2019-10-01 | 30 | 当地 |
| | 信息中心 | 猪皮 | 袁霭靖 | 0000000013 | 01 | 信息发布中心 | 2019-10-01 | 33 | 当地 |
| | 第三方物流中心 | 鞋面运费 | 袁霭靖 | 0000000015 | 02 | 第三方物流服... | 2019-10-01 | 63 | |
| | 第三方物流中心 | 鞋底运费 | 袁霭靖 | 0000000015 | 02 | 第三方物流服... | 2019-10-01 | 64 | |
| 合计 | | | | | | | | | |

结算选入库单列表

记录总数：3

| 选择 | 供应商简称 | 存货名称 | 仓库名称 | 入库单号 | 供货商编码 | 供应商名称 | 入库日期 | 仓库编码 | 制 |
|---|---|---|---|---|---|---|---|---|---|
| | 信息中心 | PU底 | 原材料仓库 | 0000000013 | 01 | 信息发布中心 | 2019-10-01 | 01 | 袁霭靖 |
| | 信息中心 | 羊皮 | 原材料仓库 | 0000000013 | 01 | 信息发布中心 | 2019-10-01 | 01 | 袁霭靖 |
| | 信息中心 | 猪皮 | 原材料仓库 | 0000000013 | 01 | 信息发布中心 | 2019-10-01 | 01 | 袁霭靖 |
| 合计 | | | | | | | | | |

图 12－54　生产商采购管理第二次手工结算操作流程

（9）CMO 按实际时间在销售管理系统录入销售订单，然后在当季第三个月登录系统，根据销售订单生成发货单，保存审核。根据发货单（注意取消查询条件选择）生成销售发票（注意外销使用增值税普通发票，内销使用增值税专用发票。注意与发货单是否一致），保存并复核。

（10）物流主管在当季第三个月登录库存管理系统，选择“出库业务”，根据销售发货单生成销售出库单，保存审核。

（11）人事主管在当季第三个月登录薪资管理系统，选择“薪资管理”｜“业务处理”｜“工资变动”录入标准工资、销售提成（仅销售人员）、加班费（仅技工）、代扣个人“五险一金”、代扣个人所得税、公司缴纳“五险一金”。然后，财务人员进入工资变动表进行“全选”“计算”“汇总”操作，检查应发合计、实发合计、扣款合计是否与工资表一致，之后关闭窗口进入工资分摊，生成四张薪资管理记账凭证，包括计提应付工资、代扣个人所得税、代扣个人“五险一金”和计提企业“五险一金”，同时注意相关会计账户选择不要出错。

生产商采购入库监控环节监控事项

### 12.6.2 业务关键活动监控事项

#### 12.6.2.1 采购入库监控环节监控事项

采购入库环节监控事项较多（见二维码），主要表现在跨部门对接环节的入库结算和按季度表现业务时的时点安排，需要认真关注易错操作位置。

生产商材料出库监控环节监控事项

注意：当季第一个月，在总账系统手工录入的记账凭证录入完成后，会同外围模块传递过来的记账凭证，进行所有凭证的审核、记账操作，直接对所有模块结账，完成本月总账的结账工作。然后，登录当季第二个月直接对所有模块结账，并完成第二个月总账的结账工作。

有关材料出库、产成品入库、销售发货均在当季第一、第二个月结账之后，用当季第三个月的登录日期操作完成。

生产商产成品入库监控环节监控事项

#### 12.6.2.2 材料出库监控环节监控事项

材料出库环节监控事项较多（见二维码），主要表现在跨部门对接时的出库单价和按季度表现业务时的时点安排，需要认真关注易错操作位置。

#### 12.6.2.3 产成品入库监控环节监控事项

销售业务监控环节监控事项

生产商产成品入库监控环节监控事项见二维码。

#### 12.6.2.4 销售业务监控环节监控事项

销售业务监控环节监控事项见二维码。

往来款项环节监控事项

#### 12.6.2.5 往来款项环节监控事项

往来款项环节监控事项见二维码。

> **温馨提示：**本课程设计有助于学生服务公司内外部对象，尊重事实，形成严谨的工作作风和敬业精神，关心组织成员，坚持走群众路线，强化会计职业观、规则意识、对立统一地处理矛盾的观点，发挥优秀团员、党员的先锋作用，充分把理论与实践相结合，形成优良的社会主义组织文化。

# 第⓭章
# 品牌渠道商会计信息化

➢［学习目标］

1. 了解品牌渠道商会计信息化系统建立和实施过程
2. 掌握品牌渠道商会计信息化系统初始化、日常业务处理、期末处理、报表管理及反结账
3. 熟悉品牌渠道商业务关键活动操作流程及监控事项

➢［育人目标］

培养管理服务意识、团队协作精神、认真细致的工作态度、观察分析能力、决策能力以及自我情绪控制能力。

## 13.1 品牌渠道商会计信息化系统初始化

### 13.1.1 品牌渠道商基础设置

13.1.1.1 *启用模块*

用2022－01－01日期、CFO（渠道商）登录用友U8企业应用平台检查模块启用情况，对未启用、多启用、启用日期错误模块做正确维护，平台在设计时只启用了“总账”“应收款管理”“应付款管理”“销售管理”“采购管理”“库存管理”“存货核算”“薪资管理”8个模块（系统正常情况下已经默认启动好，另外，由于固定资产模块在平台应用较少，为简化起见不再启用）。

13.1.1.2 *基础设置——开户银行*

渠道商开户银行样例如表13－1所示。设置本单位开户银行步骤：在基础设置中，执行“基础档案”｜“收付结算”｜“本单位开户银行”命令，进入“本单位开户银行”窗口，单击“修改”，更改本单位开户银行编码、银行账户、账户名称、币种、开户银行、所属银行编码等。单击“保存”。

**表13－1 渠道商开户银行样例**

| 编号 | 银行账号 | 币种 | 开户银行 | 所属银行编码 |
|---|---|---|---|---|
| 1 | AQ3000000010 | 人民币 | 中国农业银行 | 04－中国农业银行 |

注意：修改本单位开户银行有特殊需要录入项时，如需要录入机构号、联运号等，只

需随意录入一些数字就可以了。

### 13.1.2 总账系统——结转损益设置

设置期末损益结转分两步完成：打开“总账”—“期末”—“转账定义”—“期间损益”窗口，首先清空4103，确定退出后再打开；再打开设入4103，点击“确定”（见图13－1）。

图13－1 渠道商结转损益设置

特别提示：在总账初始化过程中，不要点击总账重新初始化按钮，点击操作后一切账务数据和财务基础设置资料归零。

### 13.1.3 薪资管理系统

#### 13.1.3.1 建立薪资子账套

工资类别：单个；币别：人民币；不核算计件工资；不勾选工资中代扣个人所得税，不勾选扣零。

操作步骤：执行“业务工作”｜“人力资源”｜“薪资管理”命令，勾选“单个工资类别”；币别为“人民币”；不核算计件工资。

不勾选“是否从工资中代扣个人所得税”，点击“下一步”。

不勾选“扣零”，点击“下一步”。

单击“完成”按钮，完成工资账套创建。

#### 13.1.3.2 薪资管理初始化

（1）批增人员档案。操作步骤：执行“业务工作”｜“人力资源”命令，进入薪资管理系统，单击“设置”｜“人员档案”进入“人员档案”窗口，点击左上角“批增”按钮，选择所有部门，点击“查询”，再按“全选”，点击“确定”。

渠道商工资项目档案

（2）预置工资项目档案（见二维码）。

注意：按图13－2预置，其中应发合计、扣款合计、实发合计是系统固定项目，应付

薪酬即应发合计，实际发放即实发合计，不用额外录入。

增加工资项目步骤：在薪资管理系统中执行“设置”｜“工资项目设置”命令，打开“工资项目设置”对话框，单击“增加”按钮，工资项目列表中增加一行，例如，依据项目档案列示资料，填入“标准工资”，长度“15”，小数“2”，增减项选择“增项”，继续单击“增加”按钮，增加其他工资项目，并注意调整项目顺序。

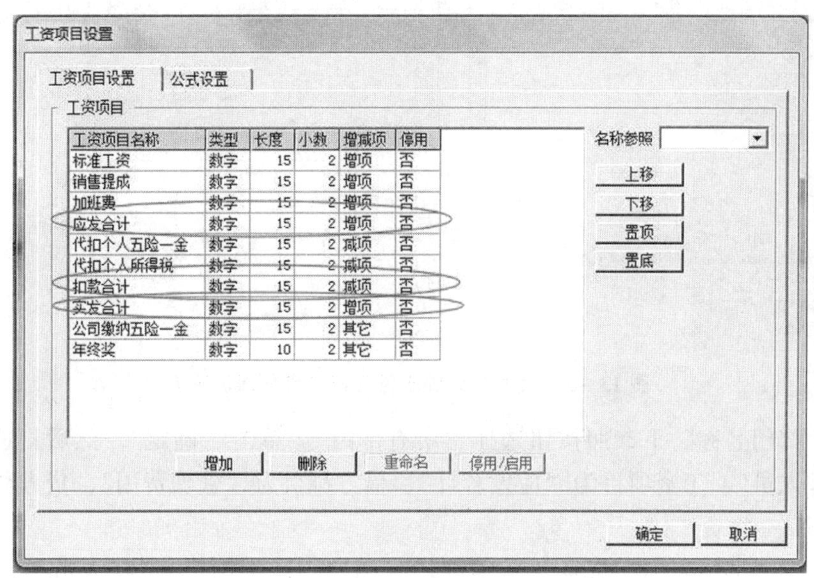


**图 13－2　工资项目档案完成效果图示**

项目档案完成设置后，打开业务处理下的工资变动，检查一下工资表中工资项目及员工档案是否存在错漏，并注意用右边工具调整项目顺序，确保无误。

#### 13.1.3.3　工资分摊及制单设置

（1）设置工资分摊。要设置工资分摊，需要先执行“业务处理”｜“工资变动”，点击“汇总”按钮后才能设置工资分摊事宜。

（2）工资分摊计提比例及会计账户设置。

1）计提应付工资（见表 13－2）。在薪资管理系统中执行“业务处理”｜“工资分摊”命令，单击“工资分摊设置”按钮，单击“增加”，打开“分摊计提比例设置”对话框。输入“计提应付工资”，比例“100%”，单击“下一步”，如图 13－3 所示。

**表 13－2　渠道商计提应付工资**

| 部门 \ 计提工资分摊 | | 应发合计（100%） | |
|---|---|---|---|
| | | 借方科目 | 贷方科目 |
| 行政部、采购部、人事部、物流部、财务部、营销部 | 管理人员 | 660201 管理费用——工资 | 221101 应付职工薪酬——工资 |
| 营销部、行政部 | 销售人员 | 660101 销售费用——工资 | |

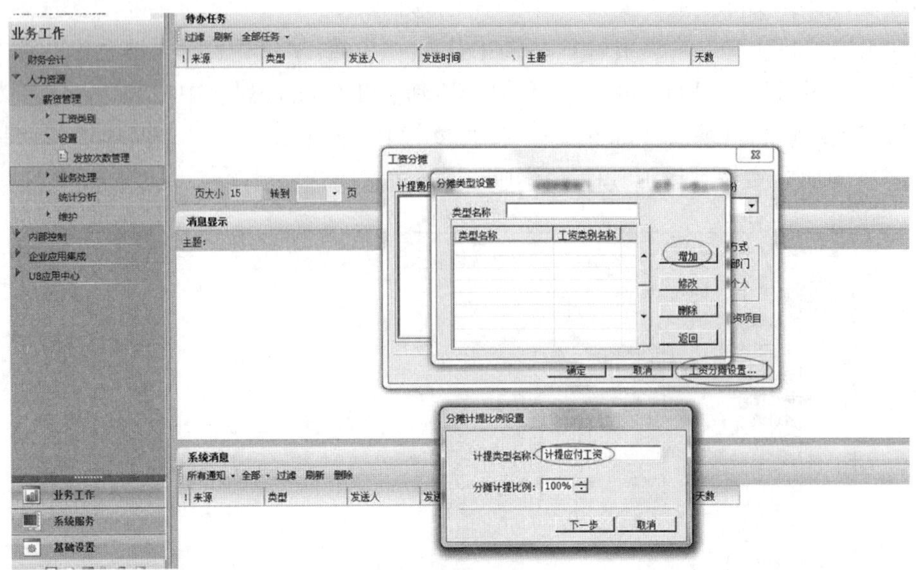


图 13－3　渠道商计提应付工资工资分摊设置 1

单击“部门名称”下参照按钮选择“所有部门”，单击“确定”。然后，选择人员类别为“管理人员”，工资项目为“应发合计”，借方科目为“管理费用”，贷方科目为“应付职工薪酬——工资”。

在下一行“部门名称”选择“营销部门”和“行政部门”，选择人员类别为“销售人员”，工资项目为“应发合计”，借方科目为“销售费用”，贷方科目为“应付职工薪酬——工资”，单击“完成”，如图 13－4 所示。

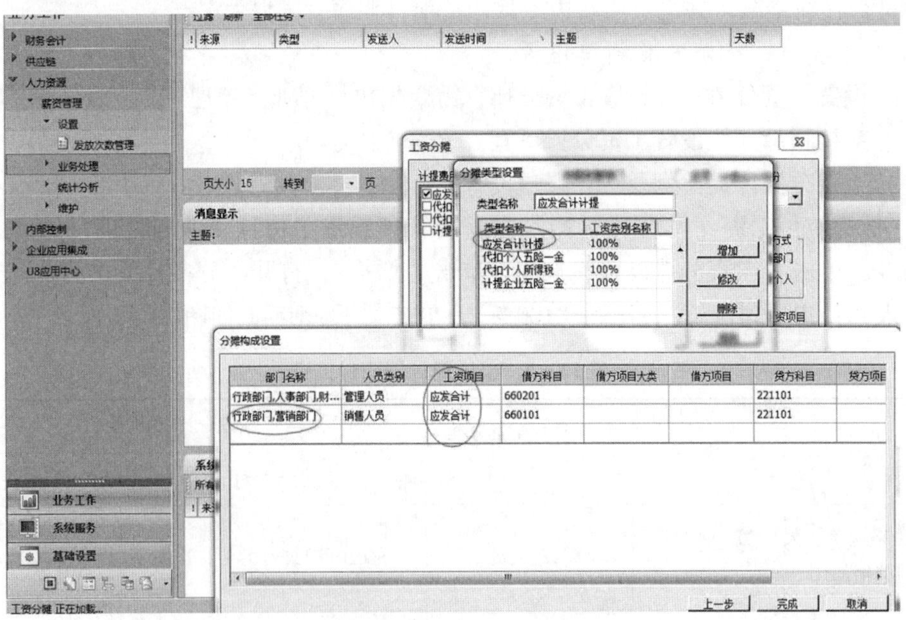


图 13－4　渠道商计提应付工资工资分摊设置 2

2）代扣个人“五险一金”（见表 13－3）。继续在工资分摊设置窗口点击“增加”，输入“代扣个人五险一金”，单击“下一步”，选择“所有部门”，选择人员类别为“管理人员”，工资项目选择“代扣个人五险一金”，借方科目为“应付职工薪酬——工资”，贷方科目为“其他应付款”；继续选择“行政部门、营销部门”，选择人员类别为“销售人员”，工资项目选择同上，借方科目为“应付职工薪酬——工资”，贷方科目为“其他应付款——代扣个人五险一金”，单击“完成”（见图 13－5）。

**表 13－3　渠道商代扣个人“五险一金”**

| 部门 \ 代扣个人五险一金 | | 代扣个人“五险一金”（100%） | |
|---|---|---|---|
| | | 借方科目 | 贷方科目 |
| 行政部、采购部、人事部、物流部、财务部、营销部 | 管理人员 | 221101 应付职工薪酬——工资 | 224102 其他应付款——代扣个人“五险一金” |
| 营销部、行政部 | 销售人员 | 221101 应付职工薪酬——工资 | |

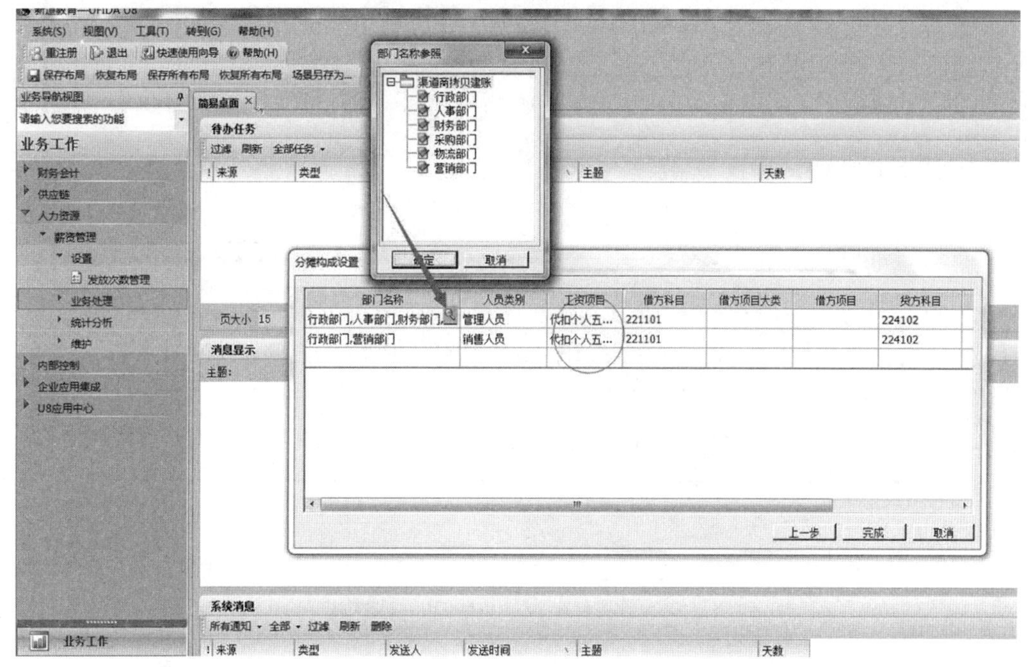


**图 13－5　渠道商代扣个人“五险一金”工资分摊设置**

3）代扣个人所得税（见表 13－4）。继续在工资分摊设置窗口点击“增加”，输入“代扣个人所得税”，分摊比例设置为“100%”，单击“下一步”。

在首行选择“所有部门”，选择人员类别为“管理人员”，工资项目选择“代扣个人所得税”借方科目为“应付职工薪酬——工资”，贷方科目为“应交税费——应交个人所得税”；继续选择“行政部门、营销部门”，选择人员类别为“销售人员”，工资项目选择同上，借方科目为“应付职工薪酬——工资”，贷方科目为“应交税费——应交个人所得税”，单击“完成”（见图 13－6）。

表 13－4　渠道商代扣个人所得税

| 部门 | 代扣个人所得税分摊 | 代扣个人所得税（100%）借方科目 | 代扣个人所得税（100%）贷方科目 |
|---|---|---|---|
| 行政部、采购部、人事部、物流部、财务部、营销部 | 管理人员 | 221101 应付职工薪酬——工资 | 222104 应交税费——应交个人所得税 |
| 营销部、行政部 | 销售人员 | 221101 应付职工薪酬——工资 | |

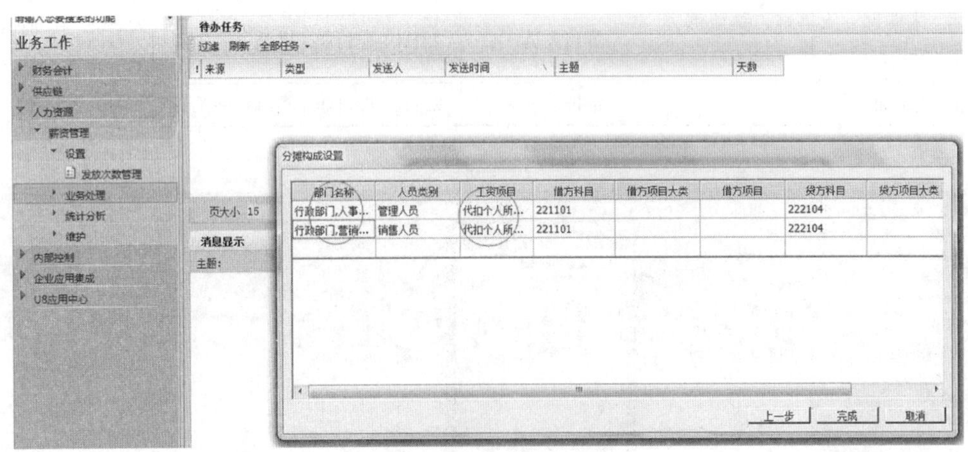


图 13－6　渠道商代扣个人所得税工资分摊设置 2

4）计提企业“五险一金”（见表 13－5）。继续在工资分摊设置窗口点击“增加”，输入“计提企业五险一金”，单击“下一步”。

表 13－5　渠道商计提企业“五险一金”

| 部门 | 计提企业五险一金 | 公司缴纳五险一金（100%）借方科目 | 公司缴纳五险一金（100%）贷方科目 |
|---|---|---|---|
| 行政部、采购部、人事部、物流部、财务部、营销部 | 管理人员 | 660211 管理费用——五险一金 | 221102 应付职工薪酬——计提企业五险一金 |
| 营销部、行政部 | 销售人员 | 660114 销售费用——五险一金 | |

首行选择“所有部门”，选择人员类别为“管理人员”，工资项目选择“公司缴纳五险一金”，借方科目为“660211”，贷方科目为“221102”；继续在下一行选择“行政部门、营销部门”，选择人员类别为“销售人员”，工资项目选择同上借方科目为“660114”，贷方科目为“221102”，单击“完成”（见图 13－7）。

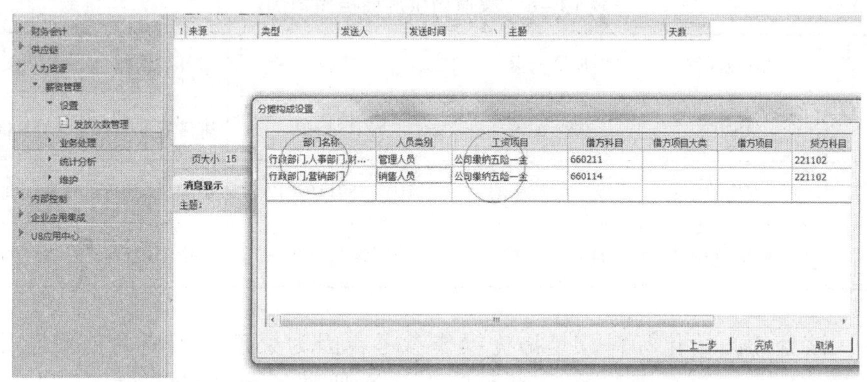

图 13－7　渠道商计提企业五险一金工资分摊设置 2

### 13.1.4　应付款管理系统

此处包括两个修改任务：

（1）修改基础设置银行账户。选择自己的开户银行，全部更新（见图 13－8）。

（2）根据实际交易对象合理预置供应商档案（见表 13－6）。设置供应商档案步骤：在基础设置中，执行“基础档案”｜“客商信息”｜“供应商档案”命令，进入“供应商档案”窗口。单击“修改”，更改供应商编码、名称、简称、所属分类、税号、开户银行、银行账号，单击“保存”。

图 13－8　渠道商应付款银行账户设置

表 13 – 6　渠道商供应商档案样例

| 供应商编号 | 供应商简称 | 所属分类 | 税号 | 开户银行 | 账号 |
|---|---|---|---|---|---|
| 01 | AS20 | 02 – A 区 | YZHSAS20 | 中国农业银行 | AS3000000020 |
| 03 | 第三方物流中心 | 03 – 物流中心 | 410153821167012 | 中国建设银行 | WL2000000002 |
| 04 | 信息中心 | 04 – 信息中心 | 410103611257888 | 中国银行 | XX1000000001 |

注意：该处的初始化资料只是作为操作参考，因为渠道商供应商档案已经预置进去了，只需要在经营过程中根据需要在原生产商档案上修改就可以了，不用再另行增加。

### 13.1.5　应收款管理系统

此处包括两个修改任务：

（1）修改基础设置。打开“应收款管理”—“设置”—“初始设置”窗口，针对需修改银行账户，选择自己的开户银行，全部更新。

（2）根据实际交易对象合理预置客户档案（见表 13 – 7）。设置客户档案步骤：在基础设置中，执行“基础档案” | “客商信息” | “客户档案”命令，进入“客户档案”窗口。单击“修改”，更改客户编码、名称、简称、所属分类、税号、开户银行、银行账号，单击“保存”。

表 13 – 7　渠道商客户档案样例

| 客户编号 | 客户简称 | 开户银行 | 账号 | 税号 | 付款条件 | 默认值 |
|---|---|---|---|---|---|---|
| 02 | 亚洲市场 | 中国工商银行 | 1368933267202 | 1268933267202 | 无 | 是 |

注意：该处的初始化资料只是作为操作参考，因为渠道商客户档案已经在系统中预置进去了，不用再增加。通过初始化来培养学生的细心、责任心及沟通能力。

### 13.1.6　采购管理系统

需要对本模块期初进行记账（见图 13 – 9），记账后才能进行期间内业务操作。

### 13.1.7　销售管理系统

需要配置单据参照参数，如图 13 – 10 所示。

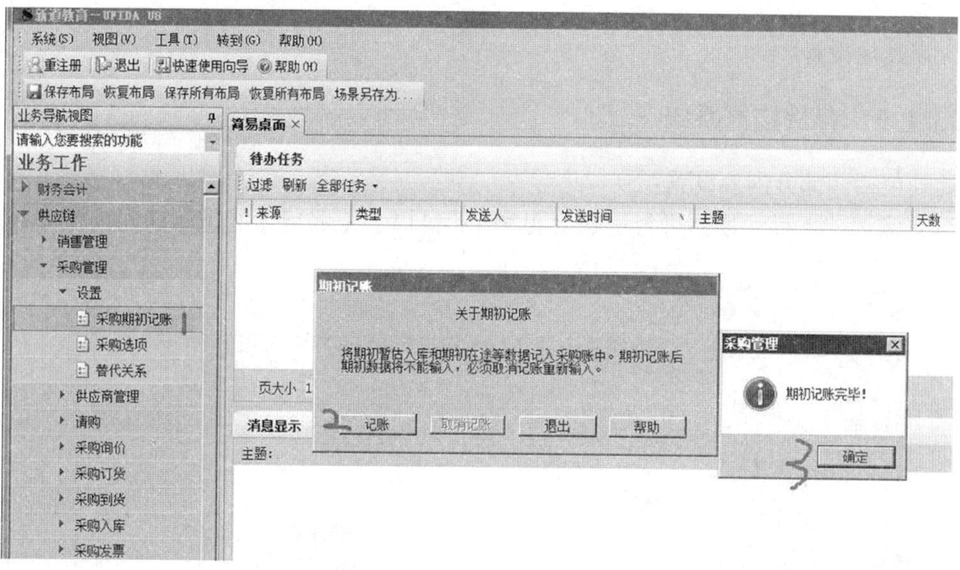


图 13－9　渠道商采购期初记账

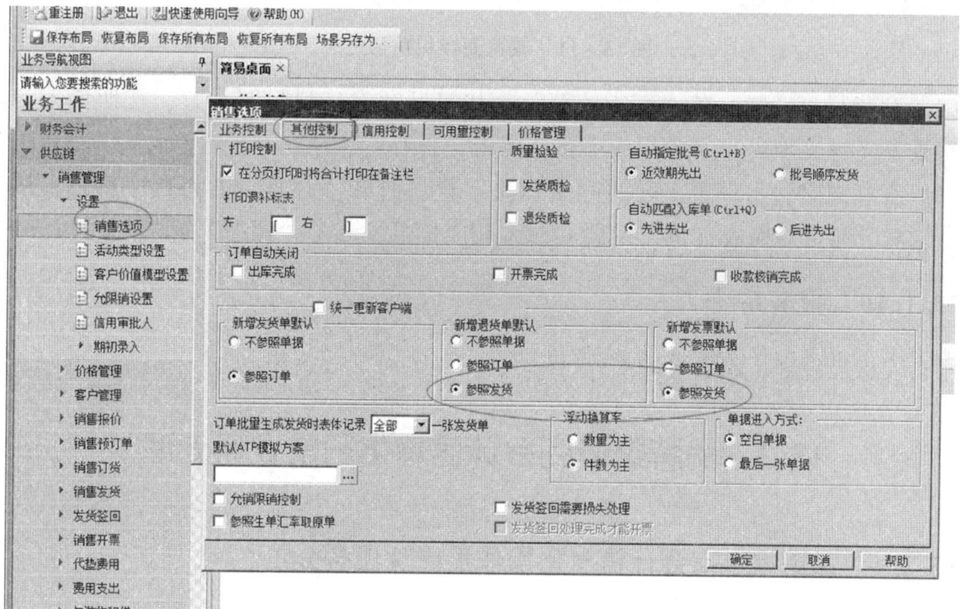


图 13－10　渠道商销售参数设置

### 13.1.8　库存管理系统

无需其他设置。

### 13.1.9　存货核算系统

此处包括两部分内容设置：

（1）需要对本模块期初进行记账（见图 13－11），记账后才能进行期间内账务处理。

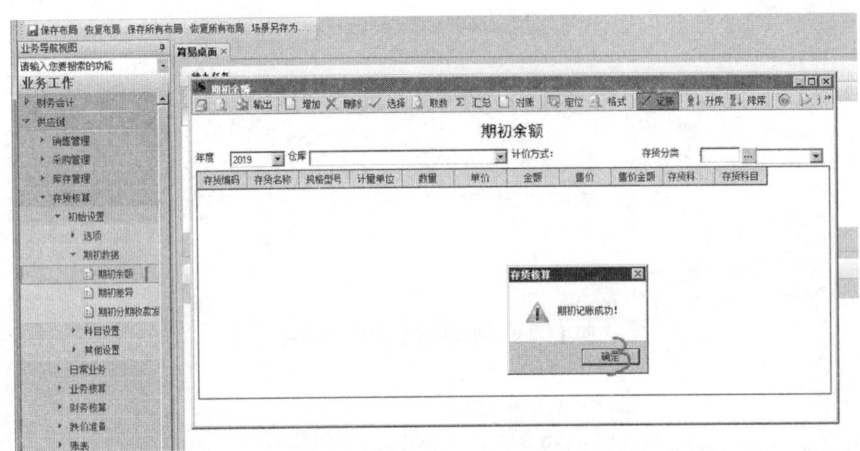


图 13－11　渠道商存货期初记账

渠道商存货科目对照

（2）存货科目设置。在“存货核算”模块打开“存货科目”窗口，按照渠道商存货科目对照表（见二维码）录入相应信息，点击“保存”。

渠道商存货对方科目对照

（3）存货对方科目设置。在“存货核算”模块打开“存货对方科目”窗口，按照渠道商存货对方科目对照表（见二维码）录入相应信息，点击“保存”。

### 13.1.10　报表系统

平台模板已设好，不必再动。

## 13.2　品牌渠道商会计信息化日常业务处理

### 13.2.1　品牌渠道商会计信息化操作员岗位任务分工

品牌渠道商会计信息化操作员岗位任务分工

品牌渠道商会计信息化操作员岗位任务分工见二维码。

注意：银行共用审计账号在系统导出平衡后的报表进行贷款。

### 13.2.2　总账系统日常业务

#### 13.2.2.1　手工录入凭证涉及对象

总账手工录入记账凭证是指排除应收款管理系统、应付款管理系统、薪资管理系统、存货核算系统机制凭证以外的业务事项及调账事宜。

步骤：打开“业务工作”|“财务会计”|“总账”|“凭证”|“填制凭证”，需要手工录入的凭证大体如下：投资人投入资金；取得银行借款；支付银行手续费；支付招聘广告费；支付店铺租金；固定资产投入；固定资产折旧；无形资产投入；无形资产摊销；支付仓储费；支付水电费；支付商品采购或销售运费；发放工资；支付“五险一金”及个税；支付装修、改装费；计提利息。

注意：①期末损益结转的两张凭证是季末一次通过总账期末生成制单的，不属于手工录入对象；②采购商品（不含运费）支付款项的记账凭证，通过在应付款管理系统录入付款单后制单生成；销售商品收取款项的记账凭证，通过在应收款管理系统录入收款单后制单生成。

#### 13.2.2.2　出纳管理工作方法

因为平台只涉及银行存款的现金管理，所以在平台运作中，出纳每季度末只需按银行账户核对银行账即可。

（1）对账前提。其一，当期填制的所有和资金收付有关的记账凭证，经过审核、记账，才能自动过账形成企业日记账；其二，录入当期的银行对账单，形成银行日记账。

（2）银行对账。银行对账采用自动对账和手工对账相结合的方式完成。自动对账：由计算机根据对账依据（结算方式+结算号+方向+金额）将银行日记账未达账项与银行对账单进行自动核对；手工对账：出纳自己两边勾对，是对自动对账的补充。

选择“业务工作”|“财务会计”|“总账”|“出纳”|“银行对账”窗口，如图13－12所示。

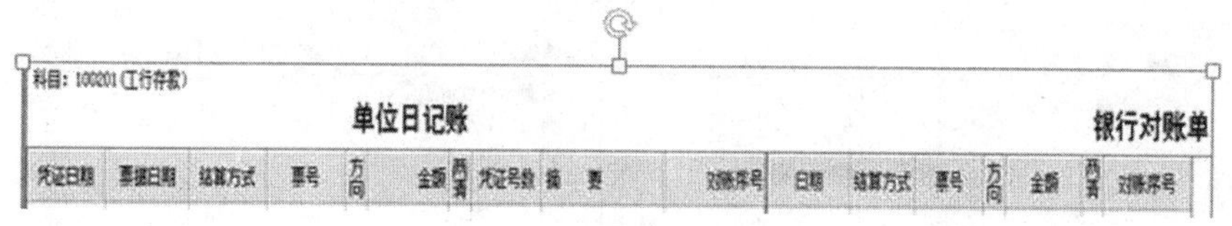


图13－12　渠道商银行对账操作1

点击“对账”按钮，在弹出的“自动对账”窗口中，录入本季截止日期，选择对账条件，确定后完成自动对账（见图13－13），之后还可以用手工勾对的方式进行手工对账。

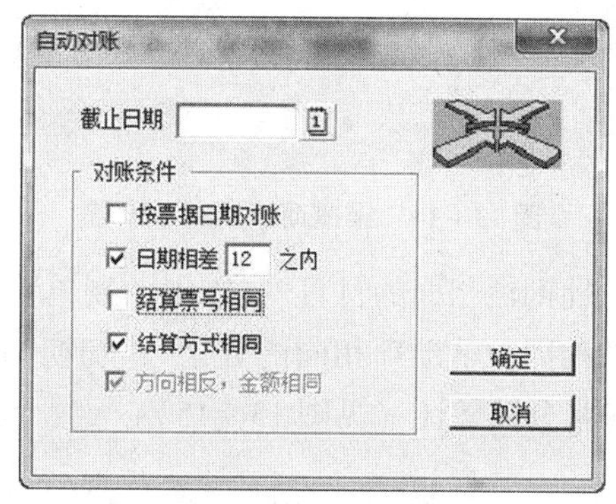


图13－13　渠道商银行对账操作2

（3）核销银行账。核销银行账即核销已达账，核销已达账将删除已两清的单位日记账和银行对账单，然后再次回到对账窗口手工勾对，再次核销，直到不能再找出银行日记账和银行对账单有对应项为止。

（4）编制银行存款余额调节表。勾对完成后，可通过查询得到系统自动编制完成的银行存款余额调节表。

注意：出纳在出纳管理模块根据银行存款日记账完成银行对账操作，由于平台无拖欠，一定是无未达账项存在。

### 13.2.3 薪资管理系统

13.2.3.1 薪资模块业务处理

在本季度的第三个月（本季前两个月薪资模块已结账），打开“业务工作”｜“人力资源”｜“薪资管理”｜“业务处理”｜“工资变动”，输入相关人员的标准工资、销售提成、加班费、代扣个人“五险一金”、代扣个人所得税、计提企业“五险一金”，单击“全选”“计算”，再点“汇总”，完成后，关闭“工资变动”。

13.2.3.2 制单设置

打开“薪资管理”｜“业务处理”｜“工资分摊”，选择“计提分配方式”——“分配到部门”，选中“明细到工资项目”，点击“确定”（见图13－14）。

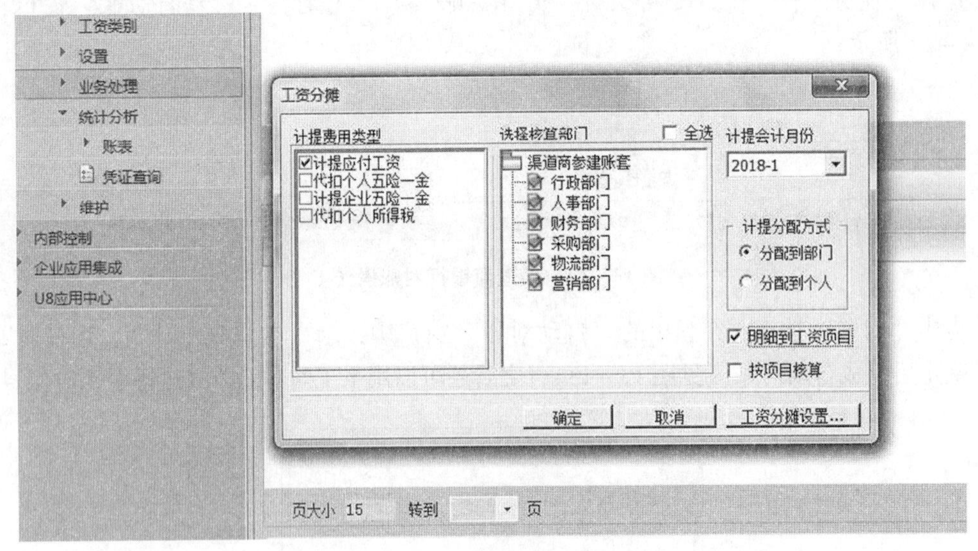


图13－14　渠道商薪资制单设置

选中“合并科目相同、辅助项相同的科目”，点击“制单”。

然后，勾选“合并科目相同、辅助项相同的分录”，切换制单类型，对四种工资计提分摊类型依次制单，生成四张分摊凭证（见图13－15）。

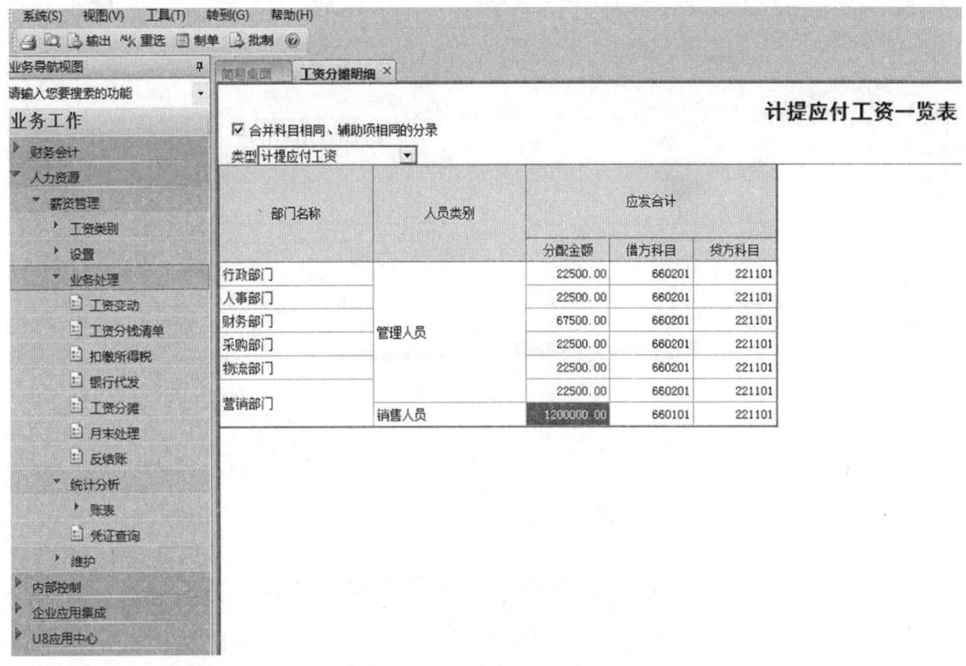

图 13－15　渠道商薪资管理制单

注意：发放工资和缴税缴险记账凭证应在总账系统手工填制。

### 13.2.4　采购与应付款管理、库存管理、存货核算系统

本环节整体操作流程按以下步骤依次进行：

（1）采购主管在采购管理模块按日期登录填制采购订单并保存审核。

（2）物流主管根据采购订单在库存管理模块填制采购入库单并保存审核。

（3）采购主管在采购管理模块根据采购入库单生成商品采购专用发票，然后单击“采购结算”下的“自动结算”或“手工结算”，选择具有匹配关系的发票和采购入库单完成结算。

（4）出纳根据支票或电汇单据在应付款管理模块填入对应的付款单据（只和前面发票有关的付款，以及生产商预收的预付款，其他付款均在总账系统直接录入记账凭证即可）。

其中，出纳付款单据填制：在应付款管理系统中，单击“付款单据处理”下的“付款单据录入”，点击“新增”，录入单据数据并保存（见图 13－16）。

（5）财务主管应收款管理财务处理。首先，针对应付单据审核并制单：在应付款管理系统中单击“应付单据审核”，进入“应付单查询条件”窗口，单击“确定”，进入应付单据列表，选择要审核的单据，单击“审核”，完成发票审核。

同理，在应付款管理系统中单击“付款单据审核”，进入“付款单查询条件”窗口，单击“确定”，进入付款单据列表，选择要审核的单据，审核付款单。

点击新增，录入单据数据并保存。

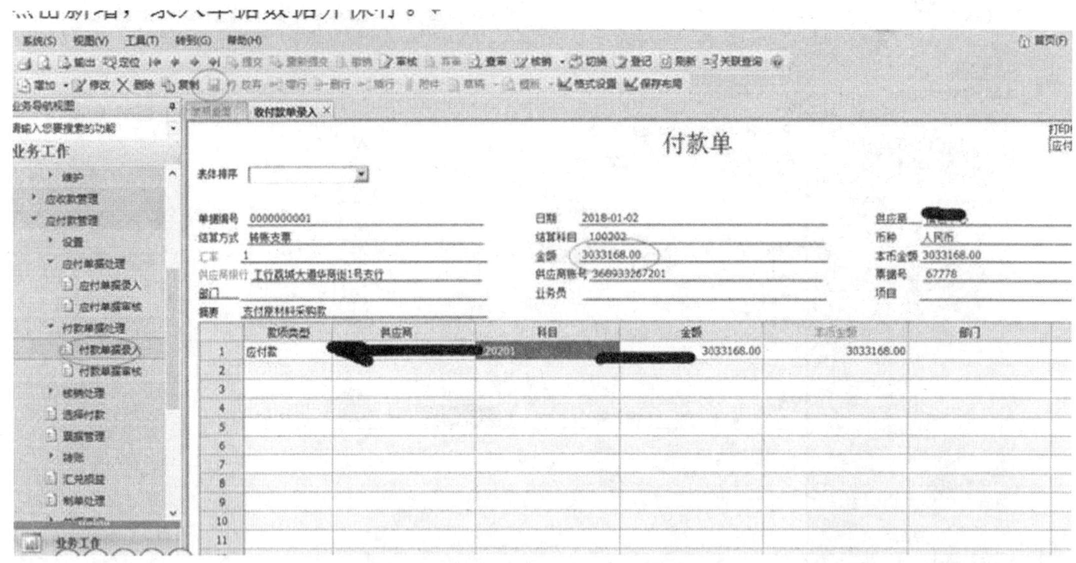


图 13－16 渠道商出纳岗付款单据录入

然后，登录应付款管理系统，单击“制单处理”，选择“发票制单”和“收付款单制单”，单击“确定”，再点击“全选”按钮，点击“制单”生成对应单据的记账凭证（见图 13－17）。

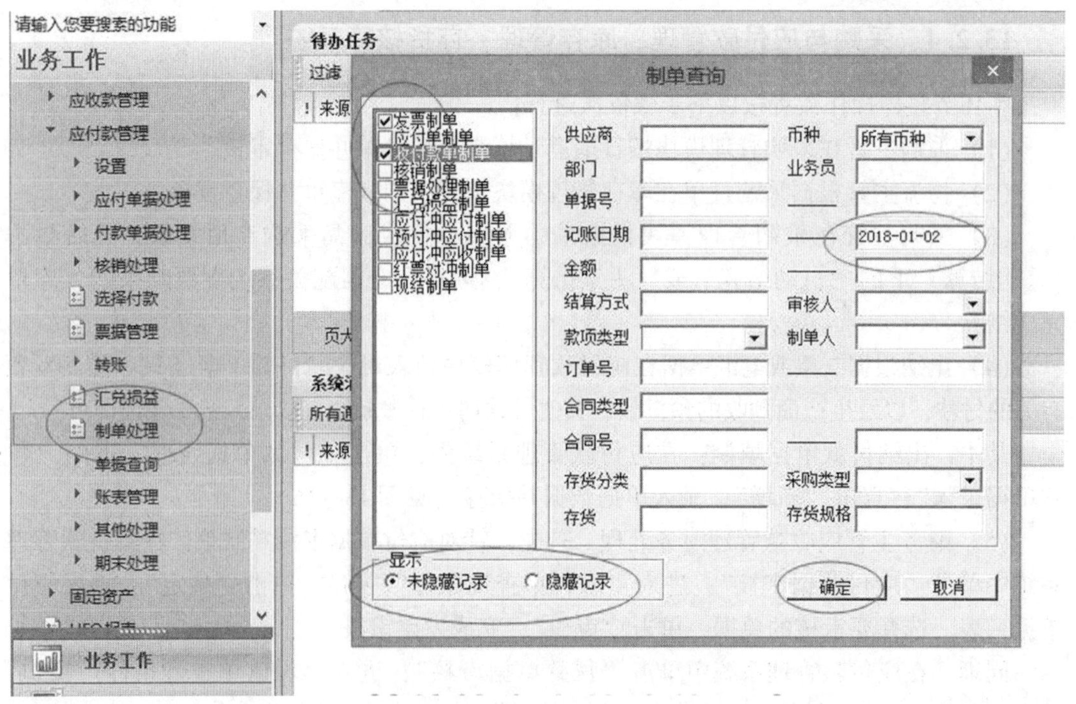


图 13－17 渠道商应付付款单据制单

（6）财务主管在存货核算模块对采购入库单正常单据记账并制单（见图 13－18）。

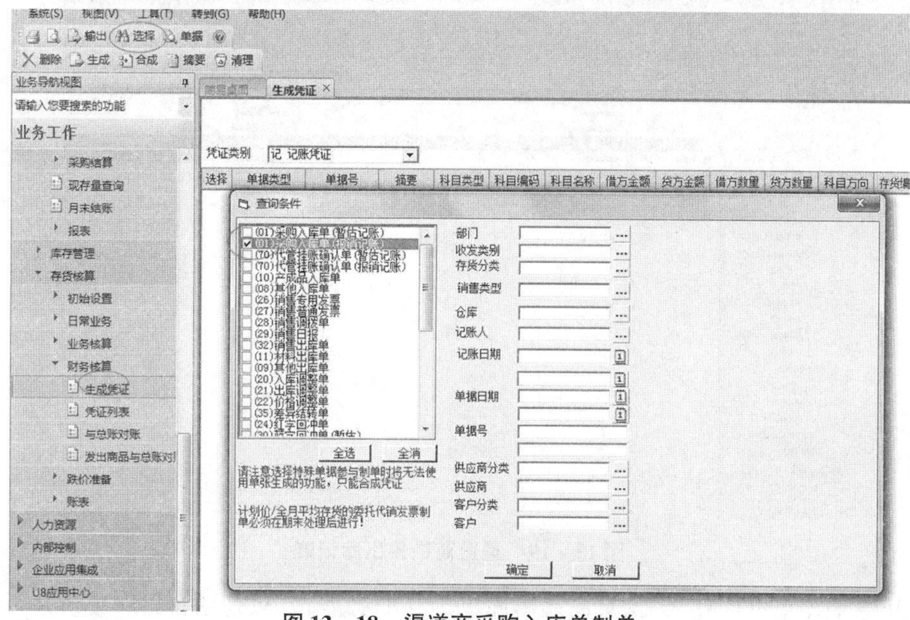


图 13－18　渠道商采购入库单制单

### 13.2.5　销售与应收款管理系统、库存管理、存货核算系统

本环节整体操作流程按以下步骤依次进行：

（1）市场总监在销售管理模块按日期登录填制销售订单并保存审核；市场总监根据销售订单在销售管理模块生成销售发货单，并保存审核；市场总监根据销售发货单在销售管理模块生成销售专用发票，并点击复核。

（2）物流主管根据销售发货单在库存管理模块生成销售出库单，并保存审核。

（3）出纳根据支票或电汇单据在应收款管理模块填入对应的收款单据（只是和前面发票有关的收款，其他收款均在总账系统直接录入记账凭证即可）。

（4）财务主管对应收单据审核并制单。在应收款管理系统中单击“应收单据审核”，进入“应收单查询条件”窗口，单击“确定”，进入应收单据列表，选择要审核的单据，审核发票。然后，单击“制单处理”，选择“发票制单”“收付款单制单”，生成凭证。

注意：收款业务单据录入可参照付款单据录入方法，此处略。

（5）存货核算制单。本季度第三个月进行存货核算制单，需满足以下条件：首先，采购入库单在存货核算模块记账生成记账凭证，且该季所有销售出库单据都在存货核算模块完成记账；其次，财务主管依据销售专用发票或普票对应的商品销售发货进行全月平均计算（销售成本结转来自采购入库单单价）；最后，本期所有的销售发货对应的销售发票都完成复核，且销售出库单也完成审核。在以上条件都满足的情况下，账务主管对该季所有的销售专用发票或普票进行成本记账并制单，完成商品销售成本结转，具体操作如图 13－19 所示。

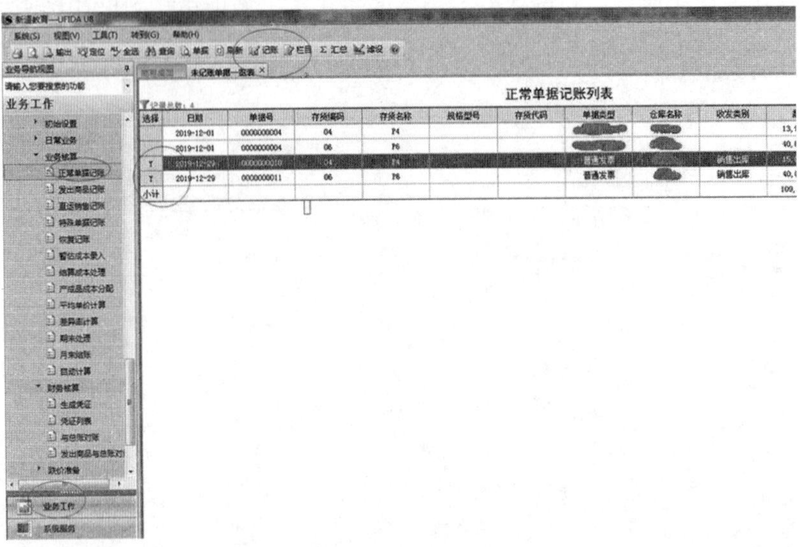

图 13－19　渠道商销售出库记账

打开“平均单价计算”，预算商品出库单价（非必需），只是预看出库单价是否正确。

确认单价无误后，选中商品仓库进行期末处理，注意勾选两个出库调整项（见图 13－20）。

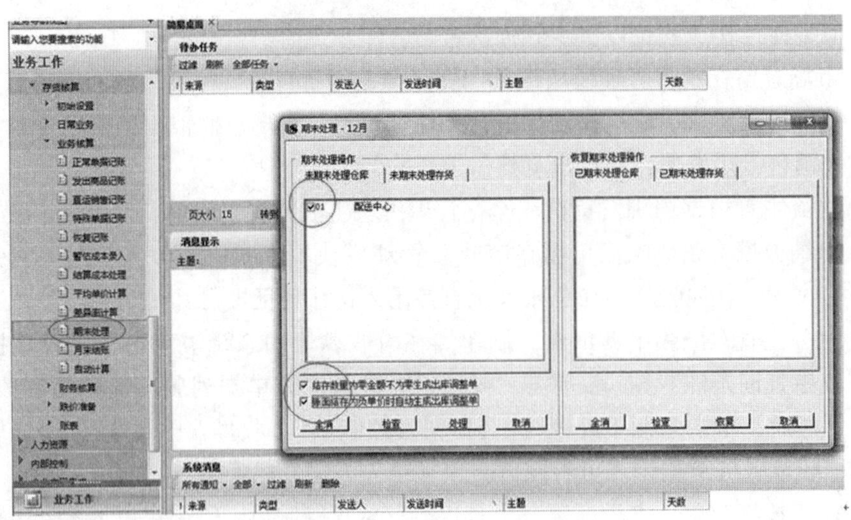

图 13－20　渠道商期末成本处理

查看最终核算的出库单价，并点击“确定”。

处理完成后，即完成所有商品的全月平均单价计算，此时存货明细当期的数据已经固定下来，然后进行销售成本的结转制单，同时勾选出库调整单制单（见图 13－21），生成销售出库成本结转记账凭证及其出库调整单记账凭证（有的情况下没有出库调整事项就不必制单）。

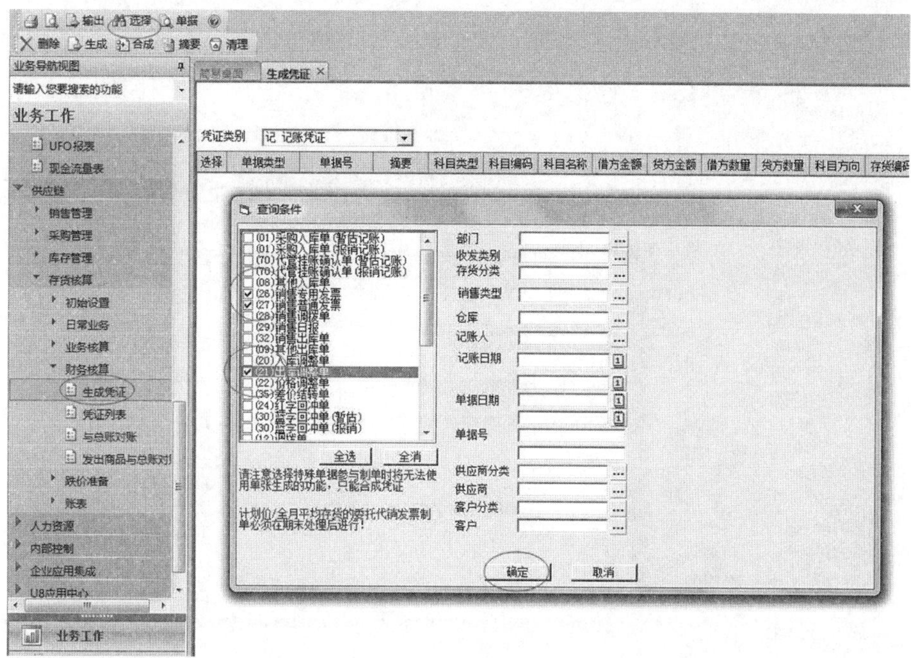

图 13－21　渠道商销售出库制单

## 13.3　渠道商会计信息化期末处理

### 13.3.1　总账以外模块期末处理

每个月末，在对总账系统结账之前，需要先将当月业务结束后其他子系统结账，包括：采购管理系统、销售管理系统、库存管理系统、应收款管理系统、应付款管理系统、存货核算系统、薪资管理系统。

13.3.1.1　采购管理系统、销售管理系统、库存管理系统结账

采购管理、销售管理和库存管理模块结账时，操作方法一致，其中，采购管理和销售管理先结账（注意订单不关闭），如图 13－22 所示，然后进行库存管理结账。

13.3.1.2　应收款管理系统结账

打开“应收款管理”｜“期末处理”｜“月末结账”窗口，按流程完成结账操作。

13.3.1.3　应付款管理系统结账

打开“应付款管理”模块，结账过程同“应收款管理”模块。

13.3.1.4　存货核算系统结账

打开“业务核算”下的“月末结账”窗口，单击“结账”。

13.3.1.5　薪资管理系统结账

在薪资管理系统中，执行“业务处理”｜“月末处理”命令，打开“月末处理”窗口，选择“工资类别”，单击“确定”，完成结账操作。

双击“选择清零项目”，点击“全选”，单击“确定”，完成月末结账，如图 13－23 所示。

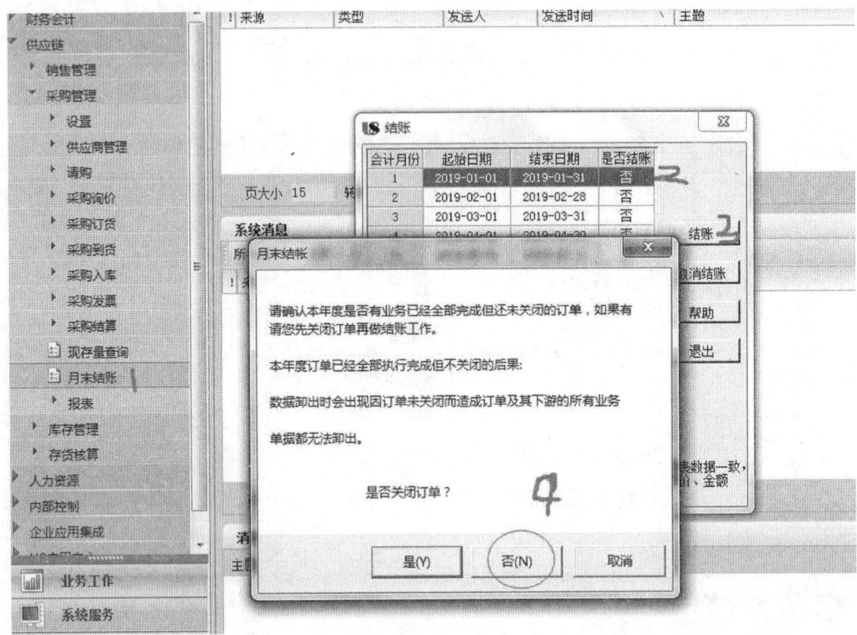


图 13－22　渠道商采购管理模块结账样例

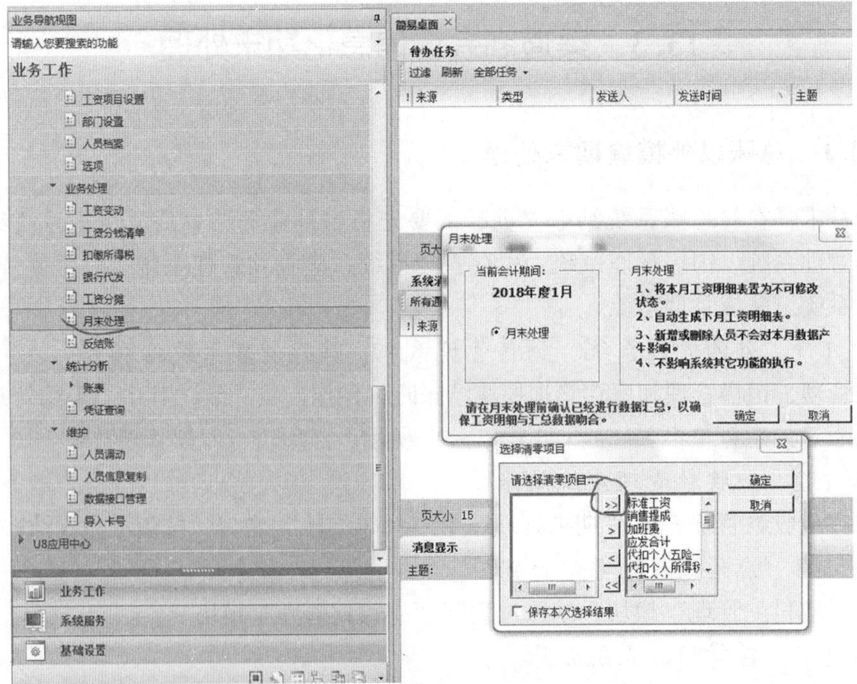


图 13－23　渠道商薪资管理系统结账样例

## 13.3.2　总账系统期末处理

总账系统期末处理过程包括记账凭证审核、记账、期末调账、损益结转以及期末对账和结账等工作。

#### 13.3.2.1　执行过账

由财务主管对薪资管理系统、应收款和应付款管理系统、存货核算系统传递过来的机制记账凭证，以及在总账模块手工录入的记账凭证执行审核和记账操作（为简化起见，不再进行出纳签字和主管签字），完成过账（见图 13－24）。

| 制单日期 | 凭证编号 | 摘要 | 借方金额合计 | 贷方金额合计 | 制单人 | 审核人 | 系统名 | 备注 | 审核日期 | 年度 |
|---|---|---|---|---|---|---|---|---|---|---|
| 2018-04-01 | 记 - 0001 | 付利息 | 236,250.00 | 236,250.00 | 财务主管 | CFO | | | 2018-06-30 | 2018 |
| 2018-04-30 | 记 - 0002 | 计提应付工资 | 3,373,591.64 | 3,373,591.64 | 财务主管 | CFO | 薪资管理系统 | | 2018-06-30 | 2018 |
| 2018-04-30 | 记 - 0003 | 代扣个人五险一金 | 549,600.00 | 549,600.00 | 财务主管 | CFO | 薪资管理系统 | | 2018-06-30 | 2018 |
| 2018-04-30 | 记 - 0004 | 计提企业五险一金 | 961,800.00 | 961,800.00 | 财务主管 | CFO | 薪资管理系统 | | 2018-06-30 | 2018 |
| 2018-04-30 | 记 - 0005 | 代扣个人所得税 | 720.00 | 720.00 | 财务主管 | CFO | 薪资管理系统 | | 2018-06-30 | 2018 |
| 2018-04-01 | 记 - 0006 | 支付利息 | 236,250.00 | 236,250.00 | CFO | 财务主管 | | | 2018-06-30 | 2018 |
| 2018-06-30 | 记 - 0001 | 采购专用发票 | 4,495,000.00 | 4,495,000.00 | 财务主管 | CFO | 应付系统 | | 2018-06-30 | 2018 |
| 2018-06-30 | 记 - 0002 | 采购专用发票 | 26,899.10 | 26,899.10 | 财务主管 | CFO | 应付系统 | | 2018-06-30 | 2018 |
| 2018-06-30 | 记 - 0003 | 销售专用发票 | 26,261,915.12 | 26,261,915.12 | 财务主管 | CFO | 应收系统 | | 2018-06-30 | 2018 |
| 2018-06-30 | 记 - 0004 | 支付五险一金 | 1,511,400.00 | 1,511,400.00 | 财务主管 | CFO | | | 2018-06-30 | 2018 |
| 2018-06-30 | 记 - 0005 | 支付个人所得税 | 720.00 | 720.00 | 财务主管 | CFO | | | 2018-06-30 | 2018 |
| 2018-06-30 | 记 - 0006 | 支付职工工资 | 2,823,271.64 | 2,823,271.64 | 财务主管 | CFO | | | 2018-06-30 | 2018 |
| 2018-06-30 | 记 - 0007 | 支付品牌广告费 | 400,000.00 | 400,000.00 | 财务主管 | CFO | | | 2018-06-30 | 2018 |
| 2018-06-30 | 记 - 0008 | 计提利息 | 236,250.00 | 236,250.00 | 财务主管 | CFO | | | 2018-06-30 | 2018 |
| 2018-06-30 | 记 - 0009 | 季末摊销 | 363,636.36 | 363,636.36 | 财务主管 | CFO | | | 2018-06-30 | 2018 |
| 2018-06-30 | 记 - 0010 | 支付审计费 | 5,000.00 | 5,000.00 | CFO | 财务主管 | | | 2018-06-30 | 2018 |
| 2018-06-30 | 记 - 0011 | 支付店铺租金 | 4,000,000.00 | 4,000,000.00 | CFO | 财务主管 | | | 2018-06-30 | 2018 |
| 2018-06-30 | 记 - 0012 | 支付配送中心租金 | 60,000.00 | 60,000.00 | CFO | 财务主管 | | | 2018-06-30 | 2018 |
| 2018-06-30 | 记 - 0013 | 支付管理费 | 160,000.00 | 160,000.00 | CFO | 财务主管 | | | 2018-06-30 | 2018 |
| 2018-06-30 | 记 - 0014 | 支付配送中心运营费 | 17,209.17 | 17,209.17 | CFO | 财务主管 | | | 2018-06-30 | 2018 |
| 2018-06-30 | 记 - 0015 | 结转成本 | 14,710,295.00 | 14,710,295.00 | CFO | 财务主管 | | | 2018-06-30 | 2018 |
| 2018-06-30 | 记 - 0016 | 期间损益结转 | 22,639,582.00 | 22,639,582.00 | 财务主管 | CFO | | | 2018-06-30 | 2018 |
| 2018-06-30 | 记 - 0017 | 期间损益结转 | 23,885,736.02 | 23,885,736.02 | 财务主管 | CFO | | | 2018-06-30 | 2018 |
| 2018-06-30 | 记 - 0018 | 结转本年利润 | 1,246,154.02 | 1,246,154.02 | 财务主管 | CFO | | | 2018-06-30 | 2018 |
| | | 合计 | .08,201,280.07 | .08,201,280.07 | | | | | | |

**图 13－24　总账系统过账效果**

#### 13.3.2.2　总账系统结账前准备工作

（1）期间损益结转设置检查。财务主管在总账管理系统中执行“期末”｜“转账定义”｜“期间损益”命令，打开“期间损益结转设置”，确保本年利润科目已全部填入，无误后点击“确定”。

（2）期间损益结转收入凭证生成。财务主管执行“期末”｜“转账生成”命令，类型选择“收入”，点击“全选”，单击“确定”（见图 13－25、图 13－26）。

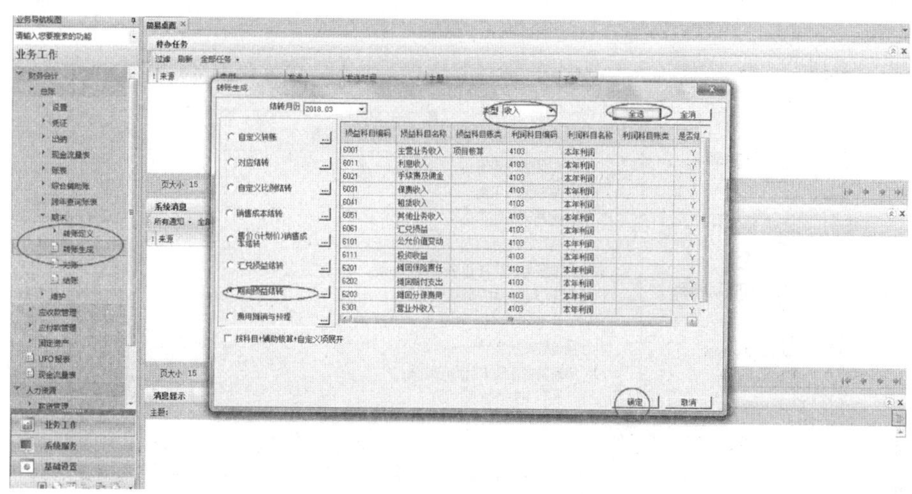

**图 13－25　渠道商损益结转收入凭证生成 1**

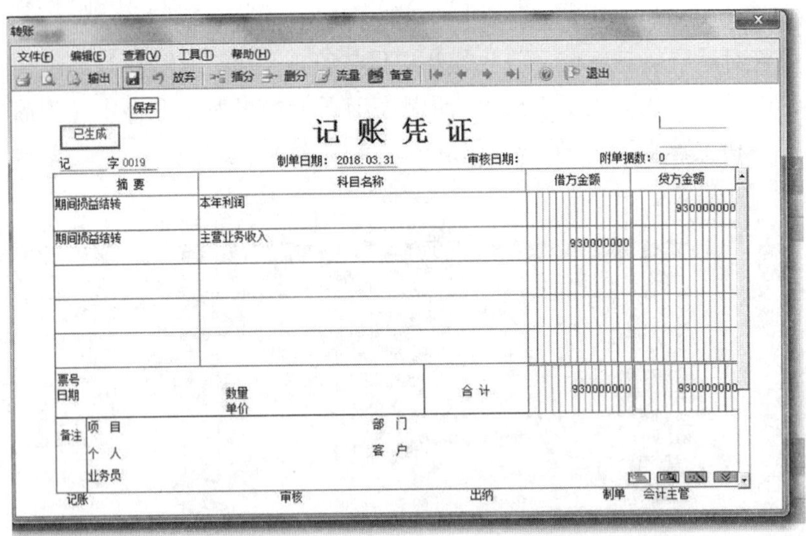

图 13－26　渠道商损益结转收入凭证生成 2

(3) 期间损益结转支出凭证生成。财务主管执行“期末”｜“转账生成”命令，类型选择“支出”，点击“全选”，单击“确定”。

(4) 结转未分配利润。①若本季度有利润，需结合余额表，以补亏后盈利余额为企业所得税计提基数，结合会计核算要求，手工依次录入以下三张记账凭证：计提企业所得税、结转所得税费用、结转未分配利润。在总账模块对期间损益生成的两张记账凭证和上述手工录入的三张记账凭证进行审核、记账。②若本季度无利润或补亏后无盈利，直接手工录入结转未分配利润记账凭证，然后在总账模块对期间损益生成的两张记账凭证和上述手工录入的一张记账凭证进行审核、记账。

13.3.2.3　总账系统结账

执行“期末”｜“结账”命令，打开“结账”窗口，选择结账月份，点击“下一步”，然后点击“对账”。

点击“下一步”（见图 13－27）。

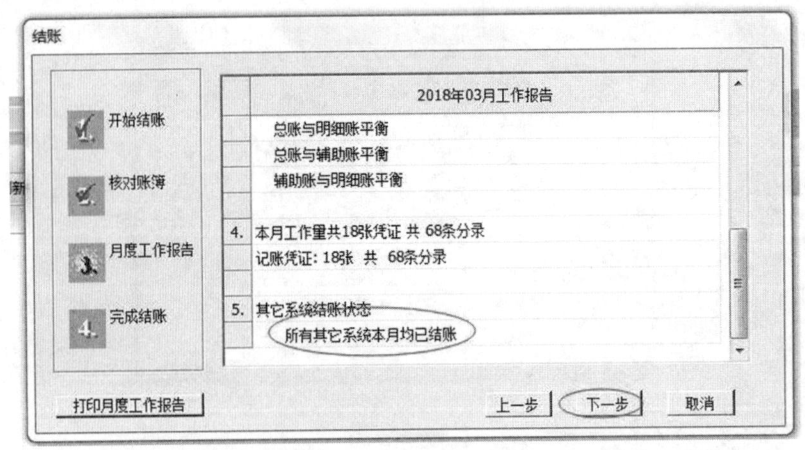

图 13－27　渠道商总账系统期末结账操作

依次点击“下一步”“结账”，完成结账。

## 13.4　报表系统

具体应用过程略，使用时请参考平台提供的电子化模板及操作流程。

## 13.5　渠道商会计信息化期末反结账操作流程

### 13.5.1　总账期末反结账流程

渠道商总账模块期末反结账流程如图 13－28 所示。

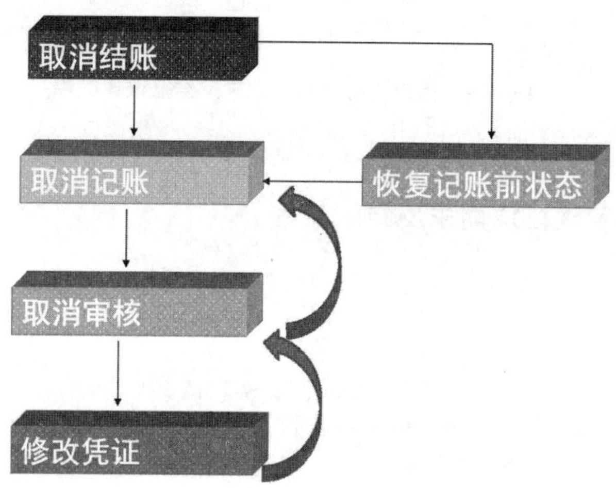


图 13－28　渠道商总账模块期末反结账流程

在当前期间已经结账的情况下，反记账流程包括以下步骤：

13.5.1.1　取消结账

若当前月份已经结账，要先进行反结账操作，取消当前期间结账，操作步骤如下：打开“期末”|“结账”窗口，单击窗口对应期间，然后按“Ctrl＋Shift＋F6”键，按流程完成操作。

13.5.1.2　反记账

在当前期间没有结账的状态下，可按如下步骤操作：

打开“期末”|“对账”窗口，单击窗口，然后按“Ctrl＋H”键，弹出提示窗口“恢复记账前状态功能已被激活”。

然后，打开“总账”|“凭证”|“恢复记账前状态”按钮，根据需要选择合适的反记账方式，并输入账套主管密码完成取消记账（见图 13－29）。

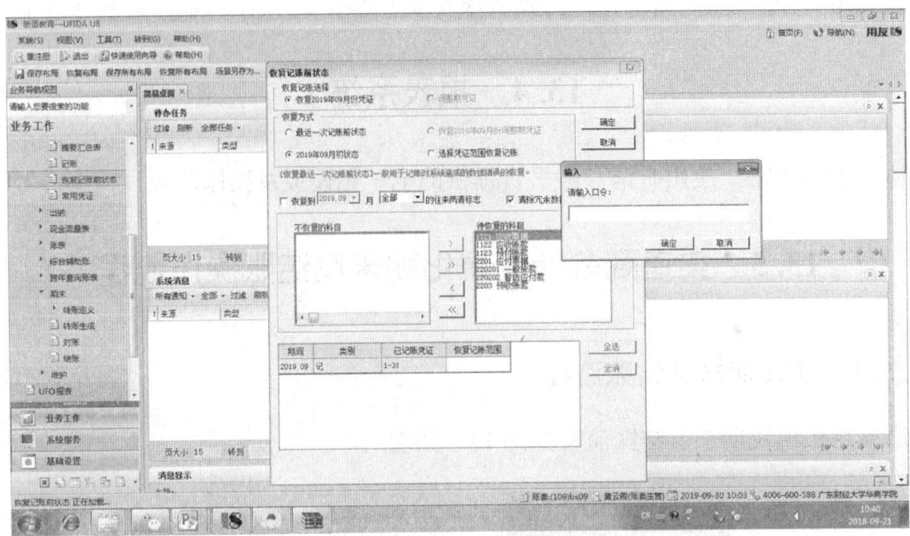

图 13－29　渠道商总账模块期末反结账操作流程

注意：该步骤反结账操作可根据修改期间依次打开，连续使用。

## 13.5.2　薪资管理模块期末反结账流程

打开“薪资管理”｜“业务处理”｜“反结账”按钮，根据需要选择对应的反结账期间，取消结账（见图 13－30）。

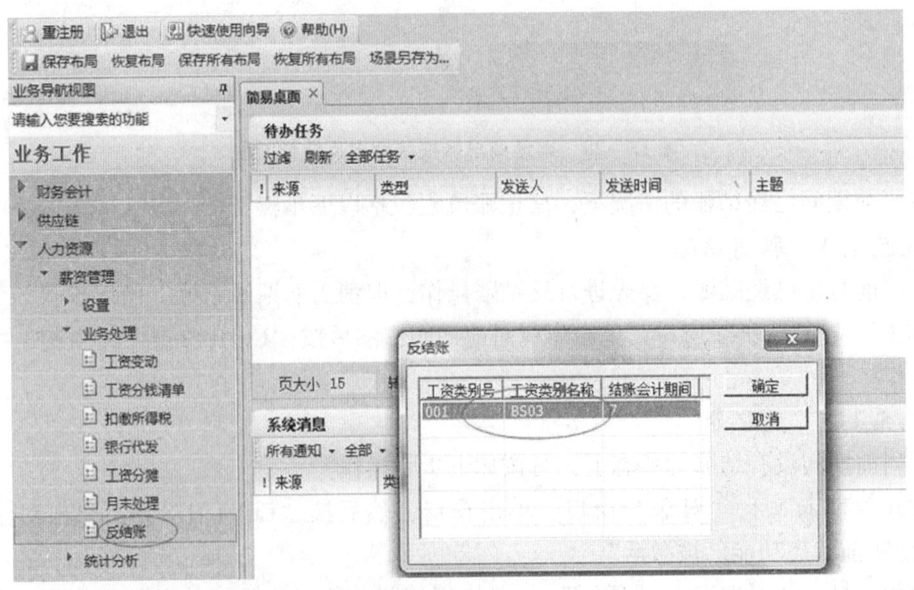


图 13－30　渠道商薪资管理模块期末反结账操作流程

注意：该步骤反结账操作可依次连续使用。

### 13.5.3　应收款管理模块期末反结账流程

### 13.5.4　应付款管理模块期末反结账流程

打开“应付款管理”｜“期末未处理”｜“取消月结”，选择“取消月结”，单击“确定”。

### 13.5.5　供应链管理模块期末反结账流程

对于供应链管理模块涉及的存货核算、库存管理、销售管理、采购管理系统的反结账操作，每月都必须按照以下反结账顺序完成。

13.5.5.1　存货核算系统取消结账

由于存货核算模块成本核算的特殊性，当月结账后成本数据已转入下月，且不能在本月取消本月已结账数据，因此需要在已经结账的下月登录系统取消本月的结账数据。

取消本月结账后，切换登录日期为本月，在本月登录进行“期末处理”反结账操作，如图 13－31 所示。

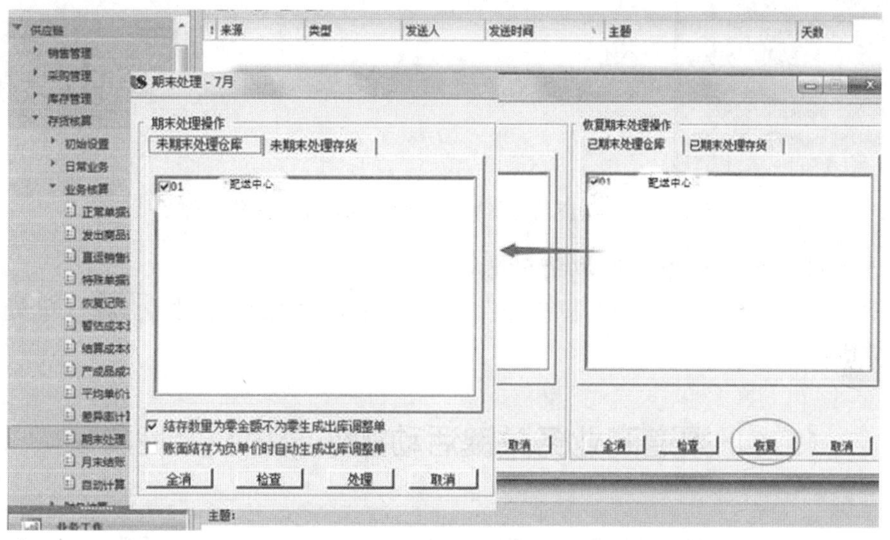


图 13－31　渠道商存货核算模块期末反结账操作流程

然后，进行取消记账操作（见图 13－32）。

恢复期末处理后，需要在存货核算系统删掉当期已生成的成本记账凭证，完成恢复当月存货核算模块反记账工作。

13.5.5.2　库存管理系统取消结账

打开“库存管理”｜“月末结账”窗口，单击“取消结账”。

13.5.5.3　销售管理系统取消结账

打开“销售管理”｜“月末结账”窗口，单击“取消结账”，对订单处理单击“否”，完成操作。

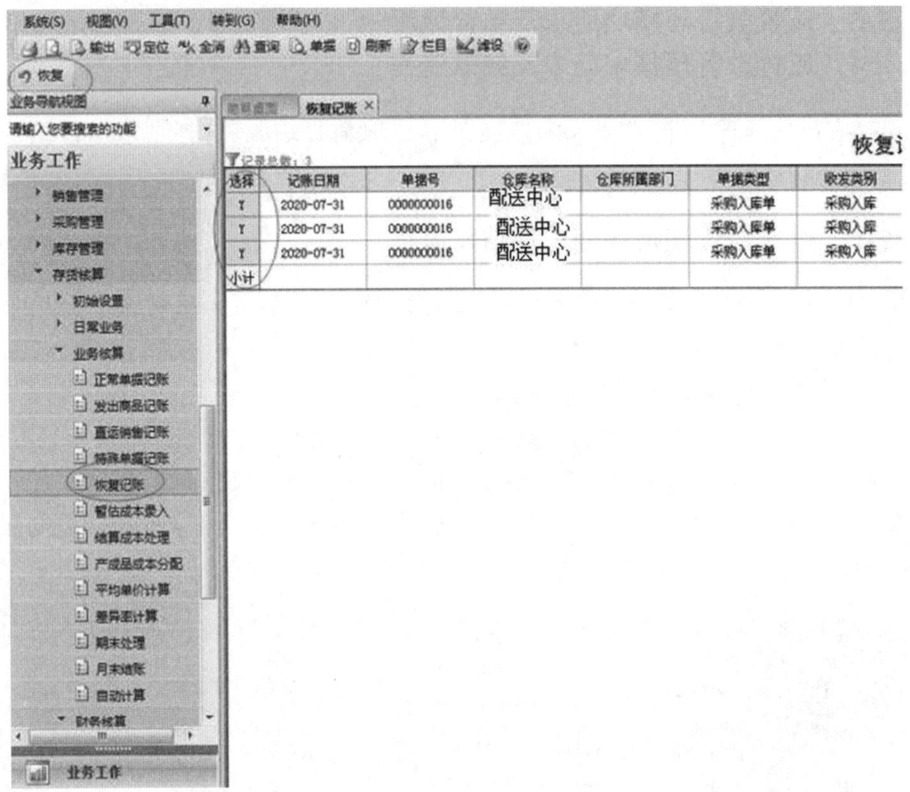

图 13－32　渠道商存货核算模块期末反结账操作流程 2

#### 13.5.5.4　采购管理系统取消结账

打开“采购管理”｜“月末结账”窗口，单击“取消结账”，对订单处理单击“否”，完成操作。

## 13.6　渠道商业务关键活动操作流程及监控事项

### 13.6.1　业务关键活动操作流程

有关渠道商供应链管理业务事项的操作，可以参考以下环节执行：

（1）CMO 响应订单后按实际业务时间在销售管理系统签订销售合同，市场监督管理局备案后，在当月登录系统手动输入销售订单（录入数量和价税合计，由系统自动结算单价）及合同［有几个合同就写几份订单，注意时间及外销税率（0%）、内销税率（13%），注意和表头税率保持一致］，保存审核。

（2）采购主管订购商品，在当月登录系统分别手动输入商品订单（内销税率为 13%，注意和表头税率保持一致，录入数量和价税合计），保存审核。

（3）物流主管在采购当月登录系统根据采购订单在库存管理生成蓝字采购入库单（注意不能在采购系统填写此单），一般分别参照采购订单生成即可，保存审核。

（4）在采购当月登录系统根据商品采购入库单生成商品采购发票。在批审完采购入库单之后，采购主管可以根据采购入库单或采购订单生成采购发票，并注意票据种类，其中国内的业务用专票、国外的业务用普票，据实改正表头表体的税率，注意保存。

（5）生成发票后，在采购系统中进行采购结算，可手动结算，也可自动结算，手动结算时，采购主管在采购当月打开手工结算，点击“选单”“查询”，确定后选择采购发票和对应的采购入库单，点击结算。注意：由采购入库单参照生成的采购发票才可进行自动结算，在填制发票时一并点击“结算”按钮完成，但建议用手动结算以避免对象错误。

（6）CMO 在当季第三个月登录系统，根据销售订单生成发货单，保存审核。根据发货单（注意取消查询条件选择）生成销售发票（注意外销使用增值税普通发票，内销使用增值税专用发票。注意与发货单是否一致），保存并复核；此时应及时在应收款管理系统中对销售发票进行审核，并进行制单处理。

（7）物流主管在当季第三个月登录系统，在“库存管理”—“出库业务”窗口，根据销售发货单生成销售出库单，保存审核。

（8）人事主管在当季第三个月登录系统，选择“薪资管理”“业务处理”“工资变动”录入标准工资、销售提成（仅营销人员）、加班费（仅店员）、代扣个人“五险一金”、代扣个人所得税、公司缴纳“五险一金”。然后，财务人员进入工资变动表进行“全选”“计算”“汇总”操作，检查应发合计、实发合计、扣款合计是否与工资表一致，之后关闭窗口进入工资分摊，生成四张薪资管理记账凭证，包括计提应付工资、代扣个人所得税、代扣个人“五险一金”和计提企业“五险一金”，同时注意相关会计账户选择不要出错。

### 13.6.2　业务关键活动监控事项

由于渠道商业务操作相对简单，主要关注内销、外销录入单据区别，并做好原始单据整理，一般是一张订单对应一张发票，不能合并录入。另外，关注销售出库调整事项，消除采购入库单价和销售出库单价的差异，有关的业务关键活动监控事项可参考第 12 章“12.6.2　业务关键活动监控事项”进行，不再另外列示。

**温馨提示**：本次课程设计从整体到局部，旨在促进学生服务公司内外部对象，发挥引擎效果，尊重事实，培养严谨的工作作风和敬业精神，关心组织成员，坚持走群众路线，强化会计职业观、规则意识、对立统一的处理矛盾的观点，发挥优秀团员、党员的先锋作用，充分把理论与实践相结合，形成优良的社会主义组织文化。

# 第5篇

# 企业经营仿真综合实习组织管理与成果

# 第⓮章 企业经营仿真综合实习组织与管理

➢［学习目标］

了解企业经营仿真综合实习组织与管理工作。

➢［育人目标］

通过学习企业经营仿真综合实习组织与管理章节，让学生了解仿真实习前期准备运作过程及相关管理规定，体会“凡事预则立，不预则废”“无规矩不成方圆”等道理。

## 14.1 企业经营仿真综合实习的组织工作

企业经营仿真综合实习的组织工作主要包括四个方面：班级分组、组建教师团队、招聘企业 CEO 及外围机构负责人、企业或外围机构员工招聘。

### 14.1.1 班级分组

首先按照年级人才培养方案确定参与企业经营仿真综合实习的所有班级，其次参考专业人数等安排各期班级分组及其相应实习周数。

以 2018 年第 1 期为例，班级分组表如表 14－1 所示。

**表 14－1 2018 年第 1 期班级分组表**

| 期数 | 序号 | 系部 | 专业及方向 | 班级 | 人数 |
|---|---|---|---|---|---|
| 2018 年第 1 期（1～4 周） | 1 | 会计学院 | 财务管理 | 2015 本财务管理 1 班 | 64 |
| | 2 | 会计学院 | 财务管理 | 2015 本财务管理 2 班 | 64 |
| | 3 | 会计学院 | 会计学（实验班） | 2015 本会计学 1 班 | 51 |
| | 4 | 会计学院 | 会计学 | 2015 本会计学 2 班 | 64 |
| | 5 | 会计学院 | 会计学 | 2015 本会计学 3 班 | 61 |
| | 6 | 会计学院 | 会计学 | 2015 本会计学 4 班 | 59 |
| | 7 | 会计学院 | 会计学 | 2015 本会计学 5 班 | 59 |
| | 8 | 会计学院 | 会计学 | 2015 本会计学 6 班 | 60 |

续表

| 期数 | 序号 | 系部 | 专业及方向 | 班级 | 人数 |
| --- | --- | --- | --- | --- | --- |
| 2018 年第 1 期（1 ~4 周） | 9 | 会计学院 | 会计学 | 2015 本会计学 7 班 | 60 |
| | 10 | 会计学院 | 会计学 | 2015 本会计学 8 班 | 59 |
| | 11 | 会计学院 | 会计学（注册会计师方向） | 2015 本会计学 9 班 | 68 |
| | 12 | 工商管理系 | 市场营销（实验班） | 2015 本市场营销 1 班 | 60 |
| | 13 | 公共管理系 | 人力资源管理 | 2015 本人力资源管理 1 班 | 53 |
| | 14 | 经济与金融系 | 国际经济与贸易（实验班） | 2015 本国贸 1 班 | 59 |
| | 15 | 经济与金融系 | 国际经济与贸易 | 2015 本国贸 2 班 | 69 |
| | 合计 | | | | 910 |

### 14.1.2　组建教师团队

按照企业经营仿真综合实习本年度教学岗位安排及各专业人数比例，确定教师团队中相应专业的教师人数，由相关部门统一发布教师团队构成信息，各院系部按照专业需求结合教师个人意见等指派教师加入企业经营仿真综合实习教学团队。

以 2018 年为例，需指派的教师人数为 18 人，岗位及基本要求如表 14 -2 所示。

**表 14 -2　企业经营仿真综合实习教师需求计划表**

| 序号 | 岗位类别 | 人数 | 基本要求 |
| --- | --- | --- | --- |
| 1 | 副总指导 | 1 | 会计、财管、审计专业优先考虑 |
| 2 | 生产商指导老师 | 6 | 物流、国贸、财务、会计专业优先考虑 |
| 3 | 渠道商指导老师 | 4 | 市营、财管、会计专业优先考虑 |
| 4 | 审计事务所指导老师 | 2 | 审计、会计、财务管理专业优先考虑 |
| 5 | 信息发布中心指导老师 | 1 | 信息管理、统计专业、善于做数据分析和数据挖掘者优先考虑 |
| 6 | 赛事活动策划指导老师 | 1 | 擅长活动策划、赛事组织者优先考虑 |
| 7 | 市场监督管理局、税务局、人才交流中心指导老师 | 1 | 工商管理、税务、人力专业优先考虑 |
| 8 | 海关、第三方物流服务中心指导老师 | 1 | 国贸、国商、物流专业优先考虑 |
| 9 | 商业银行指导老师 | 1 | 金融、国贸、会计专业优先考虑 |
| 合计 | | 18 | 曾担任仿真实习指导老师者优先考虑；近期担任手工沙盘、电子沙盘、ERP 等实验课程的老师优先考虑 |

### 14.1.3 招聘企业 CEO 及外围机构负责人

首先，召集各企业经营仿真综合实习班级班长和学习委员召开宣讲会。宣讲会内容包括企业经营仿真综合实习简介、企业经营仿真综合实习教师团队介绍、各班级 CEO 报名工作开展、后续企业经营仿真综合实习工作安排等方面。

其次，组织 CEO 现场面试。根据宣讲会后各班级汇总的报名表，对各期的 CEO 组织现场面试。

最后，根据面试的结果结合专业需求等安排各期各企业 CEO。

有关外围机构负责人的招聘由各指导老师自行负责。

#### 14.1.3.1 每期 CEO 招聘计划

每期 CEO 招聘计划如表 14-3 所示。

表 14-3 每期 CEO 招聘计划

| 招聘岗位 | 人数 |
| --- | --- |
| 生产商 CEO | 每期 48 人 |
| 渠道商 CEO | 每期 24 人 |

#### 14.1.3.2 每期外围机构负责人招聘计划

每期外围机构负责人招聘计划如表 14-4 所示。

表 14-4 每期外围机构负责人招聘计划

| 序号 | 招聘岗位 | 人数 |
| --- | --- | --- |
| 1 | 指挥部助理 | 每期 1 人 |
| 2 | 赛事活动筹划部部长 | 每期 1 人 |
| 3 | 信息发布中心部长 | 每期 4 人 |
| 4 | 商业银行行长 | 每期 4 人 |
| 5 | 第三方物流服务中心部长 | 每期 4 人 |
| 6 | 海关署长 | 每期 2 人 |
| 7 | 审计事务所所长 | 每期 4 人 |
| 8 | 市场监督管理局局长 | 每期 2 人 |
| 9 | 税务局局长 | 每期 4 人 |
| 10 | 人才交流中心局长 | 每期 2 人 |
| 11 | 中央银行行长 | 每期 1 人 |
| 12 | 统计局局长 | 每期 1 人 |
| 13 | 银保监会负责人 | 每期 1 人 |
| 14 | 管理委员会负责人 | 每期 1 人 |

14.1.3.3　CEO 现场面试时间及要求

（1）报名者需在面试时提交竞选 PPT，PPT 原则上不超过 10 页，演讲时间 2 分钟（严格控制时间），可分为两部分内容，一是自我介绍，二是简历中的重点，其他内容请自行书写。

（2）报名者需在面试时提交简历一式两份（简历仅限一页，可双面）。个人简历重点介绍在手工沙盘课程、电子沙盘课程中担任的岗位和经营业绩，介绍参加各种比赛的情况或实践活动情况，如创业大赛、企业模拟经营大赛、企业实习经历等。

（3）CEO 现场面试安排。所有班级报名应聘 CEO 人员均须参加面试，未在名单内人员也可到现场参加面试，但到场需提供所需材料。

### 14.1.4　企业或外围机构员工招聘

所有企业确定 CEO 后，召集 CEO 进行培训，统一说明招聘员工的相关事项。根据每一期企业和机构专业人数配比表来招聘员工。由仿真实习指挥部安排各企业招聘的时间和地点，各组织招聘完毕后将各组成员名单统一发至指导老师邮箱。指导老师根据专业人数配比表将完成对各企业组织的审核，符合要求的发至平台秘书邮箱汇总。

各外围机构的员工招聘由各指导老师及外围负责人自行招聘。

专业人数配比表模板可参考表 14－5。

**表 14－5　2018 年第 1 期专业人数配比**

| 2018 年第 1 期厂商员工专业构成人数配比 | | | | | |
|---|---|---|---|---|---|
| | 市营、物流 | 国贸、国商 | 人力、信管 | 财管、会计 | 平台合计 |
| 生产商（含 CEO 共计 9 人） | 以上专业招聘 2 人，同班级至多 2 人同组 | | | 7 | 432 |
| 渠道商（含 CEO 共计 10 人） | 以上专业招聘 3 人，同班级至多 2 人同组 | | | 7 | 240 |
| 2018 年第 1 期外围机构员工构成 | | | | | |
| | 市营、物流 | 国贸、国商 | 人力、信管 | 财管、会计 | 各部门合计 |
| 赛事活动筹划部（含负责人、1 名指挥部助理共计 10 人） | 剩余专业共计招聘 4 人 | | | 6 | 10 |
| 信息发布中心（含负责人共计 36 人） | 剩余专业共计招聘 14 人 | | | 22 | 36 |
| 海关（含负责人共计 8 人） | 0 | 8 | 0 | 0 | 8 |
| 第三方物流服务中心（含负责人共计 18 人） | 市营 0<br>物流 0 | 18 | 0 | 0 | 18 |
| 人才交流中心（含负责人共计 10 人） | 0 | 0 | 10 | 0 | 10 |
| 市场监督管理局（含负责人共计 6 人） | 剩余专业共计招聘 6 人 | | | 0 | 6 |

续表

<table>
<tr><td colspan="6">2018 年第 1 期外围机构员工构成</td></tr>
<tr><td>税务局（含负责人共计 18 人）</td><td colspan="3" rowspan="2">0</td><td>18</td><td>18</td></tr>
<tr><td>审计事务所（含负责人共计 84 人）</td><td>84</td><td>84</td></tr>
<tr><td>商业银行（含负责人共计 40 人）</td><td rowspan="2">0</td><td>9</td><td rowspan="2">0</td><td>31</td><td>40</td></tr>
<tr><td>中央银行、统计局、银保监会、管理委员会（含负责人共计 8 人）</td><td>4</td><td>4</td><td>8</td></tr>
<tr><td colspan="5">合计</td><td>910</td></tr>
</table>

## 14.2 企业经营仿真综合实习的管理工作

企业经营仿真综合实习的管理工作主要分为人员管理与实验室管理。其中，人员管理分为教师团队管理和学生团队管理。学生团队管理在第 15 章企业经营仿真综合实习成绩考核办法介绍。本章主要介绍教师团队管理和实验室管理。

### 14.2.1 教师团队管理

企业经营仿真综合实习教师团队分为指挥部团队和各岗位指导教师团队两部分。

指挥部团队在实验教学与网络技术管理中心的领导下开展工作，共有 4 名成员。1 名总指导，2 名副总指导，1 名教学秘书。

各岗位指导教师团队在指挥部团队的领导下开展工作，其中，生产商指导教师 6 名，品牌渠道商指导教师 4 名，外围辅助机构指导教师 5 ~ 6 名。其具体工作职责如表 14 - 6 所示。

**表 14 - 6 企业经营仿真综合实习教师团队工作职责**

| 序号 | 岗位名称 | 岗位职责 |
|---|---|---|
| 1 | 总指导 | 统筹安排仿真平台的全部事宜。主要分为学生管理、教师管理、平台发展三大方面。统筹指导学生团队构建方案、CEO 招聘、选拔、培训、管理、考核方案、学生团队管理方案。统筹指导教师团队构建方案、教师招聘、选拔、培训、管理、考核与评价方案、教师团队管理方案。统筹平台课程设计、教学设计、规则完善与升级，平台科研教研项目申报与管理，促进平台教学成果转化 |
| 2 | 副总指导 1 | 主要负责生产商、审计事务所、市场监督管理局、税务局、人才交流中心、实验耗材的运营与管理，协助总指导完成相关工作 |
| 3 | 副总指导 2 | 负责渠道商、信息发布中心、海关、第三方物流服务中心、银行、赛事筹划部的运营与管理，协助总指导完成相关工作 |
| 4 | 教学秘书 | 教学秘书协助指挥部成员完成平台各项事宜，主要包括学生团队构建、指导教师团队构建、实习成绩管理、外联沟通等事宜 |

续表

| 序号 | 岗位名称 | 岗位职责 |
|---|---|---|
| 5 | 各岗位指导老师 | 参与构建学生团队并对之进行管理；制定培训规则并对实习过程中的问题进行答疑解惑；指导并批改实习报告；总结每期问题并改进，修改完善生产商工作手册，参与仿真综合实习平台规则完善和教学设计；总结每期工作，做好资料归档；协助指挥部完成相关工作 |

### 14.2.2 实验室管理

企业经营仿真综合实习平台包括实习总指挥部 1 间、实验成果展示室 1 间、项目体验室 9 间、企业模拟实验室 8 间、交易活动及培训实验室 2 间、社会机构模拟实验室 1 间、企业模拟讨论室 1 间、模拟综合银行实验室 1 间、模拟综合财务实验室 1 间、审计实验室 1 间。实验室的装修环境和设备也高度仿真了真实的企业或外部机构。例如，模拟银行实验室装修是按照真实银行的装修进行设计的，实验室也购进了银行日常运作的一整套设备；其他实验室在装修和家具方面也参考目前企业流行的样式进行了设计，通过实验室实习环境的仿真，使学生充分感受到在企业实习的氛围。

企业经营仿真综合实习设备、设施也比较先进，为学生提供了高质量、高水平的实验教学平台。建有实验教学专用局域网，实验管理中心能随时监控到各实验室网络的使用情况，确保了实验教学网络的安全性和高可用性；建有云计算实验教学系统（Vmware 桌面云），实现了教学设施资源的共享和统一集中管理，也促进了实验教学设施建设方式的变革；建设网络型教学平台，推进实验教学改革，引进了清华教育在线的通用网络教学平台和多媒体资源库平台，进一步提高教学效率和教学质量；建成了第三代网络化视频监控系统，可以远程监视和监听到实验室的实时情况，实现了实验教学质量和教学设备安全远程监控。

#### 14.2.2.1 实验指导教师工作规范

（1）实习指导教师须提前十分钟到达实验室，检查实验室上课准备情况。

（2）自觉维护并教育学生维护实验室环境卫生，严禁随地吐痰，丢垃圾；严禁在实验室内闲聊、抽烟、吃零食等；禁止在实验室对非教学用各类电器进行充电。

（3）熟悉实验教学大纲、实验教材或实验指导书，熟悉仪器设备使用的注意事项；熟练掌握设备安全操作规范。要做好实验教学指导、布置实验报告等环节；实验过程中要及时纠正学生的违规操作，确保人身及设备安全。

（4）务必向学生讲解实验室各项管理制度，对学生进行实验前的安全、纪律教育；检查学生出勤情况、记录考勤、检查安全用具，组织好学生分组和工位以及教学设备、材料等的分配。

（5）妥善处理突发事故，保护事故现场，协助事故调查。

（6）结束前组织清场整理。做好实验室、仪器设备整理清洁与清点，规范填写《实验室使用情况登记本》。

（7）课后组织学生搞好实验室日常清洁卫生，做好“五关”（关灯、关电、关空调、关窗、关门）。

（8）协助实验教学与网络技术中心处理其他特发事情。

14.2.2.2　实验室课后加班制度

（1）实验室课后的加班，仅限于企业经营仿真综合实习教师或学生课后继续使用本实验室。

（2）加班申请人事先向所在实验室负责教师提出申请，教师按实习课程需要适当批准学生加班申请。

（3）教师审批加班时，要认真审核学生加班信息，要对课后申请加班学生的行为给予说明，并采取相应措施加以管理；申请表须由教师本人签名，不得由学生代签。

（4）申请人须在当天下班前15分钟（上午11：40前，下午17：20前）把已有教师签名的申请表送到指挥部审批，审批完毕后把该表送到楼管值班处备案。

（5）课后加班期间须严格遵守实验室管理规则，保持实验室卫生，严禁在实验室区域（实验室及走廊）进食。

（6）听从老师或楼管人员的管理，不做实习以外的操作，确保自身安全和实验室设备安全，如因操作不当而引起的安全事故，需追究当事人的责任。

（7）加班时间完毕，不得在实验室逗留，且要协助楼管人员关好设备、门、窗、电后，有序离开实验室。

本制度自颁布之日起实施。

如有发现不遵守本制度者，对于以后的加班申请不予批准。

14.2.2.3　实验室卫生管理制度

（1）实习期间，实验指导老师为本实验室卫生管理责任人，负责执行《实验室卫生管理制度》，维护实验室的整洁美观。

（2）爱护实验室文化环境，不准随地吐痰、扔垃圾、乱涂乱画，共同营造良好的室内卫生环境。

（3）实验课指导教师须安排学生值日，并在白板上写明，每节课后组织卫生值日员按要求“小扫”，进行卫生清洁。

（4）小扫要求：地面、左面清理干净；黑板、白板抹干净；设备、设施、桌凳等还原并摆放整齐；锁好窗户，拉好窗帘；清洁用具清洗干净并放在指定位置。

（5）实验指导教师负责安排和组织学生每周进行大扫除，妥善安排大扫除具体时间、组别、人数等。

（6）大扫除要求：地面、墙壁都必须打扫干净；所有门、窗、灯、扇、桌、凳、电脑、空调、排气扇、黑板、白板以及其他设备、设施、家具等都必须抹干净。设备、设施、座椅等必须摆放整齐；锁好窗户，拉好窗帘；清洁用具清洗干净并放在指定位置。

（7）大扫除后必须经实验室管理员验收通过，指导教师和学生方可离开。

（8）若没有按要求搞好实验室清洁卫生，将根据实际情况追究责任，情节严重的将取消值日组别实验资格，并报相关部门处理。

（9）实验室没课或其他特殊情况下，实验室卫生由实验室管理员负责完成。

#### 14.2.2.4 学生实验室守则

（1）遵守实验室管理制度，营造和保持安全、卫生的实习环境。

（2）严禁携带任何食品、雨具等有损实验室卫生和安全的物品进入实验室。

（3）请勿设置计算机密码，请勿随意删除、移动文件或修改系统的设置。

（4）节约用电、节约实验材料，保护实验环境，自觉维护实验设施（仪器、设备、实验桌），请勿乱动实验设备和在设备上堆放实习资料。

（5）请勿携带实验设备、用品材料出实验室；请勿使用与实习内容无关的设备、设施；爱护所用的实验仪器设备，不得野蛮操作，若设备因人为原因（违反操作规程等）损坏、丢失，追究使用人的责任。

（6）提前五分钟进入实验室，除了与实习相关的材料等必需物品外，其他物品一概不能带入实验室或按规定存放在实验室指定的位置。

（7）每天工作前认真检查仪器设备，若发现设备、设施异常，应及时报告实验指导教师或实验室管理员，不得擅自处理。

（8）按照实习步骤和操作方法进行工作，注意安全，请勿违规操作。

（9）听从实验指导教师和实验室管理员的指挥，服从座位分配，不准串位，未经允许不得私自调换实验仪器设备。

（10）每天下班后，按操作顺序关好设备电源开关，并将实验设备、设施复位，并做好清洁整理工作。

若违反《学生实验（训）室守则》，将根据情节轻重处以警告、书面检讨、取消实习资格、赔偿、罚款等处分，并报相关部门处理。

# 第15章
# 企业经营仿真综合实习考核办法

➤ [学习目标]

1. 了解企业经营仿真综合实习考核办法
2. 掌握企业经营仿真综合实习考核办法细则

➤ [育人目标]

通过学习企业经营仿真综合实习考核办法，让学生了解仿真实习考核准则，让学生“学有所思、思有所得、得有所用”，树立诚信经营和合作共赢理念。

企业经营仿真综合实习作为经管类专业大学生在历经三年专业学习后所进行的一次校内大规模集中仿真实习教学过程，具有专业覆盖面广泛、能力训练综合、实习期跨度长、重视团队协作等多重特点。为激励学生们更认真地对待实习工作，提高经管类大学生实践能力培养效果，特制定此实习考核办法。

企业经营仿真综合实习考核办法分为仿真企业学生成绩考核办法和仿真外围机构学生成绩考核办法两部分。

## 15.1 仿真企业学生成绩考核办法

如图 15－1 所示，仿真企业学生的期末总成绩＝仿真企业学生经营成绩×60%＋该生仿真实习文档总成绩×40%－考勤、纪律扣分＋奖励加分。

### 15.1.1 仿真企业学生经营成绩考核

在企业经营仿真综合实习中，仿真企业的实习是由学生组成团队经营企业，会给予生产商企业 2000 万元人民币的初始资金，会给予渠道商企业 3000 万元人民币的初始资金。经过仿真实习期间的企业经营，在仿真实习结束时，我们以“企业估值×团队持股比例”的高低作为企业经营结果的考核，以学生最终所拥有的“个人资产”作为学生参与企业经营结果的考核。仿真企业学生的个人资产等于其所持有的企业股权比例乘以企业估值。

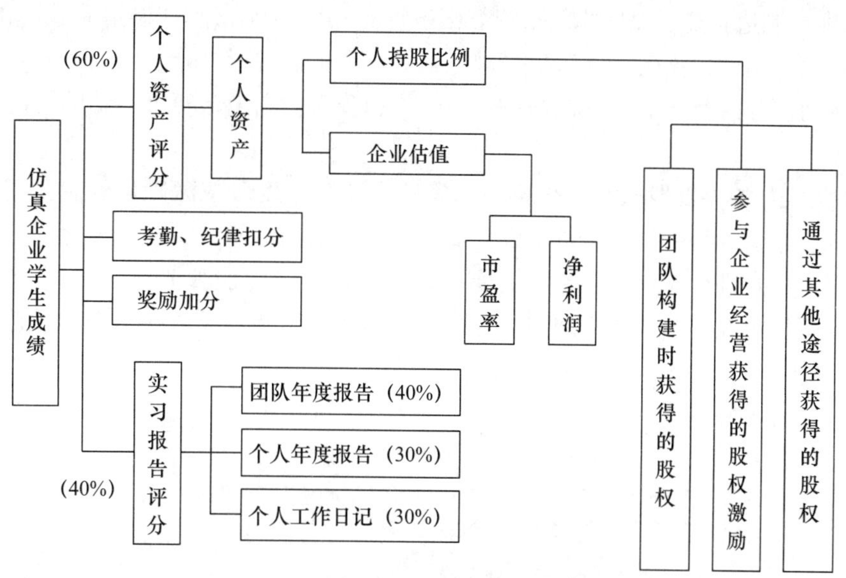


**图 15－1　仿真企业学生成绩构成框架简图**

### 15.1.1.1　个人持有的企业股权比例

个人持有的企业股权比例是仿真企业学生在实习结束时所拥有的企业的股份除以企业总股本所得到的比例。仿真企业学生拥有的企业股权来源有三个：一是团队构建时获得的股权，二是参与经营企业获得的股权激励，三是通过其他途径获得的股权。

（1）团队构建时获得的股权。在每一个企业经营团队构建时，初始分配给整个经营团队 20% 的企业股权。这 20% 的企业股权由企业的 CEO 在构建团队时根据每个成员面试时表现出的个人能力及应聘的岗位进行分配，能力较强并且愿意承担重要岗位（重要岗位意味着要承担较大的责任）的成员，可获得较多的股权分配份额。

如果因为学生退学等原因，导致团队成员人数未达到规定人数，少 1 人，初始分配给整个团队的企业股权在 20% 的基础上减去 2%，即为 18%；少 2 人，初始分配给整个团队的企业股权在 20% 的基础上减去 3%，即为 17%。不允许缺少更多人。

（2）参与经营企业获得的股权激励。在仿真实习中，假设指导老师是企业的大股东，在初始阶段拥有企业 80% 的股权。为了更好地激励经营团队，大股东每年都会以赠予的方式对企业经营团队的成员进行股权激励。股权激励的过程分为两步：第一步是确定整个经营团队可获得的年度股权激励份额，第二步是根据团队成员在企业经营过程中的贡献度，确定每个团队成员的股权激励份额。

1）团队年度股权激励份额。团队年度股权激励份额的最大值为本企业总体股本的 20%，最小值为本企业总体股本的 10%。具体的计算方法如下：

$$\text{团队年度股权激励份额} = \text{企业总股本} \times \left(100\% + \frac{A1 + A2}{100} \times 10\%\right)$$

其中，X% 的大小由指导老师（大股东）对企业经营团队的考核决定，最大值为 10%；A1 为审计资料评分最大值为 50；A2 为平台活动评分最大值为 50。

审计资料评分由审计事务所根据企业提交的审计资料是否及时以及是否有误，分别对

A 区 24 家生产制造企业、A 区 12 家品牌渠道企业、B 区 24 家生产制造企业、B 区 12 家品牌渠道企业分别进行排名，然后根据排名，对每个企业进行打分。

平台活动评分由赛事活动部根据每个团队参加分享会和平台赛事活动的情况进行汇总并评分。

2）团队成员的年度股权激励份额。在确定了团队年度股权激励份额后，根据各成员在本年度企业运营过程中的团队贡献度，对总的股权激励份额在团队成员之间分配，企业经营仿真实习一共进行 3 年，故在仿真实习期间会进行三次股权激励（见图 15－2）。团队年度股权激励份额在各成员之间进行分配的原则是看团队各成员在本企业经营过程中的“贡献度”大小。

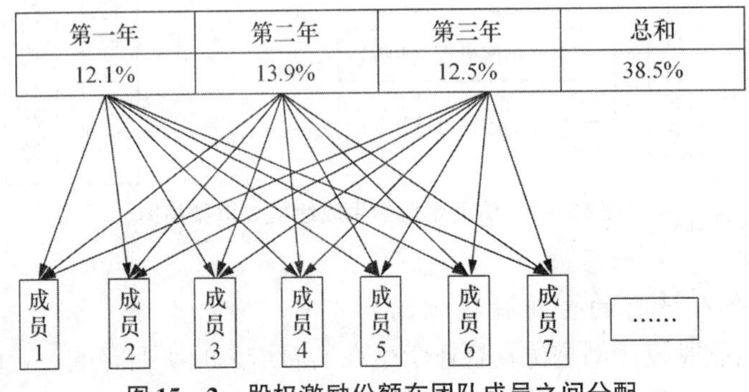


**图 15－2　股权激励份额在团队成员之间分配**

各团队成员的“贡献度”等于各成员企业内部考核评分除以所有成员考核评分的总和。各团队成员的贡献度之和等于 1。用团队的年度股权激励份额乘以贡献度得到团队成员个人的年度股权激励份额（见表 15－1）。

**表 15－1　贡献度与个人股权激励份额**

| 成员 | 考核评分 | 评分合计 | 贡献度 | 团队成员股权激励份额 |
|---|---|---|---|---|
| CEO | X1 | X | X1/X | 团队年度股权激励份额 × CEO 的贡献度 |
| CFO | X2 | X | X2/X | 团队年度股权激励份额 × CFO 的贡献度 |
| CMO | X3 | X | X3/X | 团队年度股权激励份额 × CMO 的贡献度 |
| 物流主管 | X4 | X | X4/X | 团队年度股权激励份额 × 物流主管的贡献度 |
| 人事主管 | X5 | X | X5/X | 团队年度股权激励份额 × 人事主管的贡献度 |
| 会计主管 | X6 | X | X6/X | 团队年度股权激励份额 × 会计主管的贡献度 |
| 制单会计 | X7 | X | X7/X | 团队年度股权激励份额 × 制单会计的贡献度 |
| 出纳 | X8 | X | X8/X | 团队年度股权激励份额 × 出纳的贡献度 |

表 15－1 中的岗位可以根据实际团队中学生人数的多少，对岗位设置做相应的增减，经营团队中各成员的贡献度考核由 CEO 和人事主管负责，评分依据是个人所承担的工作职责大小及职责完成情况。对 CEO 的考核评分需要指导老师参与。

通过上述步骤，我们最终得到了每个仿真企业经营团队中每个学生通过企业经营所获得的股权激励份额。

（3）通过其他途径获得的股权。通过其他途径获得的股权主要来自两个方面：第一个是针对 CEO 的，CEO 是仿真实习中最重要的学生群体，是仿真实习的中流砥柱，在仿真实习前期的团队构建以及在仿真实习期间调动所有仿真实习成员的积极性等方面有着举足轻重的作用。为了激励优秀的学生积极承担 CEO 的职责，对 CEO 以赠与的方式给予本企业总股本 3% 的股权激励。这一部分的股权激励并不是一定要执行的，根据 CEO 在仿真实习期间的表现，如果指导老师认为其表现不称职，可取消其这部分股权激励。第二个是针对仿真企业优秀员工的，在仿真实习活动结束时，由企业的团队成员进行投票，选出本企业的最佳员工，对最佳员工给予本企业总股本 2% 的股权激励。这一部分的股权激励也不是一定要执行的，如果企业无法推选出最佳员工，或指导老师认为企业推选出的最佳员工不合格，可取消这一部分的股权激励。

将上述三部分股权份额相加，可得到仿真企业经营团队中每个学生最终拥有的股权份额，用股权份额除以总股本得到个人的持股比例。

#### 15.1.1.2 企业估值

采用相对估值法对企业进行估值。相对于现金流贴现等企业估值方法，相对估值法简单、容易操作，也更容易理解。

（1）确定企业估值模型。相对估值法中常用市盈率估值指标倍数对企业进行估值，即认为企业的股权价值是企业净利润的倍数。按照市盈率对企业估值的公式如下：

企业股权价值 = 净利润 × 市盈率

模型中的净利润是指企业估值前最近 4 个季度的净利润，这里的净利润应是可持续的净利润，企业通过变卖资产等途径获得的一次性的利润需要剔除。模型中的市盈率为滚动市盈率，仿真实习中企业股权价值评估的核心在于市盈率的确定。

（2）确定市盈率。上市公司的市盈率保持在 20 ~ 30 倍是正常的；而非上市企业的估值，根据企业的具体情况，常见的企业建议使用 6 ~ 8 倍这个区间[①]。仿真实习中的企业选择 7 倍作为市盈率的初始值。

市盈率是预期增长率、风险和红利支付率的函数[②]。仿真实习中的企业一般处于相同的行业，若干家企业在相同的市场环境下进行竞争，执行相同的红利支付政策。在仿真实习中，企业市盈率的影响因素就只有预期增长率和企业经营风险。因此，我们在初始的 7 倍市盈率的基础上，根据不同仿真企业的预期增长和经营风险情况进行调整，确定企业估值的市盈率倍数。市盈率倍数的公式如下：

$$P/E = 7 + M1 - (M2 + M3)$$

其中，M1 表示仿真企业排名变动对市盈率的影响，企业排名上升时 M1 为正值，企业排名下降时 M1 为负值。M2 和 M3 是反映企业风险的指标，M2 表示因为资金链断裂而下调的市盈率倍数，M3 表示因为违规行为而下调的市盈率倍数。

---

① 崔凯．投融资那点事儿［M］．北京：人民邮电出版社，2015.

② 埃斯瓦斯·达莫达兰．估值：难点、解决方案及相关案例［M］．北京：机械工业出版社，2015.

仿真企业排名变动对市盈率的影响：在仿真实习中，利润增长速度、销售额增长速度等指标无法真正反映一家企业的增长前景。比如，会出现如下情景：某企业在仿真实习过程中经营业绩较差，每一年的利润排名都是最后一名，但是由于净利润的基期数据太小，其净利润的增长速度反而可能是最快的。因此，用净利润或销售额的增长速度作为市盈率倍数的影响因素，在仿真企业的估值中是不合理的。然而，在仿真企业净利润排名的上升，是需要企业展现足够的竞争力才能实现的，更能够体现经营团队的能力以及企业的增长前景。因此，选择净利润排名的变动作为反映企业增长潜力的指标更加合适。排名上升越多的企业，其市盈率应相对较高；排名倒退越多的企业，其市盈率应相对较低。

风险对市盈率的影响：在仿真实习中，企业面临的风险主要是无法获取订单以及经营过程中的业务出错，这些风险因素最终导致的结果是出现资金断流或无法正常履行合同。因此，我们可以将仿真企业资金断流的次数、金额的大小以及合同违约的次数和严重程度等作为风险因素，其对市盈率的倍数产生影响。资金断流及合同违约的次数越多、金额越大，M2 和 M3 的值越大，反之 M2 和 M3 的值越小。

#### 15.1.1.3 仿真企业学生的经营成绩计算

对参与仿真企业实习的学生，在仿真实习结束时，拥有的个人资产多少作为其参与仿真企业经营的成绩考核。

个人资产等于个人持股企业股权的比例乘以企业估值，企业估值等于净利润乘以市盈率。

得到仿真企业经营团队中每个学生的个人资产后，分别对 A 区生产制造企业、A 区品牌渠道企业、B 区生产制造企业、B 区品牌渠道企业的学生按照个人资产的高低进行排名，第一名为满分，最后一名 X 分，其他人的分值按与第一名的比率计算（见表 15－2）。个人资产最后一名的评分根据资产最小值来确定，对个人资产最低分进行弹性设计是为了激励排名靠后的企业努力经营，不放弃，成绩会随着个人资产的增加而增加。

表 15－2　仿真企业学生经营成绩计算举例

| 姓名 | 班级 | 学号 | 个人资产 | 学生企业经营成绩 |
|---|---|---|---|---|
| | | | | |
| | | | | |
| | | | | |
| | | | | |
| | | | 个人资产排名第一 → | 100分 |
| | | | | |
| | | | | |
| | | | | |
| | | | 个人资产排名最后 → | X分 |
| | | | | |

### 15.1.2　仿真企业学生文档成绩考核

15.1.2.1　企业经营过程文档考核

（1）考核内容。生产商主要考核生产排程、财务预算、运输排程、会计核算等文档资料；渠道商主要考核仓储运输、财务预算、物流排程、会计核算等文档资料。依据重要性原则，针对实习中存在的突出问题，每周可选择一种实习文档作为考核对象。

（2）考核指标与权重（见表 15－3）。

表 15－3　实习文档考核指标

| 指标 | 完整性（D） | 规范性（E） | 真实性（F） | 科学性（G） |
|---|---|---|---|---|
| 权重（%） | 30 | 30 | 30 | 10 |

（3）考核办法。其一，各团队实习文档得分由指导教师评定。其二，各团队实习文档得分 N＝D＋E＋F＋G。

15.1.2.2　仿真企业学生撰写文档考核

仿真企业学生需撰写的文档包括团队报告、个人报告和个人工作日志。团队报告和个人报告按照经营年度撰写，个人工作日志按照仿真实习天数撰写，由指导教师评分。

### 15.1.3　仿真企业学生考勤、纪律扣分

在仿真实习期间，发现学生代课现象，按不及格处理；学生迟到和早退，每人/次扣 2 分；旷课每人/次扣 5 分。

无故离开教室较长时间每人/次扣 2 分；在仿真实习期间不务正业（上网打游戏、网购、看视频等）每人/次扣 2 分。

在仿真实习期间，不按照职责完成自己的本职工作，不认真配合团队成员完成任务，经指导教师劝导后仍然态度不端正者，指导教师可酌情扣 2～10 分。

## 15.2　仿真外围机构学生成绩考核办法

某外围机构学生期末总成绩＝团队考核成绩×60%＋个人考核成绩×40%－考勤、纪律扣分＋贡献加分。仿真外围机构学生的成绩考核体系如图 15－3 所示。

### 15.2.1　仿真实习外围机构团队绩效考核

某外围机构团队绩效考核成绩＝（企业评价得分×0.7＋团队文化建设与管理得分×0.3）－考勤、纪律扣分＋奖励加分

15.2.1.1　企业评价

本项由服务对象按年度给各区外围机构打分（见表 15－4）。

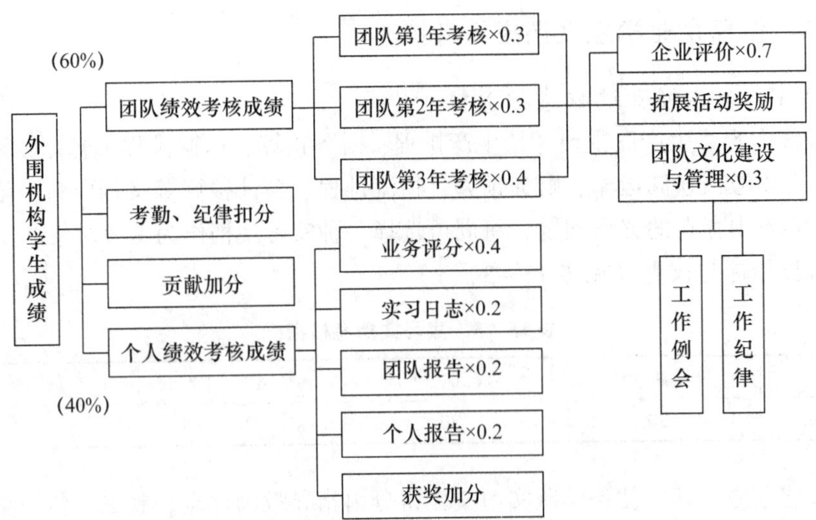


图 15－3　仿真外围机构学生成绩构成框架简图

表 15－4　服务对象对各外围机构打分指标

| 指标 | 工作业绩（A） | 工作态度（B） | 便民措施（C） |
|---|---|---|---|
| 权重（%） | 50 | 30 | 20 |

15.2.1.2　团队文化建设与管理水平

团队文化建设与管理得分为团队出勤情况、工作例会情况和工作纪律遵守情况三项得分之和。

（1）出勤情况（40 分）。考勤扣分：在仿真实习期间，发现学生代课现象，按不及格处理；学生迟到和早退，每人/次扣 1 分；学生旷课，每天扣 5 分；缺席课程超过 1/3，成绩为 0，需重修。

（2）工作例会情况（30 分）。①工作例会情况考核内容及权重如表 15－6 所示；②按周考核，由指导教师评定得分。

表 15－5　工作例会考核内容及权重

| 指标 | 制度执行情况 | 记录真实性 | 例会质量 |
|---|---|---|---|
| 权重（%） | 40 | 30 | 30 |

（3）工作纪律遵守情况（30 分）。按周考核，由指导教师评定得分。

15.2.1.3　拓展活动奖励

拓展活动奖励包括参与评比类的活动加分和非评比类活动加分。评比类活动诸如参加分享会、高峰论坛等，非评比类活动包括分享会、总结发言、接受采访、期末汇报等。

15.2.1.4　违反实习纪律处罚

在实习中不遵守实习规程、不按正常程序处理经济业务、虚增收入、虚减成本、偷税

漏税等，均视为违纪。依违纪严重程度，1 次扣团队分 2 ~ 10 分。违纪严重程度由总指挥部确认。

### 15.2.2 外围机构学生个人绩效成绩的构成

外围机构学生个人绩效成绩等于实习生所在团队机构负责人评分、个人实习日志得分、个人总结报告得分及团队报告个人得分四部分的加权平均之和（见表 15－7），减去考勤、纪律扣分，再加上贡献加分。

表 15－6 实习生个人考核内容与权重

| 指标 | 机构负责人评分 | 个人实习日志得分 | 个人总结报告得分 | 团队报告个人得分 |
|---|---|---|---|---|
| 权重（%） | 40 | 20 | 20 | 20 |

各外围机构负责人对团队每位成员分年度评分，机构负责人由指导教师评分。

15.2.2.1 外围业务运营过程文档考核

（1）考核内容。考核内容包括市场信息汇总表、区域信息汇总表、各厂商信息汇总表、赛事活动记录与影像等工作流程文档资料。依据重要性原则，针对实习中存在的突出问题，每周可选择一种实习文档作为考核对象。

（2）考核指标与权重（见表 15－7）。

表 15－7 实习文档考核指标及权重

| 指标 | 完整性（D） | 规范性（E） | 真实性（F） | 科学性（G） |
|---|---|---|---|---|
| 权重（%） | 30 | 30 | 30 | 10 |

（3）考核办法。各团队实习文档得分由指导教师评定；各团队实习文档得分 N = D + E + F + G。

15.2.2.2 外围机构学生撰写文档考核

外围机构学生需撰写的文档包括团队报告、个人报告和个人工作日志。团队报告和个人报告按照经营年度撰写，个人工作日志按照仿真实习天数撰写。由指导老师评分。

### 15.2.3 对外围机构学生个人拓展活动的考核

外围机构学生在仿真实习结束时被评为优秀个人的，奖励 5 分；参与高峰论坛讲演者，奖励 5 分。

注意：该项加分统计在个人考核表获奖加分处。

### 15.2.4 仿真外围机构学生考勤、纪律扣分

在仿真实习期间，发现学生代课现象，按不及格处理；学生迟到和早退，每人/次扣 2 分；旷课每人/次扣 5 分。

无故离开教室较长时间每人/次扣 2 分；在仿真实习期间不务正业（上网打游戏、网

购、看视频等）每人/次扣2分。

在仿真实习期间，不按照职责完成自己的本职工作，不认真配合团队成员完成任务，经指导教师劝导后仍然态度不端正者，指导教师可酌情扣2～10分。

# 第16章 企业经营仿真综合实习赛事与论坛

➢［学习目标］

1. 了解企业经营仿真综合实习主要赛事活动
2. 掌握企业经营仿真综合实习赛事活动规则

➢［育人目标］

以赛促学，促进学生树立团队协作精神，提升学生语言表达能力和思维逻辑能力。

为更好地促进学生在企业经营仿真综合实习得到锻炼，将根据教学需要举办赛事与论坛活动。根据2018年企业经营仿真综合实习每期4周的时间安排，主要开展的赛事活动为CI设计大赛，主要开展的论坛活动为财会峰会、高峰论坛。

## 16.1 企业经营仿真综合实习赛事

2014年至今，在企业经营仿真综合实习中开展过的赛事活动有CI设计大赛、产品广告设计大赛、品牌广告设计大赛、电子商务大赛等。从2018年起，企业经营仿真综合实习周期调整为4周，赛事活动也进行相应调整。这里主要介绍CI设计大赛的相关内容。

CI设计大赛于实习初期进行，目的在于增强生产商和渠道商实习学生的品牌意识，提炼企业战略方向，树立团队协作精神。CI设计大赛活动具体章程包括五部分。

### 16.1.1 CI设计大赛活动目标

使虚拟企业设计能够反映企业文化特征的商业品牌；思考企业长远战略，确立企业发展定位目标；设计符合企业业务类型、企业文化特征与发展定位目标的MI、BI、VI。

### 16.1.2 CI设计大赛组织方式

活动进行时间：仿真实习运作第一周进行CI设计，第二周进行评选评比。

活动参加主体：仿真实习平台上所有生产商和渠道商。

活动评选方式：教师评分和学生代表（营销策划人员）评分相结合。

### 16.1.3 CI设计大赛活动内容

#### 16.1.3.1 品牌名称设计

设计一个符合业务类型、表现文化特征、具有较强特色的品牌名称。

16.1.3.2　企业理念识别（MI）设计

集合团队智慧，撰写《×××公司理念识别设计策划书》，主要内容包括：企业经营理念、经营信条、企业使命目标、企业精神、企业文化、座右铭和经营战略等。

16.1.3.3　企业视觉识别（VI）设计

构思以标志、标准字、标准色为核心展开的完整的、系统的视觉表达体系。将上述的企业理念、企业文化、服务内容、企业规范等抽象概念转换为具体符号，塑造出独特的企业形象，并将此视觉符号与公司 LOGO、名片、信封、徽标、工作证等形象设计相结合。成果形式不限，可用电脑绘制，也可以手绘。

### 16.1.4　CI 设计大赛评选与评价方法

16.1.4.1　品牌名称评价标准

（1）品牌名称要符合大众心理，能激发消费者的购买欲。

（2）品牌名称应注意服务受众群体习惯的差异性。

（3）为产品取名实际上是选择适当的词或文字来代表商品，帮助消费者识别和记忆商品。中英文名称要求好听好记。

（4）品牌名称力求清新高雅，不落俗套，充分显示商品的高品位。

16.1.4.2　《×××公司理念识别设计策划书》评价标准

（1）企业经营目标的合理性与可行性。

（2）企业文化特征对外能否构筑优良的营销环境，对内能否激发员工动力。

（3）制定仿真实习为期三年的发展规划的前瞻性与可操作性。

（4）经营信条、座右铭等是否符合企业经营目标与文化特征，富有力量与哲理。

16.1.4.3　视觉识别（VI）设计评价标准

（1）VI 与品牌名称的贴切度。

（2）VI 形象符号是否能够体现较高营销价值取向，反映产品内涵特征。

（3）VI 形象是否美观、协调、易记忆。

（4）VI 形象融入公司 LOGO、名片、信封、徽标、工作证等的整体美观。

（5）VI 形象符号的设计精美程度。

16.1.4.4　CI 设计大赛评分权重（见表 16－1）

**表 16－1　CI 设计大赛评分权重**

| 序号 | 学生评分 | | 教师评分 | |
|---|---|---|---|---|
| | 评分项目 | 权重（%） | 评分项目 | 权重（%） |
| 1 | 品牌名称 | 10 | 品牌名称 | 20 |
| 2 | 理念识别设计 | 10 | 理念识别设计 | 20 |
| 3 | 视觉识别设计 | 25 | 视觉识别设计 | 15 |
| 4 | 小计 | 45 | 小计 | 55 |

### 16.1.5　CI 设计大赛奖项

生产商、渠道商所有企业都要参加 CI 设计大赛，实习大区（A 区和 B 区）分别设一

等奖 1 名、二等奖 3 名、三等奖 5 名，获奖者还会获得团队加分，分别为 5 分、4 分、3 分。

## 16.2　企业经营仿真综合实习论坛

2014 年至今，在企业经营仿真综合实习中开展过的论坛活动主要有各年度各机构的分享会、财会峰会、高峰论坛。各年度各机构分享会的主题较灵活机动，根据实习过程需要进行相应调整。这里主要介绍财会峰会和高峰论坛的相关内容。

财会峰会于实习第三周进行，旨在培养学生探究自身企业核心价值及对比同行业竞争优势的能力，增强财会人员对企业财务分析、风险与应对措施等财会应用能力，提升学生语言表达能力和思维逻辑能力。高峰论坛于实习结束时进行，目的在于增强生产制造商、品牌渠道商和外围机构实习学生经验总结归纳意识和公众演讲表达能力。

### 16.2.1　财会峰会

#### 16.2.1.1　财会峰会活动目的

引进社会行业及企业联合办学，加强校企合作、产教融合，以赛促学，丰富教学形式。在学校更好地宣传合作公司，以便于合作企业后期在学校招聘到更多优秀的毕业生，从而推动企业的发展。

为提高仿真实习学生财会应用能力，促进理论知识与实践应用相结合，特举办财会峰会，学生分别就团队介绍、竞争优势、财务分析、风险与应对措施等方面展开剖析，其中财务分析包括四个财务能力分析，即盈利能力、营运能力、偿债能力、发展能力。财会峰会旨在培养学生探究自身企业核心价值及对比同行业竞争优势的能力，该活动能激发参赛者竞争思维、展现参赛者的财务分析能力，拓展仿真实习对抗性和趣味性，同时提升学生语言表达能力和思维逻辑能力。

#### 16.2.1.2　财会峰会组织方式

活动进行时间：企业经营仿真综合实习第三周进行。

活动参加主体：所有生产制造商、品牌渠道商、外围机构的财会人员。

活动评选方式：线上报名提交 PPT—初赛预选—财会峰会。

#### 16.2.1.3　财会峰会活动内容

在竞争激烈的企业经营仿真综合实习模拟平台中，资金就是企业的血液，资金的融通对每一个企业的生存发展都至关重要。

参与比赛的企业可依据本企业的经营数据做出一份商业计划报告，进行财务案例分析。企业经营模拟中 CEO 正确引导企业决策，财会人员灵活调动企业资金流转，往往能够让企业抓住市场商机成功获胜。企业可通过财会报告等形式，从团队介绍、竞争优势、财务分析、风险与应对措施等几个方面以及结合仿真平台中企业自身业务情况进行分析，展示仿真实习风采。外围机构的选手可依据当期机构所负责的企业数据来进行企业报告分析，如审计事务所可依据审计员所审的企业数据进行分析（主办方不提供案例素材）。

16.2.1.4　财会峰会奖励

（1）凡报名成功者所属团队计入企业股权激励——平台活动加分（15 分），所属外围机构加 2 分。

（2）最终进入决赛者按等级加分：所属团队计入企业股权激励——平台活动加分，一等奖加 35 分，二等奖加 25 分，三等奖加 20 分；所属外围机构一等奖加 3 分，二等奖加 2 分，三等奖加 1 分（初赛和决赛分数可叠加）。

### 16.2.2　高峰论坛

16.2.2.1　高峰论坛活动目的

开展企业经营策略研讨；分享企业经营仿真综合实习感悟；促进理论知识与实践经验碰撞。

16.2.2.2　高峰论坛组织方式

活动进行时间：企业经营仿真综合实习结束运营时进行。

活动参与主体：所有生产制造商、品牌渠道商、外围机构。

活动评选方式：分区选拔—总体预选—高峰论坛演讲。

16.2.2.3　高峰论坛活动内容

（1）企业经营策略研讨。在经历 3 年企业经营仿真综合实习后，生产制造商、品牌渠道商、外围机构可进行企业经营策略的经验总结与提炼、策略反思与提升。例如，产品策略、市场策略、广告策略、竞争合作策略、产能策略、战略规划与实施等。

（2）分享企业经营仿真综合实习感悟。不论是生产制造商、品牌渠道商还是外围机构，不论是担任 CEO、部长、局长、行长还是主管或职员，只要认真投入实习工作中，都将有深刻的感悟。大多数学生的感悟都是聚集于自我认知与个人成长、团队合作与协作、人际沟通与交流等方面。

（3）促进理论知识与实践经验碰撞。“纸上得来终觉浅，绝知此事要躬行。”大学三年学过的专业理论知识、管理理论知识在经过 1 个月的企业经营仿真综合实习实践后，会激发怎样的碰撞和新知，高峰论坛将为此提供展现平台。

16.2.2.4　高峰论坛奖励

每位参加高峰论坛预演讲的个人获得 2 分个人考核分的奖励；每位参加高峰论坛的成员个人及小组均获得 5 分的奖励。不累计奖励，以最高奖励为准。

# 第17章 企业经营仿真综合实习成果

➢ [学习目标]

通过了解企业经营仿真综合实习成果，加深学生对企业经营仿真综合实习的感悟。

➢ [育人目标]

通过企业经营仿真综合实习学生心得体会节选环节，使学生向优秀师兄师姐学习，在实习中尽职尽责，做好本职工作，注重团队沟通交流协作。

从2014年到2021年，企业经营仿真综合实习取得了相应的成果。本章从成果内容和成果形式两方面介绍。

## 17.1 企业经营仿真综合实习成果内容

企业经营仿真综合实习成果内容主要围绕企业经营仿真综合实习过程中的“教”与“学”两大模板。“教”的模块主要包括教师在实习教学中的工作状态及教学成果，培养了一支拥有40余名具有较强实验实践教学能力的师资队伍。“学”的模块主要包括学生在实习中的工作状态及实习成果，开设了31期仿真实习，来自市场营销、物流管理、人力资源管理、国际经济与贸易、国际商务、财务管理、会计学、信息管理、审计、经济统计学等专业共26461名经管学生参与并获得相应能力提升。

实习成果聚焦企业经营仿真综合实习平台运行管理、教师管理、学生管理三大方面，具有三大特色。一是实践应用导向。在企业经营仿真综合实习平台上，学生能够较充分地将通用知识与技能、专业知识和技能、跨专业知识与技能进行实践操作与应用。二是复合创新导向。在企业经营仿真综合实习平台上，学生的综合运用复合能力、创新创业能力都能得到积极的锻炼和提升。三是职业发展导向。通过企业经营仿真综合实习，学生将更加明确自身的职业规划与职业发展方向。

### 17.1.1 企业经营仿真综合实习“教”的成果

企业经营仿真综合实习“教”的成果具体内容主要包括两方面：一是企业经营仿真综合实习各类教学资料，如以制鞋产业为背景的仿真市场环境、仿真市场运行规则设计、仿真市场各类经营主体相关岗位业务流程与规则设计、企业经营仿真综合实习的组织设计和运行效果教学资料文件；二是企业经营仿真实习教学教研成果资料，如仿真实习学生学习团队构建研究报告、仿真实习教学应用系统的完善方案、仿真实习流程构建研究报告、仿真实习成果展现形式研究报告、仿真实习平台赛事组织水平提升和活动流程优化研究报告、仿真实习平台厂商财务研究报告、仿真实习平台教师团队与学生团队绩效考核研究报告、仿真实习活动与学生能力培养研究报告等。

### 17.1.2 企业经营仿真综合实习“学”的成果

企业经营仿真综合实习“学”的成果最主要体现为拥有大规模的经管专业学生参与了仿真实习。具体内容主要包括五方面：第一，对企业经营仿真综合实习平台中典型企业的经营管理思维、过程与精华以及外围服务机构的优秀服务风采进行展示，并形成研究报告、服务风采、企业品牌与文化、企业经营策略等系列汇编及企业经营案例库；第二，展示优秀企业团队、优秀个人的成长过程，并形成企业汇报书及个人成长专辑等书面展示材料；第三，筛选实习平台所举办的赛事（活动）的精彩画面（片段）及对比赛作品进行展示，形成活动汇编及视频；第四，展示学生团队的劳动成果，比如不断完善的仿真实习规则建议、平台业务流程和师生互动的主题分享会等；第五，将各期总结表彰大会进行录像，并制作成专辑。

## 17.2 企业经营仿真综合实习成果展示

### 17.2.1 企业经营仿真综合实习成果展示形式与途径

企业经营仿真综合实习成果展示形式主要分为“动”和“静”两种。用照片、文本等静态的纸质媒介展示学生虚拟企业经营过程与业绩，用短片、微电影等动态的多媒体媒介展示师生教学互动及学生工作状态等。

从展示场所来分，企业经营仿真综合实习成果展现途径分为室内展示和室外展示。例如，设立专门的成果展览室，展览室内以“沙盘”为中心，以仿真综合实习平台“产—销—外部服务”业务流程为主线，形成了“生产商经营过程与业绩”“渠道商经营过程与业绩”“外围服务机构服务过程与效果”“企业文化与活动”“平台文化与活动”五大室内展示模块。室外展示则在教学楼内人流通过频次高的楼道张贴系列成果展示海报。

从展示媒介来分，企业经营仿真综合实习成果展现途径分为线上媒介展示和线下媒介展示。线上媒介以微信公众号和网站为主，线下媒介以各类仿真实习团队报告、个人心得、经营过程等纸质版资料为主。

从展示受众来分，企业经营仿真综合实习成果展现途径分为仿真实习学生和兄弟院校及企事业单位。2014 年至今，有上百家兄弟院校及企事业单位来企业经营仿真综合实习平台参观交流。例如，德勤中国、南方日报、中国教育报、毕马威会计师事务所、华美国际教育集团、新未来在线教育集团、深圳创展谷公司、粤港澳青年创业孵化器有限公司、北京鑫锐诚毅数字科技有限公司、深圳南方汇森投资有限公司、广州瑞友公司、浙江万里学院、新华学院、松田学院、西安培华学院、台湾铭传大学、香港中文大学、台湾亚洲大学、山东财经大学燕山学院、东北师范大学人文学院、郑州成功财经学院、仲恺工程学院等。

### 17.2.2　企业经营仿真综合实习成果展示实现方法

企业经营仿真综合实习成果展示实现方法主要有：情景模拟法、角色扮演法、团队学习法、演绎归纳法。

#### 17.2.2.1　情景模拟法

在仿真实习平台，模拟和构建一个纵向包括产品设计与研发、原材料采购、产品生产与制造、成品营销与推广、物资仓储与运输、人才招聘与培养等环节完整的供应链体系，横向模拟 3 ~4 年的经营活动周期，使国际贸易、国际商务、财务管理、会计学、人力资源管理、市场营销、物流管理等多个相关专业，近千名学生在同一仿真实习平台同时进行实习。

#### 17.2.2.2　角色扮演法

学生在仿真实习中扮演生产商、渠道商、银行、市场监督管理局、税务局、海关、物流中心、审计事务所等企业及外围机构工作人员。角色扮演有助于学生将抽象的理论知识转化为深刻的经验体会。

#### 17.2.2.3　团队学习法

团队学习法是培养学生创新实践能力及团队精神的重要实现途径。在仿真实习平台中，学生通过团队学习寻求帮助、寻求反馈，敢于尝试，从而相互提升，共同进步。

#### 17.2.2.4　演绎归纳法

在仿真实习平台中，关于平台管理、教师管理、学生管理的各项实施方案既有在总结个别经验的基础上进行归纳的，也有在相关基础理论基础上进行个案实践的。

### 17.2.3　企业经营仿真综合实习学生心得体会节选

企业经营仿真综合实习心得体会最能直观反映学生的收获与成长，如表 17 –1 所示。

**表 17 –1　企业经营仿真综合实习学生心得体会节选**

| 基本信息 | 心得体会 |
|---|---|
| 2014 年第 1 期仿真实习<br>2011 级财务管理 1 班　钟晓茵<br>福禧皮鞋股份有限责任公司　BS20 会计主管<br>心得关键词：提升自我认知 | 我坚信通过这一段时间的仿真实习，所获得的实践经验使我终身受益，它也让我更加懂得了做人与做事的道理，真正懂得学习的意义、时间的宝贵和人生的真谛，让我更清楚地感到了自己肩上的重任，看到了自己的位置，看清了自己的人生方向。这些实践在我毕业后的实际工作中将不断得到验证，我会不断地理解和体会实习中所学到的知识，在未来我将把我所学到的理论知识和实践经验不断地应用到实际工作中，充分展示自我的个人价值和人生价值，为实现自我的理想和光明的前程努力 |

续表

| 基本信息 | 心得体会 |
|---|---|
| 2015 年第 3 期仿真实习<br>2012 本物流管理 1 班　许智华<br>诺步有限责任公司　AQ08 物流主管<br>心得关键词：理论与实践的结合与运营能力 | 实训是难得的一次体验，通过实训，我能自觉主动地把学校学到的理论知识与工作实践相结合，在实践中提高运用知识的能力。了解物流的特点，能根据实际工作情况找出自己学习上的不足，提高独立思考、分析问题、解决问题的能力，也为将来的工作奠定良好的基础。我喜欢这种实训的学习方式，因为它不是枯燥的理论学习，它使你学到的知识得以运用、操作。把理论知识实际化，能够做到学以致用是一件很令人自豪的事情 |
| 2016 年第 1 期仿真实习<br>2013 本人力资源管理 1 班　梁润泰<br>B 区人才交流中心局长<br>心得关键词：团队协作能力的锻炼 | 仿真实训，于我而言受益匪浅。最重要的一点就是团结协作，在一个组织之中，很可能出现组内成员各方面能力参差不齐的情况，作为一个领导者，此时就需要很好的凝聚能力，能够把大多数组员各方面的特性凝聚起来，同时也要求领导者要有与不同的人相处与沟通的能力，要加强与他人的合作，首先就必须保证集体成员是有责任心的、有意志力的，还要有对于自身团队的荣誉感、使命感。同时，领导者也要有领导者的风范，工作上对成员严格要求，生活上也要关心成员，做好团队成员之间的沟通和协调工作，使整个团队像一台机器一样，有条不紊地和谐运转 |
| 2017 年第 1 期仿真实习<br>2014 本市场营销 1 班　卢文彪<br>叻叻猪有限责任公司　BQ07CEO<br>心得关键词：综合能力与素养的提升 | 在这短短的一个月时间内，我学会了很多东西，我把自己市场营销专业的知识充分运用到实训之中，并不断总结提升，让书本知识与现实生活相结合。作为 CEO，除了要统筹公司发展，还要负责整个团队的公司报告以及制作 PPT。这对我本身的文案能力提升有一定的帮助。通过仿真实习，我也体验了朝九晚六的上班模式，当然重要的是学会了人际关系的处理，提升了自己领导团队、协调工作的能力。再次感谢仿真实习平台，使我的能力和素质得以提高，感谢我的好团队，给我不一样的大学回忆。祝愿学校实习平台越办越好 |
| 2019 年第 1 期仿真实习<br>2016 本市场营销 1 班　梁舒婕<br>北极熊鞋业有限责任公司　BQ10 市场总监<br>心得关键词：抗压能力、团队协作 | 在短短的时间内，我从对企业的经营理念一无所知到熟悉了企业全面管理系统，了解了企业的整体运作流程，理解了不同职能的相互依存关系，深刻体会到了经营一家公司的不易。实训期间我也出现过失误，也和队友一起尽力挽回局面。最终企业排名为第 4 名，这是我们团队一起努力的结果。这次实训，我学到了很多，也锻炼了我的抗压能力，我深深地体会到，要经营企业并不像想象中的那么简单。一个公司的成功离不开团队的合作，所以团队精神在这里显得尤为重要 |

续表

| 基本信息 | 心得体会 |
|---|---|
| 2020 年第 1 期仿真实习<br>2017 本国际经济与贸易 1 班　林灵<br>有间鞋厂有限责任公司　BS05 生产主管<br>心得关键词：提高实践能力、团队沟通协作能力 | 校内仿真实习让我体验到了一种全新的学习方式，给了我前所未有的学习体验。本次模拟企业运营的实训，改变了传统课堂灌输知识的授课方式，通过直观的企业经营运作来模拟企业的运行状况。<br>在为期一个月的仿真实习中，我们团队在老师的指导下顺利地完成了模拟企业生产经营的实践学习，并获得了不错的成绩。通过本次仿真实习，我能够把书本学到的知识与实际操作相结合，锻炼了实际的动手能力，学到了管理知识，掌握了管理技巧，同时还加强了与同学之间的沟通与理解，更加体验到团队协作精神的魅力，这些都提高了我经营管理的素质与能力。经过这次仿真实习，我还知道了要扎扎实实走好每一步，要有目标、有规划才能成功。虽然本次仿真实习时间不是很长，但是我从中学到的知识是永久的。在这“八个季度”的运营中，我受益匪浅，深刻地体会到企业的生产、采购、营销、财务都是环环相扣的，还明白了谨慎思考和团队合作的重要性，可谓收获满满 |
| 2021 年第 2 期仿真实习<br>2018 本经济与金融 3 班　陈茹玉<br>千里驹鞋业制造有限责任公司　BS06 人事主管<br>心得关键词：团队沟通交流能力 | 在这次实训中我很荣幸认识了我们团队的各位成员，同时我也在这次实训中学到了很多。在实训中，我认识最深刻的地方在于明白了团队的意义。我的职位是人事主管，是在团队里面跟其他同事联系最密切的。我需要与同事们做好沟通，表格才不会做错，在实训期间我也有做错的时候，感谢队友的包容和付出。通过实习我明白到，工作往往不是一个人的事情，是一个团队在完成一个项目，在工作的过程中，保持与团队中其他同事的交流和沟通是相当重要的。我们要有与别人沟通、交流的能力以及与人合作的能力。合理的分工可以使大家在工作中各尽所长，一起合作，配合默契，共赴成功。个人要想成功及获得好的业绩，需要整个团队的共同付出，希望在未来的工作中，我们也要明白这个道理。<br>我们在工作中遇到不懂的地方，要能够虚心向其他人请教。对于别人提出的工作建议，要虚心听取。在时间紧迫的情况下，加班加点完成任务。同时，作为一名职工要严格遵守公司的各项规章制度，工作期间，尽量不要出现无故缺勤、迟到早退的现象。我们要脚踏实地地工作，工作中努力做到始终以“热心、细心”为准则。遇到不懂的问题，积极问同事，在同事的热心帮助下，相信问题可以很快解决。<br>经过这次实训，我明白只有拿出“百尺竿头”的干劲，胸怀“会当凌绝顶”的壮志，不断提高自身的综合素质，在与社会的接触过程中，减少磨合期的碰撞，加快融入社会的步伐，才能在人才高地上站稳脚跟，才能扬起理想的风帆，驶向成功的彼岸 |